高等职业教育教学改革精品教材

汽车车身控制与舒适性系统检修

主　编　陈天训
副主编　刘正怀
主　审　徐澍敏

机　械　工　业　出　版　社

本书基于工作过程导向的课程模式编写，适应行动导向、理实一体化的教学理念。全书围绕汽车车身控制与舒适性系统检修所需的知识储备和职业能力培养，共设了7个学习情境，分别为：汽车车载网络系统检修，汽车空调系统检修，汽车中控门锁与防盗系统检修，汽车巡航控制系统检修，汽车安全气囊系统检修，汽车电动车窗、座椅及后视镜检修，汽车信息娱乐系统检修。

本书可作为高等职业院校汽车检测与维修技术、汽车技术服务与营销、汽车运用与维修、汽车制造与装配技术等专业的教材，也可作为相关岗位技术培训教材或自学用书。

本书配有电子课件、教学设计、任务工单、学习手册等资源，**凡使用本书作教材的教师**可登录机械工业出版社教育服务网（http://www.cmpedu.com）下载，或发送电子邮件至 cmpgaozhi@sina.com 索取。咨询电话：010-88379375。

图书在版编目（CIP）数据

汽车车身控制与舒适性系统检修/陈天训主编. —北京：机械工业出版社，2013.1（2024.8重印）
高等职业教育教学改革精品教材
ISBN 978-7-111-41093-5

Ⅰ.①汽… Ⅱ.①陈… Ⅲ.①汽车-车辆修理-高等职业教育-教材 Ⅳ.①U472.4

中国版本图书馆CIP数据核字（2013）第007592号

机械工业出版社（北京市百万庄大街22号 邮政编码100037）
策划编辑：边 萌 责任编辑：谢熠萌 边 萌
版式设计：霍永明 责任校对：程俊巧
封面设计：鞠 杨 责任印制：李 昂
北京捷迅佳彩印刷有限公司印刷
2024年8月第1版 · 第10次印刷
184mm×260mm · 18.5印张 · 452千字
标准书号：ISBN 978-7-111-41093-5
定价：49.00元

电话服务	网络服务
客服电话：010-88361066	机 工 官 网：www.cmpbook.com
010-88379833	机 工 官 博：weibo.com/cmp1952
010-68326294	金 书 网：www.golden-book.com
封底无防伪标均为盗版	机工教育服务网：www.cmpedu.com

前　言

现代企业制度的发展和管理模式的变化，对企业员工的创新能力提出了更高的要求。职业教育应使学生既掌握一定的专业技能，又获得为适应不断发展变化的工作任务而终身学习的关键能力（包括方法能力和社会能力）。因此，以工作过程为导向的课程，已成为近年来职业教育课程改革的方向，其实质在于，课程的内容和结构追求的不是学科架构的系统化，而是工作过程的系统化。工作过程导向理念下的高等职业教学的新特征主要表现在：以工作过程知识为核心的教学内容，以情境教学为典型的行动导向的教学方式，以营造真实职业情境为代表的教学环境。

“汽车车身控制与舒适性系统检修”的能力是汽车相关专业的核心能力。本课程作为专业主干课程，进行工作过程系统化课程的改革建设，对学生的专业能力、尤其是社会能力和方法能力的培养与提高具有重要意义。为此，我们在历时三年多的基于工作过程的课程改革与实践的基础上与行业企业合作编写了本书。

本书共设7个学习情境，见下表：

学习情境		参考学时(合计84)
学习情境1	汽车车载网络系统检修	12
学习情境2	汽车空调系统检修	24
学习情境3	汽车中控门锁与防盗系统检修	12
学习情境4	汽车巡航控制系统检修	8
学习情境5	汽车安全气囊系统检修	8
学习情境6	汽车电动车窗、座椅及后视镜检修	12
学习情境7	汽车信息娱乐系统检修	8

每个学习情境按照“学习情境描述-相关知识与检修技术-任务实施-任务考核”的形式安排，适应行动导向、理实一体化的教学理念。本书的主要特色如下：

1）通过对国家职业标准及职业岗位（群）的典型工作任务分析，依据行业企业发展和完成职业岗位实际工作任务的要求，以保证知识、突出发展能力和综合素质培养为原则并结合学生认知规律，对教材内容进行界定。

2）学习国外先进的职业教育理念，结合我国高等职业教育的实际情况，采用行动导向、理实一体、工学结合的工作过程系统化的课程模式，符合高等职业教育教学的特点，充分体现职业性、实践性和开放性的要求，代表了高等职业教育教材的发展方向。

3）本书内容是完整工作过程的学习性工作任务，以行业企业典型的检测诊断任务为载体，融合了实际工作任务所需要的知识、能力、素质要求。通过实施基于工作过程的行动导向四步法教学，让学生在掌握专业知识和技能的同时，锻炼职业岗位中需要的各种方法能力和社会能力，为学生的可持续发展奠定良好的基础。

本书由金华职业技术学院陈天训任主编，金华职业技术学院刘正怀任副主编，参加编写的人员还有金华职业技术学院的杨杭旭和周梅芳，金华市长运汽车维修有限公司的徐光明、卢坚峰和柳礼。

金华职业技术学院徐澍敏担任本书主审，他在百忙中对书稿进行了认真审阅，并提出了许多宝贵的修改意见，在此表示衷心的感谢。

本书在编写过程中参考了相关的教材、著作和生产厂家的资料，在此，对其编写单位及个人表示深深的谢意。

由于编者水平有限，书中疏漏在所难免，恳请读者批评指正。

编　者

目　　录

学习情境1　汽车车载网络系统检修

1.1　学习情境描述

学习情境1的描述见表1-1。

表1-1　学习情境1的描述

学习情境名称　汽车车载网络系统检修	参考学时：12
学习任务	
针对汽车车载网络系统故障，要求按照四步法（资讯、决策计划、实施、检查评估），紧密结合汽车维修企业实际维修过程诊断排除故障，在此过程中学习相关知识和检测诊断仪器设备的正确使用方法	
学习目标	
1）能通过与客户交流、查阅相关维修技术资料等方式获取车辆信息 2）能正确描述CAN数据传输系统的检测项目和内容 3）能确定CAN数据传输系统主要参数的检测方法及相关标准 4）能对CAN数据传输系统常见故障进行诊断和排除 5）能根据故障现象选择正确的检测诊断仪器设备，制订正确的检测诊断计划 6）能根据计划对CAN数据传输系统进行检测诊断 7）能正确分析各检测结果并做出故障判断 8）能检查、评价、记录工作结果 9）能根据环保要求，正确处理对环境和人体有害的辅料、废气、废液和损坏零部件	
学习内容	
1）汽车总线系统的结构 2）汽车总线系统的控制原理 3）车载网络系统的故障诊断和排除方法 4）常用检测诊断仪器设备的使用	
工具、设备与资料	知识基础
实训车辆 专用工具 检测、诊断设备 多媒体教学设备 教学课件 维修资料 视频教学资料 网络教学资源 任务工单	电工、电子学基础 汽车结构、原理 汽车使用操作 技术资料收集应用 安全规定

1.2　相关知识及检修技术

1.2.1　总线系统信息传输及总体构成

随着对汽车安全性、舒适性、排放、经济性要求的提高及附加功能的不断增加，汽车上越来越多地使用电子设备，控制系统变得越来越复杂，控制单元间的信息交换越来越密集，数据线的数量和控制单元的引脚数也相应增加。

1994 年生产的第一辆奥迪 A8 轿车最多使用 15 个控制单元就能执行汽车中的所有功能，而在 2003 年款奥迪 A8 轿车中控制单元的数量已经增加到原先的 5 倍，如图 1-1 所示。

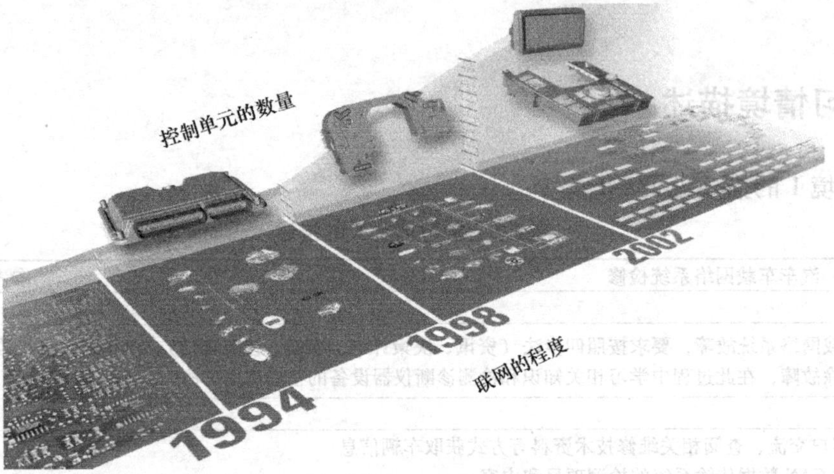
控制单元的数量
联网的程度
1994
1998
2002

图 1-1　奥迪 A8 轿车控制单元数量及联网的程度

电子设备的增加对各个控制单元之间的数据传输提出了新的要求，需要找到一种设计优良的数据传输方式来确保汽车上的电子系统更容易管理且节省空间。

1. 汽车数据传输模式

目前汽车数据传输模式有几种可能的选择。

选择 1：每条信息的交换都由不同的线路完成，如图 1-2 所示。

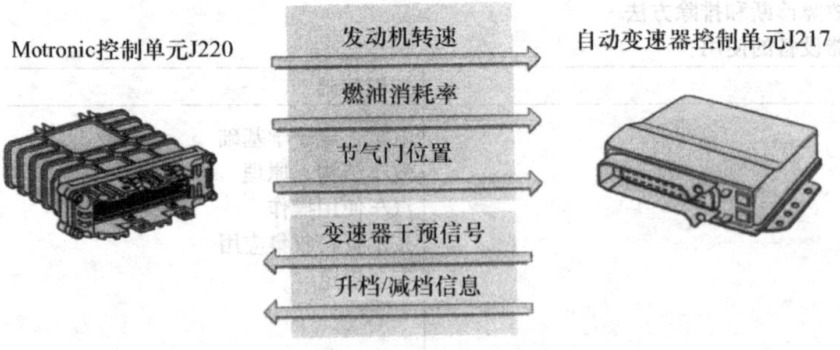
Motronic控制单元J220
发动机转速
燃油消耗率
节气门位置
变速器干预信号
升档/减档信息
自动变速器控制单元J217

图 1-2　每条信息沿不同线路交换

在这种情况下，5 条信息需要 5 条线路，既每条信息都需要一条独立的数据线。随着信息量的增加，数据线的数量和控制单元的引脚数也相应增加，因此这种数据传输模式仅适用于有限信息量的交换。

选择 2：控制单元之间的所有信息沿最多两条线路进行交换，即数据总线模式，如图 1-3 所示。

与第一种选择不同，该数据传输模式所有信息沿两条双向数据线进行传输，与所参与的控制单元数及所涉及的信息量的大小无关。所以，如果控制单元间进行大量的信息交换，数据总线也能完全胜任。

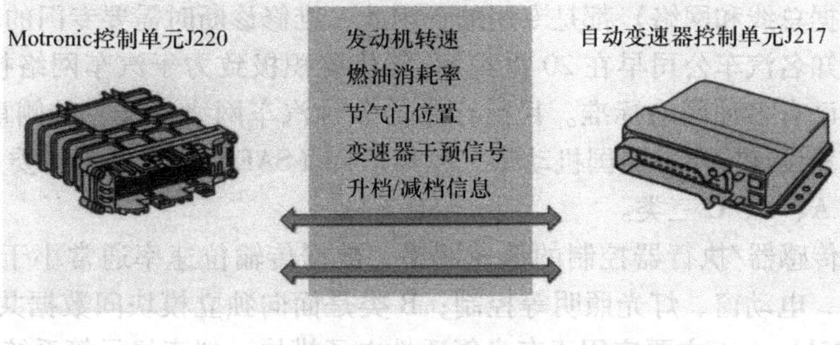
Motronic控制单元J220
发动机转速
燃油消耗率
节气门位置
变速器干预信号
升档/减档信息
自动变速器控制单元J217
图 1-3　所有信息沿两条线路进行传输

2. 总线系统构成

总线系统主要由控制器、数据总线、网络、传输协议、网关等组成。

（1）控制器　控制器即 ECU，是探测信号或进行信号处理的电子装置。

（2）数据总线　数据总线（BUS）是控制单元之间进行数据传输的通道，即信息“高速公路”。如果一个控制单元可以通过总线发送数据，又可以从总线接收数据，则这样的数据总线就称之为双向数据总线。汽车上的数据总线实际是一条导线或两条导线。

（3）网络　局域网是在一个有限区域内连接的计算机网络，通过这个网络可以实现这个系统内的信息资源共享。汽车上的总线传输系统（车载网络）是一种局域网。图1-4 所示为奥迪轿车车载网络系统，除 CAN 总线外，还包括 LIN 总线（单线总线）、MOST 总线（光学总线）、无线蓝牙总线等来处理大量来自控制单元的信息，执行各种功能以及承载不断增加的数据交换量。

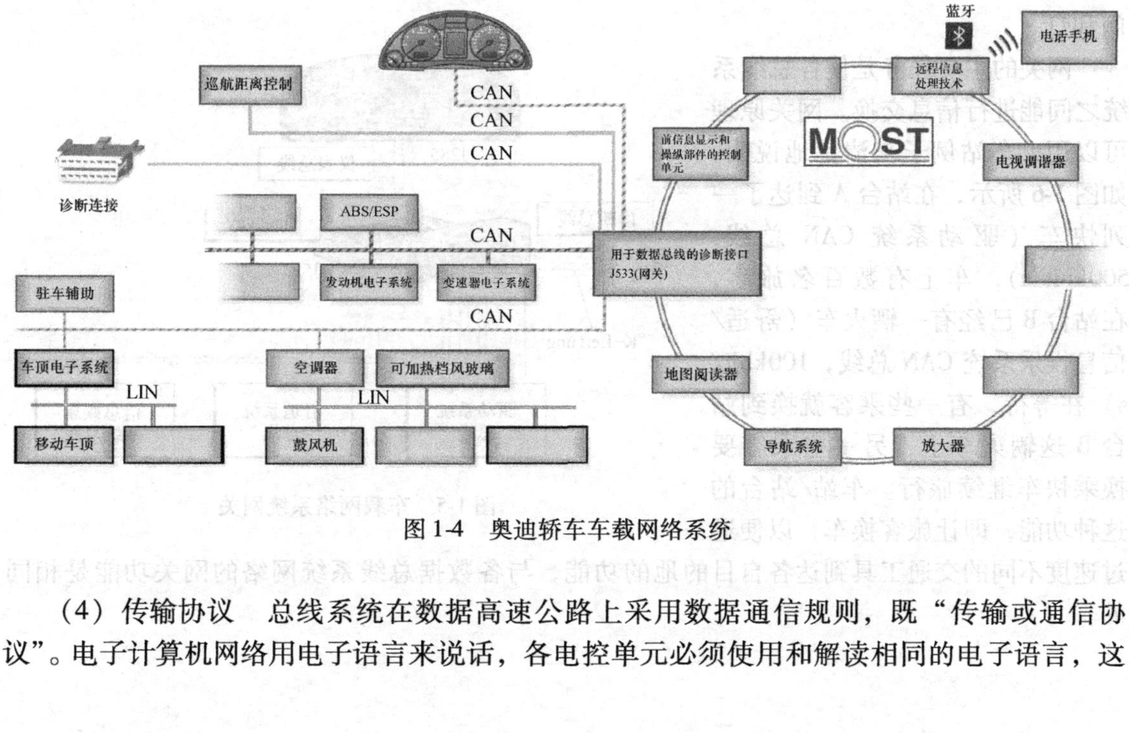
巡航距离控制
CAN
CAN
CAN
诊断连接
ABS/ESP
CAN
发动机电子系统
变速器电子系统
驻车辅助
CAN
车顶电子系统
LIN
移动车顶
空调器
可加热挡风玻璃
LIN
鼓风机
用于数据总线的诊断接口 J533(网关)
蓝牙
电话手机
远程信息处理技术
前信息显示和操纵部件的控制单元
MOST
电视调谐器
地图阅读器
导航系统
放大器
图 1-4　奥迪轿车车载网络系统

（4）传输协议　总线系统在数据高速公路上采用数据通信规则，既“传输或通信协议”。电子计算机网络用电子语言来说话，各电控单元必须使用和解读相同的电子语言，这种语言称为“协议”。汽车电子计算机网络常见的传输协议有数种，传输协议的选择取决于车辆要传输多少数据，要用多少模块，数据总线的传输速度要多快。大多数传输协议（以及使用它们的数据总线和网络）都是专用的，因此，维修诊断时需要专门的软件。

国际上众多知名汽车公司早在20世纪80年代就积极致力于汽车网络技术的研究及应用，迄今为止，已有多种网络标准。目前存在的多种汽车网络标准，其侧重的功能有所不同。为方便研究和设计应用，美国机动车工程师学会（SAE）的车辆网络委员会将汽车数据传输网络划分为A、B、C三类。

A类是面向传感器/执行器控制的低速网络，数据传输位速率通常小于10kbit/s，主要用于后视镜调整，电动窗、灯光照明等控制；B类是面向独立模块间数据共享的中速网络，位速率为10～125kbit/s，主要应用于车身舒适性电子模块、仪表显示等系统；C类是面向高速、实时闭环控制的多路传输网络，位速率为125～1Mbit/s，主要用于牵引控制、先进发动机控制、ABS等系统。

当今汽车中，作为一种典型应用，车体和舒适性控制模块都连接到CAN总线上，并借助于LIN总线进行外围设备控制，而汽车高速控制系统，通常会使用高速CAN总线连接在一起。远程信息处理和多媒体连接需要高速互连，视频传输又需要同步数据流格式，这些都可由D2B（Domestic Digital Bus）或MOST（Media Oriented Systems Transport）协议来实现。无线通信则通过蓝牙（Bluetooth）技术加以实现。

（5）网关　由于不同区域车载网络的速率和识别代号不同，一个信号要从一个总线区域进入到另一个总线区域，必须把它的识别信号和速率进行改变，能够让另一个系统接收，这个任务由网关（Gateway）来完成（见图1-5）。由于通过数据总线的所有信息都供网关使用，所以网关也用作诊断接口。另外，网关还具有改变信息优先级的功能。例如车辆发生碰撞事故时，气囊控制单元会发出负加速度传感器的信号，这个信号的优先级在驱动系统是非常高的，但转到舒适系统后，网关调低了它的优先级，因为它在舒适系统的功能只是打开车门和灯。

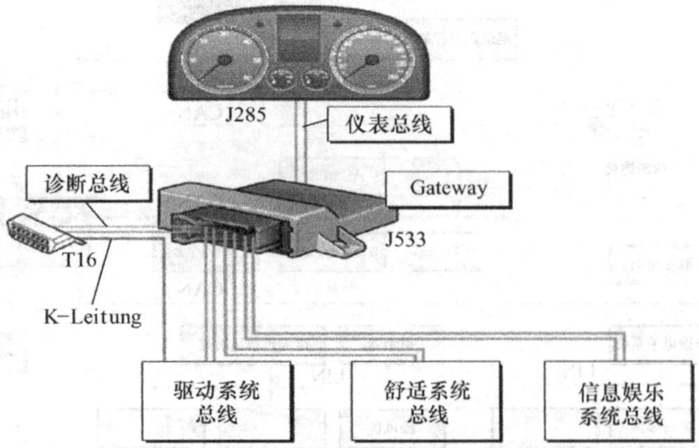
J285
仪表总线
诊断总线
Gateway
J533
T16
K-Leitung
驱动系统总线
舒适系统总线
信息娱乐系统总线

图1-5　车载网络系统网关

网关的主要任务是使各总线系统之间能进行信息交换。网关原理可以用火车站例子来清楚地说明：如图1-6所示，在站台A到达了一列快车（驱动系统CAN总线，500kbit/s），车上有数百名旅客，在站台B已经有一辆火车（舒适/信息娱乐系统CAN总线，100kbit/s）在等待，有一些乘客就换到站台B这辆火车上，另一些乘客要换乘快车继续旅行。车站/站台的这种功能，即让旅客换车，以便通过速度不同的交通工具到达各自目的地的功能，与各数据总线系统网络的网关功能是相同的。

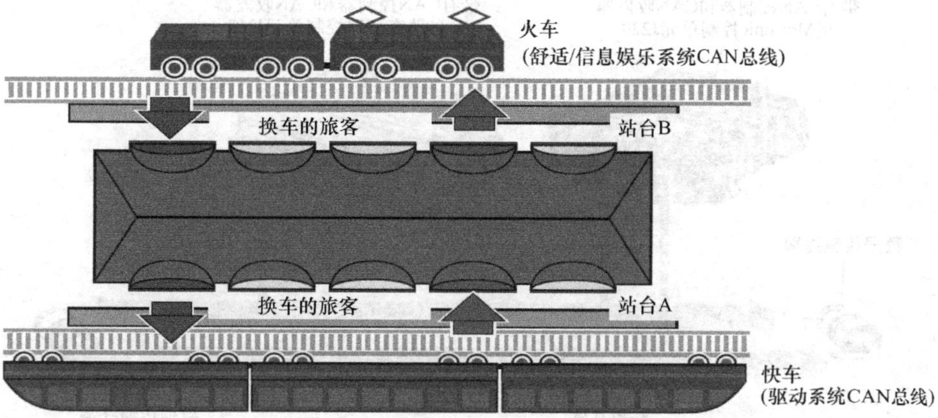
火车
(舒适/信息娱乐系统CAN总线)
换车的旅客
站台B
换车的旅客
站台A
快车
(驱动系统CAN总线)

图 1-6　车载网络系统网关原理

1.2.2　CAN 总线

1. CAN 总线组成

CAN 总线包括：控制单元、控制器、收发器、数据传输终端、CAN 数据总线，如图 1-7 所示。

（1）控制单元　控制单元接收和处理来自传感器的信号并把它们传送至执行元件；控制单元将控制器传来的信息进行运算，将运算数据传给控制器；控制单元还具有故障记忆功能。

控制单元的主要组成部分是：一个带输入和输出存储器的微型控制器以及一个程序存储器。系统定期查询控制单元接收到的传感器数值，例如发动机温度或发动机转速，并且按照它们的发生顺序把它们存储在输入存储器中。这个过程的原理相当于一个带旋转输入选择器的开关（参见图 1-7）的机械式步进系统。微型控制器根据程序配置连接输入值，处理的结果被存储在相应的输出存储器中再由存储器中传送至相应的执行元件。为了处理 CAN 信息，每个控制单元中都有一个附加的接收和发送信息的 CAN 存储区。

（2）控制器　控制器控制着 CAN 信息的数据传输过程，主要作用是接收控制单元传来的信号，形成发送指令，通过发送器传递给总线；或将总线通过接收器传来的信号进行转换，传递给控制单元。它被分成接收部分和发送部分，通过接收邮箱或发送邮箱与控制单元连接，通常被集成在微型控制器的芯片中。

（3）收发器　收发器的作用是将控制器提供的数据转换为电信号送入数据总线，同时也接收转换总线传来的数据并传送到控制器。

收发器是一个发射和接收放大器。它把 CAN 控制器串行比特（bit）流（逻辑电平）转换成电压值（信号电平），反之亦然。收发器通过 TX 线路（发送线路）或通过 RX 线路（接收线路）与 CAN 控制器连接。

RX 线路与 CAN 数据总线连接并且能够对总线信号进行连续的监测。TX 线路通过一个开路的集电极与数据总线连接（见图 1-7c），这将导致会有两种不同的总线状态：

状态 1：截止状态，晶体管截止（开关打开），总线电平 =1，未激活。

状态 0：接通状态，晶体管导通（开关闭合），总线电平 =0，激活。

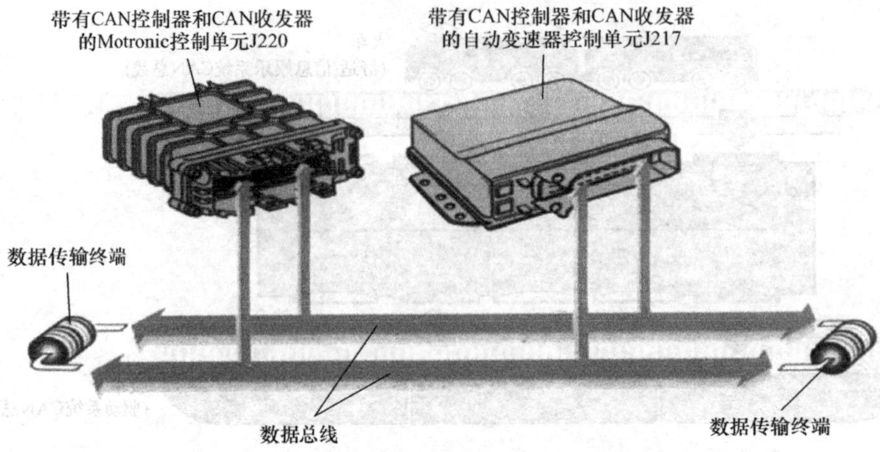
带有CAN控制器和CAN收发器
的Motronic控制单元J220
带有CAN控制器和CAN收发器
的自动变速器控制单元J217
数据传输终端
数据总线
数据传输终端

a）

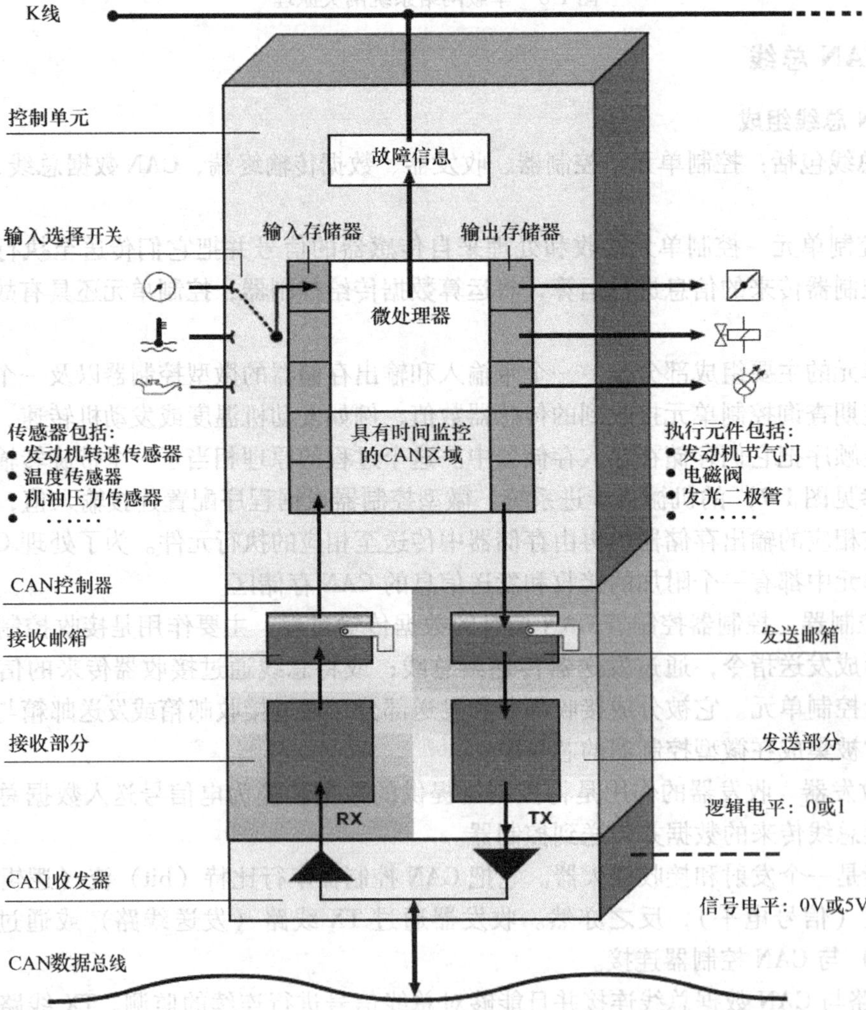
K线
控制单元
故障信息
输入选择开关
输入存储器
输出存储器
微处理器
具有时间监控
的CAN区域
传感器包括:
• 发动机转速传感器
• 温度传感器
• 机油压力传感器
• ……
执行元件包括:
• 发动机节气门
• 电磁阀
• 发光二极管
• ……
CAN控制器
接收邮箱
发送邮箱
接收部分
发送部分
RX
TX
逻辑电平：0或1
CAN收发器
信号电平：0V或5V
CAN数据总线

b）

图 1-7　CAN 总线组成

a）系统组成　b）控制单元、CAN 控制器和收发器

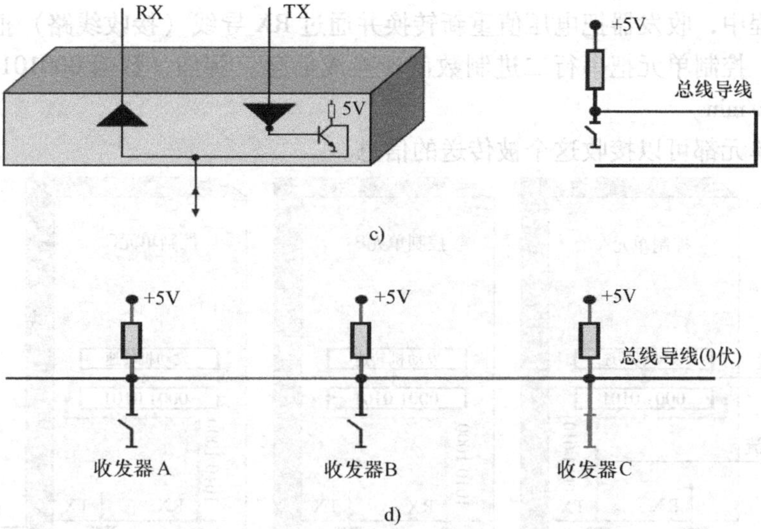
RX
TX
5V
+5V
总线导线
c)
+5V
+5V
+5V
总线导线(0伏)
收发器A
收发器B
收发器C
d)

图 1-7　CAN 总线组成（续）

c）收发器特点　d）收发器 C 激活

如果总线的状态为 1（未激活），控制单元可以用状态 0（激活）改写它，如图 1-7d 所示。未激活总线的电平被称为隐性电平；激活总线的电平被称为显性电平或主导电平。

（4）数据传输终端　数据传输终端实际是一个电阻，防止数据在线端被反射。

（5）CAN 数据总线　CAN 数据总线是用以传输数据的双向数据线，基本上单根总线就已经具备了全部功能，也可装备第二根总线，分为 CAN 高线（CAN-High 线）和 CAN 低线（CAN-Low 线）。CAN 总线没有指定接收器，数据通过数据总线发送并由各控制单元接收和计算。

2. 数据传输原理

（1）传输原理　CAN 总线中的数据传输就像一个电话会议，如图 1-8 所示。一个电话用户（控制单元）将数据“讲入”网络中，其他用户通过网络“接听”这个数据，对这个数据感兴趣的用户就会利用数据，而其他用户则选择忽略。

信息交换说明：以单线 CAN 总线为例，参见图 1-9a、b。

被交换的数据称为信息，CAN 总线上的信息是以二进制形式出现的。例如，发动机转速 1800r/min 可以用一个二进制数值 00010101 表示。

在发送之前，先把二进制数值转换成一个串行数据列（比特流）；通过 TX 导线（发送线路）把数据列发送至收发器。收发器把数据列转换成相应的电压值（信号电平），然后这些电压值被一个接一个地通过数据总线传送。

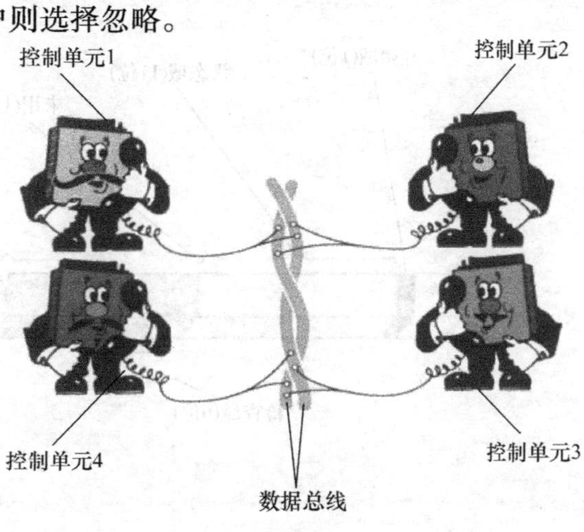
控制单元1
控制单元2
控制单元4
控制单元3
数据总线

图 1-8　CAN 总线数据传输原理

在接收过程中，收发器把电压值重新转换并通过 RX 导线（接收线路）把它们传送至控制单元。然后，控制单元把串行二进制数值转换成信息。例如，数值 00010101 被转换成发动机转速 1800r/min。

任何控制单元都可以接收这个被传送的信息。

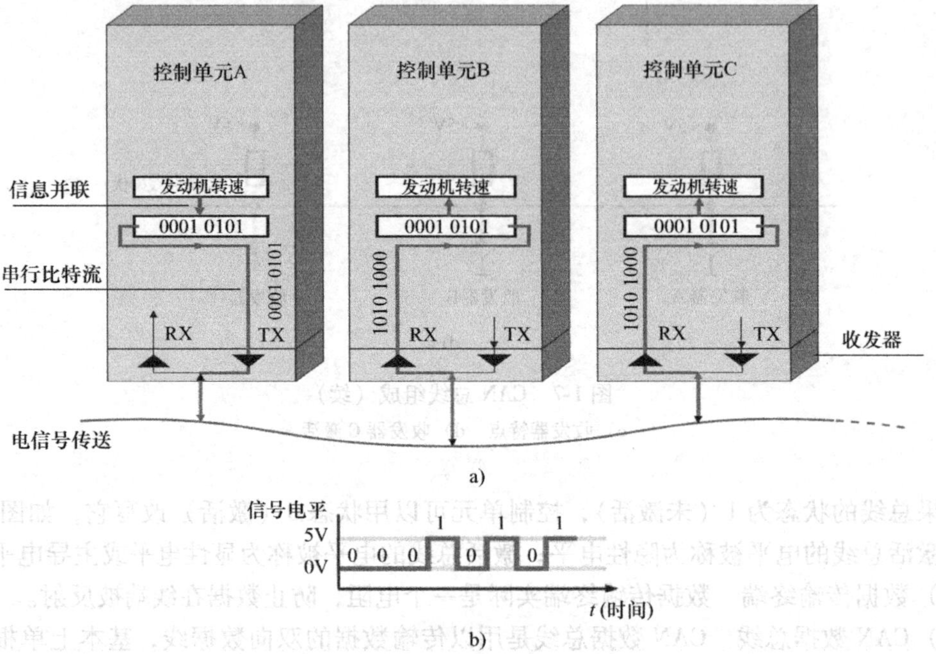

控制单元A
控制单元B
控制单元C
信息并联
发动机转速
0001 0101
串行比特流
0001 0101
1010 1000
RX
TX
收发器
电信号传送
a)
信号电平
5V
0V
0 0 0 1 0 1 0 1
t (时间)
b)

图 1-9　在 CAN 总线上的信息交换

a）信息交换　b）信号电平

（2）数据格式　CAN 总线在极短的时间里在各控制单元间传输数据列，可将其分为 7 个部分，如图 1-10 所示，各区域功能见表 1-2。该数据构成形式在两条数据传输线上是一样的。

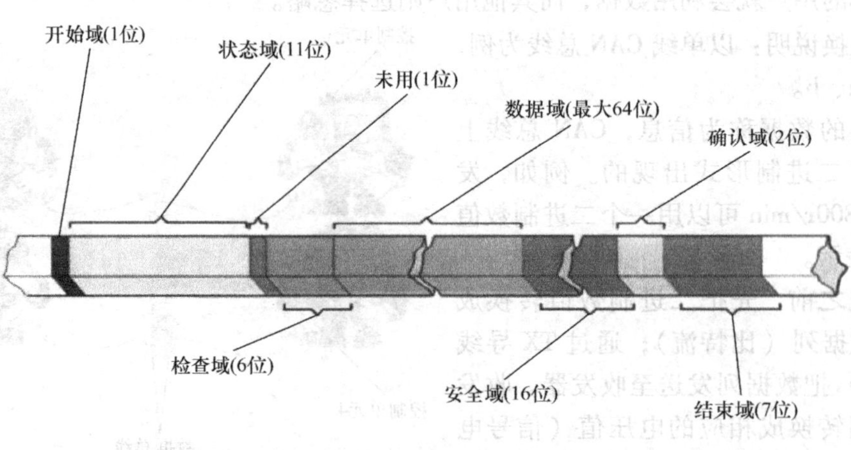

开始域(1位)
状态域(11位)
未用(1位)
数据域(最大64位)
确认域(2位)
检查域(6位)
安全域(16位)
结束域(7位)

图 1-10　CAN 总线传输数据的格式

表 1-2　数据中各区域的功能

区域名称	区域位数	区 域 功 能
开始域	1	标志数据开始。带有大约 5 V 电压(由系统决定)的 1 位被送入高位 CAN 线;带有大约 0 V 电压的 1 位被送入低位 CAN 线
状态域	11	判定数据中的优先权。如果两个控制单元都要同时发送各自的数据,那么,具有较高优先权的控制单元优先发送
检查域	6	显示在数据域中所包含的信息项目数。在此允许接收者检查是否已接收到传输来的所有信息
数据域	最大 64	传给其他控制单元的信息
安全域	16	检测传输数据中的错误
确认域	2	接收者通知发送者,已正确收到传输数据。若检查到错误,立即通知再发送一次数据
结束域	7	标志数据列的结束。这是显示错误以得到重新发送的最后可能区域

数据列由若干位构成，位数的多少由数据域的大小决定（1 位是信息的最小单位——单位时间电路状态，每位只有状态 0 或 1，即“是”和“不是”两个状态）。

通过 2 个连续位，可以产生 4 种组合，每种组合可以指定为一条信息。位数越多，所携带的信息量越大，每个新增加的位使可能被传输的信息量加倍，见表 1-3。

表 1-3　随着位数增加信息量的增加情况

1 位的组合	可能的信息	2 位的组合	可能的信息	3 位的组合	可能的信息
0V	10℃	0V;0V	10℃	0V;0V;0V	10℃
5V	20℃	0V;5V	20℃	0V;0V;5V	20℃
		5V;0V	30℃	0V;5V;0V	30℃
		5V;5V	40℃	0V;5V;5V	40℃
				5V;0V;0V	50℃
				5V;0V;5V	60℃
				5V;5V;0V	70℃
				5V;5V;5V	80℃

3. 数据传输过程

CAN 总线并没有指定的数据接收者，数据可以被所有控制单元接收和计算。CAN 总线的数据传输过程如图 1-11 所示。

①提供数据：控制单元向 CAN 控制器提供需要发送的数据。

②发送数据：CAN 收发器从 CAN 控制器处接收数据，将其转化为电信号并发出。

③接收数据：所有与 CAN 总线一起构成网络的控制单元成为接收器。

④检查数据：控制单元对接收到的数据进行检测，判断其是否是所需要的数据。

⑤接受数据：如果所接收的数据是重要的，它将被认可及处理，否则将被忽略。

数据传输过程举例：以发动机转速检测→传送→显示为例。

（1）发送过程　发送过程参见图 1-12a、b、c。

1）发动机控制单元的传感器探测到发动机的转速值，并每隔一定间隔（周期性地）将其存储在微型控制器的输入存储器中。

2）由于其他控制单元（如仪表板）也需要获得当前发动机转速值，所以必须通过 CAN 总线传送它。发动机转速值首先被复制到发动机控制单元的发送存储器中，从那里信息被传送到 CAN 控制器的发送邮箱。如果当前值已经在发送邮箱内，则出现一个“发送标记”（标记被举起）。一旦信息被发送给 CAN 控制器，发动机控制单元任务完成。

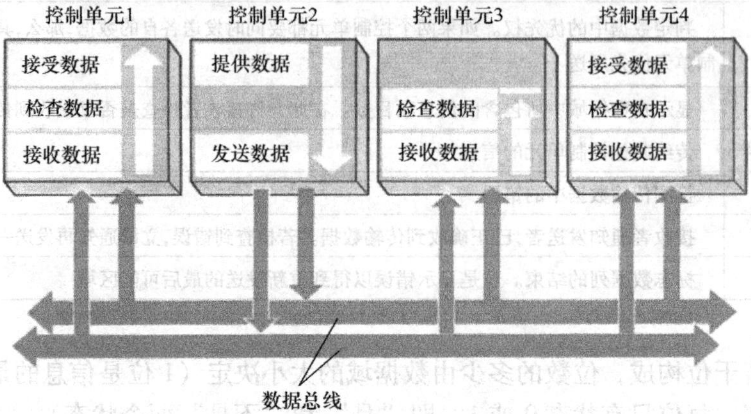
控制单元1
控制单元2
控制单元3
控制单元4
接受数据
检查数据
接收数据
提供数据
发送数据
检查数据
接收数据
接受数据
检查数据
接收数据
数据总线

图 1-11　CAN 总线的数据传输过程

3）发动机转速值根据协议首先被转换成具有特定 CAN 形式的发动机信息，如图 1-12a 所示。发动机信息的组成部分包括：标识符——发动机_1，信息内容——每分钟转数。发动机信息也可包括其他数据，如怠速、转矩等。

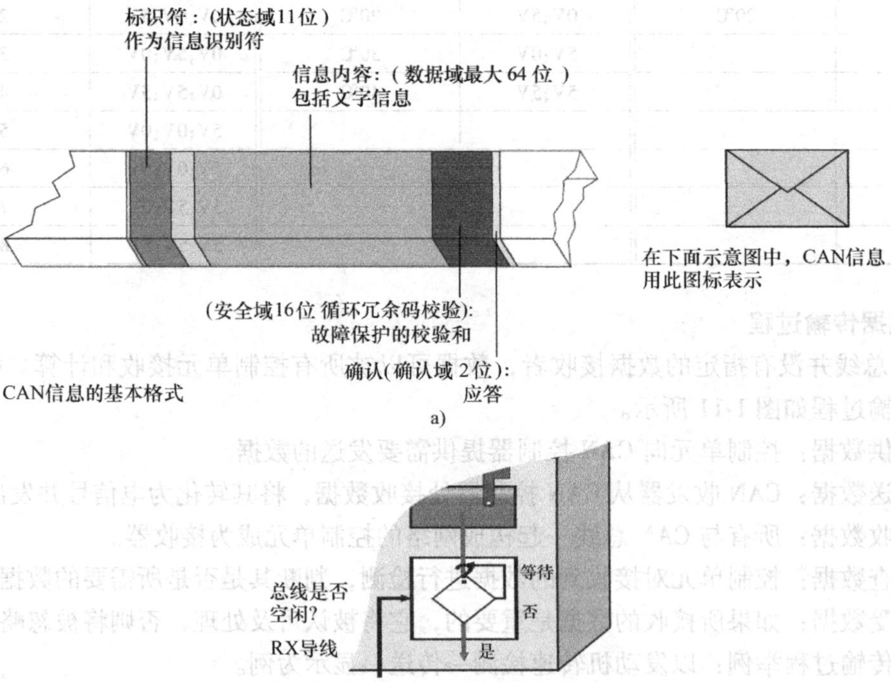
标识符：(状态域11位)
作为信息识别符
信息内容：(数据域最大 64 位)
包括文字信息
在下面示意图中，CAN信息
用此图标表示
(安全域16位 循环冗余码校验):
故障保护的校验和
确认(确认域 2位):
应答
CAN信息的基本格式
a)
等待
总线是否
空闲?
否
RX导线
是
b)

图 1-12　发动机转速信息传送过程示意图（单线 CAN 总线）

a）发动机转速信息基本格式　b）查询“总线是否空闲”

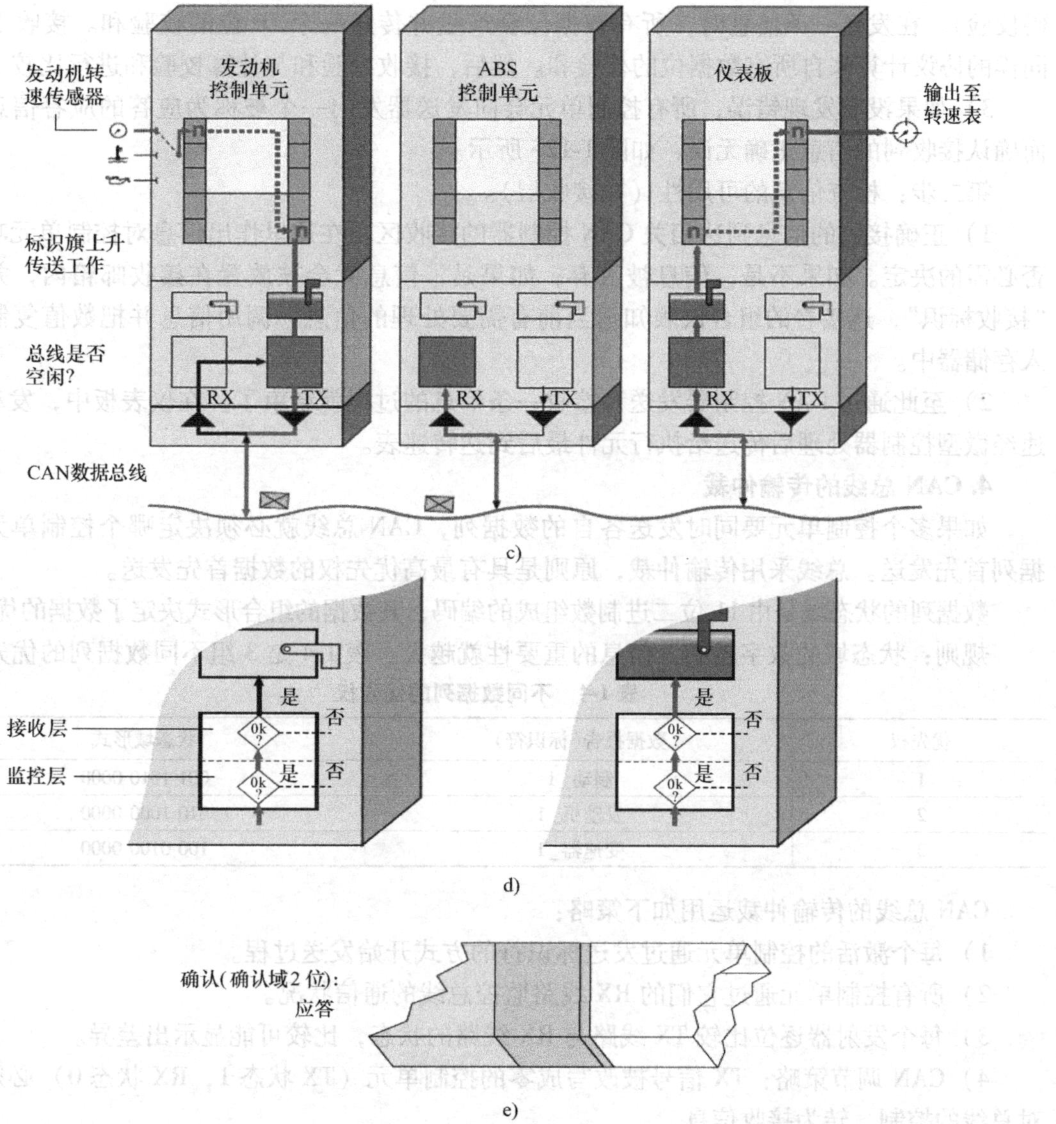
发动机转
速传感器
发动机
控制单元
ABS
控制单元
仪表板
输出至
转速表
标识旗上升
传送工作
总线是否
空闲?
RX
TX
CAN数据总线
c)
是
否
接收层
监控层
0k
?
d)
确认(确认域2位):
应答
e)

图 1-12　发动机转速信息传送过程示意图（单线 CAN 总线）（续）

c）发动机转速信息发送与接收　d）接收区、监控状态和接收状态　e）信息传递确认

4）CAN 控制器通过 RX 线路检查总线是否激活（信息是否处于被交换的过程中。在一定时段内的电平 1 不激活）。如有必要，它等待至总线有空为止。一旦有空就发送发动机信息，如图 1-12b、c 所示。

（2）接收过程　接收过程分两步，参见图 1-12c 、d、e。

第一步：检查信息是否有错误（在监控层）。

1）所有连接的控制单元都接收由发动机控制单元传送的信息，通过 RX 线路传送至 CAN 控制器的接收区。

2）接收器接收发动机信息，并在相关的监控层检验它们的正确性。使用 CRC 校验和探测在传送过程中是否发生错误（CRC 是 Cyclic Redundancy Check 的缩写，意思是循环冗余码校验）。在发送一条信息时，所有数据位会产生并传送一个16位的校验和。接收器使用同样的协议计算来自所有数据位的校验和。然后，接收校验和与计算校验和进行比较。

3）如果没有发现错误，所有控制单元会向发送器发出一个被称为应答的应答信息，从而确认接收到的信息正确无误，如图1-12e所示。

第二步：检查信息的可用性（在接收层）。

1）正确接收的信息到达相关CAN控制器的接收区，在这里作出信息对控制单元功能是否必需的决定。如果不是，信息被丢弃；如果是，信息就会被放置在接收邮箱内，并举起“接收标识”，连接着的组合仪表知道当前有需要处理的信息，调用信息并把数值复制到输入存储器中。

2）至此通过CAN控制器发送和接收一条信息的过程就结束了。在仪表板中，发动机转速经微型控制器处理后传送给执行元件最后到达转速表。

4. CAN总线的传输仲裁

如果多个控制单元要同时发送各自的数据列，CAN总线就必须决定哪个控制单元的数据列首先发送。总线采用传输仲裁，原则是具有最高优先权的数据首先发送。

数据列的状态域是由11位二进制数组成的编码，其数据的组合形式决定了数据的优先权。

规则：状态域的数字越小，信息的重要性就越大。表1-4是3组不同数据列的优先权。

表1-4　不同数据列的优先权

优先权	数据报告(标识符)	状态域形式
1	制动_1	001 1010 0000
2	发动机_1	010 1000 0000
3	变速器_1	100 0100 0000

CAN总线的传输仲裁运用如下策略：

1）每个激活的控制单元通过发送标识符的方式开始发送过程。

2）所有控制单元通过它们的RX线路监控总线的通信状况。

3）每个发射器逐位比较TX线路与RX线路的状态，比较可能显示出差异。

4）CAN调节策略：TX信号被改写成零的控制单元（TX状态1，RX状态0）必须退出对总线的控制，转为接收信息。

信息重要性是由状态域的引导零的数量控制的，如图1-13所示。

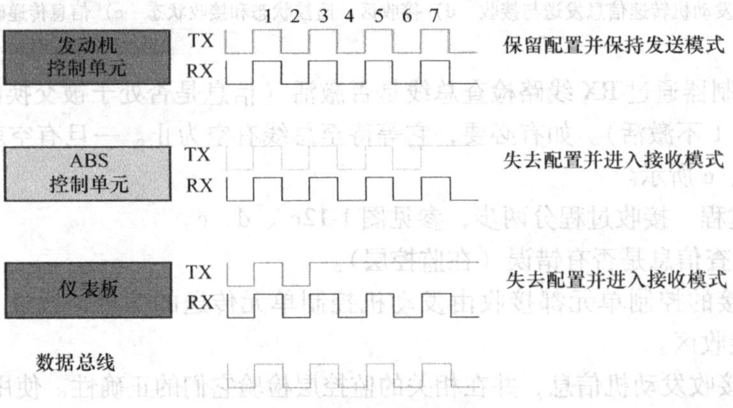
1 2 3 4 5 6 7
发动机控制单元
TX
RX
保留配置并保持发送模式
ABS控制单元
TX
RX
失去配置并进入接收模式
仪表板
TX
RX
失去配置并进入接收模式
数据总线

图1-13　CAN总线传输仲裁过程

状态域位值、位电压与级别见表 1-5。

表 1-5 状态域位值、位电压与级别

位值	位电压/V	级 别
0	0	高
1	5	低

5. CAN 总线的抗干扰

在车辆工作过程中，电火花、电路开关、移动电话和发送站以及任何产生电磁波的物体会产生电磁干扰，如图 1-14 所示。电磁干扰能够影响或破坏 CAN 的数据传输。

为防止数据传输受到干扰，2 根数据传输线缠绕在一起且电压相反，如图 1-15 所示，这也可以防止数据线所产生的辐射噪声。

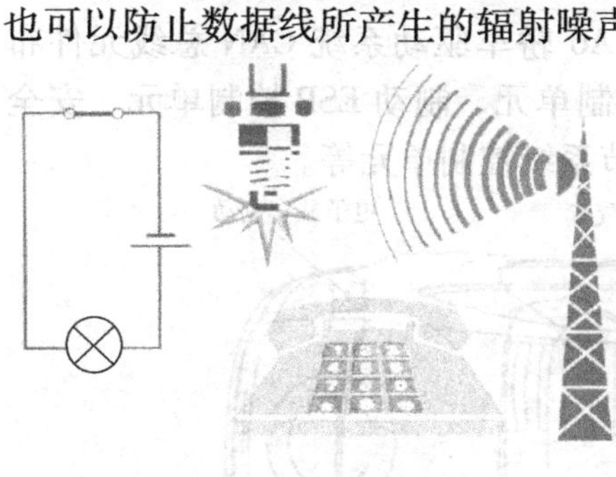

图 1-14 干扰源

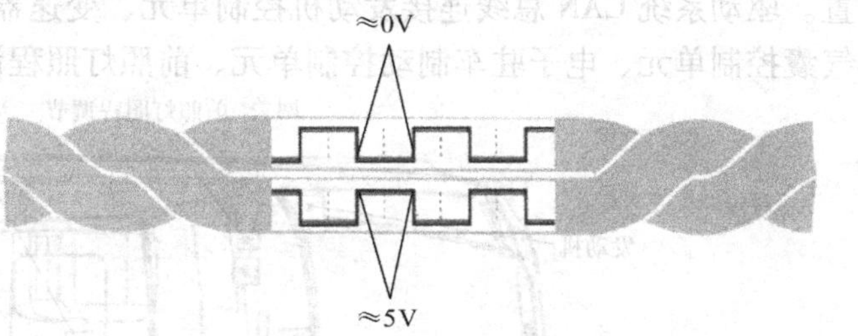
≈0V
≈5V

图 1-15 2 根数据传输线缠绕一起

6. CAN 总线类型

由于汽车不同，控制器对 CAN 总线的性能要求也不同。大众奥迪车系最新版本的 CAN 总线系统人为设定为 5 个不同的区域，分别为驱动（动力）系统、舒适系统、信息娱乐系统、仪表系统、诊断系统等 5 个局域网，如图 1-16 所示，其传输速率见表 1-6。CAN 总线系统安全传输速率最高可达到 1Mbit/s。

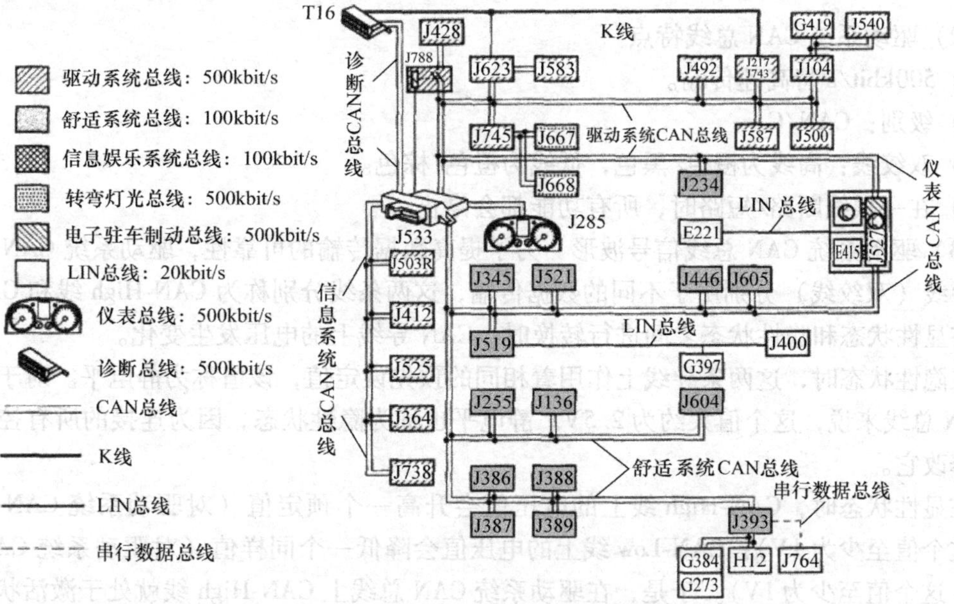
驱动系统总线：500kbit/s
舒适系统总线：100kbit/s
信息娱乐系统总线：100kbit/s
转弯灯光总线：500kbit/s
电子驻车制动总线：500kbit/s
LIN总线：20kbit/s
仪表总线：500kbit/s
诊断总线：500kbit/s
CAN总线
K线
LIN总线
串行数据总线
T16
诊断CAN总线
J428
J788
K线
J623
J583
J492
J217
J743
J104
G419
J540
J745
J667
驱动系统CAN总线
J587
J500
J668
J234
仪表CAN总线
LIN 总线
E221
E415
J527
J533
J285
J503R
J345
J521
J446
J605
信息系统CAN总线
J412
LIN总线
J519
J400
G397
J525
J255
J136
J604
J364
舒适系统CAN总线
J738
J386
J388
串行数据总线
J393
J387
J389
G384
G273
H12
J764

图 1-16 迈腾轿车车载网络系统

表1-6 CAN总线的传输速率

序号	局域网总线	电源供电线	传输速率/(kbit/s)
1	驱动(动力)系统总线	15	500
2	舒适系统总线	30	100
3	信息娱乐系统总线	30	100
4	诊断系统总线	30	500
5	仪表系统总线	15	500

7. 驱动系统CAN总线

（1）驱动系统CAN总线组成　图1-17所示为奥迪A6轿车驱动系统CAN总线元件布置。驱动系统CAN总线连接发动机控制单元、变速器控制单元、制动ESP控制单元、安全气囊控制单元、电子驻车制动控制单元、前照灯照程调节系统控制单元等。

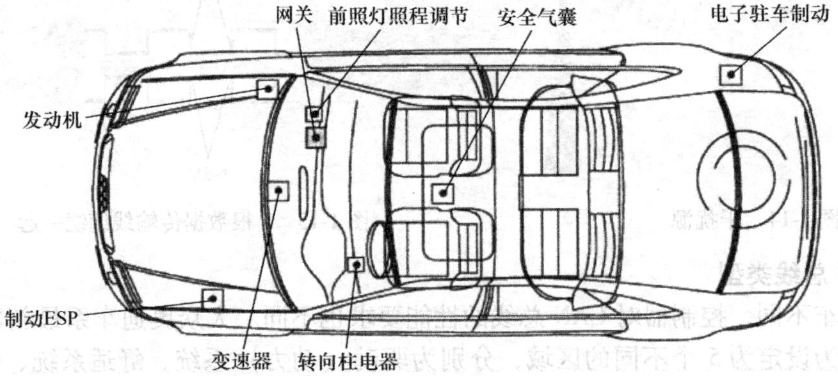
网关
前照灯照程调节
安全气囊
电子驻车制动
发动机
制动ESP
变速器
转向柱电器

图1-17　奥迪A6轿车驱动系统CAN总线元件布置

（2）驱动系统CAN总线特点

1）500kbit/s特高速传输。

2）级别：CAN/C。

3）双绞线：高线为橙色/黑色，低线为橙色/棕色。

4）在一根线断路/短路时，所有功能都会停止。

（3）驱动系统CAN总线信号波形　为了提高数据传输的可靠性，驱动系统CAN总线的两条导线（双绞线）分别用于不同的数据传输，这两条线分别称为CAN-High线和CAN-Low线。在显性状态和隐性状态之间进行转换时，CAN导线上的电压发生变化。

在隐性状态时，这两条导线上作用着相同的预先设定值，该值称为静电平。对于驱动系统CAN总线来说，这个值大约为2.5V。静电平也称为隐性状态，因为连接的所有控制单元均可修改它。

在显性状态时，CAN-High线上的电压值会升高一个预定值（对驱动系统CAN总线来说，这个值至少为1V）；CAN-Low线上的电压值会降低一个同样值（对驱动系统CAN总线来说，这个值至少为1V）。于是，在驱动系统CAN总线上CAN-High线就处于激活状态，其电压不低于3.5 V(2.5 V+1 V=3.5 V)，而CAN-Low线上的电压值最多可降至1.5V(2.5V

-1V=1.5V)。

因此，在隐性状态时，CAN-High线与CAN-Low线上的电压差为0V；在显性状态时，该差值最低为2 V。驱动系统CAN总线网络由15号供电线激活，传输速率为500kbit/s，是所有CAN总线中最高的，采用终端电阻结构，其中心电阻的值为66Ω。驱动系统CAN总线上的信号变化波形如图1-18所示。

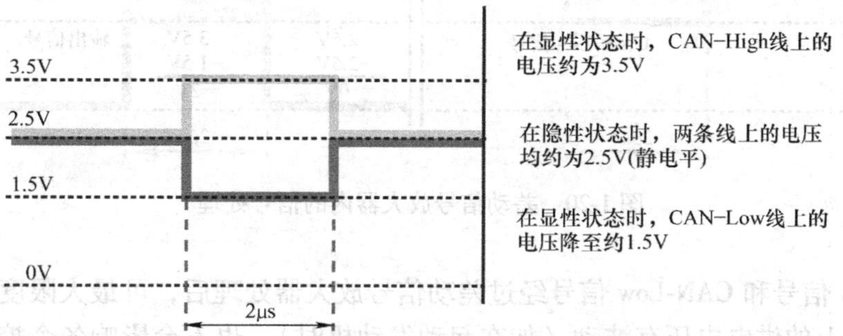
3.5V
2.5V
1.5V
0V
2μs
在显性状态时，CAN-High线上的电压约为3.5V
在隐性状态时，两条线上的电压均约为2.5V(静电平)
在显性状态时，CAN-Low线上的电压降至约1.5V

图1-18　驱动系统CAN总线上的信号变化

(4) 收发器内的CAN-High线和CAN-Low线上的信号转换　控制单元是通过收发器连接到驱动系统CAN总线上的，在这个收发器内有一个接收器，该接收器安装在接收一侧的差动信号放大器内，如图1-19所示。差动信号放大器用于处理来自于CAN-High线和CAN-Low线的信号，除此以外，还负责将转换后的信号送至控制单元的CAN接收区。这个转换后的信号，称为差动信号放大器的输出电压。差动信号放大器用CAN-High线上的电压($U_{CAN\text{-}High}$)减去CAN-Low线上的电压($U_{CAN\text{-}Low}$)，计算出输出电压差，用这种方法可以消除静电平(对于驱动系统CAN总线来说是2.5V)或其他任意叠加的电压(例如干扰)。差动信号放大器内的信号处理如图1-20所示。

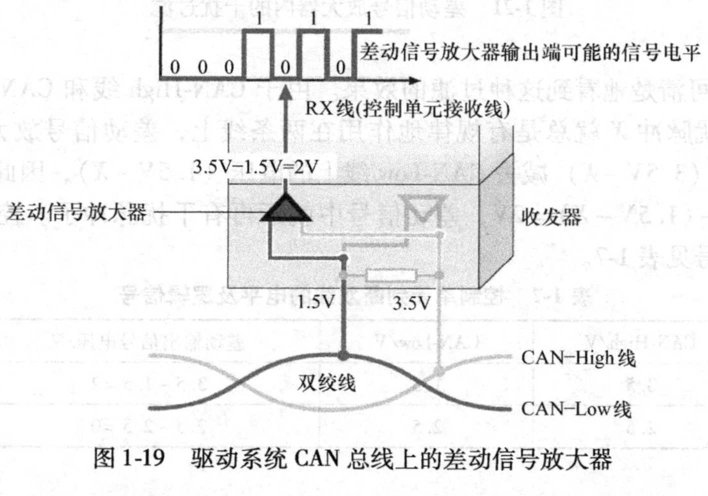
0 0 0 1 0 1 0 1
差动信号放大器输出端可能的信号电平
RX线(控制单元接收线)
3.5V-1.5V=2V
差动信号放大器
收发器
1.5V
3.5V
CAN-High线
双绞线
CAN-Low线

图1-19　驱动系统CAN总线上的差动信号放大器

(5) 差动信号放大器内的干扰过滤　由于数据总线也要布置在发动机舱内，所以数据总线就要遭受各种干扰，要考虑对地短路和蓄电池电压、点火装置的火花放电和静态放电这几种主要干扰。

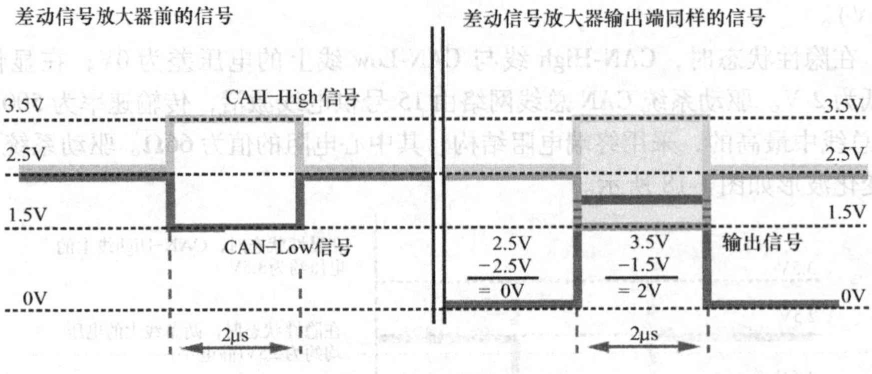
差动信号放大器前的信号
差动信号放大器输出端同样的信号
CAH-High信号
3.5V
2.5V
1.5V
CAN-Low信号
0V
2.5V
-2.5V
= 0V
3.5V
-1.5V
= 2V
输出信号
2μs
2μs

图 1-20　差动信号放大器内的信号处理

CAN-High 信号和 CAN-Low 信号经过差动信号放大器处理后，可最大限度地消除干扰的影响，即使车上的供电电压有波动（如在起动发动机时），也不会影响各个控制单元的数据传输的可靠性，如图 1-21 所示。

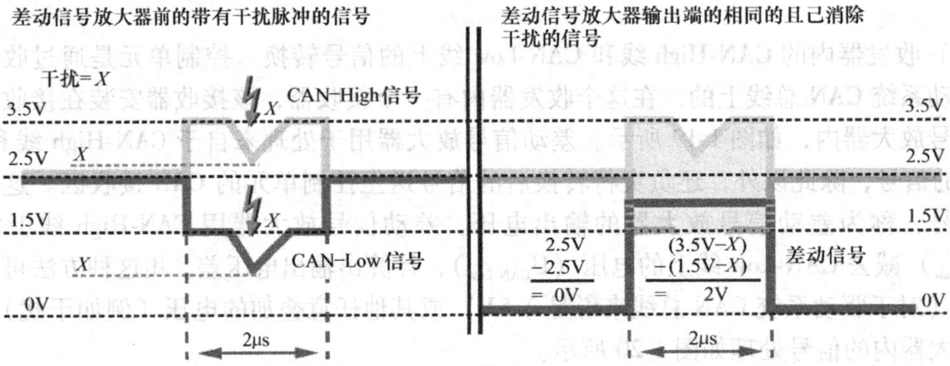
差动信号放大器前的带有干扰脉冲的信号
差动信号放大器输出端的相同的且已消除干扰的信号
干扰=X
CAN-High信号
3.5V
2.5V
1.5V
CAN-Low 信号
0V
2.5V
-2.5V
= 0V
(3.5V-X)
-(1.5V-X)
= 2V
差动信号
2μs
2μs

图 1-21　差动信号放大器内的干扰过滤

从图 1-21 中可清楚地看到这种过滤的效果。由于 CAN-High 线和 CAN-Low 线是扭绞在一起的，所以干扰脉冲 X 就总是有规律地作用在两条线上，差动信号放大器总是用 CAN-High 线上的电压（3.5V－X）减去 CAN-Low 线上的电压（1.5V－X），因此在经过差动处理后，(3.5V－X)－(1.5V－X)＝2V，差动信号中就不再有干扰脉冲了。控制单元判断双线的电平及逻辑信号见表 1-7。

表 1-7　控制单元判断双线的电平及逻辑信号

状态	CAN-High/V	CAN-Low/V	差动输出信号电压/V	逻辑信号
显性	3.5	1.5	3.5－1.5＝2	1
隐性	2.5	2.5	2.5－2.5＝0	0

8. 舒适/信息娱乐系统 CAN 总线

（1）舒适/信息娱乐系统 CAN 总线组成　CAN 舒适/信息娱乐系统总线的联网控制单元包括自动空调控制单元、车门控制单元、舒适控制单元、收音机和导航显示控制单元。控制单元通过舒适/信息娱乐系统 CAN 总线的 CAN-High 线和 CAN-Low 线来进行数据交换，如车门开/关、车内灯开/关、车辆位置（GPS）等。由于使用同样的脉冲频率，所以舒适系统和信息娱乐系统 CAN 总线可以共同使用一对导线，当然，前提条件是相应的车上有这两种数据总线。

图 1-22 所示为奥迪 A6 轿车舒适系统 CAN 总线元件布置。舒适系统 CAN 总线连接空调控制单元、停车辅助控制单元、挂车控制单元、蓄电池能量管理单元、车门控制单元、电子转向柱锁控制单元、驻车加热控制单元、轮胎气压监控控制单元以及多功能转向盘、电子后排座椅等控制单元。点火开关断开后，CAN 通信一直有效，通信断路时（如拔下插头或某一控制单元供电断路）会产生故障记忆，在重新连接正常后，必须删除所有控制单元的故障存储后才可以正常运行。

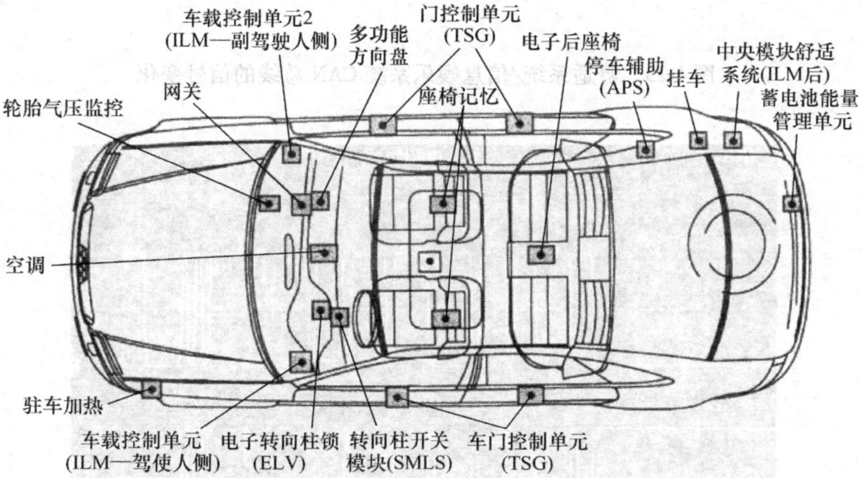
车载控制单元2
(ILM—副驾驶人侧)
多功能
方向盘
门控制单元
(TSG)
电子后座椅
中央模块舒适
系统(ILM后)
停车辅助
(APS)
挂车
网关
座椅记忆
蓄电池能量
管理单元
轮胎气压监控
空调
驻车加热
车载控制单元
(ILM—驾使人侧)
电子转向柱锁
(ELV)
转向柱开关
模块(SMLS)
车门控制单元
(TSG)

图 1-22 奥迪 A6 轿车舒适系统 CAN 总线元件布置

（2）舒适/信息娱乐系统 CAN 总线特点

1）传输率：100kbit/s。

2）级别：CAN/B。

3）双绞线：舒适系统 CAN-High 线为橙色/绿色；信息娱乐系统 CAN-High 线为橙色/紫色；CAN-Low 线为橙色/棕色。

（3）舒适/信息娱乐系统 CAN 总线信号波形　为了使低速 CAN 总线抗干扰能力强且电流消耗低，与驱动系统 CAN 总线相比作了一些改动。首先，由于使用了单独的驱动器（功率放大器），这两个 CAN 信号就不再有彼此依赖的关系。与驱动系统 CAN 总线不同，舒适/信息娱乐系统 CAN 总线的 CAN-High 线和 CAN-Low 线不是通过电阻相连的，也就是说，CAN-High 线和 CAN-Low 线不再彼此相互影响，而是彼此独立作为电压源来工作。在隐性状态（静电平）时，CAN-High 线信号为 0V，在显性状态时≥3.6V。对于 CAN-Low 信号来说，隐性电平为 5V，显性电平≤1.4V，如图 1-23 所示。

于是，在差动信号放大器内相减后，隐性电平为 -5V，显性电平为 2.2V，那么隐性电平和显性电平之间的电压变化（电压提升）提高到≥7.2V。VAS5051 上的数字存储式示波器（DSO）上显示的舒适系统/信息娱乐系统 CAN 总线波形图（静态）如图 1-24 所示。

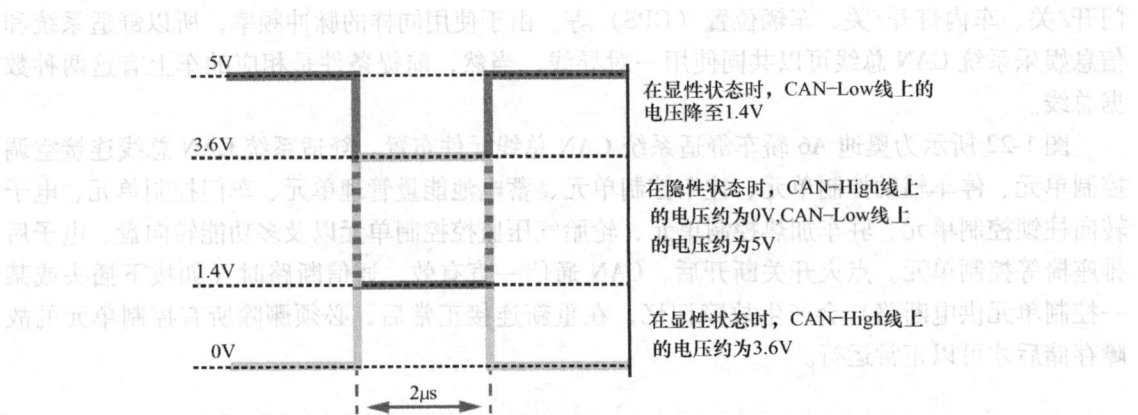

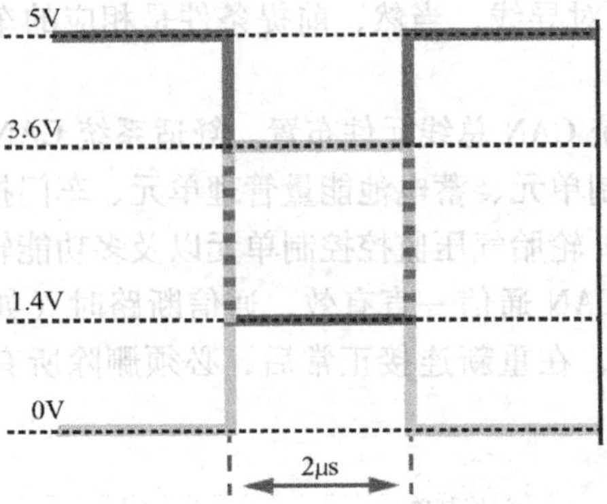
5V
3.6V
1.4V
0V
2μs
在显性状态时，CAN-Low线上的电压降至1.4V
在隐性状态时，CAN-High线上的电压约为0V,CAN-Low线上的电压约为5V
在显性状态时，CAN-High线上的电压约为3.6V

图 1-23　舒适系统/信息娱乐系统 CAN 总线的信号变化

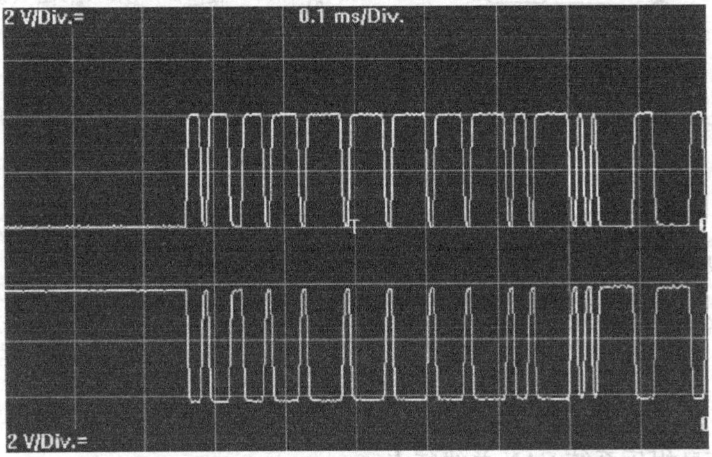
2 V/Div.=
0.1 ms/Div.
2 V/Div.=

图 1-24　VAS5051 上数字存储式示波器（DSO）上显示的舒适系统/信息娱乐系统 CAN 总线波形图（静态）

（4）舒适系统/信息娱乐系统 CAN 总线的 CAN 收发器　舒适系统/信息娱乐系统 CAN 总线收发器的结构如图 1-25 所示，其工作原理与驱动系统 CAN 总线收发器基本是一样的，只是输出的电压电平和出现故障时切换到 CAN-High 线或 CAN-Low 线（单线工作模式）的方法不同。另外，CAN-High 线和 CAN-Low 线之间的短路会被识别出来，并且，在出现故障时会关闭 CAN-Low 驱动器，在这种情况下，CAN-High 线和 CAN-Low 线信号是相同的。

CAN-High 线和 CAN-Low 线上的数据传输由安装在收发器内的故障逻辑电路监控。故障逻辑电路检验两条 CAN 导线上的信号，如果出现故障（如某条 CAN 导线断路），那么故障逻辑电路会识别出该故障，从而使用完好的那一条导线（单线工作模式）。

在正常的工作模式下，使用的是 CAN-High 减去 CAN-Low 所得的信号（差动数据传输），这样就可将故障对舒适系统/信息娱乐系统 CAN 总线的两条导线的影响降至最低（与驱动系统 CAN 总线是一样的）。控制单元判断双线的电平及逻辑信号见表 1-8。

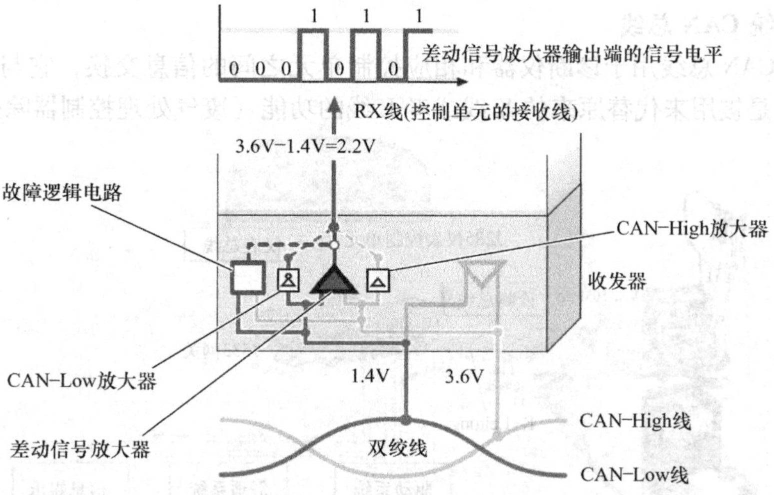
1 1 1
0 0 0 0 0
差动信号放大器输出端的信号电平
RX线(控制单元的接收线)
3.6V−1.4V=2.2V
故障逻辑电路
CAN−High放大器
收发器
CAN−Low放大器
1.4V
3.6V
CAN−High线
差动信号放大器
双绞线
CAN−Low线

图 1-25　舒适系统/信息娱乐系统 CAN 总线收发器的结构

表 1-8　控制单元判断双线的电平及逻辑信号

状态	CAN-High/V	CAN-Low/V	差分输出信号电压/V	逻辑信号
显性	3. 6	1. 4	3. 6 − 1. 4 =2. 2	1
隐性	0	5	0 − 5 = −5	0

（5）单线工作模式下的舒适系统/信息娱乐系统 CAN 总线　如果因断路、短路或与蓄电池电压相连而导致两条 CAN 导线中的一条不工作了，那么就会切换到单线工作模式。在单线工作模式下，舒适/信息娱乐系统 CAN 总线仍可工作。控制单元使用 CAN 不受单线工作模式的影响，一个专用的故障输出用于通知控制单元：现在收发器是工作在单线模式下。VAS5051 上示波器（DSO）上显示的舒适/信息娱乐系统 CAN 总线工作在单线模式下的波形（静态）如图 1-26 所示。

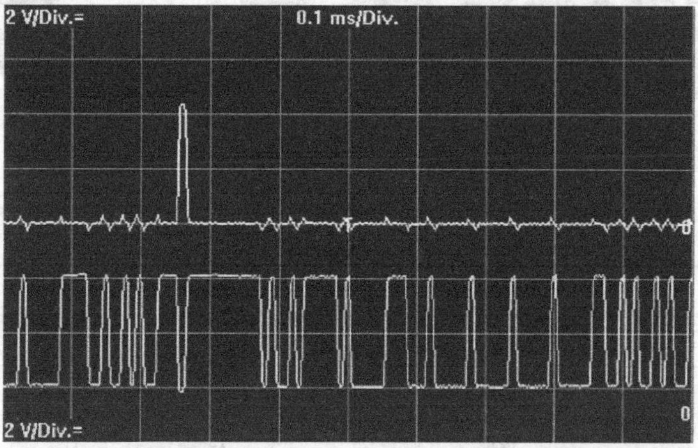
2 V/Div.=
0.1 ms/Div.
0
0
2 V/Div.=

图 1-26　VAS5051 上示波器（DSO）上显示的舒适系统/信息娱乐系统 CAN 总线工作在单线模式下的波形（静态）

9. 诊断系统 CAN 总线

诊断系统 CAN 总线用于诊断仪器和相应控制单元之间的信息交换，它与网关的连接如图 1-27 所示，是被用来代替原来的 K 线或者 L 线的功能（废气处理控制器除外）。

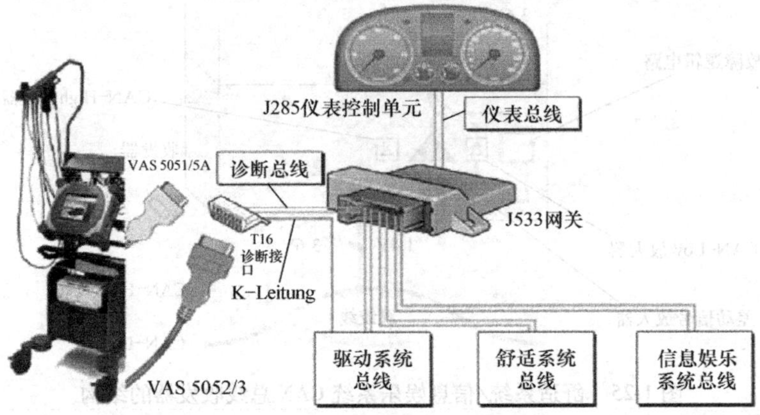

J285仪表控制单元
仪表总线
VAS 5051/5A
诊断总线
J533网关
T16
诊断接口
K-Leitung
驱动系统总线
舒适系统总线
信息娱乐系统总线
VAS 5052/3

图 1-27 诊断系统 CAN 总线与网关的连接

随着诊断系统 CAN 总线的使用，大众集团将逐步淘汰控制器上的 K 线存储器而采用 CAN 线作为诊断仪器和控制器之间的信息连接线，称之为虚拟 K 线。

诊断系统 CAN 总线目前只能在 VAS5051 和 VAS5052 下工作，而不能适用于原来的诊断工具，如 V. A. G1552 等。诊断系统 CAN 总线通过网关转接到相应的 CAN 总线上，然后再连接相应的控制器进行数据交换。

当车辆使用诊断系统 CAN 总线后，VAS5051 等诊断仪器必须使用相对应的新型诊断线（VAS5051/5A 或 VAS5051/6A），否则无法读出相应的诊断信息。另外，汽车上的诊断接口也作出了相应的改动，如图 1-28 所示。诊断接口端子引脚的含义见表 1-9。

8 7 6 5 4 3 2 1
16 15 14 13 12 11 10 9

图 1-28 诊断接口

表 1-9 诊断接口端子引脚的含义

引脚号	对应的线束	引脚号	对应的线束
1	15 号线	7	K 线
4	接地	14	CAN 低线
5	接地	15	L 线
6	CAN 高线	16	30 号线

注：未标明的引脚号暂未使用。

1.2.3 LIN 总线

1. 概述

LIN（Local Interconnect Network）即局部互连网络，也被称为“局部子系统”，所以LIN总线是CAN总线网络下的子系统。汽车上各个LIN总线系统之间的数据交换是由控制单元通过CAN总线实现的。奥迪A6轿车LIN总线组成如图1-29所示。

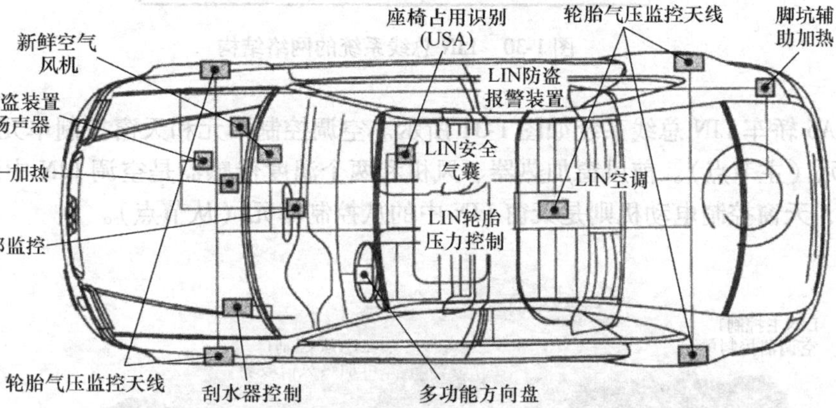

座椅占用识别
(USA)
轮胎气压监控天线
脚坑辅助加热
新鲜空气风机
LIN防盗报警装置
防盗装置扬声器
LIN安全气囊
PTC—加热
LIN空调
LIN轮胎压力控制
内部监控
轮胎气压监控天线
刮水器控制
多功能方向盘

图1-29 奥迪A6轿车LIN总线组成

2. LIN总线传输特征

LIN总线是一种低成本的串行通信网络，用于实现汽车中的分布式电子系统控制。LIN的目标是为现有汽车网络（例如CAN总线）提供辅助功能，因此，LIN总线是一种辅助的总线网络。在不需要CAN总线的带宽和多功能的场合，如智能传感器和制动装置之间的通信使用，LIN总线可大大节省成本。LIN总线的主要特性如下。

1）最大传输速率为20kbit/s。

2）低成本，基于通用UART接口，几乎所有微控制器都具备LIN必需的硬件。

3）只需要一根数据传输线。

4）单主控制器/多从控制器设备模式无需仲裁机制，通过单主/多从的原则保证系统安全。

5）从节点不需振荡器就能实现同步，节省了多从控制器部件的硬件成本。

6）保证信号传输的延迟时间。

7）不需要改变LIN节点上的硬件和软件就可以在网络上增加节点。

8）通常一个LIN网络上节点数目小于12个，共有64个标识符。

9）单线，基本色为紫色+标识色。

LIN总线系统是单线式，底色是紫色，有标识色。该线的横截面面积为0.35mm^2，无须屏蔽。该系统允许一个LIN主控制单元最多与16个LIN从控制单元进行数据交换。

3. LIN总线的组成和工作原理

LIN总线系统的网络结构如图1-30所示。网络由一个主节点和多个从节点构成，主节点可以执行主任务也可以执行从任务，从节点只能执行从任务。总线上的信息传递由主节点控制。

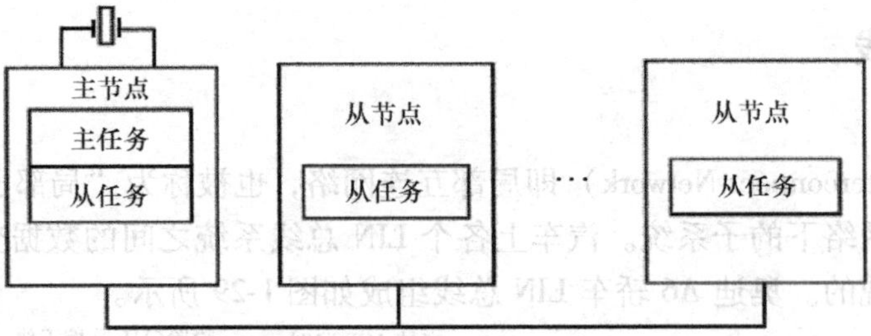
主节点
主任务
从任务
从节点
从任务
…
从节点
从任务

图 1-30　LIN 总线系统的网络结构

奥迪 A6 轿车 LIN 总线系统如图 1-31 所示。空调控制单元和天窗控制单元就是两个 LIN 主控制单元（主节点）。前风窗加热器、风机和两个温度传感器是空调 LIN 中的从控制单元（从节点），天窗控制电动机则是天窗 LIN 中的从控制单元（从节点）。

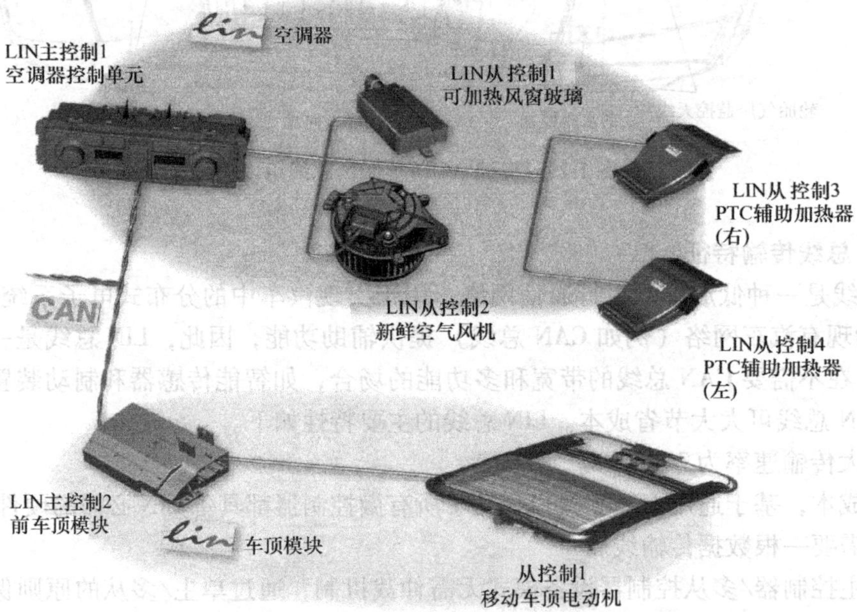
lin 空调器
LIN主控制1
空调器控制单元
LIN从控制1
可加热风窗玻璃
LIN从控制3
PTC辅助加热器
(右)
CAN
LIN从控制2
新鲜空气风机
LIN从控制4
PTC辅助加热器
(左)
LIN主控制2
前车顶模块
lin 车顶模块
从控制1
移动车顶电动机

图 1-31　奥迪 A6 轿车 LIN 总线系统

（1）LIN 主控制单元　该控制单元连接在 CAN 数据总线上，它执行 LIN 的主功能，其主要作用如下：

1）监控数据传输和数据传输的速率，发送信息标题。

2）该控制单元的软件内已经设定了一个周期，这个周期用于决定何时将哪些信息发送到 LIN 数据总线上多少次。

3）该控制单元在 LIN 数据总线与 CAN 总线之间起“翻译”作用，它是 LIN 总线系统中唯一与 CAN 总线相连的控制单元。

4）通过 LIN 主控制单元进行 LIN 系统自诊断。

图 1-32 所示为奥迪 A6 轿车 CAN、LIN 总线与主、从控制器示意图。

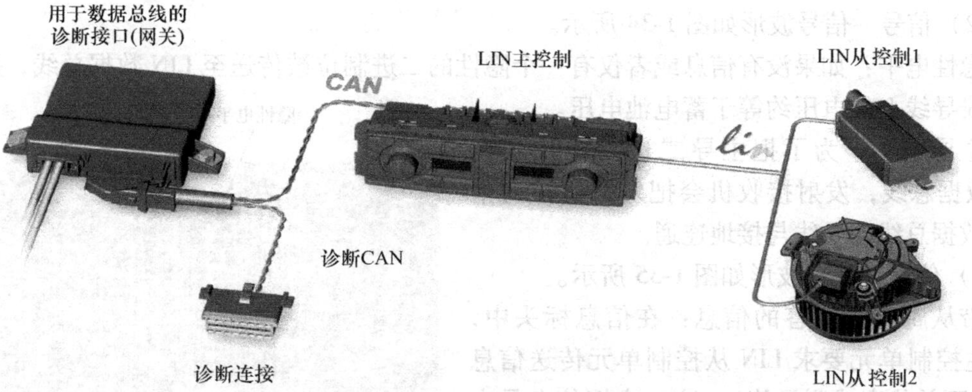
用于数据总线的
诊断接口(网关)
LIN主控制
LIN从控制1
CAN
lin
诊断CAN
诊断连接
LIN从控制2

图 1-32　奥迪 A6 轿车 CAN、LIN 总线与主、从控制器示意图

（2）LIN 从控制单元　在 LIN 数据总线系统内，单个的控制单元、传感器及执行元件都可用作 LIN 总线的从控制单元。传感器内集成有一个电子装置，对测量值进行分析，并由 LIN 总线用数字信号传递。有些传感器和执行元件只使用 LIN 主控制单元插口上的一个引脚。LIN 执行元件都是智能型的电子或机电部件，通过 LIN 主控制单元的 LIN 数字信号接收任务。LIN 主控制单元通过集成的传感器来获知执行元件的实际状态，以进行规定状态和实际状态的对比，从而获得相应的控制信号，控制执行元件的工作状态。LIN 从控制单元的特点如下：

1）接收、传递或忽略从主控制系统接收到的信息标题相关的数据，可以通过一个“叫醒”信号来唤醒主系统。

2）检查所接收数据的检查和。

3）对所发送数据的检查和进行计算。

4）同主系统的同步字节保持一致。

5）只能按照主系统的要求同其他子系统进行数据交换。

（3）数据传输　数据传输率为 1～20kbit/s，它是由 LIN 控制单元中的软件确定的。这一速率最多相当于舒适系统 CAN 总线数据传输率的 1/5。

1）LIN 总线系统物理结构　LIN 总线系统的物理结构如图 1-33 所示。4 个信号收发两用机的任何一个都可以接通所属的晶体管，由此将 LIN 总线与负极连接。在这种情况下，会由一个发送器传输一个主导位，如果晶体管都不导通，则 LIN 总线电路上为高电压。

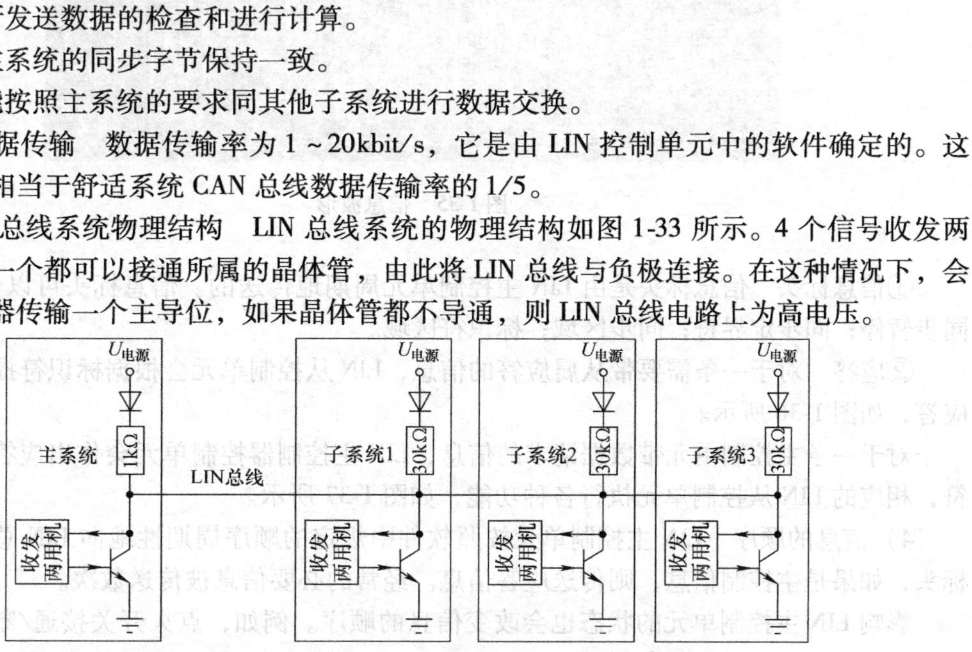
U电源
主系统
1kΩ
LIN总线
收发两用机
子系统1
30kΩ
子系统2
子系统3

图 1-33　LIN 总线系统的物理结构

2）信号　信号波形如图 1-34 所示。

隐性电平：如果没有信息或者仅有一个隐性的二进制位被传送至 LIN 数据总线，那么数据总线导线上的电压约等于蓄电池电压。

主导电平：为了把主导二进制位传送至 LIN 数据总线，发射接收机会把发射机控制单元中数据总线的导线与接地连通。

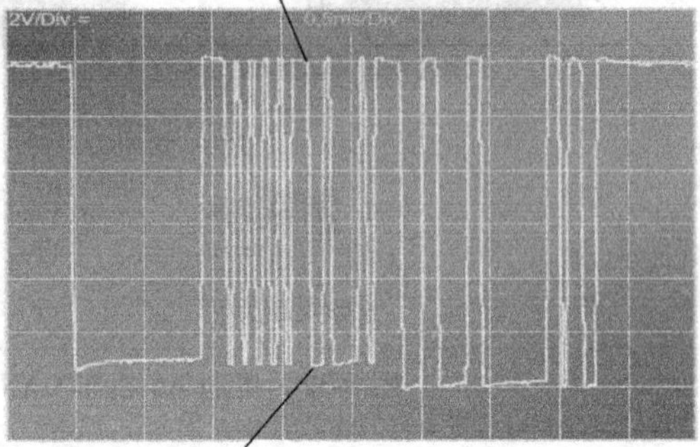
隐性电平
2V/Div.=
0,5ms/Div.
主导电平

图 1-34　信号波形

3）信息　信息波形如图 1-35 所示。

带从属控制应答的信息：在信息标头中，LIN 主控制单元要求 LIN 从控制单元传送信息（例如开关状态或测量值）。这一应答信息是由 LIN 从控制单元传送的。

带主控制命令的信息：借助于信息标头中的标识符，LIN 主控制单元命令相应的 LIN 从控制单元处理包含在应答信息中的数据。这一应答信息是由 LIN 主控制单元传送的。

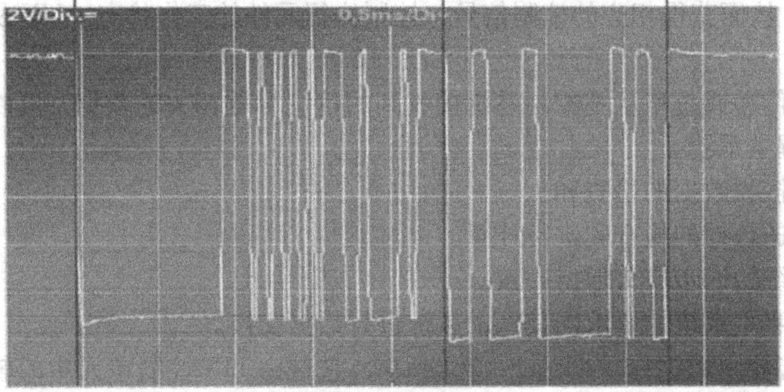
信息标头
发射机：LIN主控制单元
应答
发射机:LIN主控制单元
或LIN从控制单元
2V/Div.=
0,5ms/Div.

图 1-35　信息波形

①信息标头　信息标头是由 LIN 主控制单元周期地传送的。信息标头可以分成 4 部分：同步暂停；同步定界符；同步区域；标识符区域。

②应答　对于一条需要带从属应答的信息，LIN 从控制单元会根据标识符提供带信息的应答，如图 1-36 所示。

对于一条主控制单元带数据请求的信息，LIN 主控制器控制单元会作出应答。根据标识符，相应的 LIN 从控制单元执行各种功能，如图 1-37 所示。

4）信息的顺序　LIN 主控制单元按照软件中规定的顺序周期性地向 LIN 总线传送信息标头，如果是主控制信息，则传送应答信息。经常的必要信息被传送数次。

影响 LIN 主控制单元的状态也会改变信息的顺序。例如，点火开关接通/断开；诊断的激活/不激活；侧灯接通/断开。

为了减少 LIN 主控制单元部件的种类，主控制器把一辆全配置汽车控制单元的信息标头传送给 LIN 总线。那些没有安装专门装备的控制单元会在示波器上显示无应答的信息标头，这对系统的功能没有任何影响。

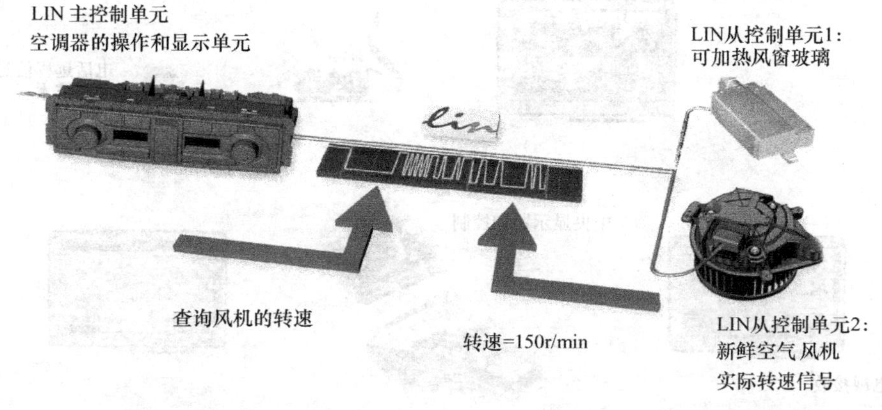
LIN 主控制单元
空调器的操作和显示单元
LIN从控制单元1:
可加热风窗玻璃
查询风机的转速
转速=150r/min
LIN从控制单元2:
新鲜空气风机
实际转速信号

图 1-36　从控制单元提供反馈信息

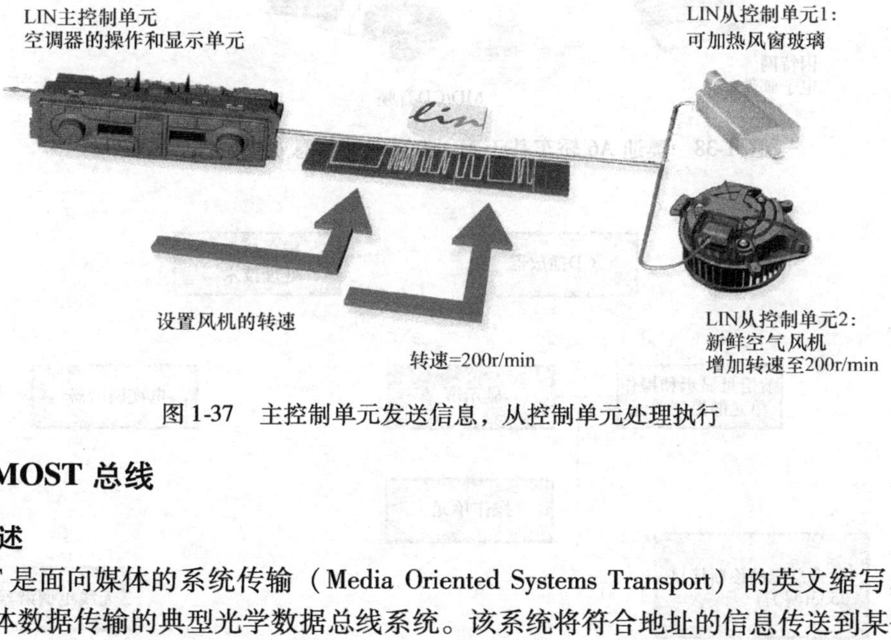
LIN主控制单元
空调器的操作和显示单元
LIN从控制单元1:
可加热风窗玻璃
设置风机的转速
转速=200r/min
LIN从控制单元2:
新鲜空气风机
增加转速至200r/min

图 1-37　主控制单元发送信息，从控制单元处理执行

1.2.4　MOST 总线

1. 概述

MOST 是面向媒体的系统传输（Media Oriented Systems Transport）的英文缩写，是一种用于多媒体数据传输的典型光学数据总线系统。该系统将符合地址的信息传送到某一接收器上，这点与 CAN 数据总线是不同的。在奥迪 A6 轿车上，该技术用于信息娱乐多媒体系统的数据传输，如图 1-38 所示。

MOST 总线允许的传输率可达 21.2Mbit/s，比 CAN 总线系统的传输率（最高数据传输率为 1Mbit/s）高，而立体声的数字式电视信号需要约为 6Mbit/s 的传输率，因此，只能用 CAN 总线系统来传送控制信号。光学 MOST 总线可以在相关的部件之间以数字的形式交换数据。除了使用较少导线和质量较小之外，光波传输具有极高的数据传输率和高级别的抗干扰性能。

2. MOST 总线系统的环形结构

MOST 总线系统的显著特点是它的环形结构。控制单元单方向通过一根光导纤维把数据传输至环形结构中的下一个控制单元。这个过程一直持续到数据返回至原先发送它们的那个控制单元，由此形成了一个闭合的环路，如图 1-39 所示。

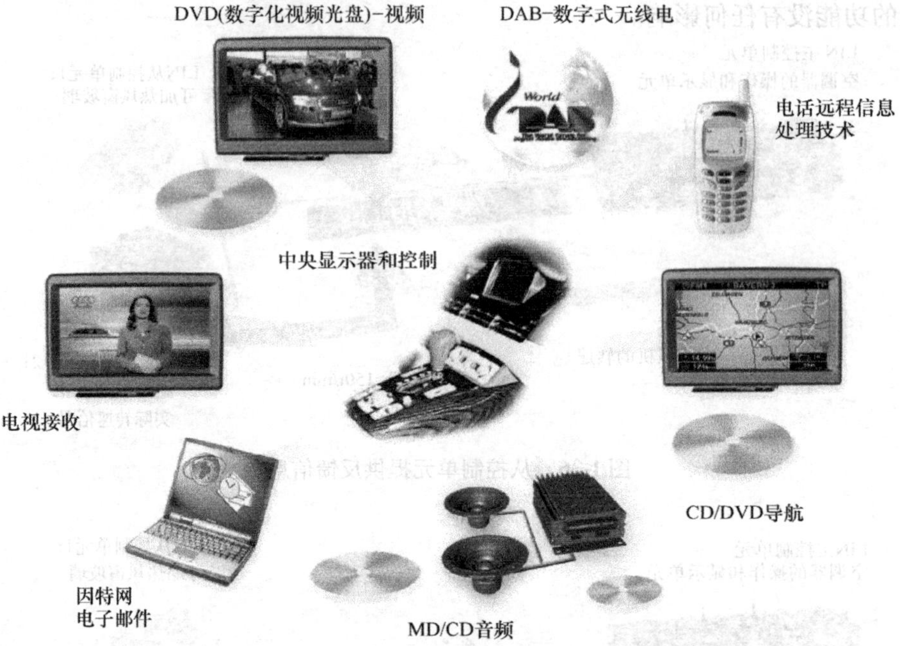
DVD(数字化视频光盘)-视频
DAB-数字式无线电
电话远程信息
处理技术
中央显示器和控制
电视接收
CD/DVD导航
因特网
电子邮件
MD/CD音频

图 1-38　奥迪 A6 轿车基于 MOST 总线的信息娱乐多媒体系统

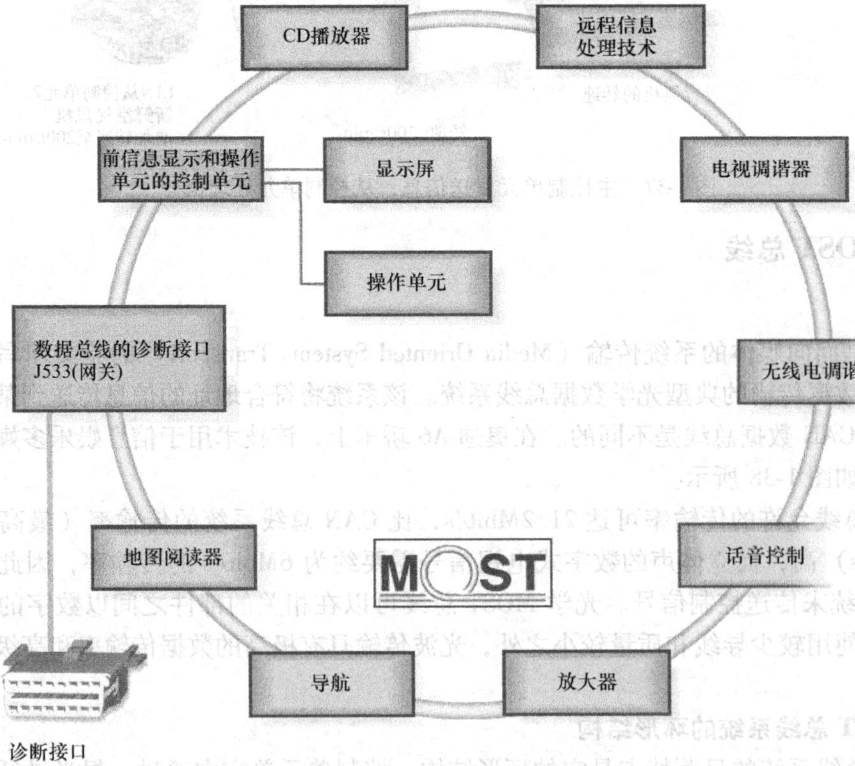
CD播放器
远程信息
处理技术
前信息显示和操作
单元的控制单元
显示屏
电视调谐器
操作单元
数据总线的诊断接口
J533(网关)
无线电调谐器
地图阅读器
MOST
话音控制
导航
放大器
诊断接口

图 1-39　MOST 总线的环形结构

MOST 总线系统的诊断是借助于数据总线的诊断接口和诊断系统 CAN 总线进行的。系统管理器负责对 MOST 总线的系统管理，前信息显示和操作单元的控制单元（J523）执行系统管理器的功能。

3. MOST 总线的控制单元

MOST 网络的每一个控制单元内都装有光电转换器和电光转换器，MOST 环状总线的结构为两个控制单元之间以光学方式点对点连接。MOST 总线控制单元的结构如图 1-40 所示。

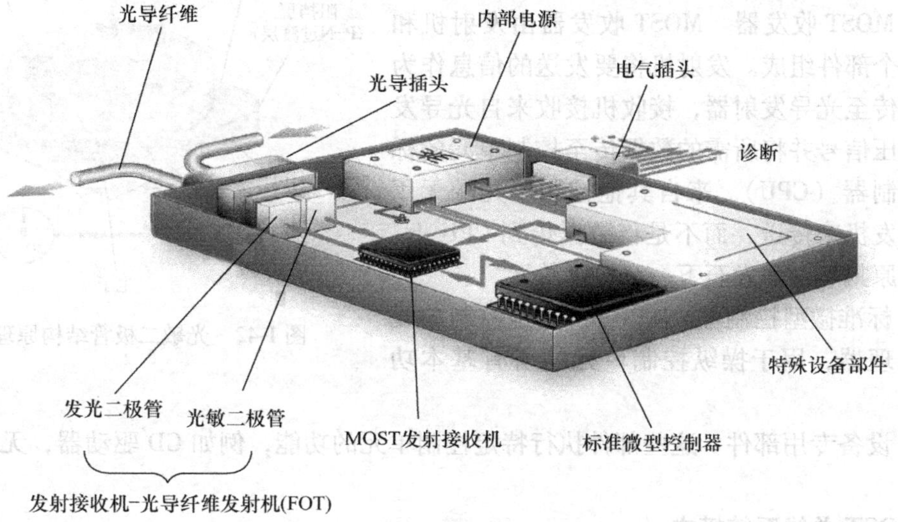
光导纤维
内部电源
光导插头
电气插头
诊断
特殊设备部件
发光二极管
光敏二极管
MOST发射接收机
标准微型控制器
发射接收机-光导纤维发射机(FOT)

图 1-40　MOST 总线控制单元的结构

（1）光导纤维和光导插头　光导纤维使用专门的光学插头与控制单元连接。插头上的一个信号方向箭头表明（至接收机的）输入端，插头外壳形成与控制单元的连接。光信号通过光导纤维和光导插头进入控制单元或传到下一个总线用户，如图 1-41 所示。

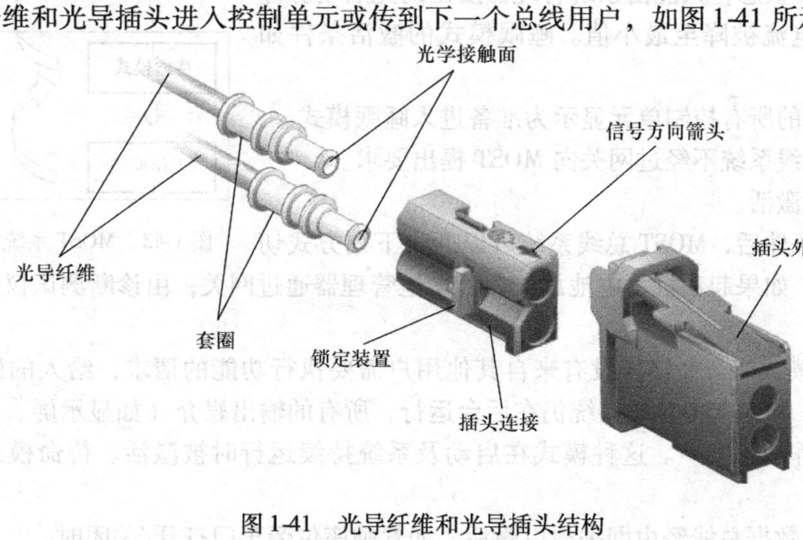
光学接触面
信号方向箭头
插头外壳
光导纤维
套圈
锁定装置
插头连接

图 1-41　光导纤维和光导插头结构

（2）电气插头　这个插头连接电源、环状故障诊断和输入和输出信号。

（3）内部电源　由电气插头送入的电流再由内部供电装置分送到各个部件，这样就可单独关闭控制单元内某一部件，从而降低了静态电流。

（4）收发单元-光导发射器（FOT） 该装置由一个光敏二极管和一个发光二极管构成。到达的光信号由光敏二极管转换成电压信号（见图1-42）后传至MOST收发机。发光二极管的作用是把MOST收发机的电压信号再转换成光信号，产生波长为650nm的可见红光。数据经光波调制后由光导纤维传送到下一个控制单元。

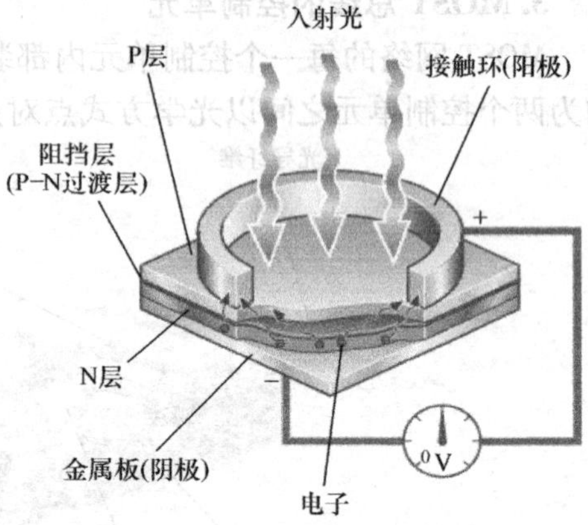
入射光
P层
接触环(阳极)
阻挡层
(P—N过渡层)
+
N层
−
金属板(阴极)
0 V
电子
图1-42 光敏二极管结构原理图

（5）MOST收发器 MOST收发器由发射机和接收机两个部件组成。发射机将要发送的信息作为电压信号传至光导发射器，接收机接收来自光导发射器的电压信号并将所需的数据传至控制单元的标准微型控制器（CPU）。来自其他控制单元的无用信息由收发机来传送，而不是将数据传到CPU上，这些信息原封不动地发至下一个控制单元。

（6）标准微型控制器（CPU） 这是控制单元的中央处理器，用于操纵控制单元的所有基本功能。

（7）设备专用部件 这些部件执行特定控制单元的功能，例如CD驱动器，无线电调谐器等。

4. MOST总线系统模式

奥迪A6轿车MOST总线系统有3种工作模式：睡眠模式、待命模式、工作模式，如图1-43所示。

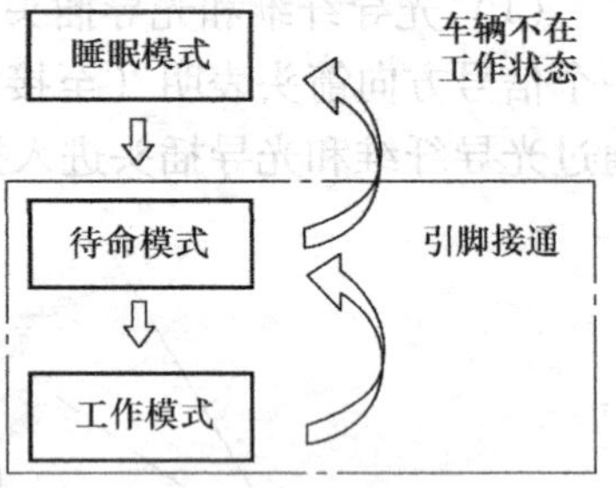
睡眠模式
车辆不在
工作状态
待命模式
引脚接通
工作模式
图1-43 MOST系统工作模式

（1）睡眠模式 这时MOST总线内没有数据交换，所有装置处于待命状态，只能由系统管理器发出的光启动脉冲来激活，静态电流被降至最小值。睡眠模式的激活条件如下：

1）总线上的所有控制单元显示为准备进入睡眠模式。

2）其他总线系统不经过网关向MOST提出要求。

3）诊断未激活。

满足上述条件后，MOST总线系统可以通过下列方式切换至睡眠模式：如果起动机蓄电池放电，蓄电池管理器通过网关；由诊断测试仪通过激活传送模式。

（2）待命模式 待命模式没有来自其他用户需要执行功能的请求，给人的感觉是系统已经关闭一样，但MOST总线系统仍在后台运行，所有的输出媒介（如显示屏、收音机放大器等）都不工作或不发声。这种模式在启动及系统持续运行时被激活。待命模式的激活条件如下：

1）由其他数据总线经由网关得以激活，如驾驶座位旁车门打开/关闭时。

2）可以由总线上的一个控制单元得以激活，如一个要接听的电话。

（3）工作模式 控制单元完全接通，MOST总线上有数据交换，用户可使用所有功能。接通工作模式的前提条件如下：

1）MOST 总线处在待命模式。

2）由其他数据总线通过网关激活。

3）由用户通过功能选择，如通过多媒体操纵单元 E380。

5. MOST 总线信息

（1）信息类型　MOST 总线的一个基本特征是，它不像 CAN 总线那样只传输控制数据和传感器数据，它还能传输数字信号、音频信号、视频信号、图形以及其他数据服务。为了满足数据传输的各种不同要求，每一个 MOST 总线信息分为 3 部分。

1）同步数据（时基数据）：实时传送音频信号、视频信号等流数据。

2）异步数据：传送访问网络及访问数据库等的数据包。

3）控制数据：传送控制报文及控制整个网络的数据。

MOST 是以近于数字电话交换机等使用的“帧同步传送”技术为基础的，因此，通过简单的硬件就可以实现流数据的同步传送。

（2）信息传输　系统管理器以 44. 1kHz 的时钟频率把信息帧传送至环形结构中的下一个控制单元。44. 1kHz 的固定时钟频率相当于数字音频设备的传输频率（CD 唱机，DVD 视盘机，DAB 无线电），因此，它允许这些设备与 MOST 总线连接。

信息帧的大小是 64 字节（1 个字节相当于 8 个 bit（位）），划分为 7 个区域：引导程序（4bit）；定界符（4bit）；数据区（480bit）；第一校验字节（8bit）；第二校验字节（8bit）；状态区（7bit）；奇偶区（1bit）。信息帧结构如图 1-44 所示。

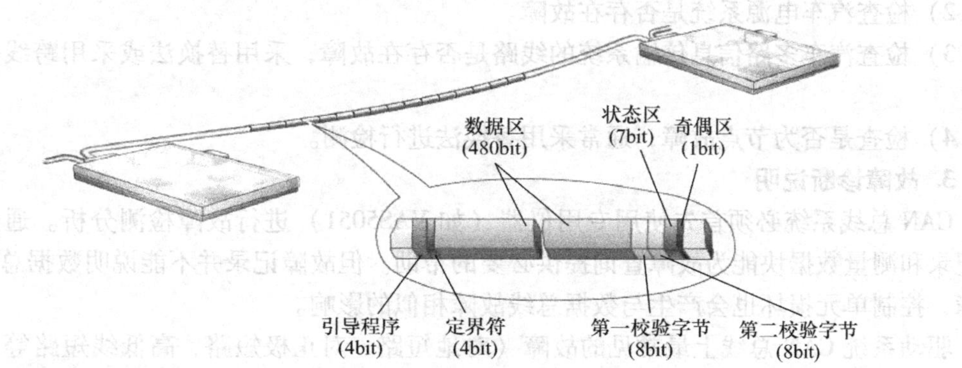
数据区
(480bit)
状态区
(7bit)
奇偶区
(1bit)
引导程序
(4bit)
定界符
(4bit)
第一校验字节
(8bit)
第二校验字节
(8bit)

图 1-44　信息帧结构

1. 2. 5　CAN 总线系统检修

（一）CAN 总线系统检修基础

装有 CAN 多路信息传输系统的车辆出现故障时，维修人员应首先检测汽车多路信息传输系统是否正常。如果多路信息传输系统有故障，接收这些信息的电控模块将无法正常工作，从而给故障诊断带来困难。汽车多路信息传输系统故障的维修，应根据多路信息传输系统的具体结构和控制回路进行分析。

1. 故障类型

一般说来，引起汽车多路信息传输系统发生故障的类型有 3 种：一是汽车电源系统引起的故障；二是汽车多路传输系统的节点故障；三是汽车多路信息传输系统的链路故障。

（1）汽车电源系统引起的故障　汽车多路信息传输系统的核心部分是含有通信 IC 芯片的电控模块。电控模块的正常工作电压在 10.5～15.0V 的范围内，如果汽车电源系统提供的工作电压低于该电压，就会造成一些对工作电压要求高的电控模块出现短暂的停滞工作，从而使整个汽车多路信息传输系统出现短暂的无法通信。

（2）节点故障　节点是汽车多路信息传输系统中的电控模块，因此，节点故障就是电控模块的故障，它包括软件故障和硬件故障。软件故障即传输协议或软件程序有缺陷或冲突，将导致汽车多路信息传输系统通信出现混乱或无法工作。这种故障一般成批出现，且无法维修。硬件故障主要是通信芯片或集成电路故障，也将造成汽车多路信息传输系统无法正常工作。对于采用低版本信息传输协议和点到点信息传输协议的汽车多路信息传输系统，如果有节点故障，将出现整个汽车多路信息传输系统无法工作。

（3）链路故障　汽车多路信息传输系统的链路（或通信线路）出现故障时，如通信线路的短路、断路以及线路物理性质引起的通信信号衰减或失真，都会引起多个电控模块无法工作或电控系统错误动作。判断是否为链路故障时，一般采用示波器或汽车专用光纤诊断仪来观察通信数据信号是否与标准通信数据信号相符。另外，系统不稳定时，使用故障检测仪可以测出关于总线的故障码。

2. 故障诊断步骤

对于 CAN 总线多路信息传输系统故障的分析，一般诊断步骤如下：

1）了解该车型的汽车多路信息传输系统的特点和功能。

2）检查汽车电源系统是否存在故障。

3）检查汽车多路信息传输系统的线路是否存在故障，采用替换法或采用跨线法进行检测。

4）检查是否为节点故障，通常采用替换法进行检测。

3. 故障诊断说明

CAN 总线系统必须首先使用专用仪器（如 VAS5051）进行故障检测分析。通过查看故障记录和测量数据块能为故障查询提供必要的帮助。但故障记录并不能说明数据总线有某种故障，控制单元损坏也会产生与数据总线故障相似的影响。

驱动系统 CAN 总线上最常见的故障（对地短路、对正极短路、高低线短路等）可以用万用表/欧姆表来检测，有些故障（高、低线断路或交叉连接）则必须使用数字存储式示波器（DSO）来判断。

舒适系统/信息娱乐系统 CAN 总线故障与驱动系统 CAN 总线上的基本一样。由于其中的 CAN 导线彼此毫不相干，会出现单线工作方式，另外这两种数据总线的电压值也不相同，这就决定了其与驱动系统 CAN 总线的故障查寻方法的不同。舒适系统/信息娱乐系统 CAN 总线在检查分析故障记录后仍无法排除故障时，可使用 DSO 继续查寻故障。如果已经查明故障，可用万用表/欧姆表反复测量以确定故障的准确位置。

4. CAN 总线的万用表检测

以宝来轿车为例，其动力传动系统和舒适系统中装有两套 CAN 数据传输系统，系统网关内置于仪表内，负责驱动系统 CAN 总线和舒适系统 CAN 总线的数据交换，如图 1-45 所示。

用万用表电阻档测量 CAN-High 线和 CAN-Low 线之间的电阻，正常情况应符合规定值

（电阻大小随车型而异），不应直接导通；用万用表电阻档测量 CAN-High 线或 CAN-Low 线分别与搭铁或蓄电池正极之间的导通性，正常情况下应不导通。

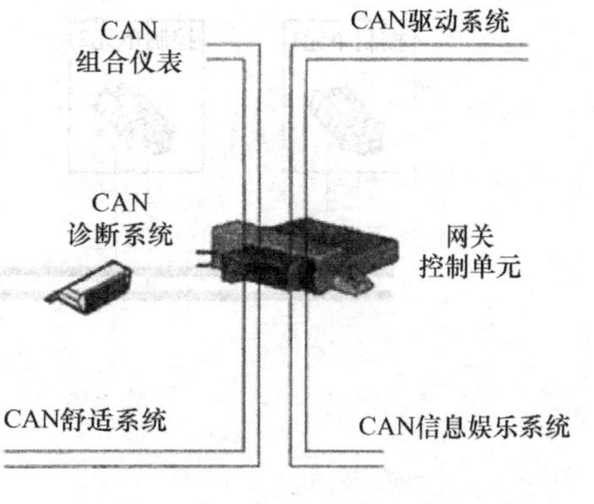
CAN
组合仪表
CAN驱动系统
CAN
诊断系统
网关
控制单元
CAN舒适系统
CAN信息娱乐系统

图 1-45　宝来轿车 CAN 数据传输结构

CAN 总线可以采用万用表进行电压信号测试，判断数据总线的信号传输是否存在故障，检测方法如图 1-46 所示。

（1）用万用表检测驱动系统 CAN 总线　CAN-High 线上有信号传输时，总线上的电压值在 2.5～3.5V 之间高频波动，因此 CAN-High 线的主体电压应是 2.5V，所以万用表的测量值为 2.5～3.5V，大于 2.5V 但靠近 2.5V。

同理，CAN-Low 线信号在总线空闲时的电压约为 2.5V，总线上有信号传输时，总线上的电压值在 1.5～2.5V 之间高频波动，因此 CAN-Low 线的主体电压应是 2.5V，所以万用表的测量值为 1.5～2.5V，小于 2.5V 但靠近 2.5V。

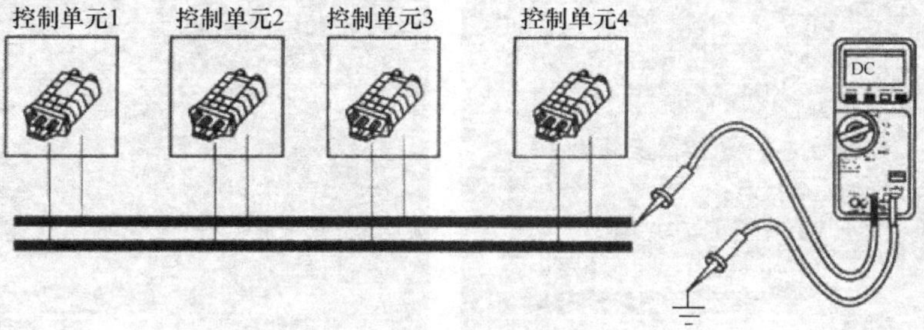
控制单元1
控制单元2
控制单元3
控制单元4
DC

图 1-46　用万用表检测 CAN 总线

（2）用万用表测量舒适系统 CAN 总线　CAN-High 线信号在总线空闲时的电压约为 0V，总线上有信号传输时，总线上的电压值在 0～5V 之间高频波动，因此 CAN-High 线的主体电压应为 0V，所以万用表的测量值为 0.35V 左右。

同理，CAN-Low 线信号在总线空闲时的电压约为 5V，总线上有信号传输时，总线上的电压值在 0～5V 之间高频波动，因此 CAN-Low 线的主体电压应是 5V，所以万用表的测量值为 4.65V 左右。

5. CAN 总线的波形检测

由于 CAN 信号变化非常快，必须使用数字存储式示波器（DSO）存储并在显示屏上观察 CAN 信号，以此来评价 CAN 总线的状况。

（1）CAN 总线标准波形和睡眠模式　检测电路连接如图 1-47 所示。CAN 总线的标准波形和睡眠模式如图 1-48 所示。

（2）CAN 总线故障波形　CAN 总线典型故障及波形如图 1-49～图 1-54 所示。

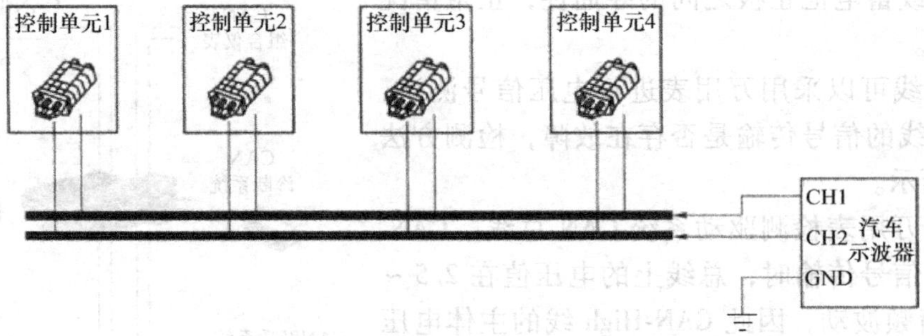
控制单元1
控制单元2
控制单元3
控制单元4
CH1
CH2
GND
汽车
示波器

图 1-47　双通道模式检测电路连接

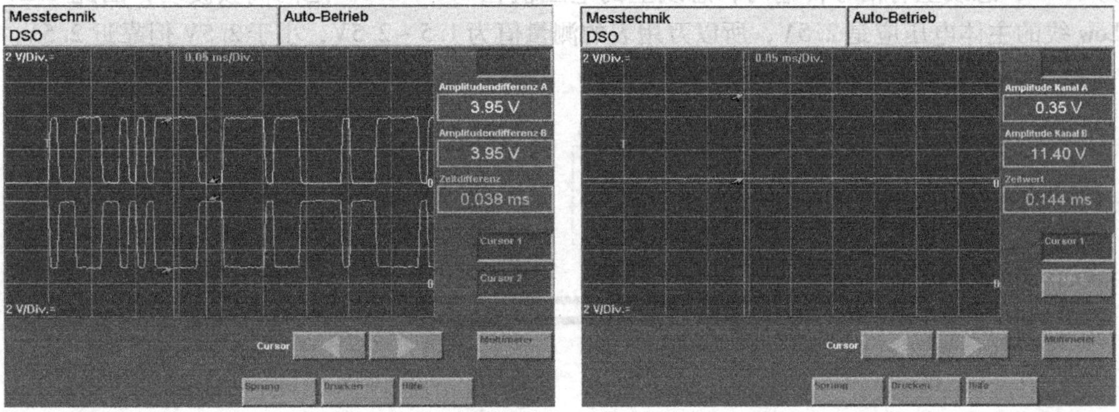
Messtechnik
DSO
Auto-Betrieb
2 V/Div.=
0.05 ms/Div.
Amplitudendifferenz A
3.95 V
Amplitudendifferenz B
3.95 V
Zeitdifferenz
0.038 ms
Cursor
Multimeter
Messtechnik
DSO
Auto-Betrieb
2 V/Div.=
0.05 ms/Div.
Amplitude Kanal A
0.35 V
Amplitude Kanal B
11.40 V
Zeitwert
0.144 ms
Cursor
Multimeter

a)　　　b)

图 1-48　CAN 总线的标准波形和睡眠模式

a）标准波形　b）睡眠模式

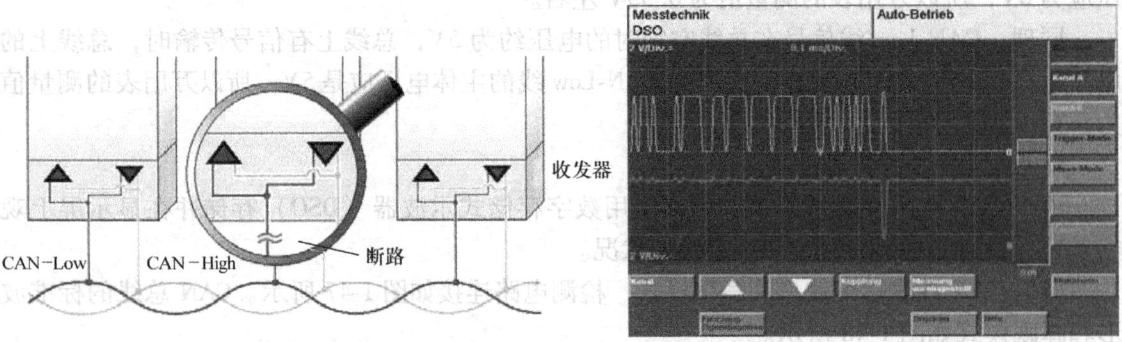
收发器
断路
CAN-Low
CAN-High
Messtechnik
DSO
Auto-Betrieb

图 1-49　CAN-Low 断路

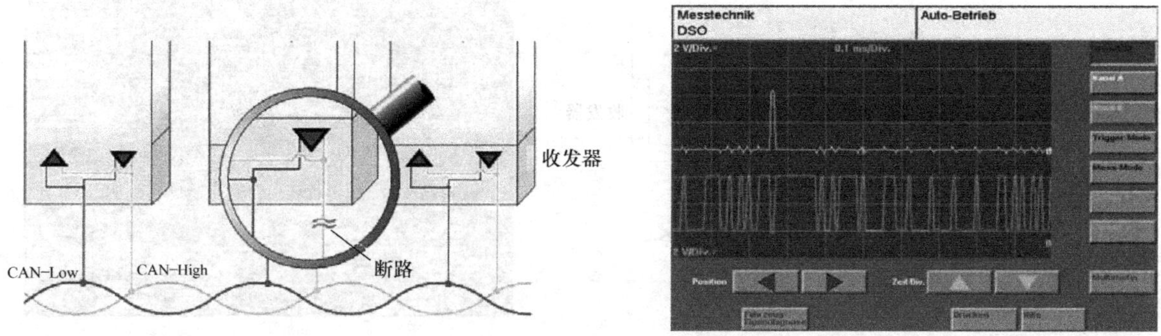
收发器
CAN−Low
CAN−High
断路
Messtechnik
DSO
Auto-Betrieb
2 V/Div.=
0.1 ms/Div.
Position
Zeit/Div.

图 1-50　CAN-High 断路

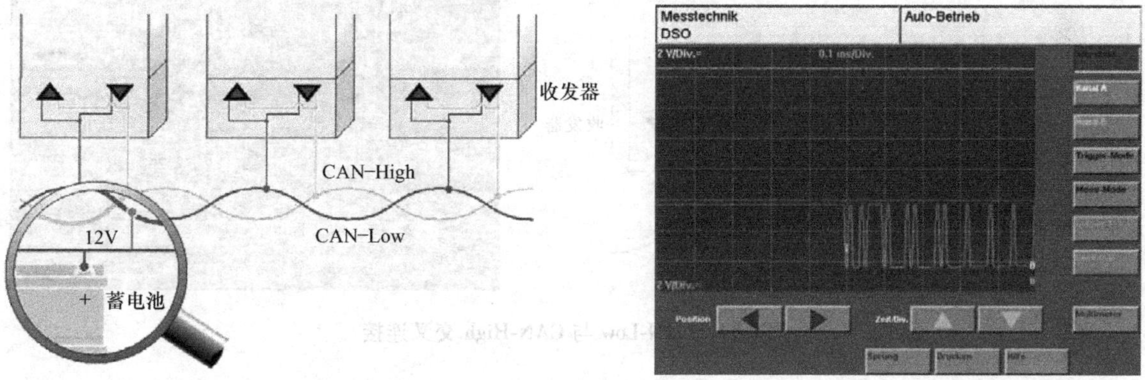
收发器
CAN−High
CAN−Low
12V
+ 蓄电池
Messtechnik
DSO
Auto-Betrieb
2 V/Div.=
0.1 ms/Div.
Position
Zeit/Div.
Multimeter

图 1-51　CAN-Low 与正极短接

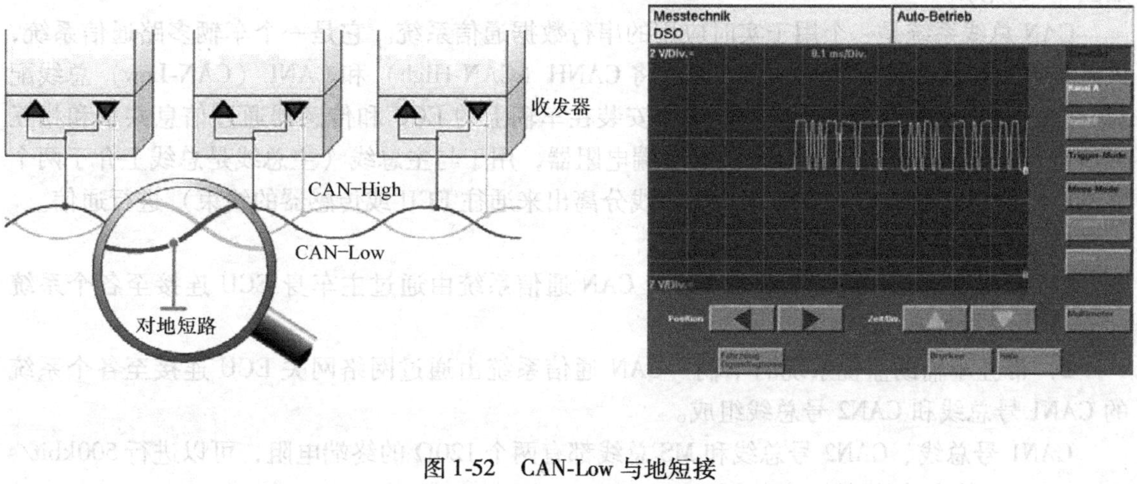
收发器
CAN−High
CAN−Low
对地短路
Messtechnik
DSO
Auto-Betrieb
2 V/Div.=
0.1 ms/Div.
Position
Zeit/Div.
Multimeter

图 1-52　CAN-Low 与地短接

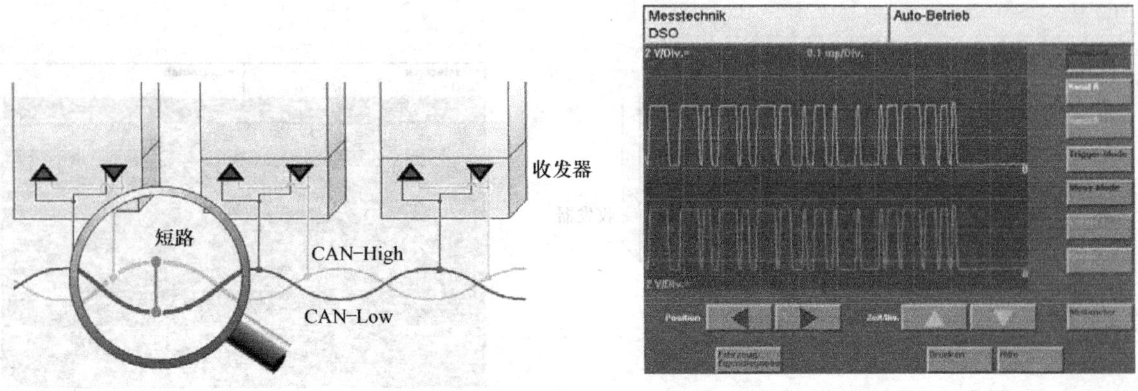
收发器
短路
CAN-High
CAN-Low
Messtechnik
DSO
Auto-Betrieb
2 V/Div.=
0.1 ms/Div.
Position

图 1-53　CAN-Low 与 CAN-High 短接

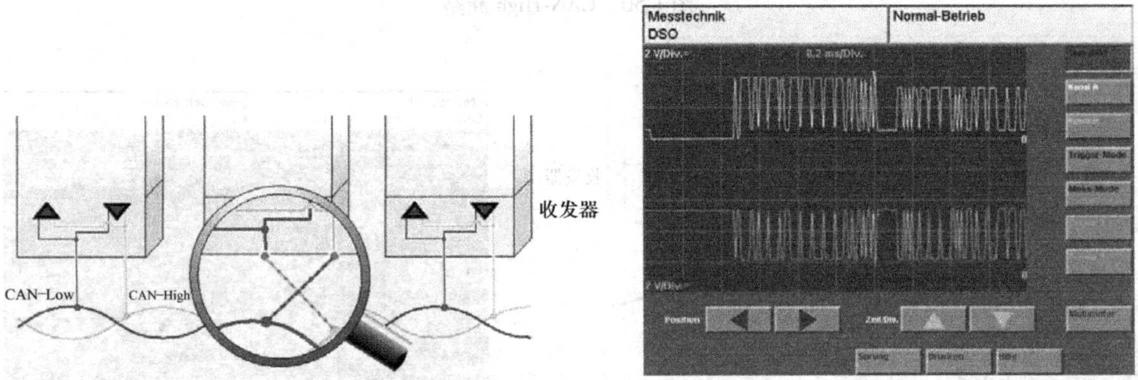
收发器
CAN-Low
CAN-High
Messtechnik
DSO
Normal-Betrieb
2 V/Div.=
0.2 ms/Div.
Position

图 1-54　CAN-Low 与 CAN-High 交叉连接

（二）卡罗拉轿车 CAN 总线系统检修

1. 卡罗拉轿车 CAN 总线系统结构

卡罗拉轿车 CAN 总线系统零部件在车上的布置如图 1-55 所示，CAN 总线系统电路框图如图 1-56 所示。

CAN 总线系统是一个用于实时应用的串行数据通信系统。它是一个车辆多路通信系统，该系统通信速度高且可检测故障。通过将 CANH（CAN-High）和 CANL（CAN-Low）总线配对，CAN 可根据电压差进行通信。许多安装在车辆上的 ECU 和传感器通过信息共享和相互通信进行工作。CAN 有两个 120Ω 的终端电阻器，用于与主总线（主总线是总线上介于两个终端电阻器之间的线束；支线是从主总线分离出来通往 ECU 或传感器的线束）进行通信。

（1）CAN 系统电路组成

1）带智能上车和起动系统的车辆　CAN 通信系统由通过主车身 ECU 连接至各个系统的 CAN 1 号总线和 MS 总线组成。

2）带驻车辅助监视系统的车辆　CAN 通信系统由通过网络网关 ECU 连接至各个系统的 CAN1 号总线和 CAN2 号总线组成。

CAN1 号总线、CAN2 号总线和 MS 总线都有两个 120Ω 的终端电阻，可以进行 500kbit/s 和 250kbit/s 的高速通信。

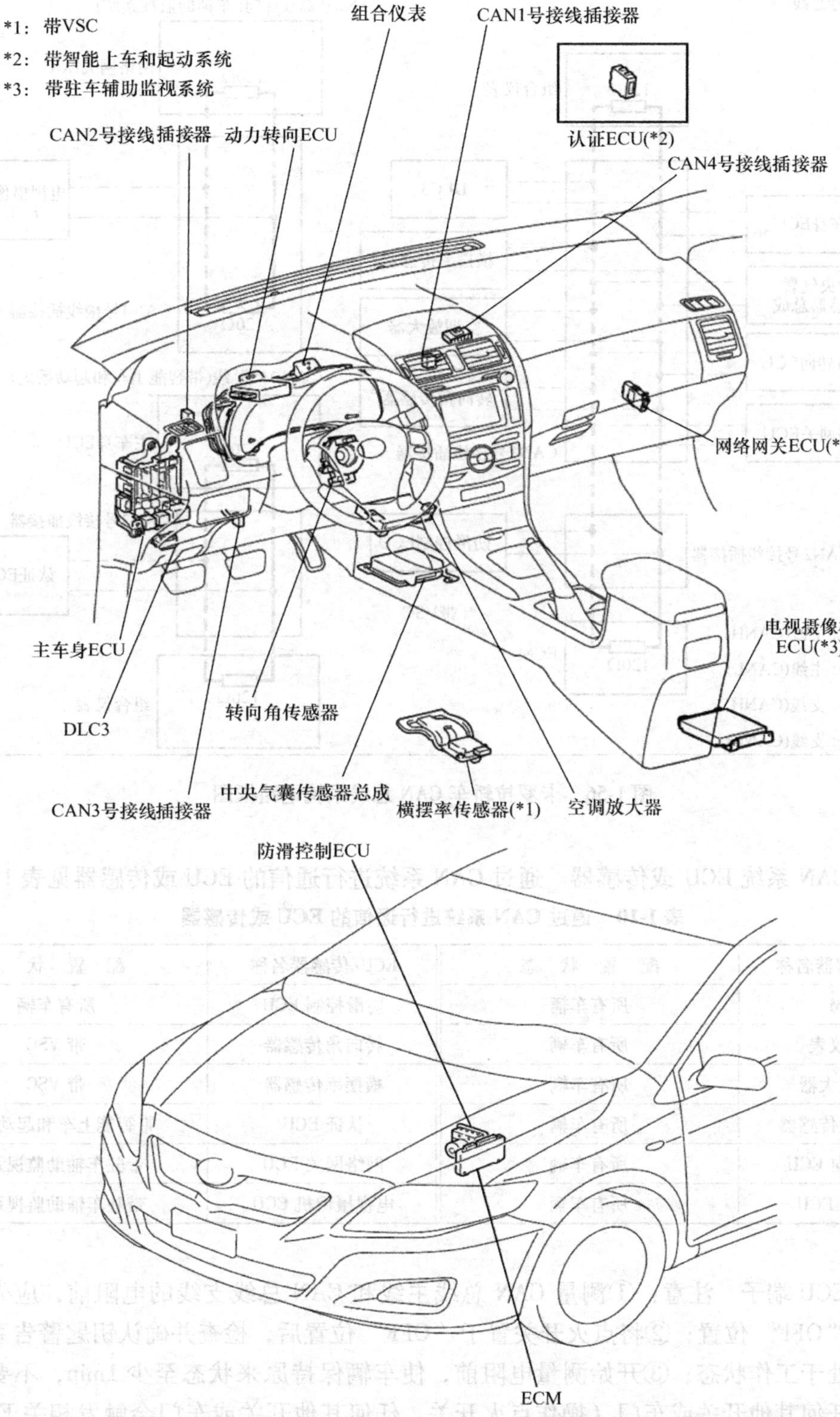
*1：带VSC
*2：带智能上车和起动系统
*3：带驻车辅助监视系统
组合仪表
CAN1号接线插接器
认证ECU(*2)
CAN4号接线插接器
CAN2号接线插接器
动力转向ECU
网络网关ECU(*3)
电视摄像机
ECU(*3)
主车身ECU
DLC3
转向角传感器
中央气囊传感器总成
CAN3号接线插接器
横摆率传感器(*1)
空调放大器
防滑控制ECU
ECM

图 1-55　卡罗拉轿车 CAN 总线系统零部件在车上的布置

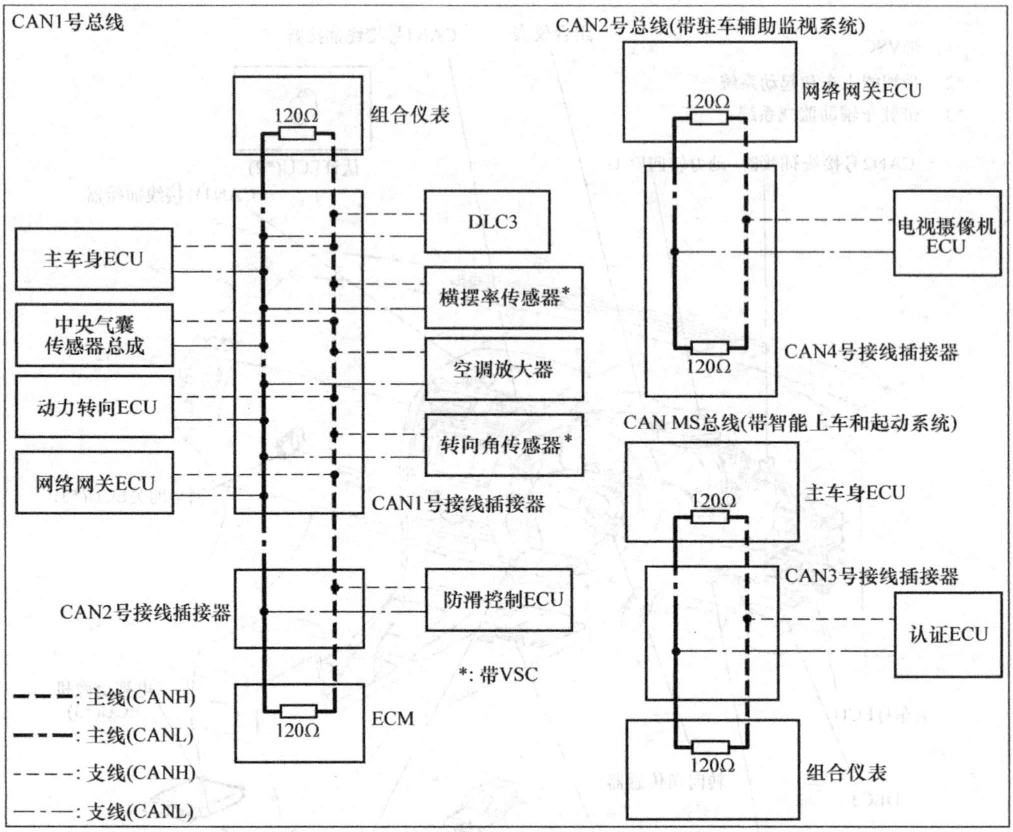
CAN1号总线
CAN2号总线(带驻车辅助监视系统)
120Ω
组合仪表
网络网关ECU
DLC3
主车身ECU
中央气囊传感器总成
动力转向ECU
网络网关ECU
横摆率传感器*
空调放大器
转向角传感器*
CAN1号接线插接器
电视摄像机ECU
CAN4号接线插接器
CAN MS总线(带智能上车和起动系统)
主车身ECU
CAN3号接线插接器
认证ECU
组合仪表
CAN2号接线插接器
防滑控制ECU
*: 带VSC
ECM
: 主线(CANH)
: 主线(CANL)
: 支线(CANH)
: 支线(CANL)

图 1-56　卡罗拉轿车 CAN 总线系统电路框图

（2）CAN 系统 ECU 或传感器　通过 CAN 系统进行通信的 ECU 或传感器见表 1-10。

表 1-10　通过 CAN 系统进行通信的 ECU 或传感器

ECU/传感器名称	配置状态	ECU/传感器名称	配置状态
ECM	所有车辆	防滑控制 ECU	所有车辆
组合仪表	所有车辆	转向角传感器	带 VSC
空调放大器	所有车辆	横摆率传感器	带 VSC
中央气囊传感器	所有车辆	认证 ECU	带智能上车和起动系统
动力转向 ECU	所有车辆	网络网关 ECU	带驻车辅助监视系统
主车身 ECU	所有车辆	电视摄像机 ECU	带驻车辅助监视系统

（3）ECU 端子　注意：①测量 CAN 总线主线和 CAN 总线支线的电阻前，应先将点火开关置于“OFF”位置；②将点火开关置于“OFF”位置后，检查并确认钥匙警告系统和照明系统未处于工作状态；③开始测量电阻前，使车辆保持原来状态至少 1min，不要操作点火开关和任何其他开关或车门（操作点火开关、任何其他开关或车门会触发相关 ECU 和传感器进行 CAN 通信，该通信将导致电阻值发生变化），如果需要打开任何车门以检测插接器，则打开该车门并让它保持打开。

1）CAN1 号总线接线插接器

①CAN1 号接线插接器　线束插接器前视图（至 CAN1 号接线插接器）如图 1-57 所示，插接器端子见表 1-11。

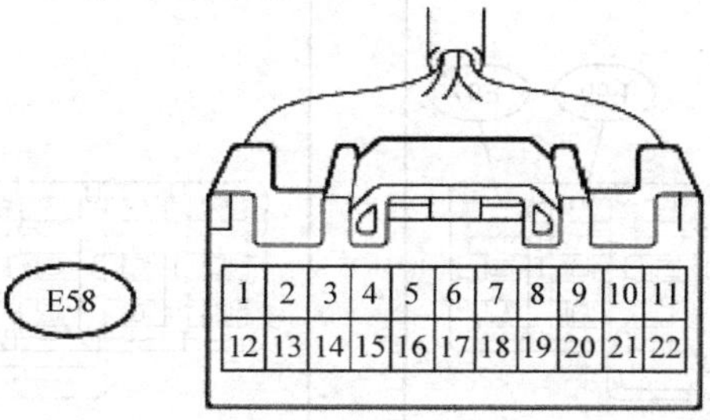
E58
1 2 3 4 5 6 7 8 9 10 11
12 13 14 15 16 17 18 19 20 21 22

图 1-57　线束插接器前视图（至 CAN1 号接线插接器）

表 1-11　插接器端子

1 号接线插接器	配线颜色	连接至	1 号接线插接器	配线颜色	连接至
E58-2(CANH)	G	组合仪表	E58-7(CANH)	LG	DLC3
E58-13(CANL)	W	组合仪表	E58-18(CANL)	W	DLC3
E58-3(CANH)	SB	动力转向 ECU	E58-8(CANH)	R	主车身 ECU
E58-14(CANL)	W	动力转向 ECU	E58-19(CANL)	W	主车身 ECU
E58-4(CANH)	V	空调放大器	E58-9(CANH)	Y	中央气囊传感器总成
E58-15(CANL)	W	空调放大器	E58-20(CANL)	W	中央气囊传感器总成
E58-5(CANH)	BR	转向角传感器	E58-10(CANH)	B	CAN2 号接线插接器
E58-16(CANL)	W	转向角传感器	E58-21(CANL)	W	CAN2 号接线插接器
E58-6(CANH)	L	横摆率传感器	E58-11(CANH)	P	网络网关 ECU
E58-17(CANL)	W	横摆率传感器	E58-22(CANL)	W	网络网关 ECU

②CAN2 号接线插接器　线束插接器前视图（至 CAN2 号接线插接器）如图 1-58 所示，插接器端子见表 1-12。

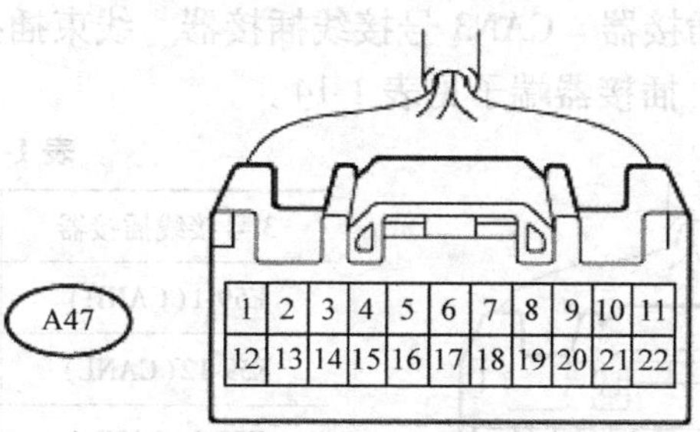
A47
1 2 3 4 5 6 7 8 9 10 11
12 13 14 15 16 17 18 19 20 21 22

图 1-58　线束插接器前视图（至 CAN2 号接线插接器）

表 1-12　插接器端子

2 号接线插接器	配线颜色	连接至	2 号接线插接器	配线颜色	连接至
A47-8(CANH)	R	防滑控制 ECU	A47-20(CANL)	W	CAN1 号接线插接器
A47-19(CANL)	W	防滑控制 ECU	A47-10(CANH)	Y	ECM
A47-9(CANH)	B	CAN1 号接线插接器	A47-21(CANL)	W	ECM

2）CAN2 号总线接线插接器　CAN4 号接线插接器　CAN4 号接线插接器如图 1-59 所示，插接器端子见表 1-13。

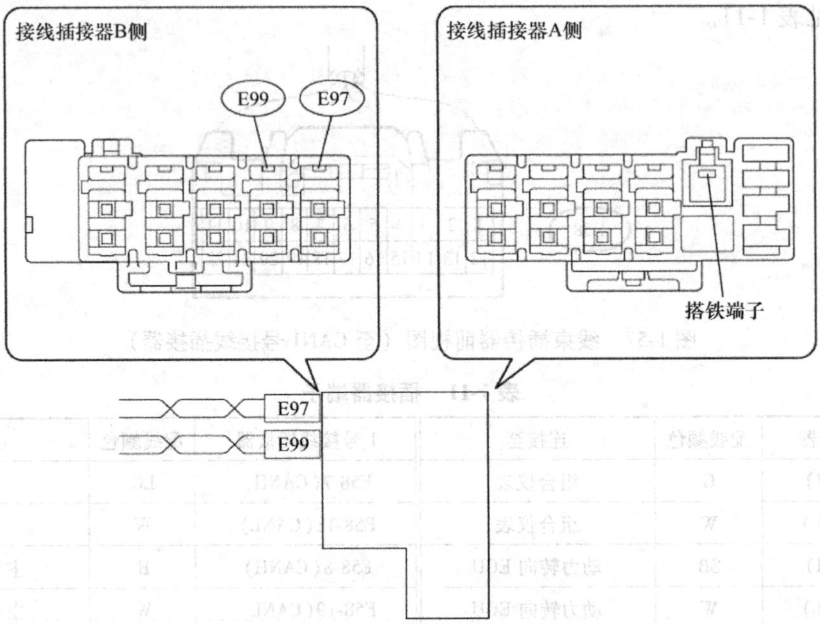
接线插接器B侧
E99
E97
接线插接器A侧
搭铁端子
E97
E99

图 1-59　CAN4 号接线插接器

表 1-13　插接器端子

4 号接线插接器	配线颜色	连接至	4 号接线插接器	配线颜色	连接至
E97-1(CANH)	B	网络网关 ECU	E99-1(CANH)	O	电视摄像机 ECU
E97-2(CANL)	W	网络网关 ECU	E99-2(CANL)	W	电视摄像机 ECU

3）CAN MS 总线接线插接器　CAN3 号接线插接器　线束插接器前视图（至 CAN3 号接线插接器）如图 1-60 所示，插接器端子见表 1-14。

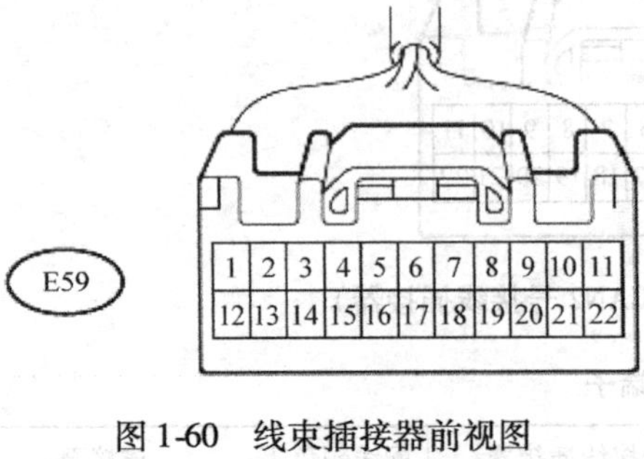
E59
1 2 3 4 5 6 7 8 9 10 11
12 13 14 15 16 17 18 19 20 21 22

图 1-60　线束插接器前视图
（至 CAN3 号接线插接器）

表 1-14　插接器端子

3 号接线插接器	配线颜色	连接至
E59-1(CANH)	SB	认证 ECU
E59-12(CANL)	W	认证 ECU
E59-2(CANH)	G	组合仪表
E59-13(CANL)	W	组合仪表
E59-3(CANH)	R	主车身 ECU
E59-14(CANL)	W	主车身 ECU

4）DLC3　DLC3 前视图如图 1-61 所示，DLC3 端子标准电阻见表 1-15。

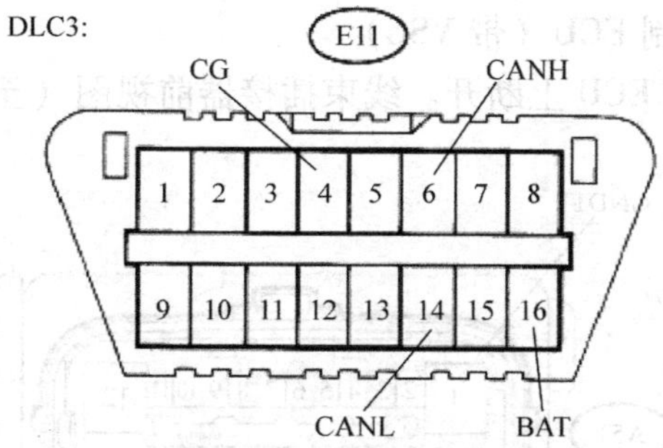
DLC3:
E11
CG
CANH
1 2 3 4 5 6 7 8
9 10 11 12 13 14 15 16
CANL
BAT

图 1-61 DLC3 前视图

表 1-15 DLC3 端子标准电阻

端 子	配线颜色	条 件	规定状态
E11-6(CANH)-E11-14(CANL)	LG-W	点火开关置于“OFF”位置	54～69Ω
E11-6(CANH)-E11-4(CG)	LG-W/B	点火开关置于“OFF”位置	200Ω 或更大
E11-14(CANL)-E11-4(CG)	W-W/B	点火开关置于“OFF”位置	200Ω 或更大
E11-6(CANH)-E11-16(BAT)	LG-G	断开蓄电池负极端子	6kΩ 或更大
E11-14(CANL)-E11-16(BAT)	W-G	断开蓄电池负极端子	6kΩ 或更大

5）带执行器的防滑控制 ECU（不带 VSC）

①将插接器从防滑控制 ECU 上断开。线束插接器前视图（至防滑控制 ECU）如图 1-62 所示。

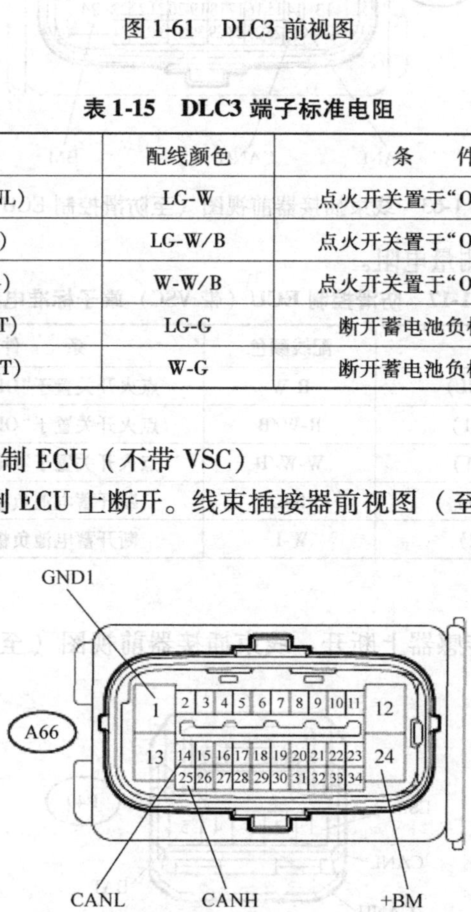
GND1
A66
1 2 3 4 5 6 7 8 9 10 11 12
13 14 15 16 17 18 19 20 21 22 23 24
25 26 27 28 29 30 31 32 33 34
CANL
CANH
+BM

图 1-62 线束插接器前视图（至防滑控制 ECU）

②根据表 1-16 中的值测量电阻。

表 1-16 防滑控制 ECU（不带 VSC）端子标准电阻

端 子	配线颜色	条 件	规定状态
A66-25(CANH)-A66-14(CANL)	R-W	点火开关置于“OFF”位置	54～69Ω
A66-25(CANH)-A66-1(GND1)	R-W/B	点火开关置于“OFF”位置	200Ω 或更大
A66-14(CANL)-A66-1(GND1)	W-W/B	点火开关置于“OFF”位置	200Ω 或更大
A66-25(CANH)-A66-24(+BM)	R-L	断开蓄电池负极端子	6kΩ 或更大
A66-14(CANL)-A66-24(+BM)	W-L	断开蓄电池负极端子	6kΩ 或更大

6）带执行器的防滑控制 ECU（带 VSC）

①将插接器从防滑控制 ECU 上断开。线束插接器前视图（至防滑控制 ECU）如图 1-63 所示。

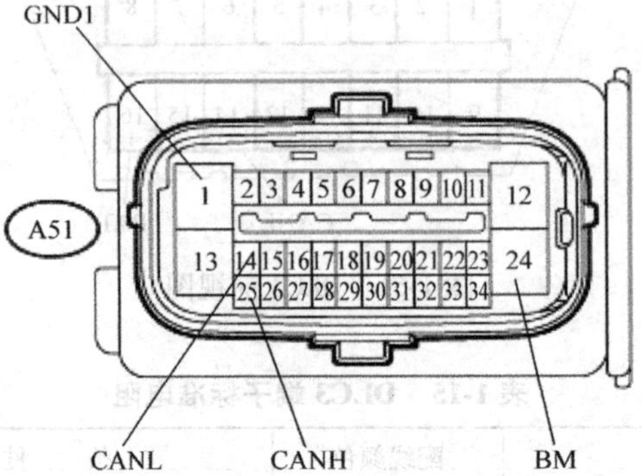
GND1
A51
1
2 3 4 5 6 7 8 9 10 11
12
13 14 15 16 17 18 19 20 21 22 23
24
25 26 27 28 29 30 31 32 33 34
CANL
CANH
BM

图 1-63　线束插接器前视图（至防滑控制 ECU）

②根据表 1-17 中的值测量电阻。

表 1-17　防滑控制 ECU（带 VSC）端子标准电阻

端　　子	配线颜色	条　　件	规定状态
A51-25(CANH)-A51-14(CANL)	R-W	点火开关置于"OFF"位置	54～69Ω
A51-25(CANH)-A51-1(GND1)	R-W/B	点火开关置于"OFF"位置	200Ω 或更大
A51-14(CANL)-A51-1(GND1)	W-W/B	点火开关置于"OFF"位置	200Ω 或更大
A51-25(CANH)-A51-24(BM)	R-L	断开蓄电池负极端子	6kΩ 或更大
A51-14(CANL)-A51-24(BM)	W-L	断开蓄电池负极端子	6kΩ 或更大

7）转向角传感器

①将插接器从转向角传感器上断开。线束插接器前视图（至转向角传感器）如图 1-64 所示。

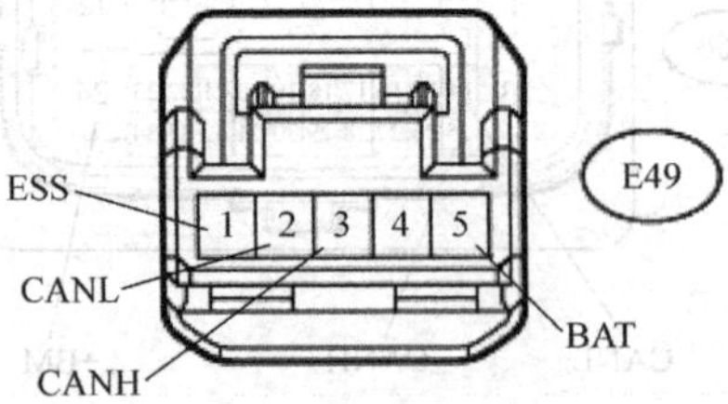
E49
ESS
1 2 3 4 5
CANL
BAT
CANH

图 1-64　线束插接器前视图（至转向角传感器）

②根据表 1-18 中的值测量电阻。

表 1-18　转向角传感器插接器端子标准电阻

端　　子	配线颜色	条　　件	规定状态
E49-3(CANH)-E49-2(CANL)	BR-W	点火开关置于"OFF"位置	54～69Ω
E49-3(CANH)-E49-1(ESS)	BR-BR	点火开关置于"OFF"位置	200Ω 或更大
E49-2(CANL)-E49-1(ESS)	W-BR	点火开关置于"OFF"位置	200Ω 或更大
E49-3(CANH)-E49-5(BAT)	BR-W	断开蓄电池负极端子	6kΩ 或更大
E49-2(CANL)-E49-5(BAT)	W-W	断开蓄电池负极端子	6kΩ 或更大

8）横摆率传感器

①从横摆率传感器上断开插接器。线束插接器前视图（至横摆率传感器）如图 1-65 所示。

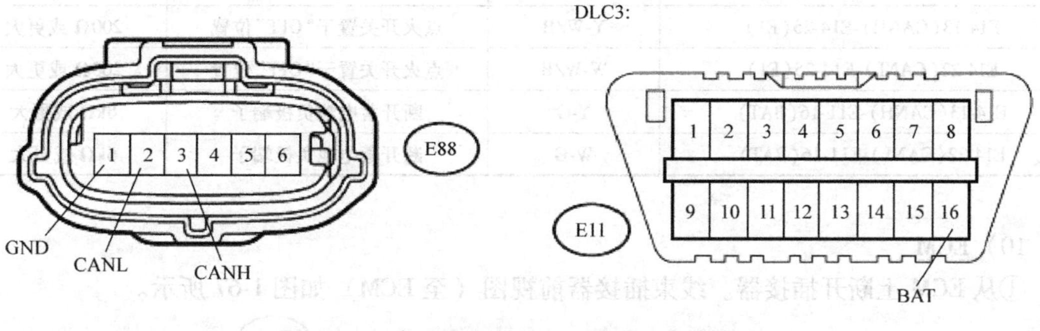
DLC3:
1
2
3
4
5
6
E88
GND
CANL
CANH
1 2 3 4 5 6 7 8
9 10 11 12 13 14 15 16
E11
BAT

图 1-65　线束插接器前视图（至横摆率传感器）

②根据表 1-19 中的值测量电阻。

表 1-19　横摆率传感器插接器端子标准电阻

端　子	配线颜色	条　件	规定状态
E88-3(CANH)-E88-2(CANL)	L-W	点火开关置于“OFF”位置	54～69Ω
E88-3(CANH)-E88-1(GND)	L-BR	点火开关置于“OFF”位置	200Ω 或更大
E88-2(CANL)-E88-1(GND)	W-BR	点火开关置于“OFF”位置	200Ω 或更大
E88-3(CANH)-E11-16(BAT)	L-G	断开蓄电池负极端子	6kΩ 或更大
E88-2(CANL)-E11-16(BAT)	W-G	断开蓄电池负极端子	6kΩ 或更大

9）中央气囊传感器

①将插接器从中央气囊传感器上断开。线束插接器前视图（至中央气囊传感器）如图 1-66 所示。

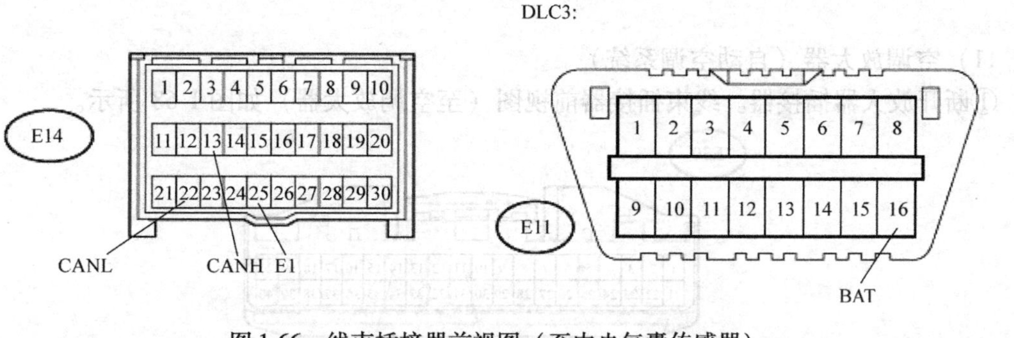
DLC3:
1 2 3 4 5 6 7 8 9 10
11 12 13 14 15 16 17 18 19 20
21 22 23 24 25 26 27 28 29 30
E14
CANL
CANH
E1
1 2 3 4 5 6 7 8
9 10 11 12 13 14 15 16
E11
BAT

图 1-66　线束插接器前视图（至中央气囊传感器）

②根据表 1-20 中的值测量电阻。

表 1-20　中央气囊传感器插接器端子标准电阻

端　　子	配线颜色	条　　件	规定状态
E14-13(CANH)-E14-22(CANL)	Y-W	点火开关置于“OFF”位置	54 ~ 69Ω
E14-13(CANH)-E14-25(E1)	Y-W/B	点火开关置于“OFF”位置	200Ω 或更大
E14-22(CANL)-E14-25(E1)	W-W/B	点火开关置于“OFF”位置	200Ω 或更大
E14-13(CANH)-E11-16(BAT)	Y-G	断开蓄电池负极端子	6kΩ 或更大
E14-22(CANL)-E11-16(BAT)	W-G	断开蓄电池负极端子	6kΩ 或更大

10）ECM

①从 ECM 上断开插接器。线束插接器前视图（至 ECM）如图 1-67 所示。

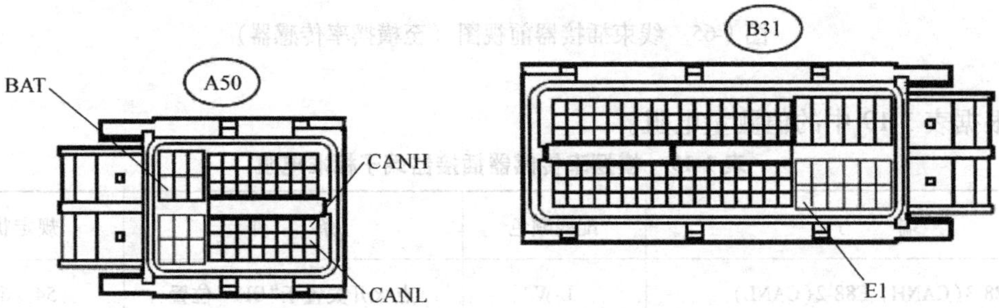
BAT
A50
CANH
CANL
B31
E1

图 1-67　线束插接器前视图（至 ECM）

②根据表 1-21 中的值测量电阻。

表 1-21　ECM 端子标准电阻

端　　子	配线颜色	条　　件	规定状态
A50-41(CANH)-A50-49(CANL)	Y-W	点火开关置于“OFF”位置	108 ~ 132Ω
A50-41(CANH)-B31-104(E1)	Y-BR	点火开关置于“OFF”位置	200Ω 或更大
A50-49(CANL)-B31-104(E1)	W-BR	点火开关置于“OFF”位置	200Ω 或更大
A50-41(CANH)-A50-20(BATT)	Y-P	断开蓄电池负极端子	6kΩ 或更大
A50-49(CANL)-A50-20(BATT)	W-P	断开蓄电池负极端子	6kΩ 或更大

11）空调放大器（自动空调系统）

①断开放大器插接器。线束插接器前视图（至空调放大器）如图 1-68 所示。

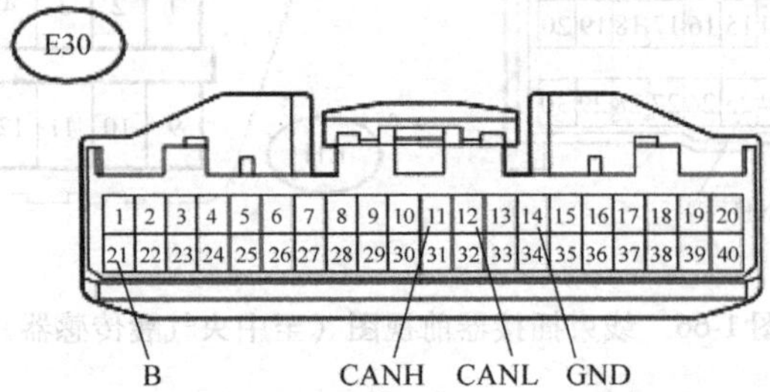
E30
1 2 3 4 5 6 7 8 9 10 11 12 13 14 15 16 17 18 19 20
21 22 23 24 25 26 27 28 29 30 31 32 33 34 35 36 37 38 39 40
B
CANH
CANL
GND

图 1-68　线束插接器前视图（至空调放大器）

②根据表 1-22 中的值测量电阻。

表 1-22　空调放大器（自动空调系统）插接器端子标准电阻

端　子	配线颜色	条　件	规定状态
E30-11(CANH)-E30-12(CANL)	V-W	点火开关置于"OFF"位置	54～69Ω
E30-11(CANH)-E30-14(GND)	V-BR	点火开关置于"OFF"位置	200Ω 或更大
E30-12(CANL)-E30-14(GND)	W-BR	点火开关置于"OFF"位置	200Ω 或更大
E30-11(CANH)-E30-21(B)	V-W	断开蓄电池负极端子	6kΩ 或更大
E30-12(CANL)-E30-21(B)	W-W	断开蓄电池负极端子	6kΩ 或更大

12）空调放大器（手动空调系统）

①断开放大器插接器。线束插接器前视图（至空调放大器）如图 1-69 所示。

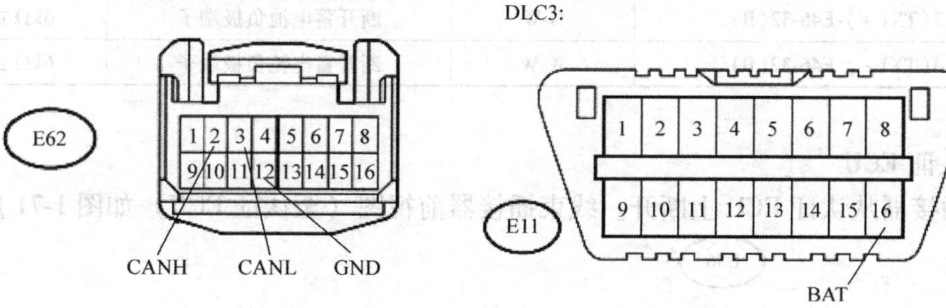

DLC3:
E62
1 2 3 4 5 6 7 8
9 10 11 12 13 14 15 16
CANH
CANL
GND
E11
1 2 3 4 5 6 7 8
9 10 11 12 13 14 15 16
BAT

图 1-69　线束插接器前视图（至空调放大器）

②根据表 1-23 中的值测量电阻。

表 1-23　空调放大器（手动空调系统）插接器端子标准电阻

端　子	配线颜色	条　件	规定状态
E62-2(CANH)-E62-3(CANL)	V-W	点火开关置于"OFF"位置	54～69Ω
E62-2(CANH)-E62-12(GND)	V-BR	点火开关置于"OFF"位置	200Ω 或更大
E62-3(CANL)-E62-12(GND)	W-BR	点火开关置于"OFF"位置	200Ω 或更大
E62-2(CANH)-E11-16(BAT)	V-G	断开蓄电池负极端子	6kΩ 或更大
E62-3(CANL)-E11-16(BAT)	W-G	断开蓄电池负极端子	6kΩ 或更大

13）组合仪表

①将插接器从组合仪表上断开。线束插接器前视图（至组合仪表）如图 1-70 所示。

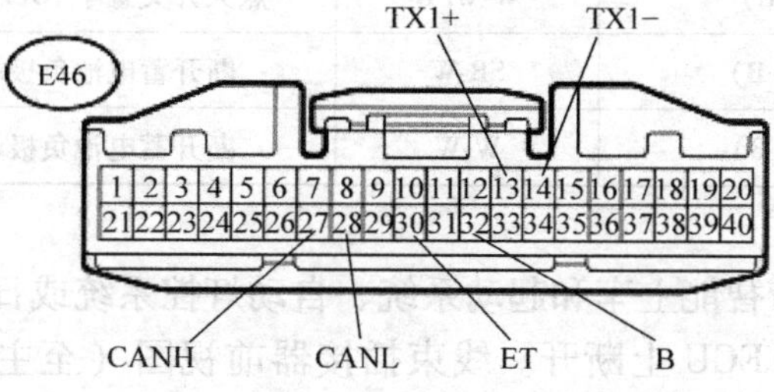

TX1+
TX1−
E46
1 2 3 4 5 6 7 8 9 10 11 12 13 14 15 16 17 18 19 20
21 22 23 24 25 26 27 28 29 30 31 32 33 34 35 36 37 38 39 40
CANH
CANL
ET
B

图 1-70　线束插接器前视图（至组合仪表）

②根据表 1-24 中的值测量电阻。

表 1-24　组合仪表插接器端子标准电阻

端　子	配线颜色	条　件	规定状态
E46-27(CANH)-E46-28(CANL)	G-W	点火开关置于“OFF”位置	108～132Ω
E46-27(CANH)-E46-30(ET)	G-BR	点火开关置于“OFF”位置	200Ω 或更大
E46-28(CANL)-E46-30(ET)	W-BR	点火开关置于“OFF”位置	200Ω 或更大
E46-27(CANH)-E46-32(B)	G-W	断开蓄电池负极端子	6kΩ 或更大
E46-28(CANL)-E46-32(B)	W-W	断开蓄电池负极端子	6kΩ 或更大
E46-13(TX1+)-E46-14(TX1-)	W-G	点火开关置于“OFF”位置	108～132Ω
E46-13(TX1+)-E46-30(ET)	G-BR	点火开关置于“OFF”位置	200Ω 或更大
E46-14(TX1-)-E46-30(ET)	W-BR	点火开关置于“OFF”位置	200Ω 或更大
E46-13(TX1+)-E46-32(B)	G-W	断开蓄电池负极端子	6kΩ 或更大
E46-14(TX1-)-E46-32(B)	W-W	断开蓄电池负极端子	6kΩ 或更大

14）认证 ECU

①将插接器从认证 ECU 上断开。线束插接器前视图（至认证 ECU）如图 1-71 所示。

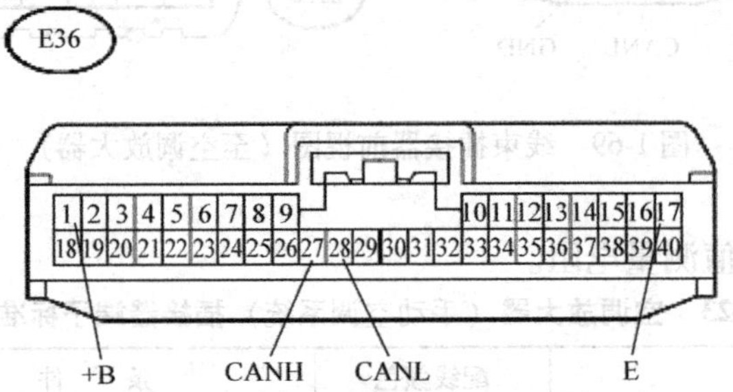
E36
1 2 3 4 5 6 7 8 9
10 11 12 13 14 15 16 17
18 19 20 21 22 23 24 25 26 27 28 29 30 31 32 33 34 35 36 37 38 39 40
+B
CANH
CANL
E

图 1-71　线束插接器前视图（至认证 ECU）

②根据表 1-25 中的值测量电阻。

表 1-25　认证 ECU 端子标准电阻

端　子	配线颜色	条　件	规定状态
E36-27(CANH)-E36-28(CANL)	SB-W	点火开关置于“OFF”位置	54～69Ω
E36-27(CANH)-E36-17(E)	SB-W/B	点火开关置于“OFF”位置	200Ω 或更大
E36-28(CANL)-E36-17(E)	W-W/B	点火开关置于“OFF”位置	200Ω 或更大
E36-27(CANH)-E36-1(+B)	SB-W	断开蓄电池负极端子	6kΩ 或更大
E36-28(CANL)-E36-1(+B)	W-W	断开蓄电池负极端子	6kΩ 或更大

15）主车身 ECU（带智能上车和起动系统、自动灯控系统或日间行车灯控制系统）

①将插接器从主车身 ECU 上断开。线束插接器前视图（至主车身 ECU）如图 1-72 所示。

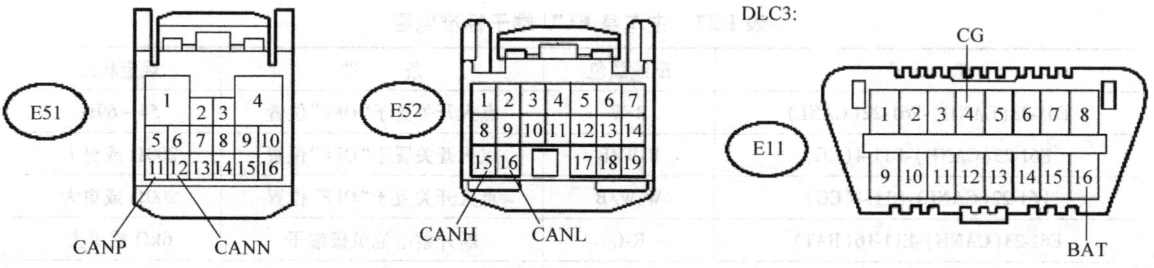
DLC3:
E51
1
2
3
4
5
6
7
8
9
10
11
12
13
14
15
16
CANP
CANN
E52
17
18
19
CANH
CANL
CG
E11
BAT

图 1-72　线束插接器前视图（至主车身 ECU）

②根据表 1-26 中的值测量电阻。

表 1-26　主车身 ECU 端子标准电阻

端　　子	配线颜色	条　　件	规定状态
E52-15(CANH)-E52-16(CANL)	R-W	点火开关置于“OFF”位置	54～69Ω
E52-15(CANH)-E11-4(CG)	R-W/B	点火开关置于“OFF”位置	200Ω 或更大
E52-16(CANL)-E11-4(CG)	W-W/B	点火开关置于“OFF”位置	200Ω 或更大
E52-15(CANH)-E11-16(BAT)	R-G	断开蓄电池负极端子	6kΩ 或更大
E52-16(CANL)-E11-16(BAT)	W-G	断开蓄电池负极端子	6kΩ 或更大
E51-11(CANP)-E51-12(CANN)	R-W	点火开关置于“OFF”位置	108～132Ω
E51-11(CANP)-E11-4(CG)	R-W/B	点火开关置于“OFF”位置	200Ω 或更大
E51-12(CANN)-E11-4(CG)	W-W/B	点火开关置于“OFF”位置	200Ω 或更大
E51-11(CANP)-E11-16(BAT)	R-G	断开蓄电池负极端子	6kΩ 或更大
E51-12(CANN)-E11-16(BAT)	W-G	断开蓄电池负极端子	6kΩ 或更大

16）主车身 ECU（不带智能上车和起动系统、自动灯控系统或日间行车灯控制系统）

①将插接器从主车身 ECU 上断开。线束插接器前视图（至主车身 ECU）如图 1-73 所示。

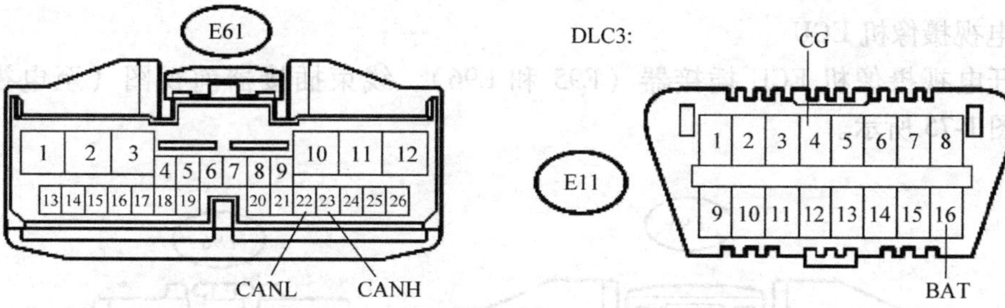
E61
1
2
3
4
5
6
7
8
9
10
11
12
13
14
15
16
17
18
19
20
21
22
23
24
25
26
CANL
CANH
DLC3:
CG
E11
BAT

图 1-73　线束插接器前视图（至主车身 ECU）

②根据表 1-27 中的值测量电阻。

17）动力转向 ECU

①断开动力转向 ECU 插接器。线束插接器前视图（至动力转向 ECU）如图 1-74 所示。

表 1-27　主车身 ECU 端子标准电阻

端　　子	配线颜色	条　　件	规定状态
E61-23(CANH)-E61-22(CANL)	R-W	点火开关置于"OFF"位置	54～69Ω
E61-23(CANH)-E11-4(CG)	R-W/B	点火开关置于"OFF"位置	200Ω 或更大
E61-22(CANL)-E11-4(CG)	W-W/B	点火开关置于"OFF"位置	200Ω 或更大
E61-23(CANH)-E11-16(BAT)	R-G	断开蓄电池负极端子	6kΩ 或更大
E61-22(CANL)-E11-16(BAT)	W-G	断开蓄电池负极端子	6kΩ 或更大

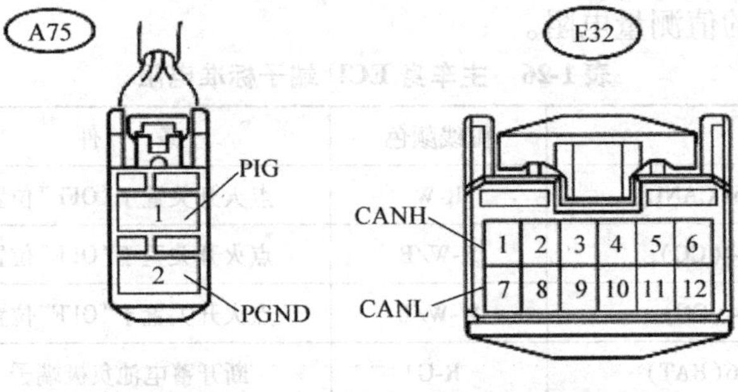
A75
PIG
1
2
PGND
E32
CANH
CANL
1 2 3 4 5 6
7 8 9 10 11 12

图 1-74　线束插接器前视图（至动力转向 ECU）

②根据表 1-28 中的值测量电阻。

表 1-28　动力转向 ECU 端子标准电阻

端　　子	配线颜色	条　　件	规定状态
E32-1(CANH)-E32-7(CANL)	SB-W	点火开关置于"OFF"位置	54～69Ω
E32-1(CANH)-A75-2(PGND)	SB-W/B	点火开关置于"OFF"位置	200Ω 或更大
E32-7(CANL)-A75-2(PGND)	W-W/B	点火开关置于"OFF"位置	200Ω 或更大
E32-1(CANH)-A75-1(PIG)	SB-L	断开蓄电池负极端子	6kΩ 或更大
E32-7(CANL)-A75-1(PIG)	W-L	断开蓄电池负极端子	6kΩ 或更大

18）电视摄像机 ECU

①断开电视摄像机 ECU 插接器（E95 和 E96）。线束插接器前视图（至电视摄像机 ECU）如图 1-75 所示。

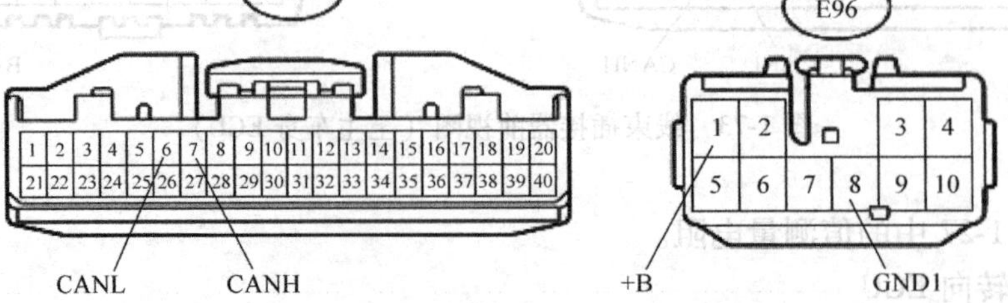
E95
1 2 3 4 5 6 7 8 9 10 11 12 13 14 15 16 17 18 19 20
21 22 23 24 25 26 27 28 29 30 31 32 33 34 35 36 37 38 39 40
CANL
CANH
E96
1 2 3 4
5 6 7 8 9 10
+B
GND1

图 1-75　线束插接器前视图（至电视摄像机 ECU）

②根据表 1-29 中的值测量电阻。

表 1-29 电视摄像机 ECU 端子标准电阻

端　　子	配线颜色	条　　件	规定状态
E95-7(CANH)-E95-6(CANL)	O-W	点火开关置于“OFF”位置	54～69Ω
E95-7(CANH)-E96-8(GND1)	O-W/B	点火开关置于“OFF”位置	200Ω 或更大
E95-6(CANL)-E96-8(GND1)	W-W/B	点火开关置于“OFF”位置	200Ω 或更大
E95-7(CANH)-E96-1(+B)	O-L	断开蓄电池负极端子	6kΩ 或更大
E95-6(CANL)-E96-1(+B)	W-L	断开蓄电池负极端子	6kΩ 或更大

19）网络网关 ECU

①断开网络网关 ECU 插接器。线束插接器前视图（至网络网关 ECU）如图 1-76 所示。

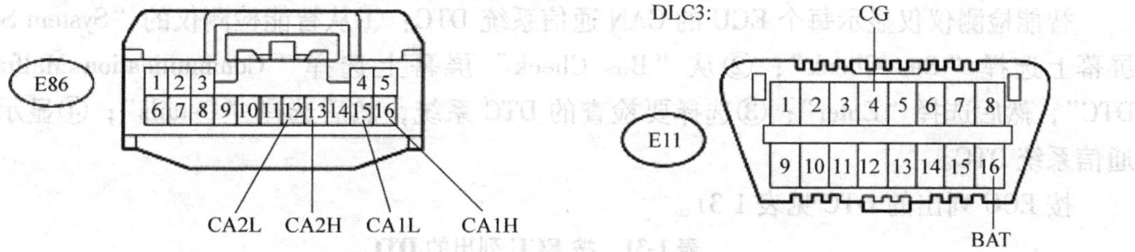
E86
1 2 3 4 5
6 7 8 9 10 11 12 13 14 15 16
CA2L CA2H CA1L CA1H
DLC3:
CG
E11
1 2 3 4 5 6 7 8
9 10 11 12 13 14 15 16
BAT

图 1-76 线束插接器前视图（至网络网关 ECU）

②根据表 1-30 中的值测量电阻。

表 1-30 网络网关 ECU 端子标准电阻

端　　子	配线颜色	条　　件	规定状态
E86-16(CA1H)-E86-15(CA1L)	P-W	点火开关置于“OFF”位置	54～69Ω
E86-16(CA1H)-E11-4(CG)	P-W/B	点火开关置于“OFF”位置	200Ω 或更大
E86-15(CA1L)-E11-4(CG)	W-W/B	点火开关置于“OFF”位置	200Ω 或更大
E86-16(CA1H)-E11-16(BAT)	P-G	断开蓄电池负极端子	6kΩ 或更大
E86-15(CA1L)-E11-16(BAT)	W-G	断开蓄电池负极端子	6kΩ 或更大
E86-13(CA2H)-E86-12(CA2L)	B-W	点火开关置于“OFF”位置	54～69Ω
E86-13(CA2H)-E11-4(CG)	B-W/B	点火开关置于“OFF”位置	200Ω 或更大
E86-12(CA2L)-E11-4(CG)	W-W/B	点火开关置于“OFF”位置	200Ω 或更大
E86-13(CA2H)- E11-16(BAT)	B-G	断开蓄电池负极端子	6kΩ 或更大
E86-12(CA2L)-E11-16(BAT)	W-G	断开蓄电池负极端子	6kΩ 或更大

2. 卡罗拉轿车 CAN 总线系统故障检修程序

对于 CAN 故障，可使用智能检测仪来检查 CAN 通信系统的 DTC（故障码）。DTC 包括：U0073、U0100 *1、U0123 *1、U0124 *1、U0126 *1、U0129、U0327 *2、U1002 *2*3、U1126 *3 和 B1499（*1—带 VSC；*2—带智能上车和起动系统；*3—带驻车辅助监视系统）。

DLC3 虽连接至 CAN 通信系统，但没有针对 DLC3 或 DLC3 支线故障的 DTC。如果 DLC3

或 DLC3 支线存在故障，则 CAN 网络上的 ECU 不能向智能检测仪输出代码。

可通过测量 DLC3 端子间的电阻，检查 CAN 总线（通信线束）的故障。但是，从 DLC3 无法检测到非 DLC3 支线的支线断路故障。

如果未输出与 CAN 通信系统相关的 DTC，请参考各个系统的故障检修程序。

卡罗拉轿车 CAN 总线系统故障检修程序如下。

(1) 检查和清除 DTC　在 CAN 通信系统中，使用智能检测仪通过 ECU 可以显示 CAN 通信系统的 DTC。

当任何通信线路存在断路或短路时，输出 CAN 通信 DTC。任何与相应 ECU 或传感器的电源相关的故障，或者 ECU 或传感器本身的故障，同样会导致这些 DTC 输出。

点火开关置于“ON (IG)”位置时，如果有 CAN 通信线路插接器断开，则相应系统及相关系统的 ECU 将记录 DTC。

智能检测仪仅显示每个 ECU 的 CAN 通信系统 DTC：①从智能检测仪的“System Select”屏幕上选择“Bus Check”；②从“Bus Check”屏幕上选择“Communication Malfunction DTC”，然后选择“Enter”；③选择要检查的 DTC 系统，然后选择“Details”；④显示 CAN 通信系统 DTC。

按 ECU 列出的 DTC 见表 1-31。

表 1-31　按 ECU 列出的 DTC

各 ECU 或传感器的 DTC	检 测 项 目
防滑控制 ECU（不带 VSC）	
U0073	控制模块通信总线断开
防滑控制 ECU（带 VSC）	
U0073	控制模块通信总线断开
U0100	与 ECM/PCM “A” 失去通信
U0123	与横摆率传感器模块失去通信
U0124	与横向加速度传感器模块失去通信
U0126	与转向角传感器模块失去通信
空调放大器	
B1499	多路通信电路
组合仪表	
U0100	与 ECM/PCM “A” 失去通信
U0129	与制动系统控制模块失去通信
动力转向 ECU	
U0100	与 ECM 失去通信
U0129	与防抱死制动系统（ABS）控制模块失去通信
主车身 ECU	
U0327	软件与车辆安全控制模块不兼容
U1002	与网关模块失去通信

（续）

各 ECU 或传感器的 DTC	检 测 项 目
网络网关 ECU	
U1002	与网关模块失去通信
U1126	与电视摄像机 ECU 失去通信
电视摄像机 ECU	
5C-42	转向角传感器通信故障
ECM、中央气囊传感器、转向角传感器（带 VSC）、横摆率传感器（带 VSC）、认证 ECU	
各 ECU 或传感器连接至 CAN 通信系统，但不输出 CAN 通信 DTC	

（2）使用智能检测仪

1）使用智能检测仪，显示“Communication Bus Check”屏幕。

2）观察屏幕约 1min，检查屏幕上显示的 ECU 和传感器。

智能检测仪显示结果及其对策见表 1-32。

表 1-32 智能检测仪显示结果及其对策

结 果	对 策
所有或某些连接于 CAN 通信系统的 ECU 和传感器未显示在屏幕上 （CAN1 号总线主线断路或 CAN1 号总线短路或 DLC3 支线有故障）	转至步骤（3）：检查 CAN1 号总线
连接至 CAN 通信系统的 ECU 和传感器中有一个未显示在屏幕上 （ECU 或传感器支线断路或通信中断）	转至 CAN 总线故障现象表中的“通信终止模式表”（*1）
该检测过程中，某些 ECU 和传感器反复出现在屏幕上然后消失 （ECU 的一侧或传感器支线断路）	诊断排除“CAN 支线一侧断路”故障
1）除网络网关 ECU 外，所有连接至 CAN2 号总线的 ECU 和传感器均未显示在屏幕上 2）网络网关 ECU 输出 DTC U1002 （CAN2 号总线主线断路或 CAN2 号总线短路）	诊断排除“U1002（CAN 2 号总线）”故障
所有连接至 CAN2 号总线的 ECU 和传感器均未显示在屏幕上 （网络网关 ECU 支线断路或网络网关 ECU 有故障）	诊断排除“网络网关 ECU 通信终止模式”故障
1）除主车身 ECU 外，连接至 CAN MS 总线的所有 ECU 和传感器均未显示在屏幕上 2）主车身 ECU 输出 DTC U1002 （CAN MS 总线主线断路或 CAN MS 总线短路）	诊断排除“U1002（CAN MS 总线）”故障
所有连接至 CAN MS 总线的 ECU 和传感器均未显示在屏幕上 （主车身 ECU 支线断路或主车身 ECU 有故障）	诊断排除“主车身 ECU 通信终止模式”故障
所有连接到 CAN 通信系统的 ECU 和传感器都显示在屏幕上 （CAN 总线电路当前正常）	转至步骤（4）：重新检查 DTC

注：1.（*1）：当某些连接至 CAN MS 总线的 ECU 不在屏幕上显示时，参见“诊断故障码表—CAN MS 总线”，而不是“通信终止模式表”。

2. 连接至 CAN MS 总线的 ECU 通过主车身 ECU 在屏幕上显示。

注意：①采用 CAN 通信的系统（ECU、传感器），根据车辆及其选装件的变化而变化。

检查车辆上安装了什么系统（ECU、传感器）；②未安装的ECU或传感器将不显示，不要将其误认为处于通信终止模式；③该检查过程中，ECU和传感器反复出现在屏幕然后消失属正常现象（智能检测仪的响应及显示会受到其他ECU输出信号的影响，因为这些ECU的两条CAN支线中有一条发生了断路）。

（3）检查CAN1号总线

1）检查CAN总线。如果能确定CAN总线中发生断路或短路的部位，参考“CAN总线故障现象表”。

2）下一步转至步骤（5）。

（4）重新检查DTC　智能检测仪显示结果及其对策见表1-33。

表1-33　智能检测仪显示结果及其对策

结　　果	对　策
主车身ECU和网关ECU输出通信错误DTC，而不是输出其他故障码（CAN1号总线出现故障）	转至步骤（5）
网络网关ECU输出CAN2号DTC U1002（CAN2号总线出现故障）	转至“U1002（CAN2号总线）”
主车身ECU输出CAN MS总线DTC U1002（CAN MS总线出现故障）	转至“U1002（CAN MS总线）”
1）网络网关ECU输出CAN2号总线DTC U1002以外的其他DTC（连接至CAN2号总线的一条ECU支线出现故障） 2）主车身ECU输出CAN MS总线DTC U1002以外的其他DTC（连接至CAN MS总线的一条ECU支线中出现故障）	转至“DTC组合表”

有时输出了CAN通信系统DTC，但连接至CAN通信系统上的所有ECU和传感器都显示在智能检测仪上。在这种情况下，以往或历史DTC可能是引起故障的原因。

与CAN1号总线中故障相关的ECU将存储DTC，以指示通信故障。通过比较所设定的DTC组合可确定CAN1号总线中的通信终止模式，请参考CAN1号总线的DTC组合表（表1-34、表1-35）。

表1-34　DTC组合表—CAN1号总线（不带VSC）

DTC		故障模式							
输出自	输出DTC	ECM通信终止模式	防滑控制ECU通信终止模式	组合仪表ECU通信终止模式	动力转向ECU通信终止模式	中央气囊传感器通信终止模式	主车身ECU通信终止模式	空调放大器通信终止模式	网络网关ECU通信终止模式
防滑控制ECU	U0073	×	○①	×	×	×	×	×	×
组合仪表	U0100	○	×	○①	×	×	×	×	×
	U0129	×	○	○①	×	×	×	×	×
动力转向ECU	U0100	○	×	×	○①	×	×	×	×
	U0129	×	○	×	○①	×	×	×	×

注：1. ○—设置。

2. ×—当CAN总线一侧断路时根据故障零件，不设置或可能设置。

①　通信故障时不输出。

表 1-35　DTC 组合表—CAN1 号总线（带 VSC）

DTC		故障模式				
输出自	输出 DTC	ECM 通信终止模式	防滑控制 ECU 通信终止模式	转向角传感器通信终止模式	横摆率传感器通信终止模式	组合仪表 ECU 通信终止模式
防滑控制 ECU	U0073	×	○①	×	×	×
	U0100	○	○①	×	×	×
	U0123	×	○①	×	○	×
	U0124	×	○①	×	○	×
	U0126	×	○①	○	×	×
组合仪表	U0100	○	×	×	×	○①
	U0129	×	○	×	×	○①
动力转向 ECU	U0100	○	×	×	×	×
	U0129	×	○	×	×	×
输出自	输出 DTC	空调放大器通信终止模式	中央气囊传感器通信终止模式	动力转向 ECU 通信终止模式	主车身 ECU 通信终止模式	网关 ECU 通信终止模式
防滑控制 ECU	U0073	×	×	×	×	×
	U0100	×	×	×	×	×
	U0123	×	×	×	×	×
	U0124	×	×	×	×	×
	U0126	×	×	×	×	×
组合仪表	U0100	×	×	×	×	×
	U0129	×	×	×	×	×
动力转向 ECU	U0100	×	×	○①	×	×
	U0129	×	×	○①	×	×

注：1. ○—设置。

2. ×—当 CAN 总线一侧断路时根据故障零件，不设置或可能设置。

① 通信故障时不输出。

当连接至 CAN MS 总线的 ECU 不能通信，或网络出现故障时，主车身 ECU 将存储通信错误 DTC。

（5）DTC 组合表　对于 CAN 通信系统，根据输出的 DTC 组合来确认故障。

如果输出 CAN 通信系统 DTC，并且与 CAN 通信系统连接的所有 ECU 和传感器都显示在智能检测仪的“Communication Bus Check”屏幕上，则上面所提到 CAN 通信系统 DTC 可能是引起故障的原因。

DTC 组合表见表 1-34、表 1-35。

（6）电路检查

检查相关电路，确定故障原因及故障点。

（7）维修或更换

对故障部件或元器件实施维修或更换。

（8）确认测试

进行系统测试，以确认故障排除。

（9）结束

3. CAN 总线故障现象表

CAN 总线故障现象见表 1-36。

表 1-36　CAN 总线故障现象表

CAN 总线检测结果表	
故　障　现　象	可疑部位
CAN 总线检测结果为“CAN 主总线断路”	CAN 主总线断路
CAN 总线检测结果为“CAN 总线短路”	CAN 总线短路
CAN 总线检测结果为“CAN 总线对 B + 短路”	CAN 总线对 B + 短路
CAN 总线检测结果为“CAN 总线对搭铁短路”	CAN 总线对搭铁短路
CAN 总线检测结果为“CAN 支线一侧断路”	CAN 支线一侧断路
通信终止模式表	
故　障　现　象	可疑部位
智能检测仪上未显示“Engine”	ECM 通信终止模式
“ABSNSC/TRAC”未显示在智能检测仪上	防滑控制 ECU 通信终止模式
“Steering Angle Sensor”未显示在智能检测仪上	转向角传感器通信终止模式
“Yaw Rate/Decelerate Sensor”未显示在智能检测仪上	横摆率传感器通信终止模式
智能检测仪上未显示“EPS”	动力转向 ECU 通信终止模式
“Air Conditioner”未显示在智能检测仪上	空调放大器通信终止模式
“SRS Airbag”未显示在智能检测仪上	中央气囊传感器通信终止模式
“Main Body”未显示在智能检测仪上	主车身 ECU 通信终止模式
“Combination Meter”未显示在智能检测仪上	组合仪表 ECU 通信终止模式
“Network Gateway”未显示在智能检测仪上	网络网关 ECU 通信终止模式

4. 失效保护表

如果任一 CAN 总线（通信线束）由于短路或其他原因导致通信失败，每个系统特有的失效保护功能就开始工作，以防止系统发生故障。

表 1-37 所示为卡罗拉轿车 CAN 总线失效保护表，表中显示了部件、系统功能以及通信失败对这些功能的影响三者之间的关系。

表 1-37　卡罗拉轿车 CAN 总线失效保护表

功能（功能描述）	主控制系统	相关系统	失效保护操作	DTC（驾驶人可检测的）
VSC 控制①（VSC 工作时，控制驱动力）	防滑控制 ECU	1）ECM 2）转向角传感器 3）横摆率传感器	VSC 控制不工作（VSC 控制逐渐停止）	U0073，U0100，U0123，U0124，U0126（警告灯亮起）
VSC 控制①（发动机功率由 VSC/TRC 控制）	防滑控制 ECU	1）ECM 2）转向角传感器 3）横摆率传感器	VSC 控制不工作（VSC 控制逐渐停止）	U0073，U0100，U0123，U0124，U0126（警告灯亮起）

（续）

功能 （功能描述）	主控制系统	相关系统	失效保护操作	DTC （驾驶人可检测的）
ABS 控制 （ABS 工作时，控制驱动力）	防滑控制 ECU	横摆率传感器①	控制不起作用 （ABS 控制时逐渐停止控制）	U0073，U0124① （警告灯亮起）
电动转向 （车速感应型转矩控制）	动力转向 ECU	1）ECM 2）防滑控制 ECU	踩下 EPS 辅助 （转向失效）	U0100，U0129 （VSC 故障：警告灯亮起，在 70km/h 的车速时动力辅助力降低） ［ECM 故障：警告灯亮起（仅在辅助开始前）］
仪表显示 （显示工作条件和 DTC）	组合仪表	1）ECM 2）防滑控制 ECU 3）中央气囊传感器总成 4）认证 ECU 5）主车身 ECU	灯不亮、异常亮起或异常闪烁	U0100，U0129 （灯异常亮起）
空调控制	空调放大器	1）ECM 2）组合仪表 3）主车身 ECU	空调功能和 PTC 加热器功能停止	B1499 （空调不工作）
上车功能/电动门锁控制②	认证 ECU	1）组合仪表 2）主车身 ECU	允许解锁	U0327，U1002 （遥控门锁不能工作）
驻车辅助监视图像显示③	电视摄像机 ECU	1）电视摄像机 ECU 2）转向角传感器 3）网络网关 ECU 4）组合仪表 ECU	后部指引未显示	U1002，U1126 （导航屏幕驻车辅助监视器图像未显示）

① 带 VSC。
② 带智能上车和起动系统。
③ 带驻车辅助监视系统。

5. 诊断故障码表

（1）CAN MS 总线　CAN MS 总线诊断故障码表（主车身 ECU 输出代码）见表 1-38。

表 1-38　诊断故障码表—CAN MS 总线

DTC 代码	检测项目	故障部位
U0327	软件与车辆安全控制模块不兼容	1）认证 ECU 支线或插接器 2）认证 ECU 电源电路 3）认证 ECU
U1002（CAN MS 总线）	与网关模块失去通信（主车身 ECU）	1）CAN MS 总线主线或插接器断路或短路 2）CAN MS 总线支线或插接器断路或短路 3）认证 ECU 4）主车身 ECU 5）组合仪表 6）CAN3 号接线插接器

（2）CAN2 号总线　CAN2 号总线诊断故障码表（网络网关 ECU 输出代码）见表 1-39。

表 1-39　诊断故障码表—CAN2 号总线

DTC 代码	检测项目	故障部位
U1002（CAN2 号总线）	与网关模块失去通信（网络网关 ECU）	1）CAN2 号总线主线或插接器断路或短路 2）CAN2 号总线支线或插接器断路或短路 3）电视摄像机 ECU 4）网络网关 ECU 5）CAN4 号接线插接器
U1126	与电视摄像机 ECU 失去通信	1）电视摄像机 ECU 支线或插接器 2）电视摄像机 ECU 电源电路 3）电视摄像机 ECU

6. ECM 通信终止模式检修

ECM 通信终止模式故障现象见表 1-40，故障电路如图 1-77 所示。

表 1-40　ECM 通信终止模式故障现象表

检测项目	故障现象	故障部位
ECM 通信终止模式	1）智能检测仪的“Communication Bus Check”屏幕上未显示“Engine” 2）适用于“DTC 组合表”中的“ECM 通信终止模式”	1）ECM 电源电路 2）ECM

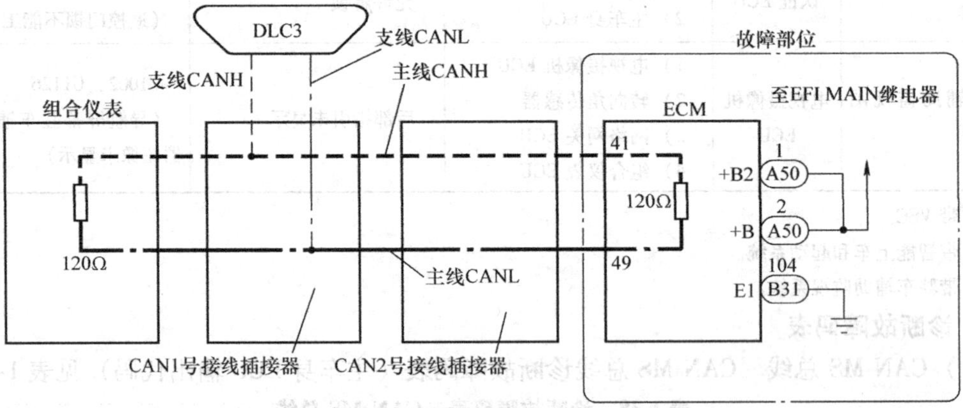
DLC3
支线CANL
支线CANH
主线CANH
故障部位
组合仪表
ECM
至EFI MAIN继电器
41
1
+B2
A50
120Ω
2
+B
A50
120Ω
49
104
E1
B31
主线CANL
CAN1号接线插接器
CAN2号接线插接器

图 1-77　ECM 通信终止模式故障电路

注意：①测量 CAN 总线主线和 CAN 总线支线的电阻前，应先将点火开关置于“OFF”位置；②将点火开关置于“OFF”位置后，检查并确认钥匙警告系统和车灯警告系统未处于工作状态；③开始测量电阻前，使车辆保持原来状态至少 1min，不要操作点火开关和任何其他开关或车门，如果需要打开任何车门以检测插接器，则打开该车门并让它保持打开。

提示：①操作点火开关、任何其他开关或车门会触发相关 ECU 和传感器进行 CAN 通信。该通信将导致电阻值发生变化；②即使清除了 DTC，如果在行驶一段时间后又存储了 DTC，则故障可能是因车辆振动而发生的，在这种情况下，执行下面的检查时，晃动 ECU 和线束将有助于确定故障原因。

（1）检查 CAN1 号总线主线是否断路（ECM 主线）

1）将点火开关置于“OFF”位置。

2）断开 ECM 插接器。

3）根据表 1-41 中的值测量电阻。

表 1-41　ECM 端子标准电阻

检测仪连接	条　件	规定状态
A50-41（CANH）-A50-49（CANL）	点火开关置于“OFF”位置	108 ~ 132Ω

线束插接器前视图（至 ECM）如图 1-78 所示。

如果异常，则维修或更换线束或插接器。

（2）检查线束（电源电路/1ZR-FE，2ZR-FE）检查 ECM 电源电路，如果正常，则更换 ECM；如果异常，则维修或更换线束或插接器。

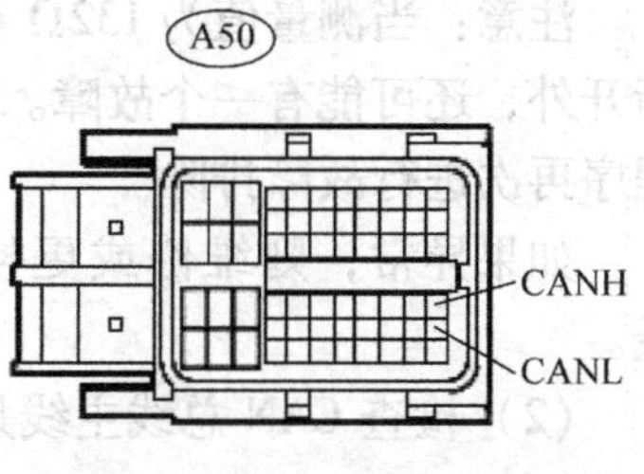
A50
CANH
CANL
图 1-78　线束插接器前视图（至 ECM）

7. CAN 主总线断路检修

DLC3 的端子 6（CANH）和 14（CANL）之间的电阻为 69Ω 或更大时，CAN 主线和/或 DLC3 支线可能断路。CAN 主总线断路故障现象见表 1-42，其电路如图 1-79 所示。

表 1-42　CAN 主总线断路故障现象表

检测项目	故障现象	故障部位
CAN 主总线断路	DLC3 的端子 6（CANH）和 14（CANL）之间的电阻为 69Ω 或更大	1）CAN 总线主线或插接器 2）CAN1 号接线插接器 3）CAN2 号接线插接器 4）ECM 5）组合仪表

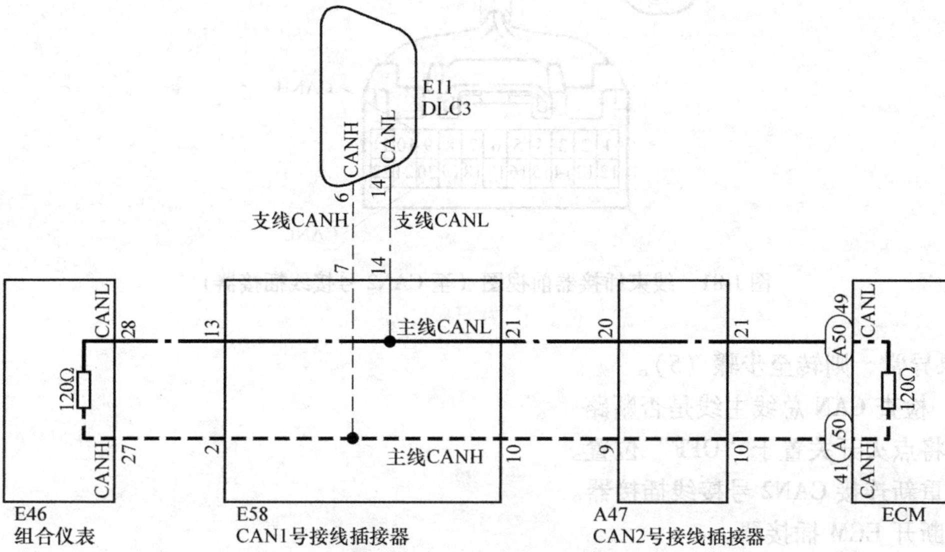
E11
DLC3
CANH
CANL
6
14
支线CANH
支线CANL
7
14
CANL
28
13
主线CANL
21
20
21
49
A50
CANL
120Ω
120Ω
CANH
27
2
主线CANH
10
9
10
41
A50
CANH
E46
组合仪表
E58
CAN1号接线插接器
A47
CAN2号接线插接器
ECM
图 1-79　CAN 主总线电路

(1) 检查 DLC3

1) 将点火开关置于“OFF”位置。

2) 根据表 1-43 中的值测量电阻。

表 1-43 DLC3 端子标准电阻

检测仪连接	条件	规定状态
E11-6(CANH)-E11-14(CANL)	点火开关置于“OFF”位置	108～132Ω

DLC3 端子如图 1-80 所示。

注意：当测量值为 132Ω 或更大并且输出 CAN 通信系统诊断故障码时，则除 DLC3 支线断开外，还可能有一个故障。因此，在维修完故障部位后，还应按 CAN 总线系统故障检修程序再次进行故障排除。

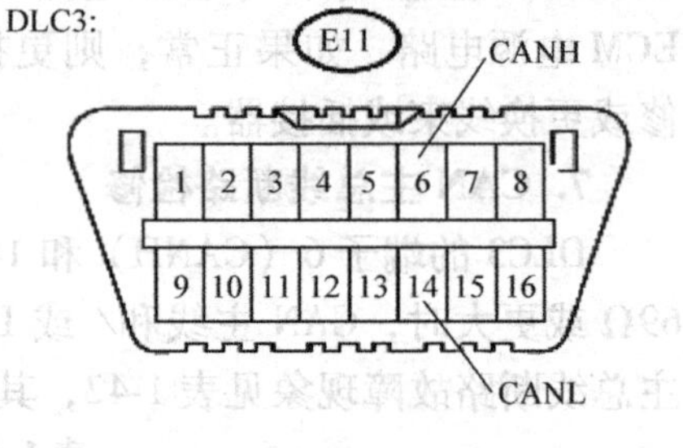
DLC3:
E11
CANH
1 2 3 4 5 6 7 8
9 10 11 12 13 14 15 16
CANL

图 1-80 DLC3 端子

如果异常，则维修或更换连接至 DLC3 的 CAN 支线。

(2) 检查 CAN 总线主线是否断路（CAN2 号接线插接器）

1) 将点火开关置于“OFF”位置。

2) 断开 CAN2 号接线插接器。

3) 根据表 1-44 中的值测量电阻。

表 1-44 CAN2 号接线插接器端子标准电阻

检测仪连接	条件	规定状态
A47-9(CANH)-A47-20(CANL)	点火开关置于“OFF”位置	108～132Ω

线束插接器前视图（至 CAN2 号接线插接器）如图 1-81 所示。

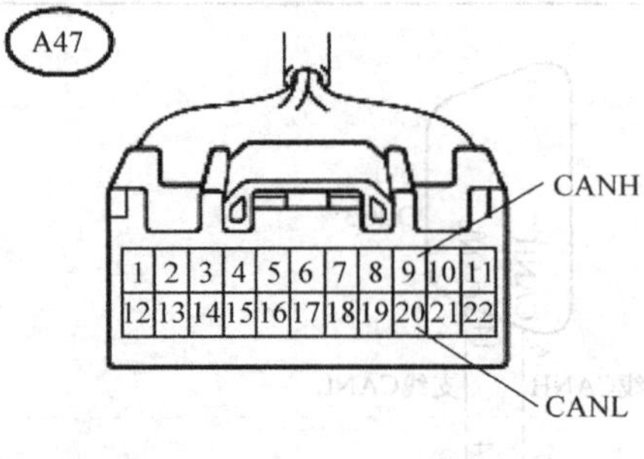
A47
CANH
1 2 3 4 5 6 7 8 9 10 11
12 13 14 15 16 17 18 19 20 21 22
CANL

图 1-81 线束插接器前视图（至 CAN2 号接线插接器）

如果异常，则转至步骤（5）。

(3) 检查 CAN 总线主线是否断路

1) 将点火开关置于“OFF”位置。

2) 重新连接 CAN2 号接线插接器。

3) 断开 ECM 插接器。

4) 根据表 1-45 中的值测量电阻。

表1-45　ECM端子标准电阻

检测仪连接	条　件	规定状态
A50-41(CANH)-A50-49(CANL)	点火开关置于"OFF"位置	108～132Ω

线束插接器前视图（至ECM）如图1-82所示。

如果测得电阻值正常，则更换ECM；如果异常，则进入下一步的检查。

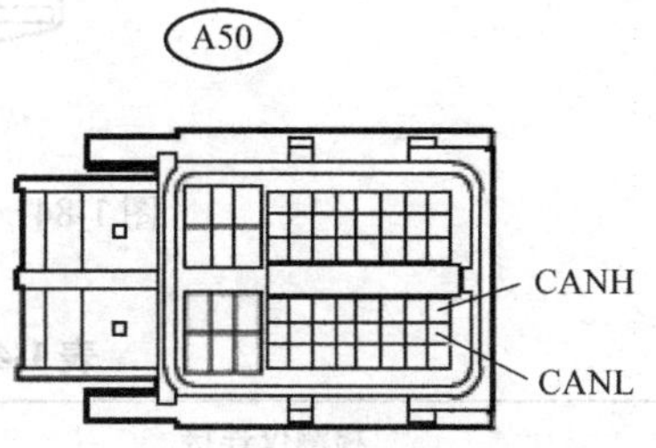
A50
CANH
CANL
图1-82　线束插接器前视图（至ECM）

（4）检查CAN总线主线是否断路（CAN2号接线插接器）

1）重新连接ECM插接器。

2）将点火开关置于"OFF"位置。

3）断开CAN2号接线插接器。

4）根据表1-46中的值测量电阻。

表1-46　CAN2号接线插接器端子标准电阻

检测仪连接	条　件	规定状态
A47-10(CANH)-A47-21(CANL)	点火开关置于"OFF"位置	108～132Ω

线束插接器前视图（至CAN2号接线插接器）如图1-83所示。

如果异常，则维修或更换CAN主线或插接器（CAN2号接线插接器——ECM）。

如果正常，则更换CAN2号接线插接器。

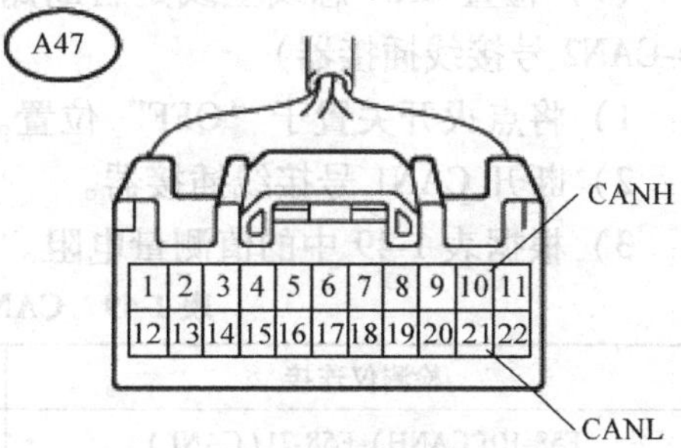
A47
CANH
1 2 3 4 5 6 7 8 9 10 11
12 13 14 15 16 17 18 19 20 21 22
CANL
图1-83　线束插接器前视图（至CAN2号接线插接器）

（5）检查CAN总线主线是否断路（组合仪表）

1）重新连接CAN2号接线插接器。

2）将点火开关置于"OFF"位置。

3）断开组合仪表插接器。

4）根据表1-47中的值测量电阻。

表1-47　组合仪表插接器端子标准电阻

检测仪连接	条　件	规定状态
E46-27(CANH)-E46-28(CANL)	点火开关置于"OFF"位置	108～132Ω

线束插接器前视图（至组合仪表插接器）如图1-84所示。

如果测得电阻值正常，则更换组合仪表总成；如果异常，则进入下一步的检查。

（6）检查CAN总线主线是否断路（CAN1号接线插接器-组合仪表）

1）重新连接组合仪表插接器。

2）将点火开关置于"OFF"位置。

3）断开CAN1号接线插接器。

4）根据表1-48中的值测量电阻。

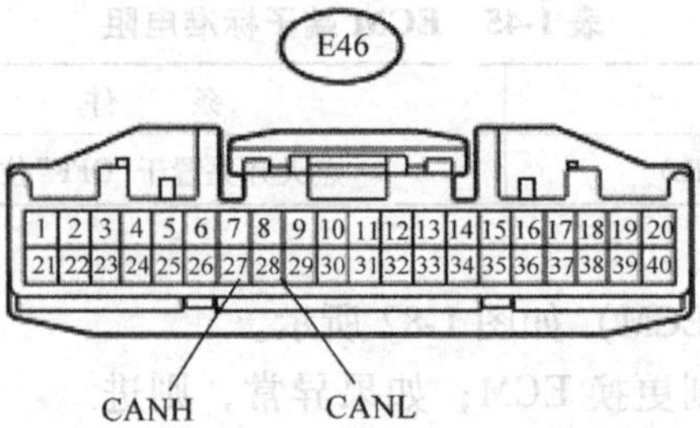
E46
1
2
3
4
5
6
7
8
9
10
11
12
13
14
15
16
17
18
19
20
21
22
23
24
25
26
27
28
29
30
31
32
33
34
35
36
37
38
39
40
CANH
CANL

图 1-84　线束插接器前视图（至组合仪表插接器）

表 1-48　CAN1 号接线插接器端子标准电阻

检测仪连接	条　件	规定状态
E58-2(CANH)-E58-13(CANL)	点火开关置于“OFF”位置	108～132Ω

线束插接器前视图（至 CAN1 号接线插接器）如图 1-85 所示。

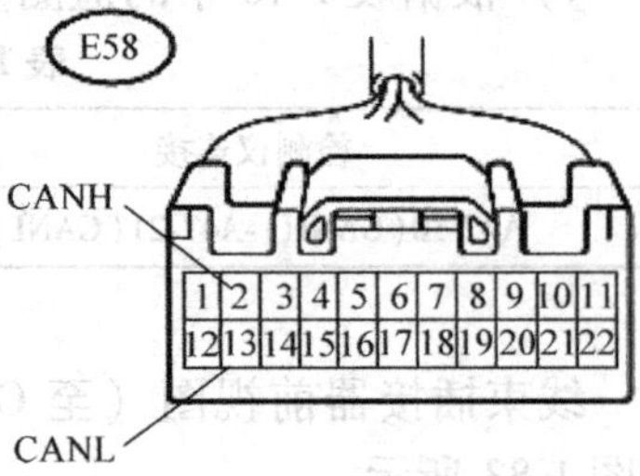
E58
CANH
CANL
1
2
3
4
5
6
7
8
9
10
11
12
13
14
15
16
17
18
19
20
21
22

图 1-85　线束插接器前视图（至 CAN1 号接线插接器）

如果异常，则维修或更换 CAN 主线或插接器（组合仪表-CAN1 号接线插接器）。

（7）检查 CAN 总线主线是否断路（CAN1 号接线插接器-CAN2 号接线插接器）

1）将点火开关置于“OFF”位置。

2）断开 CAN1 号接线插接器。

3）根据表 1-49 中的值测量电阻。

表 1-49　CAN1 号接线插接器端子标准电阻

检测仪连接	条　件	规定状态
E58-10(CANH)-E58-21(CANL)	点火开关置于“OFF”位置	108～132Ω

线束插接器前视图（至 CAN1 号接线插接器）如图 1-86 所示。

如果异常，则维修或更换 CAN 主线或插接器（CAN1 号接线插接器-CAN2 号接线插接器）。

如果正常，则更换 CAN1 号接线插接器。

8. 检查 CAN 总线

CAN 通信系统未输出任何 DTC 时，首先测量 DLC3 端子间的电阻以确定故障部位，检查并确认 CAN 线路和 +B 或 GND 之间没有短路。

CAN 总线电路如图 1-87 所示。

（1）检查 CAN 总线（主线是否断开，CAN 总线是否短路）

1）将点火开关置于“OFF”位置。

2）根据表 1-50 中的值测量电阻。

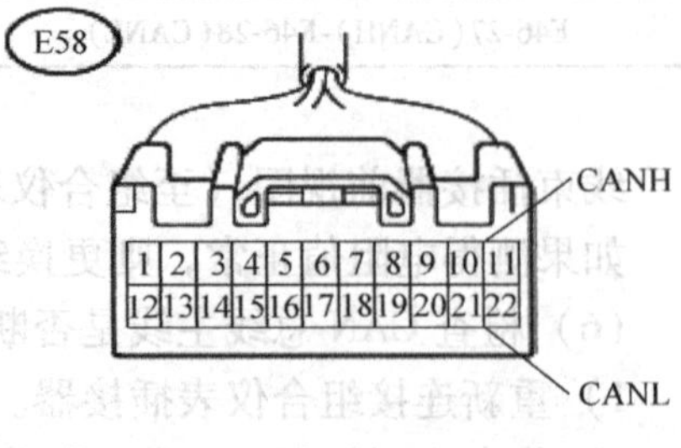
E58
CANH
CANL
1
2
3
4
5
6
7
8
9
10
11
12
13
14
15
16
17
18
19
20
21
22

图 1-86　线束插接器前视图（至 CAN1 号接线插接器）

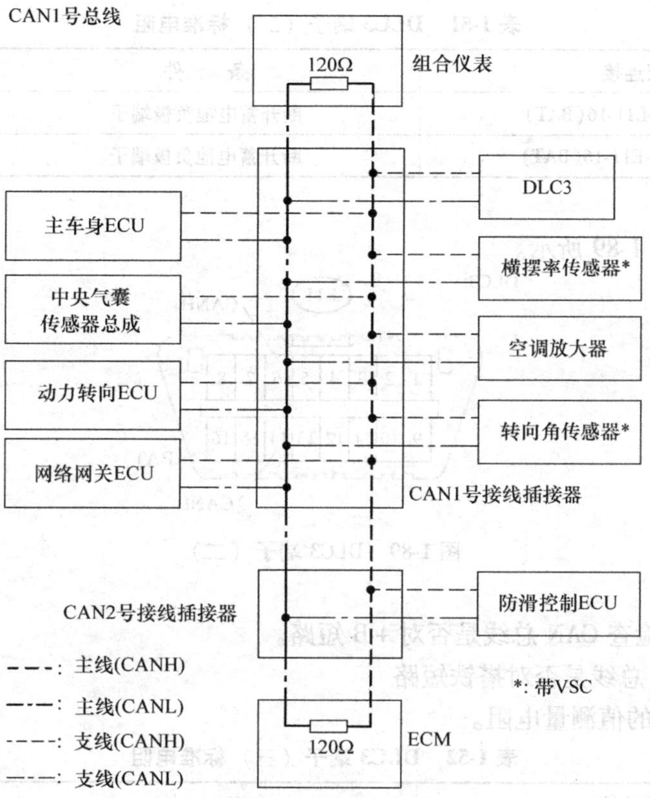
CAN1号总线
120Ω
组合仪表
DLC3
主车身ECU
横摆率传感器*
中央气囊
传感器总成
空调放大器
动力转向ECU
转向角传感器*
网络网关ECU
CAN1号接线插接器
防滑控制ECU
CAN2号接线插接器
*: 带VSC
120Ω
ECM
主线(CANH)
主线(CANL)
支线(CANH)
支线(CANL)

图 1-87　CAN 总线电路

表 1-50　DLC3 端子（一）标准电阻

检测仪连接	条　件	结果	转　至
E11-6(CANH)-E11-14(CANL)	点火开关置于“OFF”位置	54 ~ 69Ω	下一步
E11-6(CANH)-E11-14(CANL)	点火开关置于“OFF”位置	69Ω 或更大	检查 CAN 主总线是否断路
E11-6(CANH)-E11-14(CANL)	点火开关置于“OFF”位置	小于 54Ω	检查 CAN 总线是否短路

DLC3 端子如图 1-88 所示。

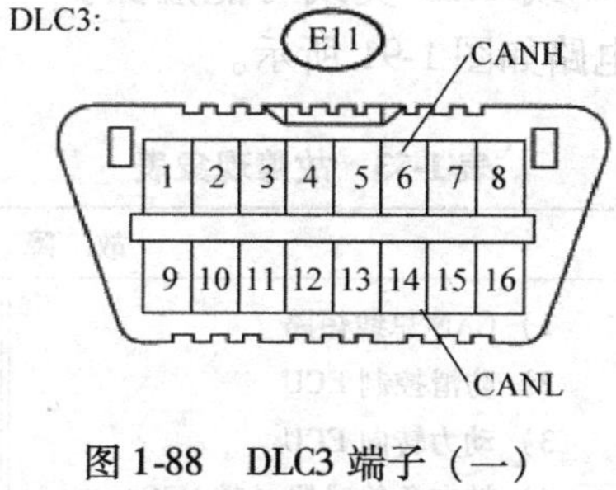
DLC3:
E11
CANH
1 2 3 4 5 6 7 8
9 10 11 12 13 14 15 16
CANL

图 1-88　DLC3 端子（一）

（2）检查 CAN 总线是否对 B + 短路

根据表 1-51 中的值测量电阻。

表 1-51　DLC3 端子（二）标准电阻

检测仪连接	条　件	规定状态
E11-6(CANH)-E11-16(BAT)	断开蓄电池负极端子	6kΩ 或更大
E11-14(CANL)-E11-16(BAT)	断开蓄电池负极端子	6kΩ 或更大

DLC3 端子如图 1-89 所示。

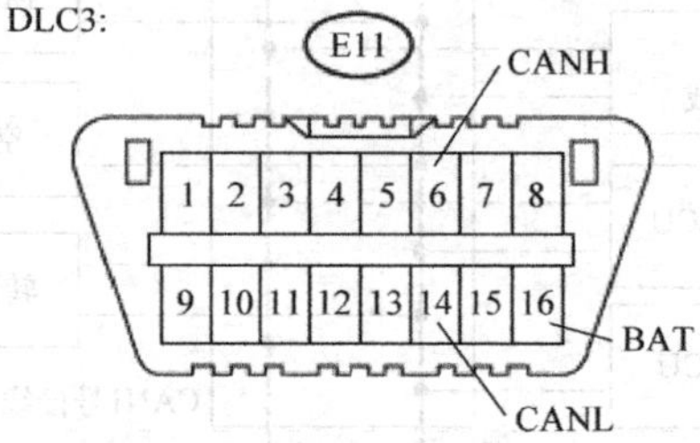
DLC3:
E11
CANH
1 2 3 4 5 6 7 8
9 10 11 12 13 14 15 16
BAT
CANL

图 1-89　DLC3 端子（二）

如果异常，则检查 CAN 总线是否对 +B 短路。

（3）检查 CAN 总线是否对搭铁短路

根据表 1-52 中的值测量电阻。

表 1-52　DLC3 端子（三）标准电阻

检测仪连接	条　件	规定状态
E11-6(CANH)-E11-4(CG)	点火开关置于“OFF”位置	200Ω 或更大
E11-14(CANL)-E11-4(CG)	点火开关置于“OFF”位置	200Ω 或更大

DLC3 端子如图 1-90 所示。

如果异常，则检查 CAN 总线是否对搭铁短路。

如果正常，则转至 CAN 总线系统故障检修程序。

9. 检查 CAN 总线是否短路

当 DLC3 的端子 6（CANH）和 14（CANL）之间的电阻小于 54Ω 时，CAN 主线和/或 CAN 支线可能短路。故障现象见表 1-53，短路故障电路如图 1-91 所示。

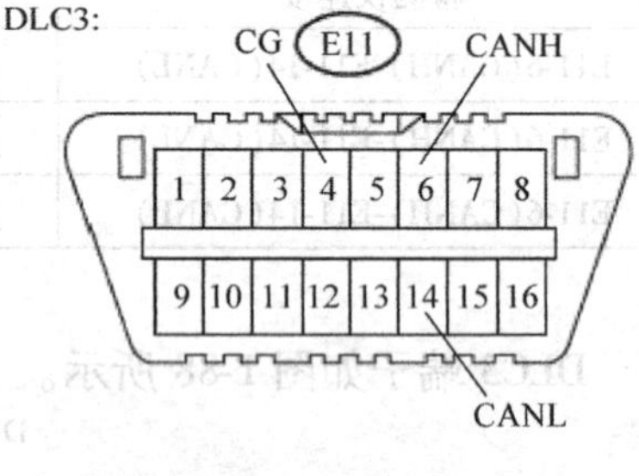
DLC3:
CG
E11
CANH
1 2 3 4 5 6 7 8
9 10 11 12 13 14 15 16
CANL

图 1-90　DLC3 端子（三）

表 1-53　故障现象表

故障现象	故　障　部　位	
DLC3 的端子 6（CANH）和 14（CANL）之间的电阻小于 54Ω	1）CAN 总线短路 2）防滑控制 ECU 3）动力转向 ECU 4）转向角传感器（带 VSC） 5）横摆率传感器（带 VSC） 6）ECM 7）中央气囊传感器总成	8）空调放大器 9）组合仪表 10）主车身 ECU 11）网络网关 ECU 12）CAN1 号接线插接器 13）CAN2 号接线插接器

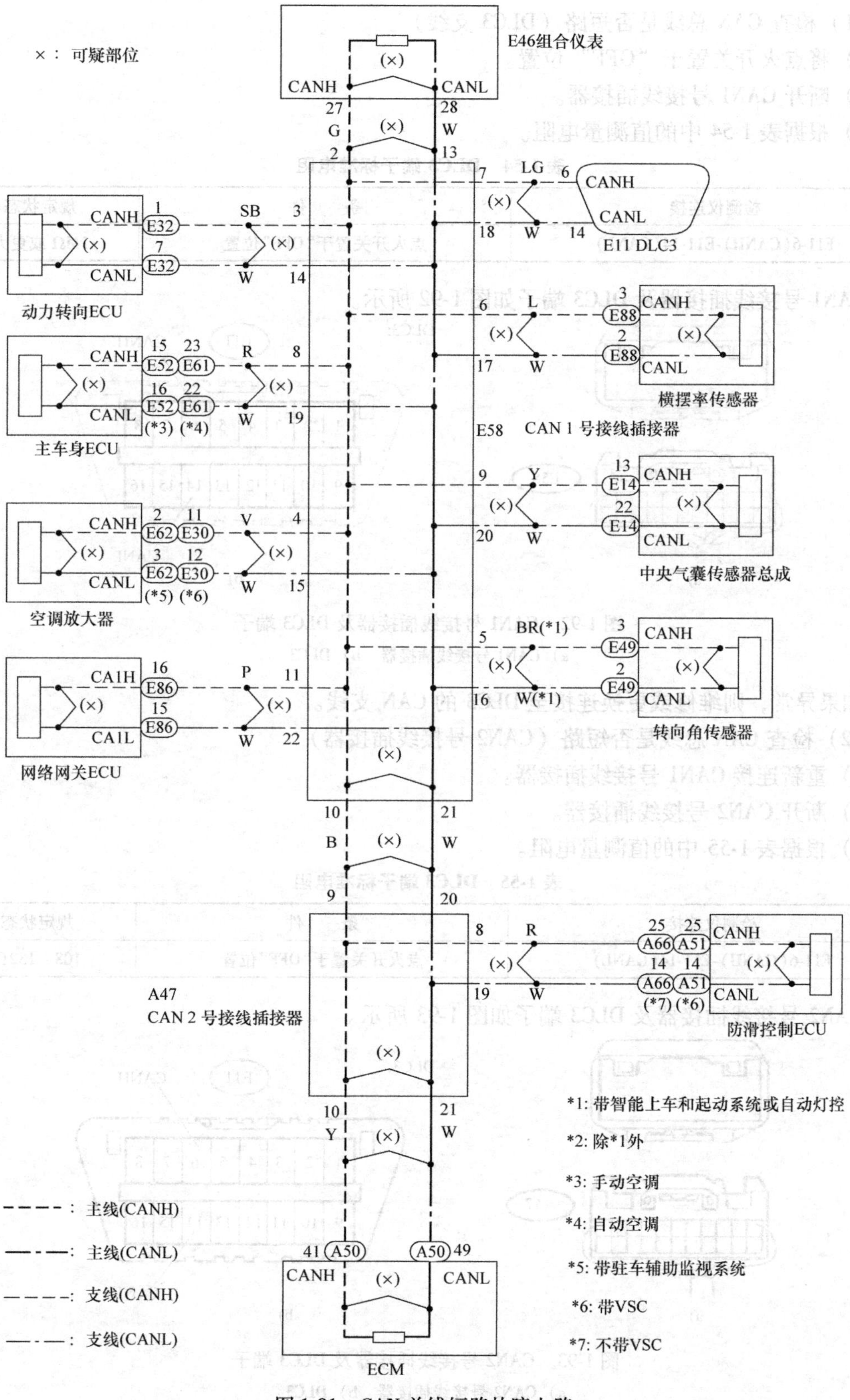
×：可疑部位
E46组合仪表
CANH
CANL
E11 DLC3
动力转向ECU
主车身ECU
空调放大器
网络网关ECU
横摆率传感器
E58 CAN 1 号接线插接器
中央气囊传感器总成
转向角传感器
A47
CAN 2 号接线插接器
防滑控制ECU
ECM
主线(CANH)
主线(CANL)
支线(CANH)
支线(CANL)
*1: 带智能上车和起动系统或自动灯控
*2: 除*1外
*3: 手动空调
*4: 自动空调
*5: 带驻车辅助监视系统
*6: 带VSC
*7: 不带VSC

图 1-91　CAN 总线短路故障电路

（1）检查 CAN 总线是否短路（DLC3 支线）

1）将点火开关置于“OFF”位置。

2）断开 CAN1 号接线插接器。

3）根据表 1-54 中的值测量电阻。

表 1-54　DLC3 端子标准电阻

检测仪连接	条　件	规定状态
E11-6(CANH)-E11-14(CANL)	点火开关置于“OFF”位置	1MΩ 或更大

CAN1 号接线插接器及 DLC3 端子如图 1-92 所示。

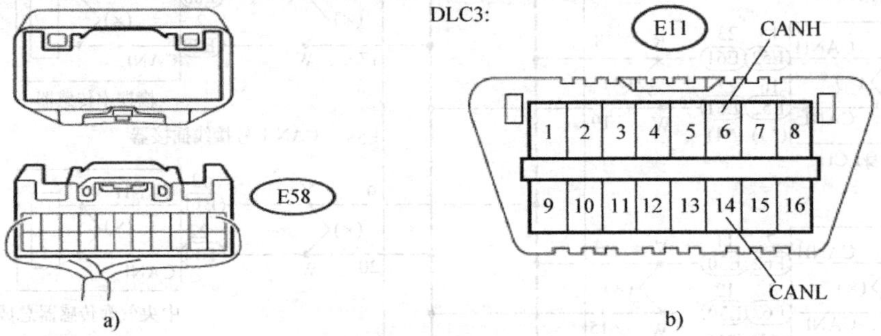
E58
a)
DLC3:
E11
CANH
1 2 3 4 5 6 7 8
9 10 11 12 13 14 15 16
CANL
b)

图 1-92　CAN1 号接线插接器及 DLC3 端子

a）CAN1 号接线插接器　b）DLC3

如果异常，则维修或更换连接至 DLC3 的 CAN 支线。

（2）检查 CAN 总线是否短路（CAN2 号接线插接器）

1）重新连接 CAN1 号接线插接器。

2）断开 CAN2 号接线插接器。

3）根据表 1-55 中的值测量电阻。

表 1-55　DLC3 端子标准电阻

检测仪连接	条　件	规定状态
E11-6(CANH)-E11-14(CANL)	点火开关置于“OFF”位置	108～132Ω

CAN2 号接线插接器及 DLC3 端子如图 1-93 所示。

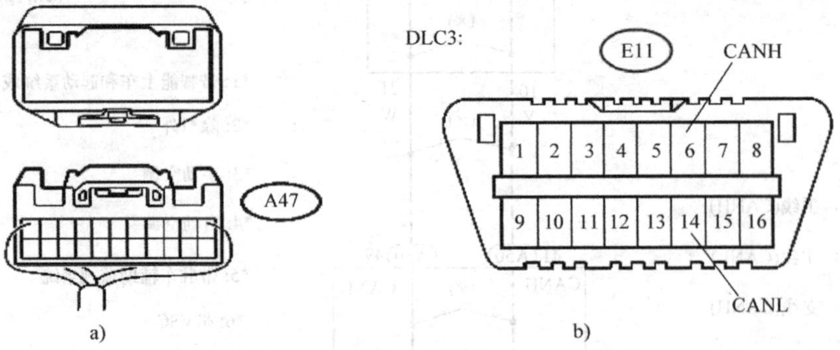
A47
a)
DLC3:
E11
CANH
1 2 3 4 5 6 7 8
9 10 11 12 13 14 15 16
CANL
b)

图 1-93　CAN2 号接线插接器及 DLC3 端子

a）CAN2 号接线插接器　b）DLC3

如果异常，则转至步骤（6）。

（3）检查 CAN 总线是否短路（CAN2 号接线插接器）

根据表 1-56 中的值测量电阻。

表 1-56　CAN2 号接线插接器端子（一）标准电阻

检测仪连接	条　件	规定状态
A47-10(CANH)-A47-21(CANL)	点火开关置于“OFF”位置	108 ~ 132Ω

线束插接器前视图（至 CAN2 号接线插接器）如图 1-94 所示。

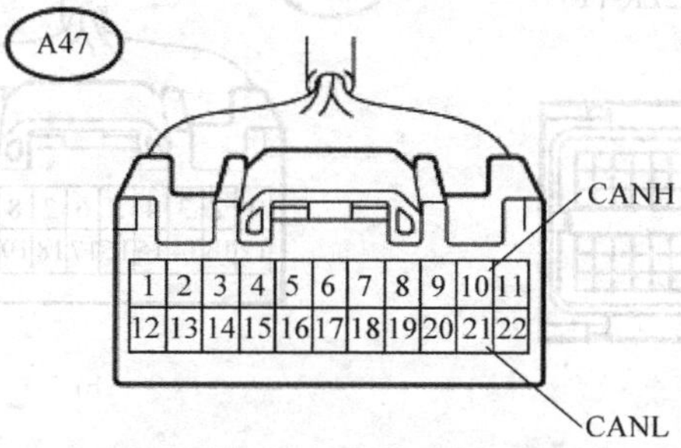
A47
CANH
1 2 3 4 5 6 7 8 9 10 11
12 13 14 15 16 17 18 19 20 21 22
CANL

图 1-94　线束插接器前视图（至 CAN2 号接线插接器）（一）

如果异常，则转至步骤（5）。

（4）检查 CAN 总线是否短路（CAN2 号接线插接器-防滑控制 ECU）

根据表 1-57 中的值测量电阻。

表 1-57　CAN2 号接线插接器端子（二）标准电阻

检测仪连接	条　件	规定状态
A47-8(CANH)-A47-19(CANL)	点火开关置于“OFF”位置	1MΩ 或更大

线束插接器前视图（至 CAN2 号接线插接器）如图 1-95 所示。

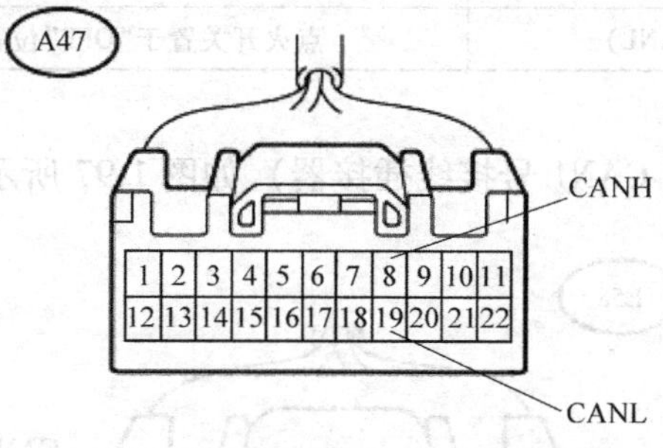
A47
CANH
1 2 3 4 5 6 7 8 9 10 11
12 13 14 15 16 17 18 19 20 21 22
CANL

图 1-95　线束插接器前视图（至 CAN2 号接线插接器）（二）

如果异常，则转至步骤（22）。

如果正常，则维修或更换 CAN 主线或插接器（CAN1 号接线插接器-CAN2 号接线插接器）。

（5）检查 CAN 总线是否短路（ECM 主线）

1）断开 ECM 插接器。

2）根据表 1-58 中的值测量电阻。

表 1-58　CAN2 号接线插接器端子（三）标准电阻

检测仪连接	条　件	规定状态
A47-10（CANH）-A47-21（CANL）	点火开关置于“OFF”位置	1MΩ 或更大

线束插接器前视图如图 1-96 所示。

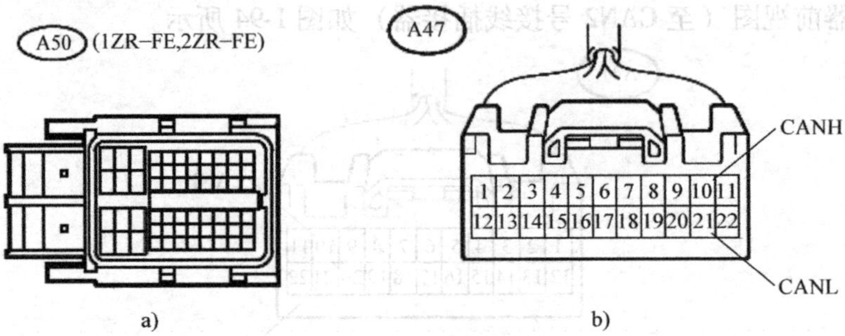

A50 (1ZR–FE,2ZR–FE)
A47
CANH
1 2 3 4 5 6 7 8 9 10 11
12 13 14 15 16 17 18 19 20 21 22
CANL
a)
b)

图 1-96　线束插接器前视图

a）线束插接器前视图（至 ECM）　b）线束插接器前视图（至 CAN2 号接线插接器）

如果测得电阻值正常，则更换更换 ECM；如果异常，则维修或更换 CAN 主线或插接器（ECM 主线）。

（6）检查 CAN 总线是否短路（CAN1 号接线插接器-CAN2 号接线插接器）

1）将点火开关置于“OFF”位置。

2）断开 CAN1 号接线插接器。

3）根据表 1-59 中的值测量电阻。

表 1-59　CAN1 号接线插接器端子（一）标准电阻

检测仪连接	条　件	规定状态
E58-10（CANH）-E58-21（CANL）	点火开关置于“OFF”位置	1MΩ 或更大

线束插接器前视图（至 CAN1 号接线插接器）如图 1-97 所示。

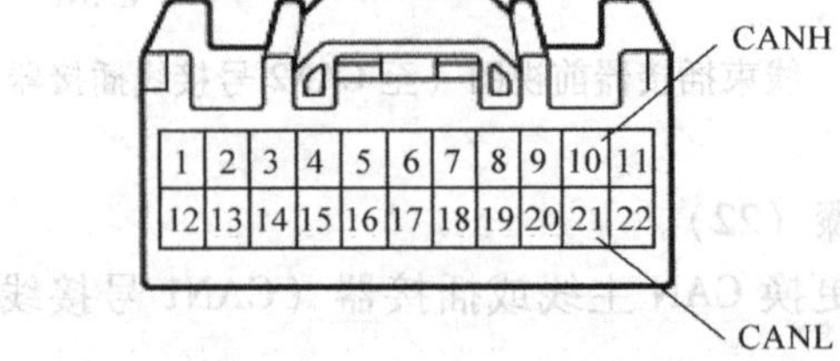

E58
CANH
1 2 3 4 5 6 7 8 9 10 11
12 13 14 15 16 17 18 19 20 21 22
CANL

图 1-97　线束插接器前视图（至 CAN1 号接线插接器）（一）

如果异常，则维修或更换 CAN 主线或插接器（CAN1 号接线插接器-CAN2 号接线插接器）。

（7）检查 CAN 总线是否短路（CAN1 号接线插接器-动力转向 ECU）

1）重新连接 CAN2 号接线插接器。

2）根据表 1-60 中的值测量电阻。

表 1-60　CAN1 号接线插接器端子（二）标准电阻

检测仪连接	条　件	规定状态
E58-3（CANH）-E58-14（CANL）	点火开关置于“OFF”位置	1MΩ 或更大

线束插接器前视图（至 CAN1 号接线插接器）如图 1-98 所示。

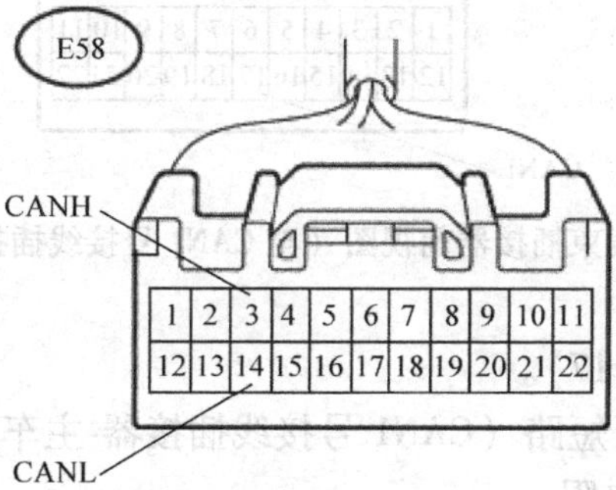
E58
CANH
1 2 3 4 5 6 7 8 9 10 11
12 13 14 15 16 17 18 19 20 21 22
CANL

图 1-98　线束插接器前视图（至 CAN1 号接线插接器）（二）

如果异常，则转至步骤（15）。

（8）检查 CAN 总线是否短路（CAN1 号接线插接器-转向角传感器）

根据表 1-61 中的值测量电阻。

表 1-61　CAN1 号接线插接器端子（三）标准电阻

检测仪连接	条　件	规定状态
E58-5（CANH）-E58-16（CANL）	点火开关置于“OFF”位置	1MΩ 或更大

线束插接器前视图（至 CAN1 号接线插接器）如图 1-99 所示。

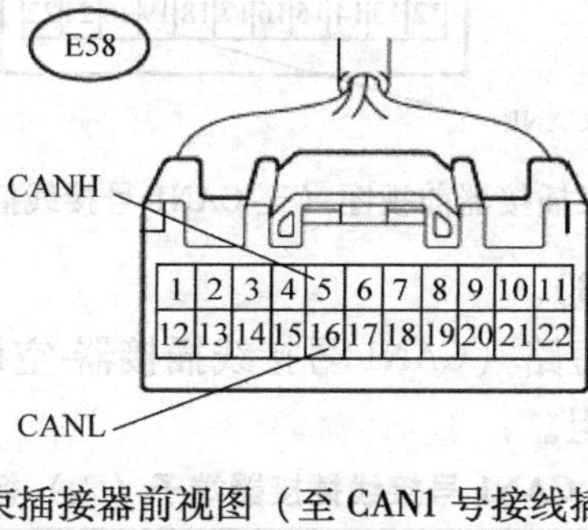
E58
CANH
1 2 3 4 5 6 7 8 9 10 11
12 13 14 15 16 17 18 19 20 21 22
CANL

图 1-99　线束插接器前视图（至 CAN1 号接线插接器）（三）

如果异常，则转至步骤（16）。

（9）检查 CAN 总线是否短路（CAN1 号接线插接器-横摆率传感器）

根据表 1-62 中的值测量电阻。

表 1-62　CAN1 号接线插接器端子（四）标准电阻

检测仪连接	条　件	规定状态
E58-6（CANH）-E58-17（CANL）	点火开关置于“OFF”位置	1MΩ 或更大

线束插接器前视图（至 CAN1 号接线插接器）如图 1-100 所示。

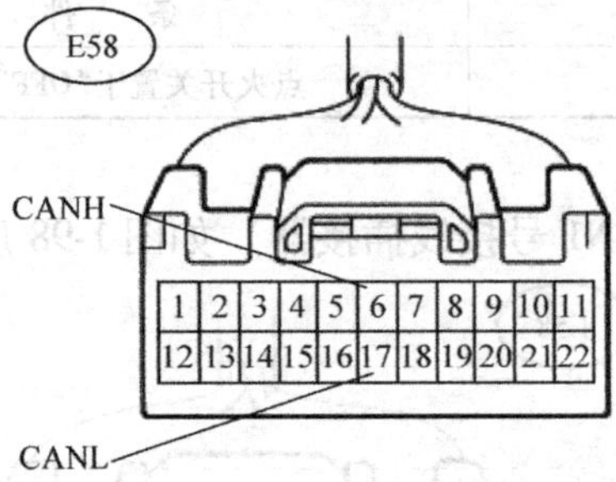
E58
CANH
1 2 3 4 5 6 7 8 9 10 11
12 13 14 15 16 17 18 19 20 21 22
CANL

图 1-100　线束插接器前视图（至 CAN1 号接线插接器）（四）

如果异常，则转至步骤（17）。

（10）检查 CAN 总线是否短路（CAN1 号接线插接器-主车身 ECU）

根据表 1-63 中的值测量电阻。

表 1-63　CAN1 号接线插接器端子（五）标准电阻

检测仪连接	条　件	规定状态
E58-8（CANH）-E58-19（CANL）	点火开关置于“OFF”位置	1MΩ 或更大

线束插接器前视图（至 CAN1 号接线插接器）如图 1-101 所示。

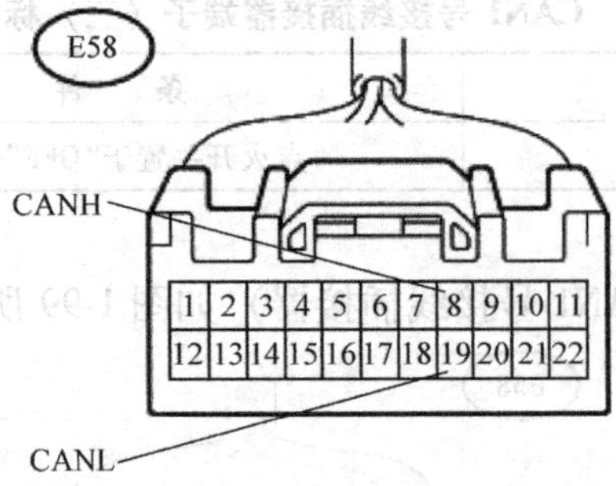
E58
CANH
1 2 3 4 5 6 7 8 9 10 11
12 13 14 15 16 17 18 19 20 21 22
CANL

图 1-101　线束插接器前视图（至 CAN1 号接线插接器）（五）

如果异常，则转至步骤（18）。

（11）检查 CAN 总线是否短路（CAN1 号接线插接器-空调放大器）

根据表 1-64 中的值测量电阻。

表 1-64　CAN1 号接线插接器端子（六）标准电阻

检测仪连接	条　件	规定状态
E58-4（CANH）-E58-15（CANL）	点火开关置于“OFF”位置	1MΩ 或更大

线束插接器前视图（至 CAN1 号接线插接器）如图 1-102 所示。

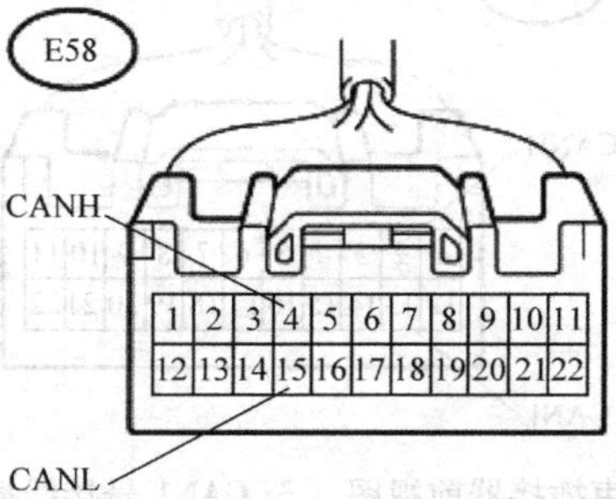
E58
CANH
1 2 3 4 5 6 7 8 9 10 11
12 13 14 15 16 17 18 19 20 21 22
CANL

图 1-102　线束插接器前视图（至 CAN1 号接线插接器）（六）

如果异常，则转至步骤（19）。

（12）检查 CAN 总线是否短路（CAN1 号接线插接器-中央气囊传感器总成）

根据表 1-65 中的值测量电阻。

表 1-65　CAN1 号接线插接器端子（七）标准电阻

检测仪连接	条　件	规定状态
E58-9(CANH)-E58-20(CANL)	点火开关置于“OFF”位置	1MΩ 或更大

线束插接器前视图（至 CAN1 号接线插接器）如图 1-103 所示。

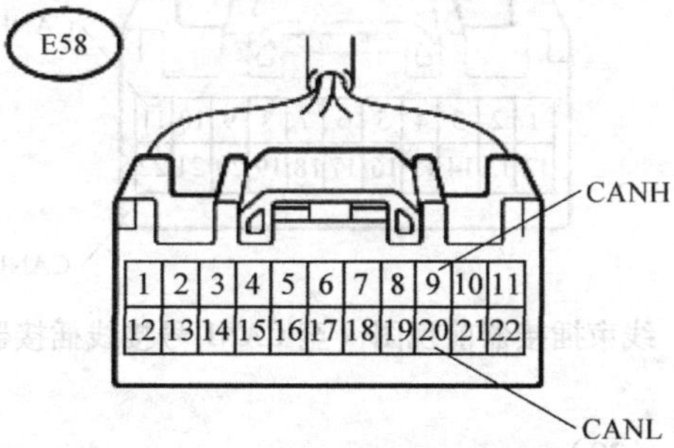
E58
CANH
1 2 3 4 5 6 7 8 9 10 11
12 13 14 15 16 17 18 19 20 21 22
CANL

图 1-103　线束插接器前视图（至 CAN1 号接线插接器）（七）

如果异常，则转至步骤（20）。

（13）检查 CAN 总线是否短路（CAN1 号接线插接器-组合仪表）

根据表 1-66 中的值测量电阻。

表 1-66　CAN1 号接线插接器端子（八）标准电阻

检测仪连接	条　件	规定状态
E58-2(CANH)-E58-13(CANL)	点火开关置于“OFF”位置	108 ~ 132Ω

线束插接器前视图（至 CAN1 号接线插接器）如图 1-104 所示。

如果异常，则转至步骤（21）。

（14）检查 CAN 总线是否短路（CAN1 号接线插接器-网络网关 ECU）

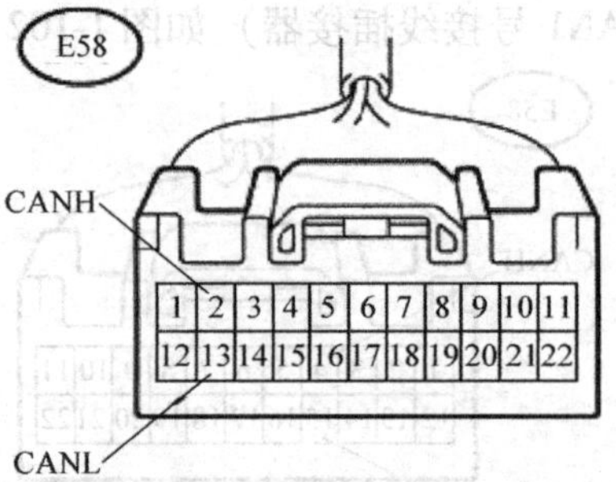
E58
CANH
CANL
1 2 3 4 5 6 7 8 9 10 11
12 13 14 15 16 17 18 19 20 21 22

图 1-104　线束插接器前视图（至 CAN1 号接线插接器）（八）

根据表 1-67 中的值测量电阻。

表 1-67　CAN1 号接线插接器端子（九）标准电阻

检测仪连接	条　件	规定状态
E58-11(CANH)-E58-22(CANL)	点火开关置于“OFF”位置	1MΩ 或更大

线束插接器前视图（至 CAN1 号接线插接器）如图 1-105 所示。

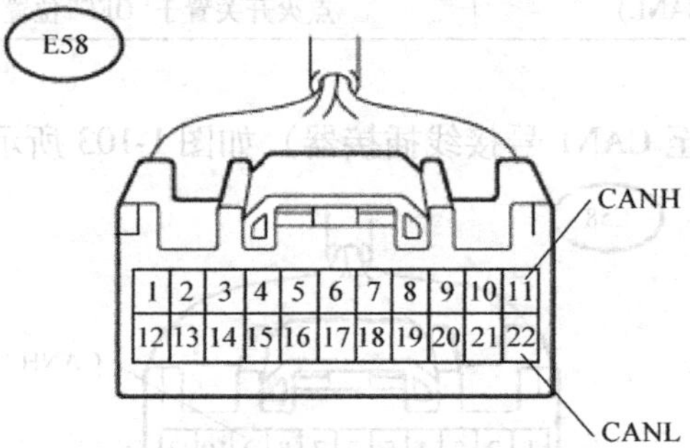
E58
CANH
CANL
1 2 3 4 5 6 7 8 9 10 11
12 13 14 15 16 17 18 19 20 21 22

图 1-105　线束插接器前视图（至 CAN1 号接线插接器）（九）

如果异常，则转至步骤（23）。
如果正常，则更换 CAN1 号接线插接器。
（15）检查 CAN 总线是否短路（动力转向 ECU 支线）
1）断开动力转向 ECU 插接器。
2）根据表 1-68 中的值测量电阻。

表 1-68　CAN1 号接线插接器端子（十）标准电阻

检测仪连接	条　件	规定状态
E58-3(CANH)-E58-14(CANL)	点火开关置于“OFF”位置	1MΩ 或更大

线束插接器前视图（至 CAN1 号接线插接器）如图 1-106 所示。
如果异常，则维修或更换 CAN 总线支线或插接器（动力转向 ECU 支线）。
如果正常，则更换动力转向 ECU。
（16）检查 CAN 总线是否短路（转向角传感器支线）

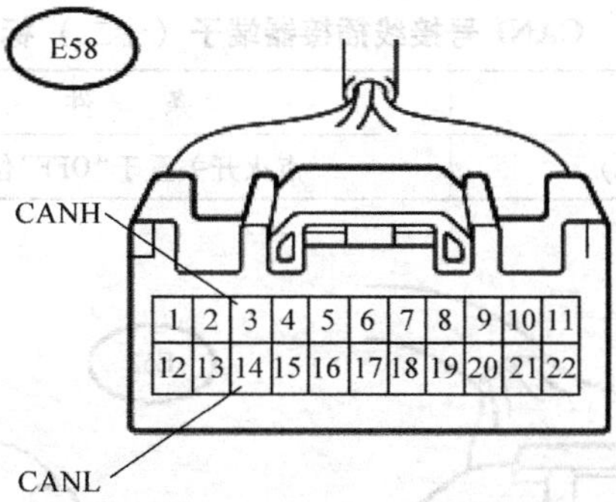
E58
CANH
1 2 3 4 5 6 7 8 9 10 11
12 13 14 15 16 17 18 19 20 21 22
CANL

图 1-106　线束插接器前视图（至 CAN1 号接线插接器）（十）

1）断开转向角传感器插接器。

2）根据表 1-69 中的值测量电阻。

表 1-69　CAN1 号接线插接器端子（十一）标准电阻

检测仪连接	条　件	规定状态
E58-5（CANH）-E58-16（CANL）	点火开关置于"OFF"位置	1MΩ 或更大

转向角传感器插接器及 CAN1 号接线插接器如图 1-107 所示。

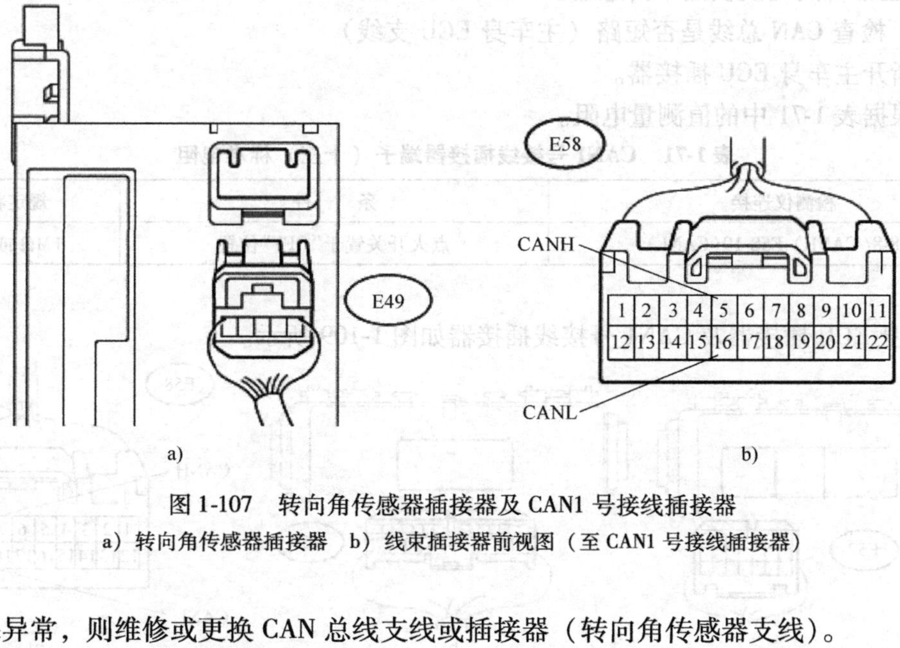
E49
a)
E58
CANH
1 2 3 4 5 6 7 8 9 10 11
12 13 14 15 16 17 18 19 20 21 22
CANL
b)

图 1-107　转向角传感器插接器及 CAN1 号接线插接器

a）转向角传感器插接器　b）线束插接器前视图（至 CAN1 号接线插接器）

如果异常，则维修或更换 CAN 总线支线或插接器（转向角传感器支线）。

如果正常，则更换转向角传感器。

（17）检查 CAN 总线是否短路（横摆率传感器支线）

1）断开横摆率传感器插接器。

2）根据表 1-70 中的值测量电阻。

横摆率传感器插接器及 CAN1 号接线插接器如图 1-108 所示。

表 1-70　CAN1 号接线插接器端子（十二）标准电阻

检测仪连接	条　　件	规定状态
E58-6(CANH)-E58-17(CANL)	点火开关置于“OFF”位置	1MΩ 或更大

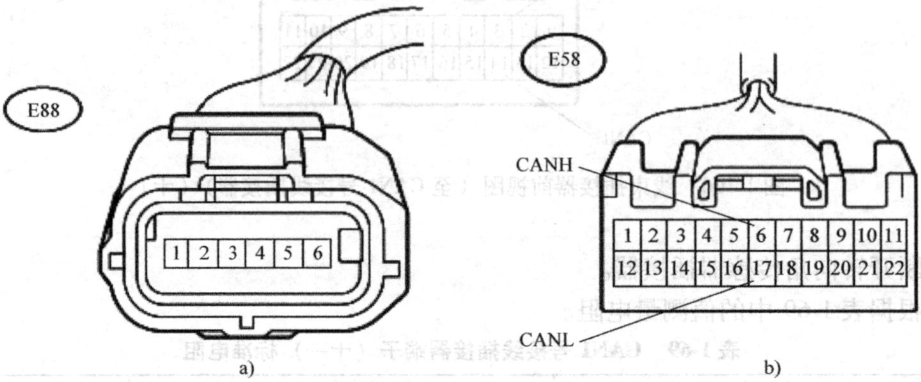
E88
1 2 3 4 5 6
a)
E58
CANH
1 2 3 4 5 6 7 8 9 10 11
12 13 14 15 16 17 18 19 20 21 22
CANL
b)

图 1-108　横摆率传感器插接器及 CAN1 号接线插接器

a）线束插接器前视图（至横摆率传感器插接器）　b）线束插接器前视图（至 CAN1 号接线插接器）

如果异常，则维修或更换 CAN 总线支线或插接器（横摆率传感器支线）。

如果正常，则更换横摆率传感器。

（18）检查 CAN 总线是否短路（主车身 ECU 支线）

1）断开主车身 ECU 插接器。

2）根据表 1-71 中的值测量电阻。

表 1-71　CAN1 号接线插接器端子（十三）标准电阻

检测仪连接	条　　件	规定状态
E58-8(CANH)-E58-19(CANL)	点火开关置于“OFF”位置	1MΩ 或更大

主车身 ECU 插接器及 CAN1 号接线插接器如图 1-109 所示。

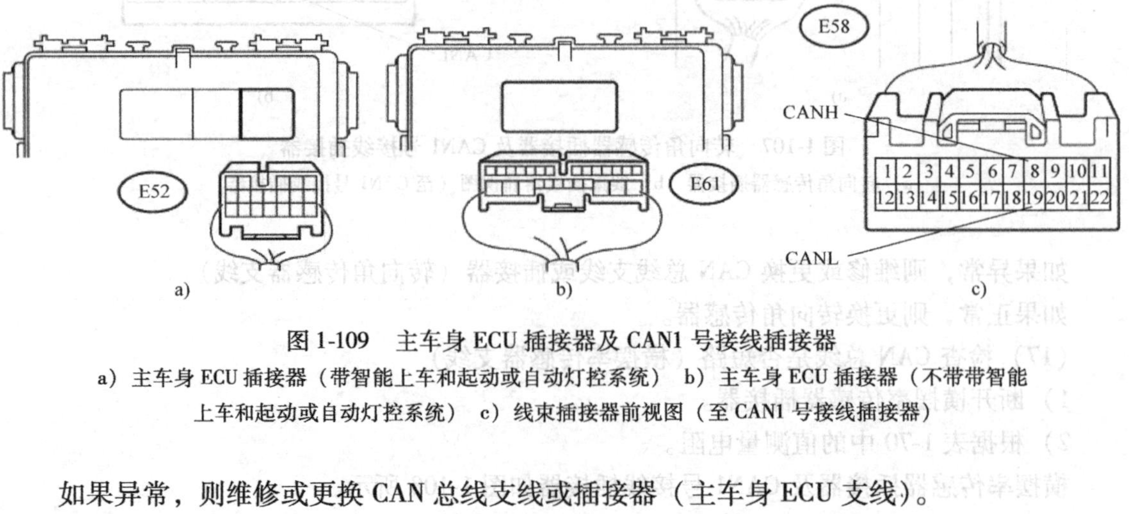
E52
a)
E61
b)
E58
CANH
1 2 3 4 5 6 7 8 9 10 11
12 13 14 15 16 17 18 19 20 21 22
CANL
c)

图 1-109　主车身 ECU 插接器及 CAN1 号接线插接器

a）主车身 ECU 插接器（带智能上车和起动或自动灯控系统）　b）主车身 ECU 插接器（不带带智能上车和起动或自动灯控系统）　c）线束插接器前视图（至 CAN1 号接线插接器）

如果异常，则维修或更换 CAN 总线支线或插接器（主车身 ECU 支线）。

如果正常，则更换主车身 ECU。

(19) 检查 CAN 总线是否短路（空调放大器支线）

1) 断开空调放大器插接器。

2) 根据表 1-72 中的值测量电阻。

表 1-72　CAN1 号接线插接器端子（十四）标准电阻

检测仪连接	条　件	规定状态
E58-4(CANH)-E58-15(CANL)	点火开关置于“OFF”位置	1MΩ 或更大

空调放大器插接器及 CAN1 号接线插接器如图 1-110 所示。

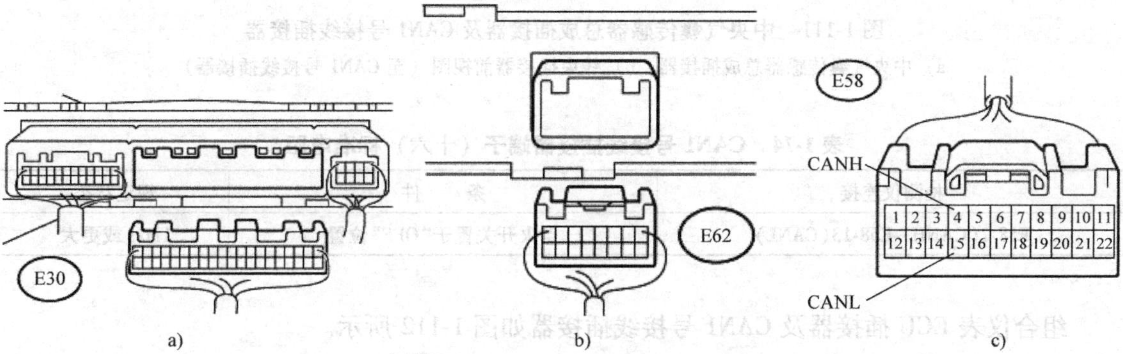
E30
a)
E62
b)
E58
CANH
1 2 3 4 5 6 7 8 9 10 11
12 13 14 15 16 17 18 19 20 21 22
CANL
c)

图 1-110　空调放大器插接器及 CAN1 号接线插接器

a) 空调放大器插接器（自动空调）　b) 空调放大器插接器（手动空调）

c) 线束插接器前视图（至 CAN1 号接线插接器）

如果异常，则维修或更换 CAN 总线支线或插接器（空调放大器支线）。

如果正常，则更换空调放大器。

(20) 检查 CAN 总线是否短路（中央气囊传感器总成支线）

1) 断开中央气囊传感器总成插接器。

2) 根据表 1-73 中的值测量电阻。

表 1-73　CAN1 号接线插接器端子（十五）标准电阻

检测仪连接	条　件	规定状态
E58-9(CANH)-E58-20(CANL)	点火开关置于“OFF”位置	1MΩ 或更大

中央气囊传感器总成插接器及 CAN1 号接线插接器如图 1-111 所示。

如果异常，则维修或更换 CAN 总线支线或插接器（中央气囊传感器总成）。

如果正常，则更换中央气囊传感器总成。

(21) 检查 CAN 总线是否短路（组合仪表 ECU 主线）

1) 断开组合仪表 ECU 插接器。

2) 根据表 1-74 中的值测量电阻。

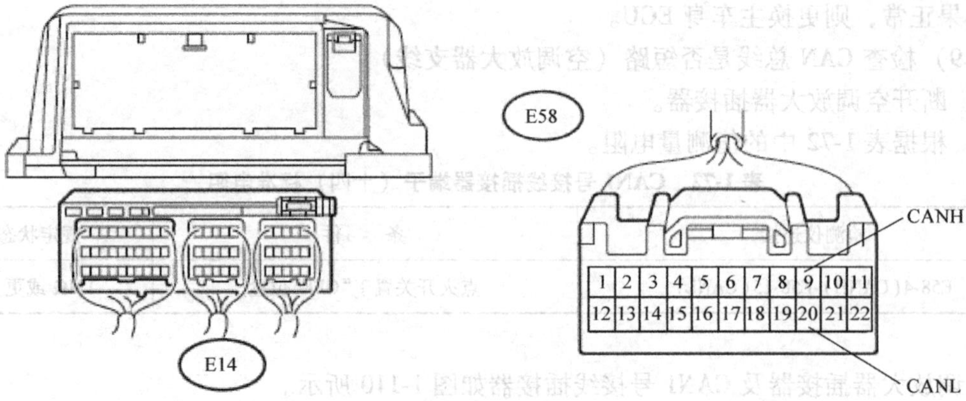
E58
CANH
1 2 3 4 5 6 7 8 9 10 11
12 13 14 15 16 17 18 19 20 21 22
CANL
E14

a)　　　　　　　　　　　　　　　　b)

图 1-111　中央气囊传感器总成插接器及 CAN1 号接线插接器

a）中央气囊传感器总成插接器　b）线束插接器前视图（至 CAN1 号接线插接器）

表 1-74　CAN1 号接线插接器端子（十六）标准电阻

检测仪连接	条　件	规定状态
E58-2（CANH）-E58-13（CANL）	点火开关置于“OFF”位置	1MΩ 或更大

组合仪表 ECU 插接器及 CAN1 号接线插接器如图 1-112 所示。

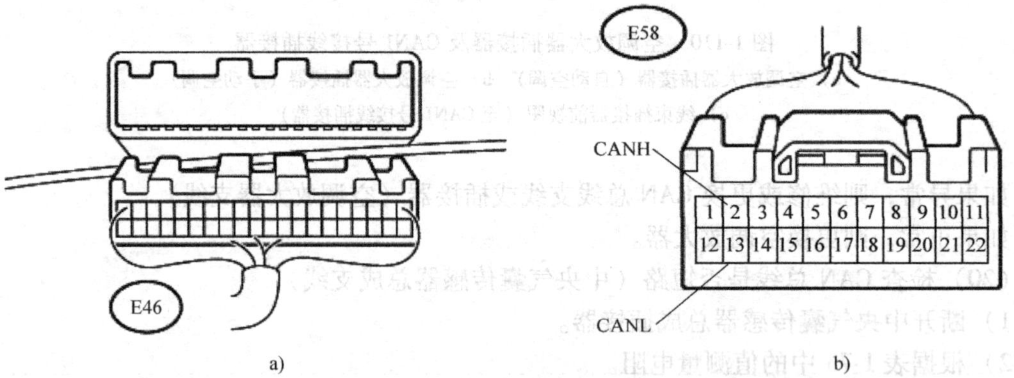
E58
CANH
1 2 3 4 5 6 7 8 9 10 11
12 13 14 15 16 17 18 19 20 21 22
CANL
E46

a)　　　　　　　　　　　　　　　　b)

图 1-112　组合仪表 ECU 插接器及 CAN1 号接线插接器

a）组合仪表 ECU 插接器　b）线束插接器前视图（至 CAN1 号接线插接器）

如果异常，则维修或更换 CAN 主线或插接器（组合仪表主线）。

如果正常，则更换组合仪表。

（22）检查 CAN 总线是否短路（防滑控制 ECU 支线）

1）断开防滑控制 ECU 插接器。

2）根据表 1-75 中的值测量电阻。

表 1-75　CAN2 号接线插接器端子（四）标准电阻

检测仪连接	条　件	规定状态
A47-8（CANH）-A47-19（CANL）	点火开关置于“OFF”位置	1MΩ 或更大

防滑控制 ECU 插接器及 CAN2 号接线插接器如图 1-113 所示。

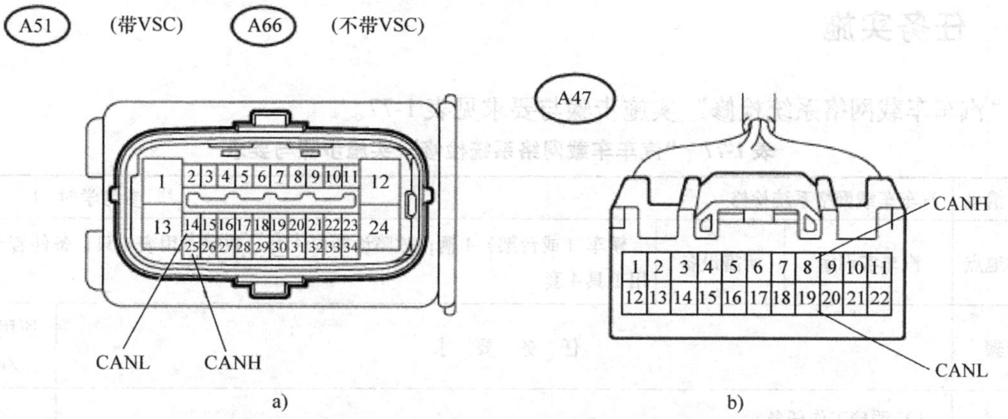
A51
(带VSC)
A66
(不带VSC)
A47
1
2 3 4 5 6 7 8 9 10 11
12
13
14 15 16 17 18 19 20 21 22 23
24
25 26 27 28 29 30 31 32 33 34
CANL
CANH
a)
CANH
1 2 3 4 5 6 7 8 9 10 11
12 13 14 15 16 17 18 19 20 21 22
CANL
b)

图 1-113　防滑控制 ECU 插接器及 CAN2 号接线插接器

a）线束插接器前视图（至防滑控制 ECU）　b）线束插接器前视图（至 CAN2 号接线插接器）

如果异常，则维修或更换 CAN 总线支线或插接器（防滑控制 ECU 支线）。
如果正常，则更换制动器执行器总成。

（23）检查 CAN 总线是否短路（网络网关 ECU）

1）断开网络网关 ECU 插接器。

2）根据表 1-76 中的值测量电阻。

表 1-76　CAN1 号接线插接器端子（十七）标准电阻

检测仪连接	条　件	规定状态
E58-11(CANH)-E58-22(CANL)	点火开关置于“OFF”位置	1MΩ 或更大

网络网关 ECU 插接器及 CAN1 号接线插接器如图 1-114 所示。

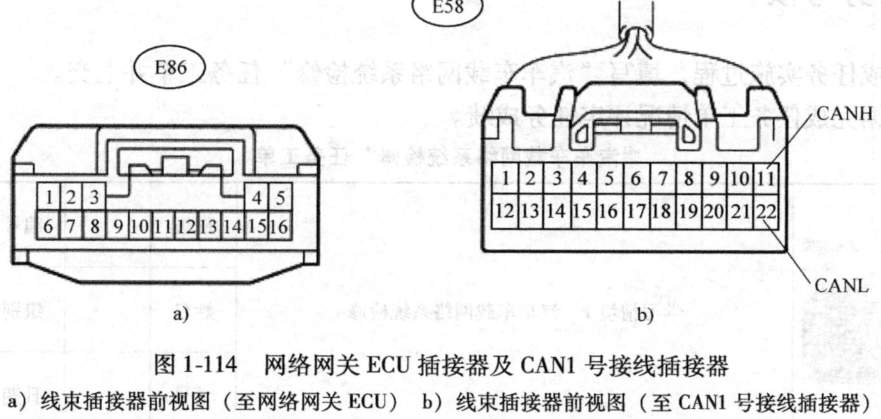
E58
E86
1 2 3
4 5
6 7 8 9 10 11 12 13 14 15 16
a)
CANH
1 2 3 4 5 6 7 8 9 10 11
12 13 14 15 16 17 18 19 20 21 22
CANL
b)

图 1-114　网络网关 ECU 插接器及 CAN1 号接线插接器

a）线束插接器前视图（至网络网关 ECU）　b）线束插接器前视图（至 CAN1 号接线插接器）

如果异常，则维修或更换 CAN 总线支线或插接器（网络网关 ECU 支线）。
如果正常，则更换网络网关 ECU。

1.3 任务实施

“汽车车载网络系统检修”实施步骤与要求见表1-77。

表1-77 “汽车车载网络系统检修”实施步骤与要求

<table>
<tr><td>学习情境</td><td colspan="3">汽车车载网络系统检修</td><td>参考学时</td><td>12</td></tr>
<tr><td>教学地点</td><td>汽车实训室</td><td>所需设备</td><td colspan="3">轿车（或台架）4辆；故障诊断仪4套；数字万用表4只；备件若干；常用工具4套</td></tr>
<tr><td>步骤</td><td colspan="4">任 务 要 求</td><td>所用时间/min</td></tr>
<tr><td>资讯</td><td colspan="4">1）明确工作任务
2）咨询客户（教师扮演），查阅维修资料、课程网站、教材以及视频资料
3）填写任务工单的“知识准备”内容</td><td>60</td></tr>
<tr><td>决策计划</td><td colspan="4">1）建立工作小组，并选出组长
2）根据咨询情况和工作任务要求，选择合适的检测诊断仪器设备
3）以小组讨论的方式，制订故障诊断排除工作计划及标准
4）将制订的工作计划与教师进行讨论并定稿</td><td>40</td></tr>
<tr><td>实施</td><td colspan="4">1）按工作计划检测诊断故障，查找故障原因和故障点
2）排除故障，修复系统
3）根据诊断结果填写任务工单</td><td>320</td></tr>
<tr><td>检查评估</td><td colspan="4">1）自行检查是否按计划和要求完成了工作任务
2）以小组讨论方式进行工作评估
3）结合教师的评价找出不足并提出改进意见</td><td>60</td></tr>
</table>

1.4 任务考核

1. 完成任务实施过程，填写“汽车车载网络系统检修”任务工单并上交。
2. 根据完成任务工单情况评定任务成绩。

“汽车车载网络系统检修”任务工单

<table>
<tr><td rowspan="3">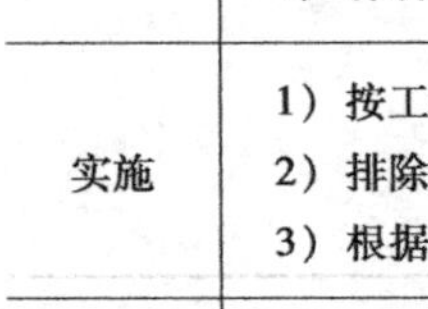</td><td rowspan="3">学习情境1 汽车车载网络系统检修</td><td>班级</td><td></td><td>编号</td><td>1</td></tr>
<tr><td>姓名</td><td></td><td>组别</td><td></td></tr>
<tr><td>学号</td><td></td><td>日期</td><td></td></tr>
<tr><td colspan="6">任务描述
针对汽车车载网络系统故障，要求按照四步法（资讯、决策计划、实施、检查评估），紧密结合汽车维修实际过程诊断排除故障，在此过程中学习相关理论知识和检测诊断仪器设备的正确使用方法</td></tr>
</table>

(续)

一、资讯

1. 明确工作任务

2. 咨询情况

3. 知识准备

阅读相关知识内容及文献资料，并完成以下题目。

(1) 填空题

1) 总线系统主要由__________、__________、______、__________、______等组成。

2) CAN 总线包括：____________、____________、____________、____________。

3) CAN 总线传输数据的格式分为______、______、______、______、______、______、______7 个部分。

4) LIN 总线实行的是_______________的形式，它是__________的网络，采用__________。

5) MOST 总线用光纤根据__________来传递信号，被用作信息系统，采用__________。

(2) 判断题

1) CAN 总线中的数据传输就像一个电话会议，一个电话用户（电控单元）将数据“讲入”网络中，其他用户通过网络“接听”这个数据，对这个数据感兴趣的用户就会利用数据，而其他用户则选择忽略。(　　)

2) CAN 总线采用双线制，可以消除外界对信息的干扰。(　　)

3) CAN 数据总线分为隐性状态和显性状态，隐性状态可以覆盖显性状态。(　　)

4) 总线系统的故障诊断必须采用专用仪器进行检测。(　　)

5) 网关是驱动系统 CAN 总线和舒适系统/信息娱乐系统 CAN 总线之间的电子连接。(　　)

(3) 单选题

1) 在 CAN 总线中（　　）。

A. 所有信息的传送需要不多于两条线路　　B. 每条信息的传送需要一条独立的线路

2) 关于自诊断和故障查询必须记住哪一个要点？(　　)。

A. 没有要点，因为自诊断和故障查询是不可能的　　B. 所有交换信息的控制单元必须被看作是一个整体

C. 每个控制单元必须被看作是独立的

3) 在 CAN 总线中，最多几条信息可以被 3 比特二进制数据传输？(　　)。

A. 3 条　　B. 6 条　　C. 8 条

4) CAN 总线（　　）。

A. 有自诊断功能　　B. 无自诊断功能

5) 为什么当 CAN-High 线或 CAN-Low 线断路时，驱动系统 CAN 总线会完全失效？(　　)。

A. 因为通过“中央终端电阻”必须有电流流出，以便产生 CAN 信号

B. 在这种情况下，控制单元的供电被中断了　　C. CAN 信号反射过强

（续）

（4）多选题

1）舒适系统 CAN 总线在单线模式工作，这是什么意思？（　　）。

A. 只用一根连接线的便宜解决方案　　B. CAN-High 线和 CAN-Low 线之间短路

C. 短路或断路时数据总线的应急工况

2）CAN 总线的优点是（　　）。

A. 通过多方面的信号利用，只需少量的感应器和信号线　　B. 通过使用更小的控制单元及其插孔可节省空间

C. 可以做到高速数据传输　　D. 通过对数据列持续的修正可降低错误率

3）如何根据 CAN 信号来识别出 CAN-Low 线对地短路？（　　）。

A. CAN-High 线继续正常工作　　B. CAN-Low 线一直接地　　C. 两个信号的隐性电平明显低于 2V

4）如何在 CAN 导线和接地之间找到短路处？（　　）。

A. 用欧姆表来进行测量　　B. 目视检查电缆柱和插头　　C. 在合适的位置断开电缆柱

5）对于 Polo（MJ2002）轿车来说，在哪找驱动系统 CAN 总线的诊断数据？（　　）。

A. 在组合仪表内　　B. 在网关内的测量数据块（自 125 起）内　　C. 在供电控制单元内

二、决策计划

（建立工作小组，并选出组长；根据具体故障现象和工作任务要求，选择合适的检测诊断仪器设备；以小组讨论的方式，制订故障诊断排除的工作计划及标准；将制订的计划与教师讨论并定稿）

（续）

三、实施

（按工作计划检测、诊断故障，查找故障原因和故障点；排除故障，修复系统）

1. 故障现象描述

2. 检查项目与检查结果

（续）

3. 结果分析与故障判断：（根据检测结果及相关故障现象进行分析，列出可能原因）

4. 故障点及排除：（判断出准确的故障点，排除故障）

四、检查评估

（自行检查是否按计划和要求完成了工作任务；以小组讨论方式进行工作评估；结合教师的评价找出不足并提出改进意见）

学习情境2　汽车空调系统检修

2.1　学习情境描述

学习情境2的描述见表2-1。

表2-1　学习情境2的描述

学习情境名称　汽车空调系统检修	参考学时：24
学习任务	
针对汽车空调系统故障，要求按照四步法（资讯、决策计划、实施、检查评估），紧密结合汽车维修企业实际维修过程诊断排除故障，在此过程中学习相关知识和检测诊断仪器设备的正确使用方法	
学习目标	
1）能通过与客户交流、查阅相关维修技术资料等方式获取车辆信息 2）能正确描述汽车空调系统的检测项目和内容 3）能确定汽车空调系统主要参数的检测方法及相关标准 4）能对汽车空调系统常见故障进行诊断和排除 5）能根据故障现象选择正确的检测诊断仪器设备，制订正确的检测诊断计划 6）能根据计划对汽车空调系统进行检测诊断 7）能正确分析各检测结果并做出故障判断 8）能检查、评价、记录工作结果 9）能根据环保要求，正确处理对环境和人体有害的辅料、废气、废液和损坏零部件	
学习内容	
1）汽车空调系统的基本结构、原理 2）汽车空调系统部件的结构、原理 3）汽车空调制冷系统的检修 4）自动空调系统电路的检修 5）常用检测诊断仪器设备的使用	
工具、设备与资料	知识基础
实训车辆 专用工具 检测、诊断设备 多媒体教学设备 教学课件 维修资料 视频教学资料 网络教学资源 任务工单	电工、电子学基础 汽车结构、原理 汽车使用操作 技术资料收集应用 安全规定

2.2　相关知识及检修技术

汽车空调系统是实现对车内空气进行降温、加热、除湿、换气和空气净化的装置，它可以为驾乘人员提供一个舒适的乘车环境，降低驾驶人的疲劳程度，确保行车安全。汽车空调系统是一个真正的安全因素，不仅是具有高消费品位的功能性部件。

2.2.1 汽车空调系统概述

1. 汽车空调系统功能

汽车空气调节（简称汽车空调）就是将汽车内的空气环境调节到符合人体舒适性要求的状态。

舒适的车内温度取决于环境温度和足够的空气流动，如图 2-1 和表 2-2 所示。

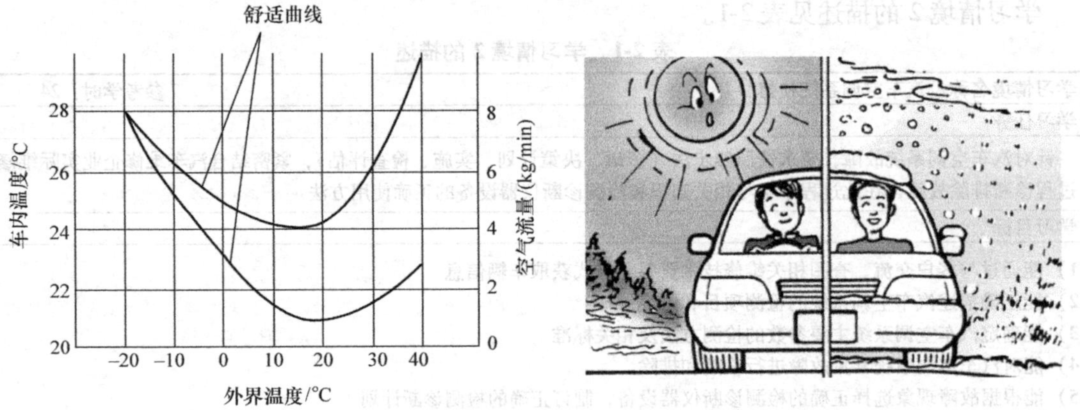
舒适曲线
车内温度/℃
空气流量/(kg/min)
外界温度/℃
28
26
24
22
20
8
6
4
2
0
−20 −10 0 10 20 30 40

a) b)

图 2-1 舒适的车内温度

a）舒适曲线 b）舒适温度

表 2-2 舒适的车内温度

外界温度	车内温度	空气流量
低的外界温度，例如 −20℃	较高的内部温度 28℃	高的空气流量：8kg/min
适中的外界温度，例如 10℃	低的内部温度 21.5℃	低的空气流量：4kg/min
高的外界温度，例如 40℃	低的内部温度 23℃	高的空气流量：10kg/min

人对车内空气环境的舒适性要求主要有“四度”，即温度、空气湿度、气流速度和空气的洁净度（空气的清新度）。汽车空调系统就是对车内空气的“四度”具有全面调节功能的系统（若只有采暖或冷气功能，则只能称为采暖或制冷装置）。空调系统必须具备表 2-3 所述功能。

表 2-3 现代汽车空调系统功能

目的	功能	装置
保持乘员的舒适环境	保持适宜温度	暖风、冷气装置
	保持适宜湿度	除湿、加湿装置
	保持适宜气流	送风装置
	保持空气洁净	通风装置、空气净化器
确保视野清晰	防止车窗玻璃结霜	除霜（雾）装置

2. 空调系统组成

汽车空调系统按其功能可分为制冷系统、供暖系统、通风系统、空气净化系统和控制系统等几个主要组成部分。

（1）制冷系统　采用蒸气压缩式制冷原理，对空气进行冷却和除湿（温度低于空气露点）。

（2）供暖系统　通常利用发动机冷却液加热装置对车内空气或车外进入车内的新鲜空气进行加热，同时还可以给前风窗玻璃除霜、除雾。

（3）通风系统　利用自然通风或强制通风方式对车内空气进行置换，以达到制冷、加热及通风的功效。通风装置除风机外，还有滤清器、进风口、风道及出风口等。

（4）空气净化系统　利用灰尘滤清器、电子集尘器及负离子发生器等净化车内空气。

（5）控制系统　利用电气元件、真空机构和操纵机构对制冷系统、加热系统的温度和压力进行控制并进行安全保护，同时对车内空气温度、风量及出风方向进行控制。

3. 空调系统的布置

不同类型空调系统的布置方式有所不同，图2-2所示为轿车冷暖一体式空调系统在车上的布置。系统中将蒸发器、暖风散热器、离心式风机、操纵机构、进风罩和壳体等组装在一起（叫空调器总成），如图2-3所示，布置在车内仪表板下方。

GOLF
图2-2　冷暖一体式空调系统在车上的布置

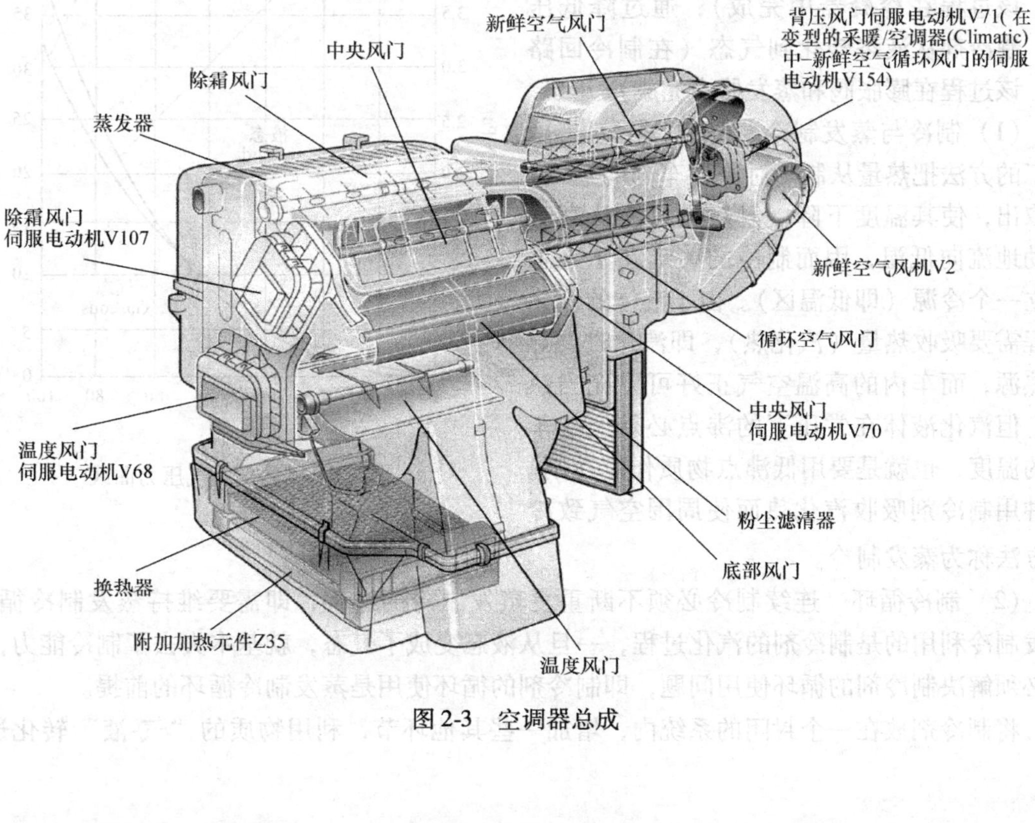
新鲜空气风门
背压风门伺服电动机V71(在变型的采暖/空调器(Climatic)中–新鲜空气循环风门的伺服电动机V154)
中央风门
除霜风门
蒸发器
除霜风门
伺服电动机V107
新鲜空气风机V2
循环空气风门
中央风门
伺服电动机V70
温度风门
伺服电动机V68
粉尘滤清器
底部风门
换热器
附加加热元件Z35
温度风门
图2-3　空调器总成

2.2.2 制冷系统

1. 制冷基本原理

物质都具有三态：固态-液态-气态。物质的三态（以水为例）如图2-4所示。

a)
b)
c)

图2-4 物质的三态（以水为例）

a）固态-冰 b）液态-冰吸收热量变成水 c）气态-水吸收热量沸腾汽化

冰通过吸热变成水和蒸汽。同样，气态的物质可以被冷却而回到液态和固态。

可见，一种物质可以通过吸收热量从液态转化到气态；而从气态转化回液态时，释放出热量。制冷系统就是应用制冷剂在某一温度点的状态变化，实行热交换达到制冷的目的。

如果液体的压力发生变化，则沸点也随之变化。压力越低，沸点越低。制冷系统制冷剂是一种低沸点的物质，其蒸气压力曲线如图2-5所示。

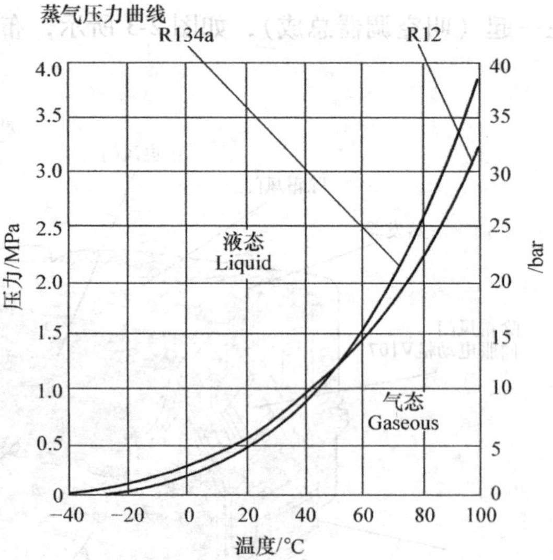
蒸气压力曲线
R134a
R12
4.0
3.5
3.0
2.5
2.0
1.5
1.0
0.5
0
压力/MPa
40
35
30
25
20
15
10
5
0
/bar
液态
Liquid
气态
Gaseous
−40 −20 0 20 40 60 80 100
温度/°C

图2-5 制冷剂蒸气压力曲线

由图2-5可见，在常规压力下，通过温度的降低，蒸气可转化为液体（在制冷回路中，该过程在冷凝器中完成）；通过降低压力，制冷剂从液态转化到气态（在制冷回路中，该过程在膨胀阀和蒸发器中完成）。

（1）制冷与蒸发制冷 “制冷”就是用人工的方法把热量从制冷对象（车内的空气）中取出，使其温度下降。但热量只能从高温自动地流向低温，因而制冷的关键在于人工建立一个冷源（即低温区）。由于液体的汽化过程需要吸收热量（汽化热），即汽化时要寻求热源，而车内的高温空气正好可以充当热源。但汽化液体在常压下的沸点必须低于车内的温度，也就是要用低沸点物质作制冷剂。这种用制冷剂吸收汽化热而使周围空气致冷的方法称为蒸发制冷。

（2）制冷循环 连续制冷必须不断重复蒸发制冷的过程，即需要维持蒸发制冷循环。蒸发制冷利用的是制冷剂的汽化过程，一旦从液态变成了气态，就基本失去了制冷能力，因此必须解决制冷剂的循环使用问题，即制冷剂的循环使用是蒸发制冷循环的前提。

将制冷剂放在一个封闭的系统内，增加一些其他环节，利用物质的“气-液”转化过程的可逆性，就能把制冷剂蒸气冷凝回归为液态（制冷利用汽化过程，回收则利用冷凝过程）。可采用降温或加压的方法，也可两种方法同时使用。在汽车上降温行不通（没有可用天然冷源降温才进行人工制冷），增加压力是唯一方法。为此，采用了压缩机。

由于压缩过程进行得很快，可近似看成是一个绝热过程（被压缩的蒸气来不及与外界产生热交换就被排到冷凝器中），不仅压力增加，温度也同时提高了，这比压力提高更有价值，当温度提高到超过环境温度时，就可利用空气这种自然冷源来降温，再经风扇加速空气流动，从而进一步加快冷凝过程。可见升温成了压缩过程的主要目标。

然而，冷凝后的液态制冷剂仍处于压缩机出口的高压中（比蒸发时的压力和温度要高出许多），而制冷过程只能在低的蒸发压力下进行，这样才能获得所需的低温。因此，在系统中采用了膨胀阀（通过节流而减压）。这样系统就可进行蒸发制冷循环，制冷剂也得到了循环使用。

（3）制冷循环过程　制冷循环可分为 4 个过程，即压缩、冷凝、膨胀、蒸发。与此相应的部件为压缩机、冷凝器、膨胀阀（或节流阀）和蒸发器。系统内发生相变的低沸点液态物质称为制冷循环中的制冷剂。图 2-6 所示为制冷循环工作原理图。

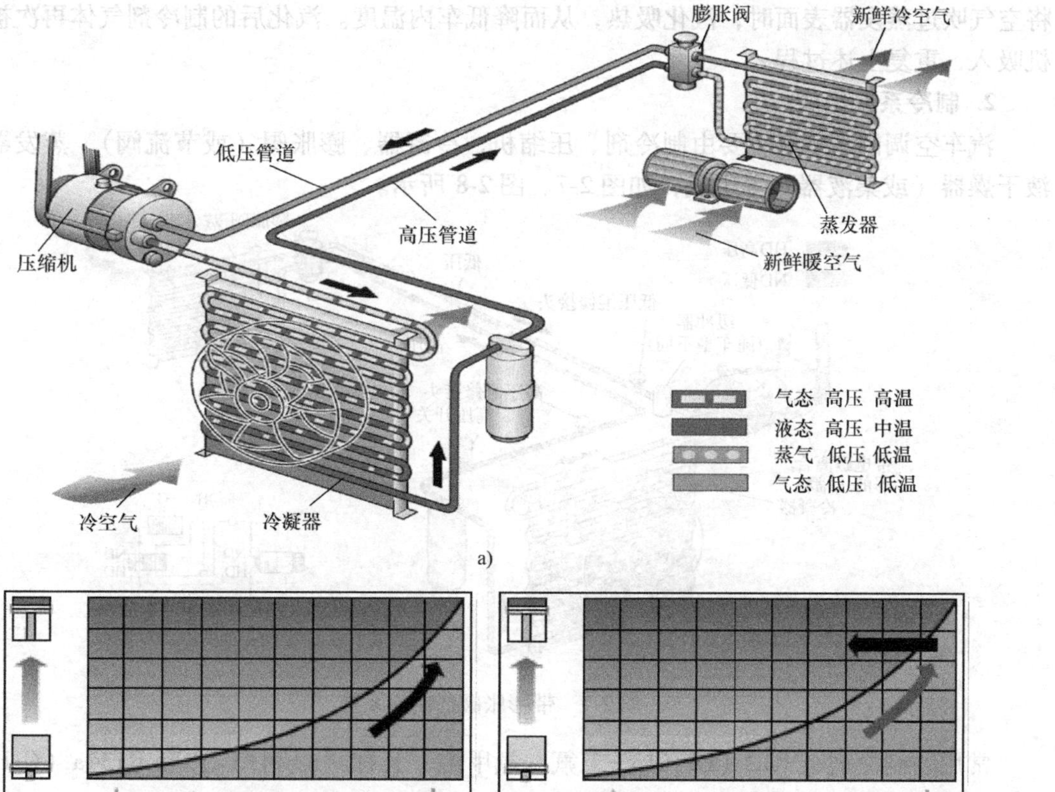
膨胀阀
新鲜冷空气
低压管道
高压管道
蒸发器
新鲜暖空气
压缩机
气态 高压 高温
液态 高压 中温
蒸气 低压 低温
气态 低压 低温
冷空气
冷凝器
a)
b)
c)

图 2-6　制冷循环工作原理

a）制冷循环过程　b）压缩阶段　c）冷凝阶段

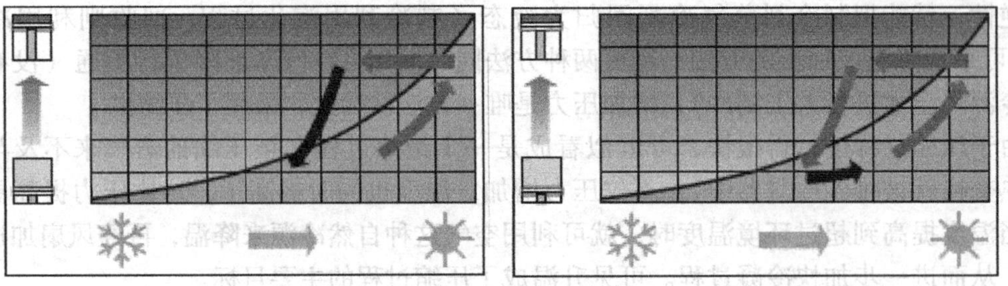

d)　　　　　　　　e)

图 2-6　制冷循环工作原理（续）

d）膨胀阶段　e）蒸发阶段

制冷系统通过制冷剂在系统内循环流动，利用制冷剂从液态变为气态时要大量从外界吸收热量的原理，达到降低车内温度的目的。

制冷系统工作时，压缩机由发动机传动带轮带动，将蒸发器中因吸热而汽化的低压气体吸入后，压缩成高温高压气体，经高压管送入冷凝器，冷却冷凝成中温高压液体，经储液干燥器除去水分和杂质，然后送入膨胀阀，节流降压变为低温低压蒸气后进入蒸发器。当风机将空气吹过蒸发器表面时，汽化吸热，从而降低车内温度。汽化后的制冷剂气体再次被压缩机吸入，重复上述过程。

2. 制冷系统组成

汽车空调制冷系统主要由制冷剂、压缩机、冷凝器、膨胀阀（或节流阀）、蒸发器、储液干燥器（或集液器）等组成，如图 2-7、图 2-8 所示。

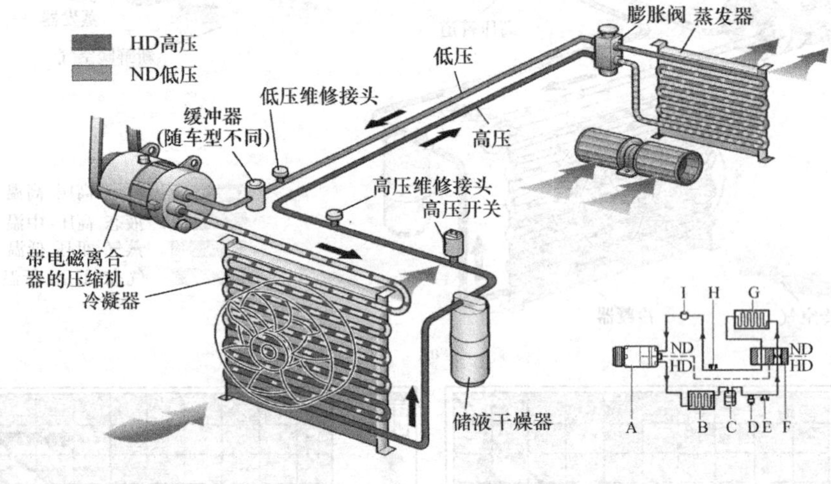
HD高压
ND低压
膨胀阀 蒸发器
低压
低压维修接头
缓冲器
(随车型不同)
高压
高压维修接头
高压开关
带电磁离合
器的压缩机
冷凝器
储液干燥器
I
H
G
ND
HD
ND
HD
A
B
C
D
E
F

图 2-7　带膨胀阀的制冷系统

常用的制冷剂有 R12（CF_2Cl_2—二氟二氯甲烷，又称“氟利昂”）和 R134a（$C_2H_2F_4$—四氟氢碳）。由于 R12 中氯元素对大气中臭氧有严重破坏作用，已被淘汰。R134a 是一种环保制冷剂，两者的物理特性相近，但性能上仍存在差异，因此不能混用。

3. 主要部件的结构与工作原理

（1）压缩机　压缩机的作用是将在蒸发器吸收热量蒸发的低温低压制冷剂气体吸入，经过绝热压缩成约 70℃、1.5MPa 的高温高压制冷剂气体，然后送入冷凝器。因此，压缩机是空调制冷回路的低压部分和高压部分的分界。通常压缩机只有在空调系统接通时才工作并由一个电磁离合器控制，如图 2-9 所示。

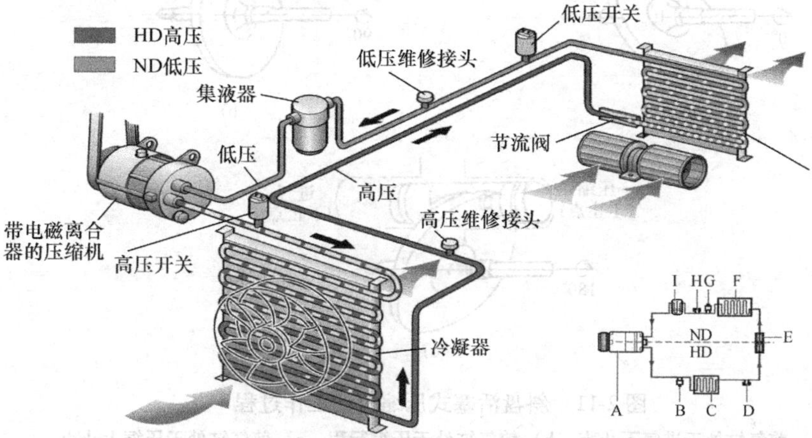

HD高压
ND低压
低压开关
低压维修接头
集液器
节流阀
蒸发器
低压
高压
带电磁离合器的压缩机
高压开关
高压维修接头
冷凝器
I
HG
F
ND
HD
E
A
B
C
D

图 2-8　带节流阀的制冷系统

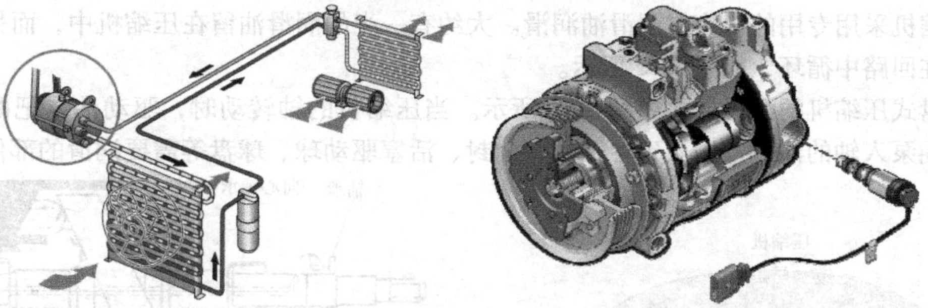

图 2-9　汽车空调压缩机

压缩机种类繁多、形式各异，活塞式是目前轿车上应用最多的类型。图 2-10、图 2-11 所示为斜盘活塞式压缩机的结构和工作过程示意图。主轴旋转时斜盘作左右摇摆运动，斜盘通过钢球驱动双头活塞，在前后气缸中作往复运动，完成进气和压缩过程。

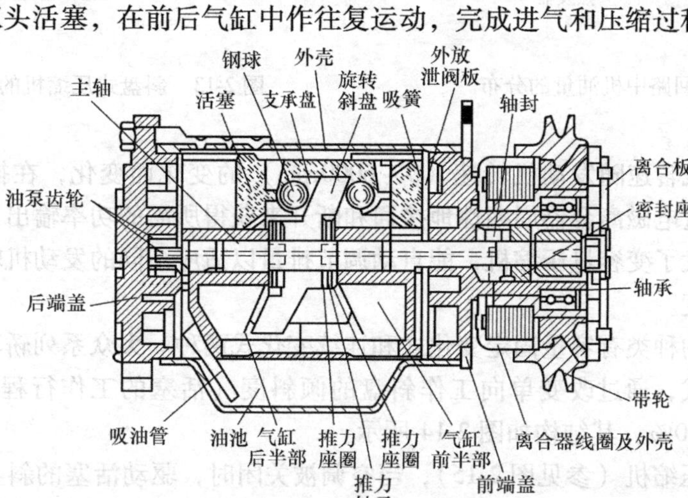

钢球
外壳
外放泄阀板
主轴
活塞
支承盘
旋转斜盘
吸簧
轴封
离合板及毂
油泵齿轮
密封座
后端盖
轴承
带轮
吸油管
油池
气缸后半部
推力座圈
推力座圈
气缸前半部
离合器线圈及外壳
推力轴承
前端盖

图 2-10　斜盘活塞式压缩机的结构

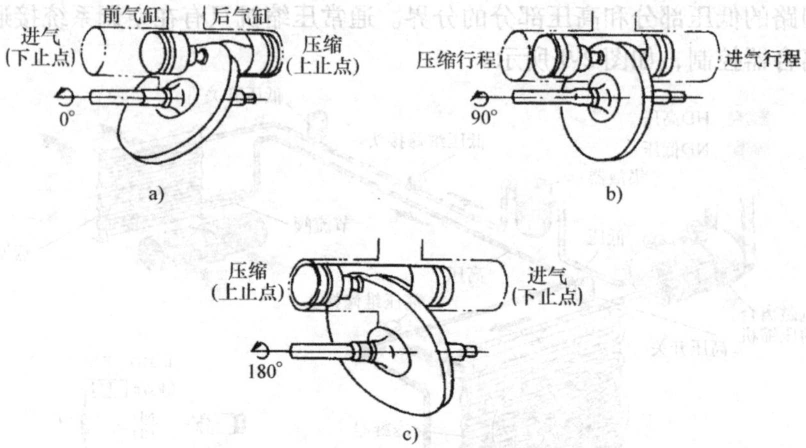

前气缸
后气缸
进气
(下止点)
压缩
(上止点)
0°
a)
压缩行程
进气行程
90°
b)
压缩
(上止点)
进气
(下止点)
180°
c)

图 2-11　斜盘活塞式压缩机的工作过程

a）前气缸处于进气下止点　b）前气缸处于压缩行程　c）前气缸处于压缩上止点

压缩机采用专用的制冷剂润滑油润滑。大约有一半的润滑油留在压缩机中，而另一半随制冷剂在回路中循环，如图 2-12 所示。

斜盘式压缩机的润滑方式如图 2-13 所示。当压缩机的轴转动时，驱动油泵把曲轴箱中的润滑油泵入轴的油道，压入到各轴承、油封、活塞驱动球、球盘等需要润滑的部件。

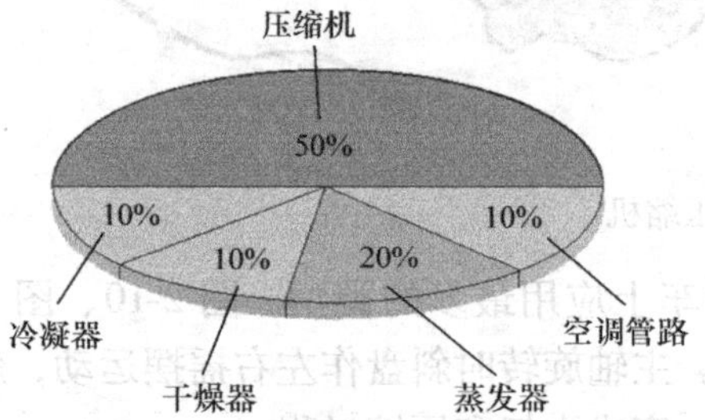

压缩机
50%
10%
10%
20%
10%
冷凝器
干燥器
蒸发器
空调管路

图 2-12　制冷回路中机油量的分布

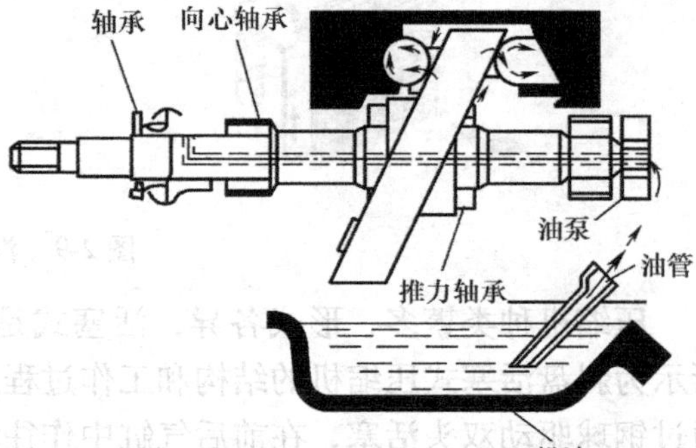

轴承
向心轴承
油泵
油管
推力轴承
机油

图 2-13　斜盘式压缩机的润滑方式

由于空调压缩机转速随发动机转速（0～6000rpm）的变化而变化，在排量恒定的压缩机系统中，只能通过电磁离合器周期性地接通和断开来获得所需的功率输出，严重影响系统制冷能力。由此开发了变容量压缩机，能自动调节排量以适应不同的发动机转速、外界温度和所选择的室内温度。

变容量压缩机的种类有容量固定变化式和连续变化式两种。大众系列轿车常见的变容量压缩机为连续变化式，通过改变单向工作斜盘的倾斜度（活塞的工作行程）来改变排量，调节范围为 2%～100%，其结构如图 2-14 所示。

对于外部调节压缩机（参见图 2-15），当空调被关闭时，驱动活塞的斜盘被调节到几乎接近垂直位置（活塞行程在 2% 以下），这时制冷剂仅在压缩机中循环（没有电磁离合器，由带过载保护的带轮驱动）。当空调被接通时，空调控制单元根据设置温度、外部及车内温度、蒸发温度及制冷循环中的制冷剂压力等参数，通过调节阀 N280 对斜盘的倾斜角度（活塞行程）进行无级控制。在低转速过程（热负荷大），活塞行程较大，随着转速增加（热负荷小），活塞行程变小。

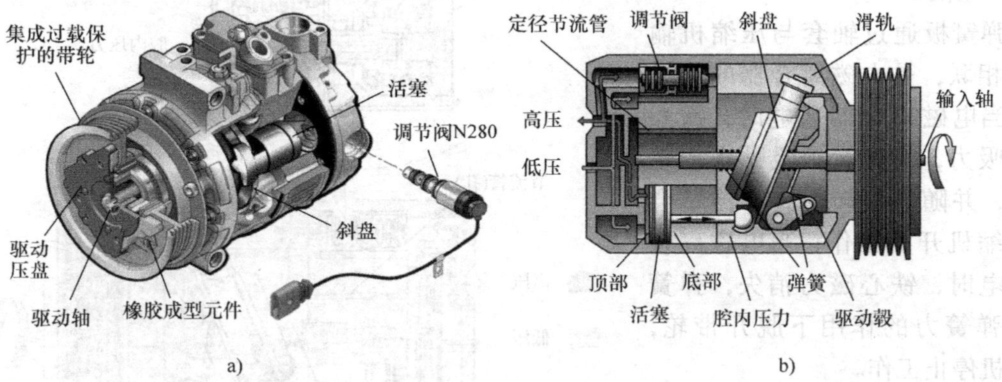
集成过载保护的带轮
活塞
调节阀N280
斜盘
驱动压盘
驱动轴
橡胶成型元件
a)
定径节流管
调节阀
斜盘
滑轨
输入轴
高压
低压
顶部
底部
弹簧
活塞
腔内压力
驱动毂
b)

图 2-14　大众系列轿车变容量压缩机的结构

a）外部调节压缩机　b）内部调节压缩机

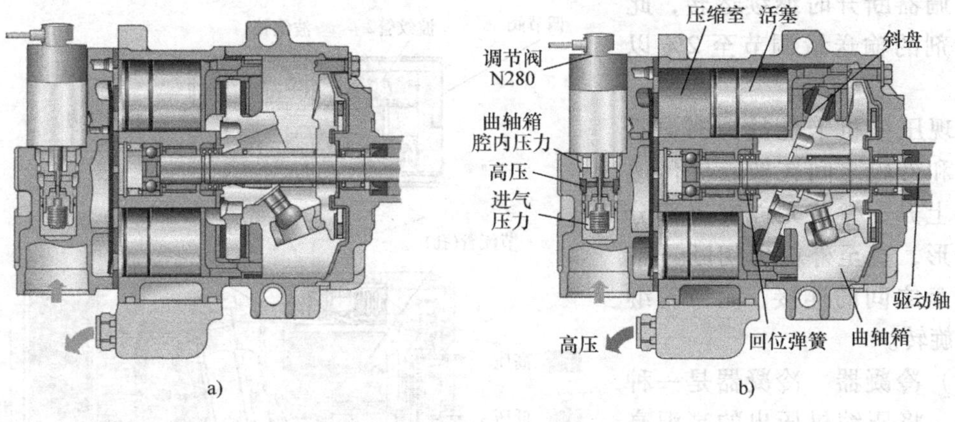
a)
压缩室
活塞
斜盘
调节阀
N280
曲轴箱
腔内压力
高压
进气
压力
驱动轴
高压
回位弹簧
曲轴箱
b)

图 2-15　外部调节压缩机工作原理

a）空调被关闭时　b）空调被接通时

对于内部调节压缩机（参见图 2-16），斜盘的倾斜度取决于每个活塞两侧的压力差，活塞底部的压力受曲轴箱腔内压力的影响，腔内压力由调节阀和节流孔控制，压缩机的调节阀通过波纹管 2 的伸缩具有输出稳压作用。

系统热负荷大时，压缩机输出压力较高，通过节流孔作用使腔内压力升高。压力升高到某一值时，调节阀开启，使曲轴箱与进气低压接通，腔内压力不再升高。此时，活塞两侧的压力差增大，活塞顶部的压力相对增加，从而使斜盘的倾斜度增大，活塞行程变大。

系统热负荷小时，压缩机输出压力较低，通过节流孔作用使腔内压力不断升高，但调节阀处于关闭状态。此时，活塞底部的压力相对增加，从而使斜盘的倾斜度减小，活塞行程变小。

（2）电磁离合器　空调压缩机是由发动机通过电磁离合器来驱动的。电磁离合器根据需要断开和接通发动机与压缩机之间的动力传递。电磁离合器安装在压缩机前端，由弹簧板、带轮、电磁线圈等组成，如图2-17所示。

弹簧板通过轴套与压缩机输入轴相联，是电磁离合器的从动件。当电磁离合器通电时，铁心产生吸力，将弹簧板吸贴在带轮端面，并随之旋转，离合器结合使压缩机开始工作；当电磁离合器断电时，铁心磁力消失，弹簧板在弹簧力的作用下脱开带轮，压缩机停止工作。

对于外部调节压缩机可用带内置过载保护的带轮（见图2-18）驱动，而不用电磁离合器，压缩机在空调器断开时继续运转，此时制冷剂的输送量调节至2%以下。

出现压缩机卡住故障时，驱动压盘和带轮之间在橡胶件传递的力会上升，橡胶元件突出部分发生变形，直至外端剪切断开带轮与压盘之间的连接，而带轮继续自由旋转。

（3）冷凝器　冷凝器是一种换热器，将压缩机压出的高温高压的制冷剂的热量散发，用风扇强制冷却，使高温高压的气态制冷剂变为50℃、1.5MPa左右的中温高压制冷剂液体，如图2-19所示。

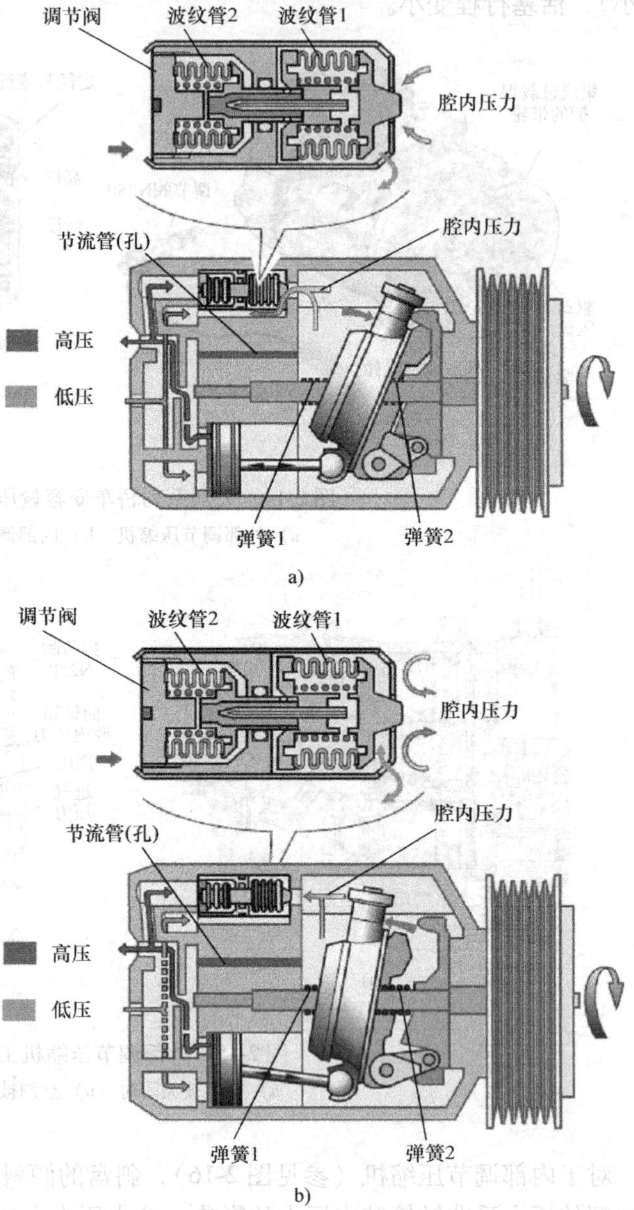
调节阀
波纹管2
波纹管1
腔内压力
节流管(孔)
腔内压力
高压
低压
弹簧1
弹簧2
a)
调节阀
波纹管2
波纹管1
腔内压力
节流管(孔)
腔内压力
高压
低压
弹簧1
弹簧2
b)

图2-16　内部调节压缩机工作原理

a）压缩机大排量输出　b）压缩机小排量输出

（4）储液干燥器　储液干燥器安装在冷凝器出口处，起储液、干燥和过滤作用。储液干燥器主要由滤清器、干燥器、储液罐、玻璃观察孔、引出管等组成，如图2-20所示。玻璃观察孔用来观察制冷剂是否足量：若观察孔明净，则说明制冷剂足量；若出现气泡，则说明系统内有空气。有些储液干燥器上还装有易熔塞，当储液干燥器内部压力和温度达到一定值时（3.0MPa、100～105℃），易熔塞就会熔化，排出制冷剂，保护制冷系统免遭损坏。

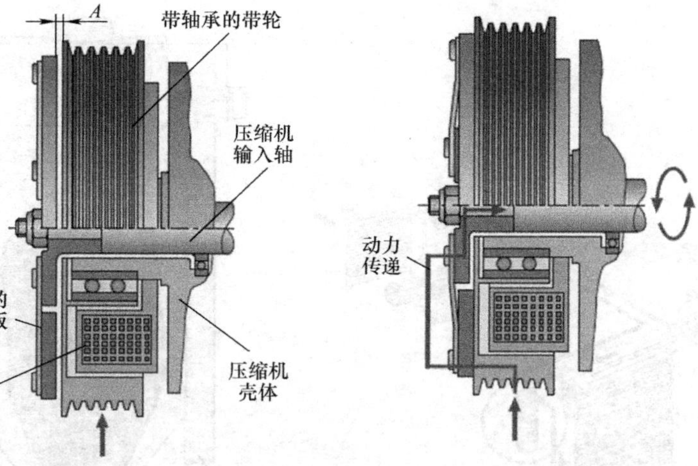
A
带轴承的带轮
压缩机
输入轴
带套的
弹簧板
电磁
线圈
压缩机
壳体
动力
传递

图 2-17　电磁离合器

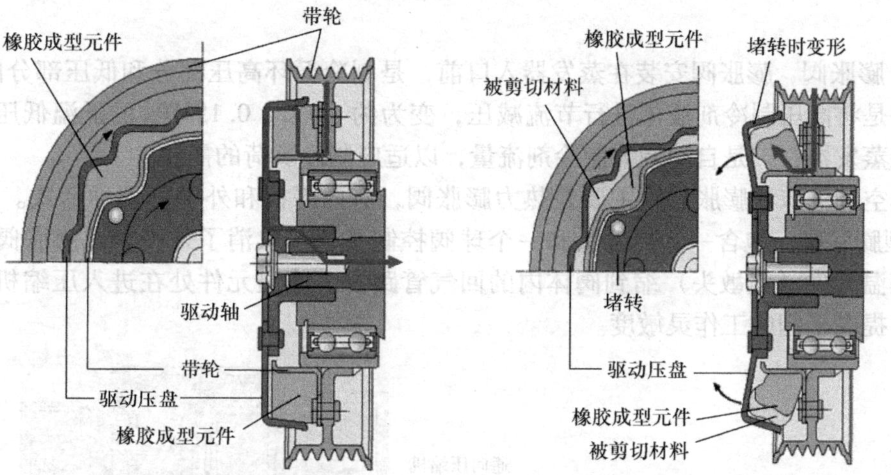
带轮
橡胶成型元件
驱动轴
带轮
驱动压盘
橡胶成型元件
橡胶成型元件
堵转时变形
被剪切材料
堵转
驱动压盘
橡胶成型元件
被剪切材料

图 2-18　带内置过载保护的带轮

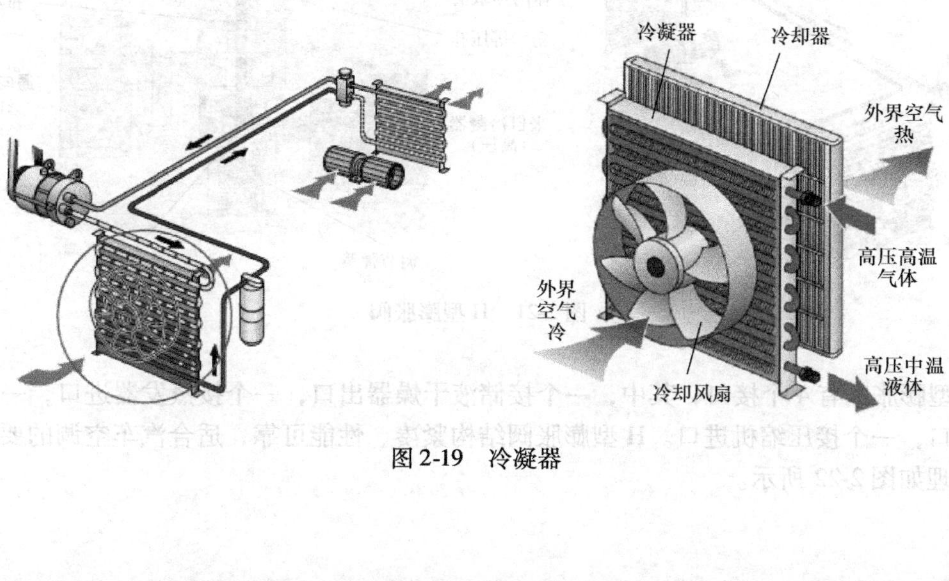
冷凝器
冷却器
外界空气
热
高压高温
气体
外界
空气
冷
高压中温
液体
冷却风扇

图 2-19　冷凝器

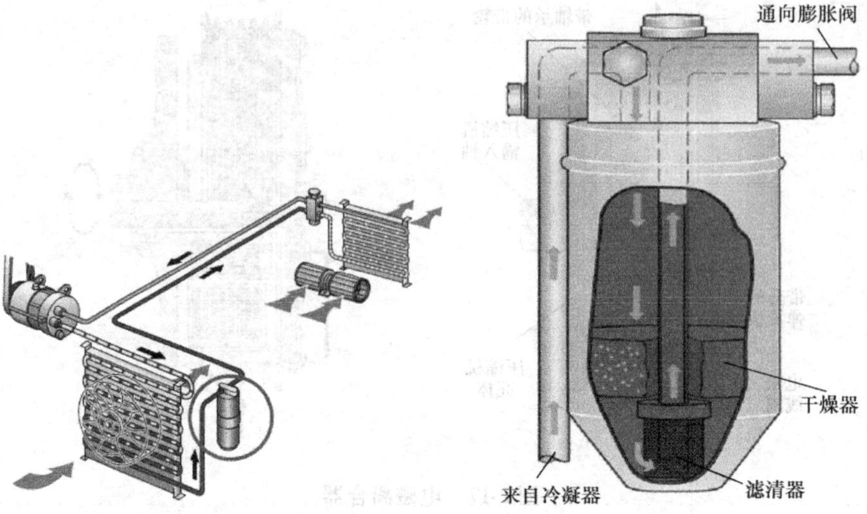
通向膨胀阀
干燥器
来自冷凝器
滤清器

图 2-20　储液干燥器

（5）膨胀阀　膨胀阀安装在蒸发器入口前，是制冷循环高压部分和低压部分的分界点，其作用一是将高压制冷剂液体进行节流减压，变为约 −5℃、0.15MPa 的低温低压制冷剂蒸气后进入蒸发器；二是自动调节制冷剂流量，以适应制冷负荷的需要。

汽车空调的节流膨胀装置主要是热力膨胀阀，有内平衡和外平衡两种形式。图 2-21 所示为 H 型膨胀阀，包含一个热敏头和一个球阀控制装置，取消了外平衡式膨胀阀的外平衡管并将感温元件（热敏头）缩到阀体内的回气管路内。感温元件处在进入压缩机的制冷剂气流中，提高了阀的工作灵敏度。

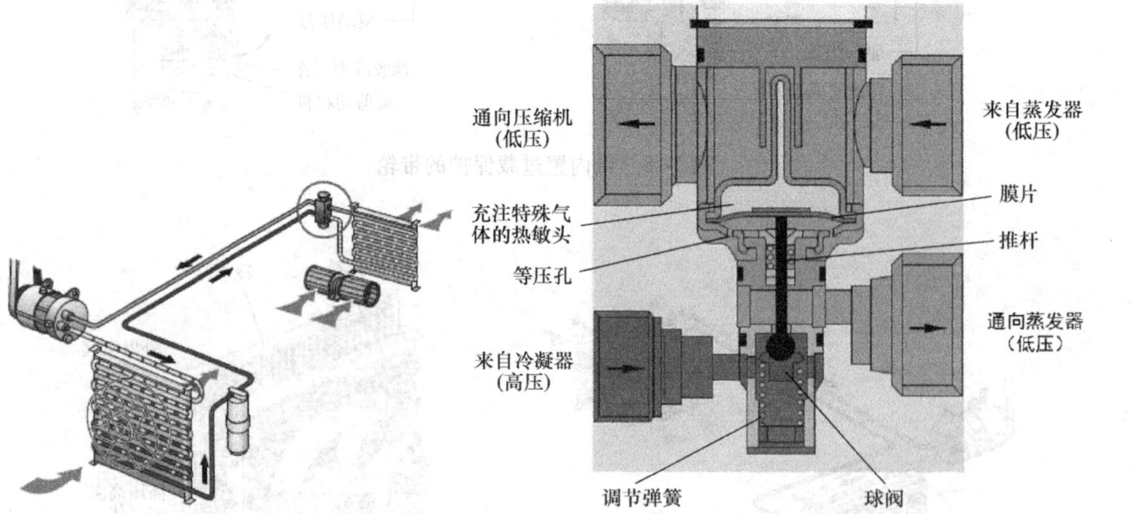
通向压缩机
(低压)
来自蒸发器
(低压)
膜片
充注特殊气
体的热敏头
推杆
等压孔
通向蒸发器
(低压)
来自冷凝器
(高压)
调节弹簧
球阀

图 2-21　H 型膨胀阀

H 型膨胀阀有 4 个接口，其中，一个接储液干燥器出口，一个接蒸发器进口，一个接蒸发器出口，一个接压缩机进口。H 型膨胀阀结构紧凑、性能可靠，适合汽车空调的要求，其工作原理如图 2-22 所示。

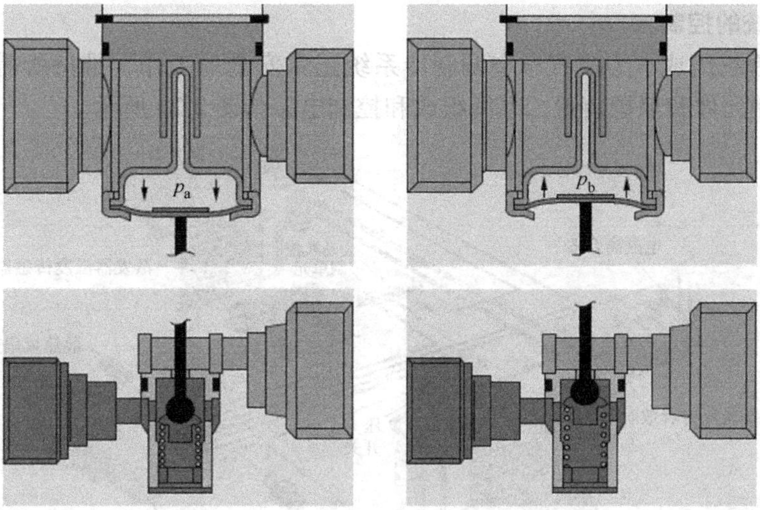
p_a
p_b
a)
b)

图 2-22　H 型膨胀阀的工作原理

a）热负荷较大时的开度　b）热负荷较小时的开度

当压缩机工作时，液态制冷剂经球阀被喷入蒸发器中，液态制冷剂因突然膨胀而变成低压湿蒸气，吸收蒸发器周围空气的热量，使湿蒸气汽化成低压气态制冷剂。蒸发器出口处的温度高时，热敏头中的特殊气体膨胀，膨胀阀膜片上方的压力升高，膜片向下移动，顶开球阀，液态制冷剂流入蒸发器中的量增加；当蒸发器出口处温度降低时，热敏头中特殊气体收缩，膨胀阀膜片上方的压力减小，膜片上移，球阀开度减小，减少了喷入蒸发器的制冷剂量。膨胀阀开启的程度随蒸发器出口的温度而变化，并影响热敏头内压力的大小，从而达到自动控制的目的。当压缩机停止工作时，膨胀阀膜片上方的压力与蒸发器入口的压力相等，球阀在弹簧作用下处于关闭状态，阻止制冷剂倒流进入压缩机。

（6）蒸发器　蒸发器的作用是将膨胀阀节流降压的制冷剂蒸发为 0℃、0.15MPa 左右的气态制冷剂，使流过蒸发器的空气温度下降。冷却的空气中的潮气在蒸发器中空气温度低于露点时被凝结，产生出冷凝水，同时杂质也留在蒸发器处，空气被干燥和净化。

蒸发器的结构与冷凝器相似，但功能相反，起吸热作用。蒸发器有管带式、管片式和层叠式，图 2-23 所示为管片式蒸发器。

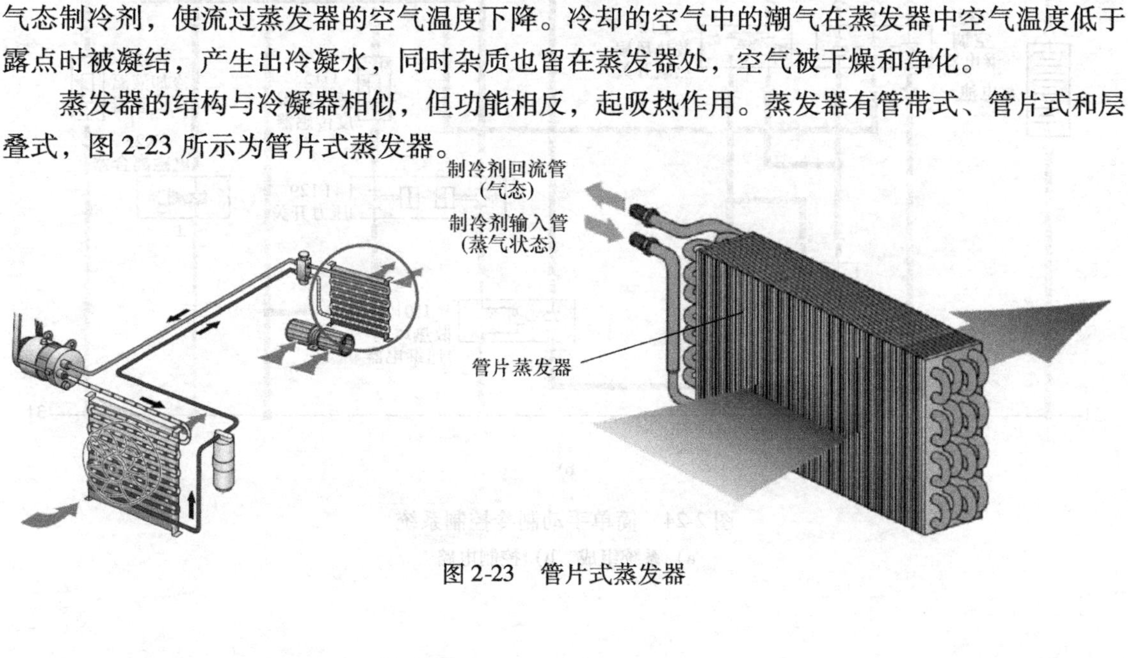
制冷剂回流管
(气态)
制冷剂输入管
(蒸气状态)
管片蒸发器

图 2-23　管片式蒸发器

4. 制冷系统的控制

(1) 控制系统组成　为使汽车空调制冷系统正常安全地工作，维持所需的温度，制冷系统设置了控制元件和保护装置，系统组成和控制电路如图2-24所示。

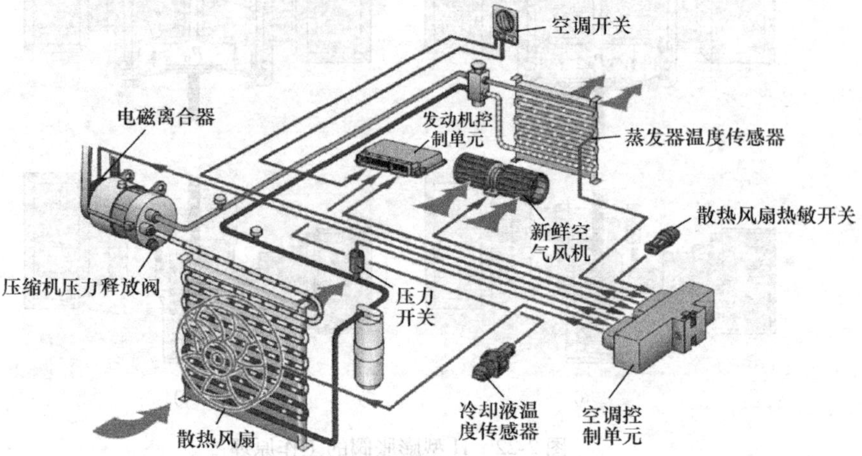
空调开关
电磁离合器
发动机控制单元
蒸发器温度传感器
散热风扇热敏开关
新鲜空气风机
压缩机压力释放阀
压力开关
冷却液温度传感器
空调控制单元
散热风扇

a)

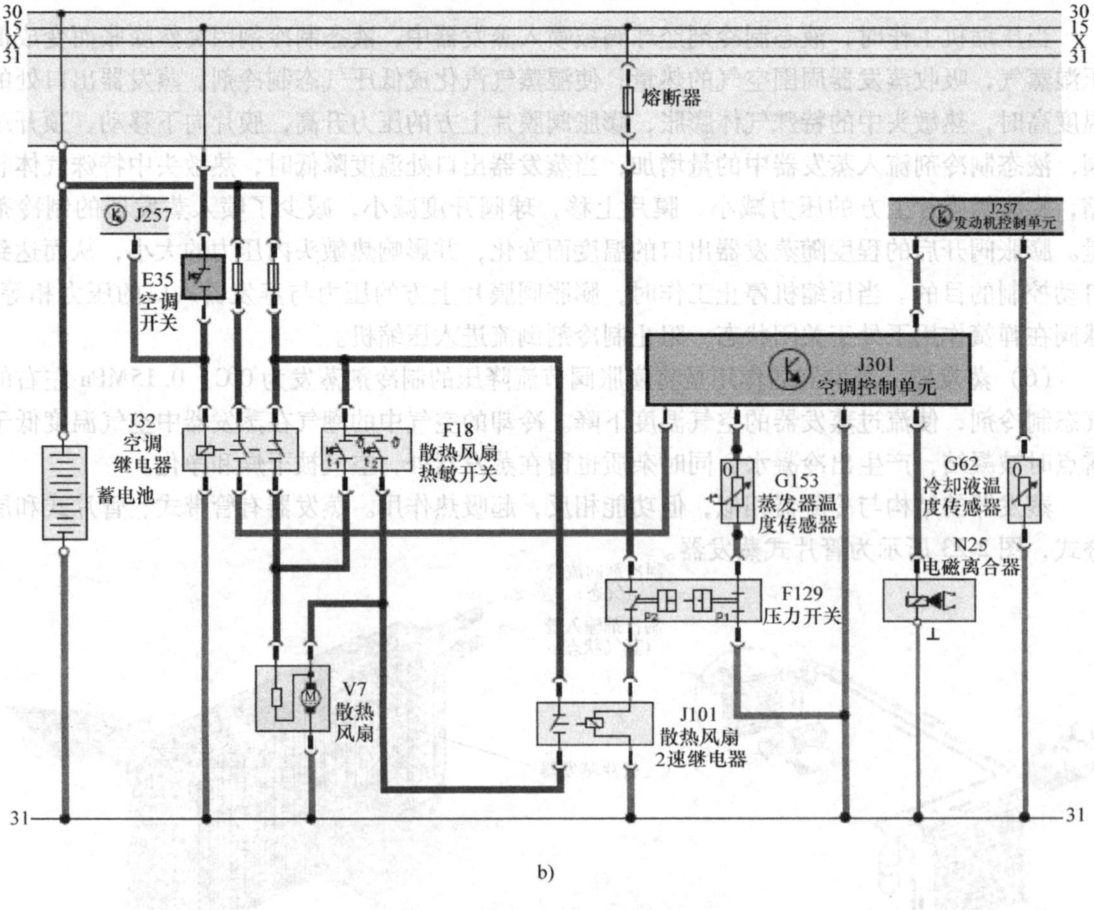
30
15
X
31
熔断器
J257
E35
空调
开关
J257
发动机控制单元
J301
空调控制单元
J32
空调
继电器
F18
散热风扇
热敏开关
蓄电池
G153
蒸发器温
度传感器
G62
冷却液温
度传感器
N25
电磁离合器
F129
压力开关
V7
散热
风扇
J101
散热风扇
2速继电器
31

b)

图2-24　简单手动制冷控制系统

a) 系统组成　b) 控制电路

（2）安全保护装置　在汽车空调系统中，通常设有各种安全保护装置，当制冷系统工作出现异常或发生故障时，根据具体情况，自动采取相应的保护措施。常用的安全保护装置有如下几种。

1）空调开关（见图2-25）。空调开关用于接通空调器，利用电磁离合器建立空调和发动机之间的连接。在手动控制的系统中，将新鲜空气风机切入到1档。在自动控制的系统中，散热风扇和新鲜空气风机同时起动。

空调开关将空调接通信号传递到发动机控制单元，发动机的怠速被提高，以补偿因为压缩机所带来的负载。

此外，空调开关还可保证空调系统在外界温度低于5℃时不能起动。

2）压力释放阀（见图2-26）。该阀（以前是破裂型密封件）直接安装在压缩机或储液器上。它在约3.8MPa的压力下开启并当压力下降到3.0～3.5MPa时关闭。

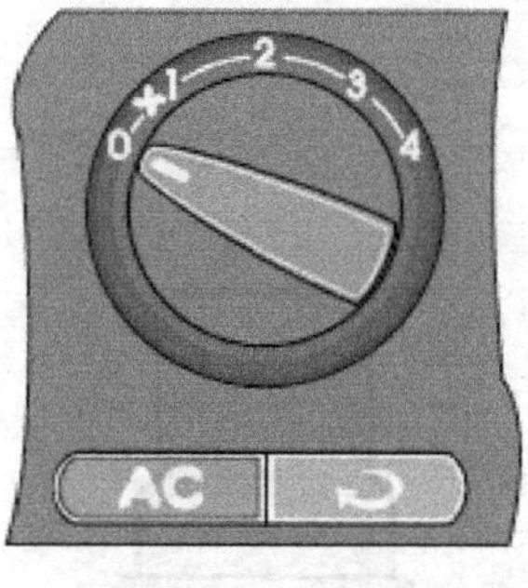
0
1
2
3
4
AC

图2-25　空调开关

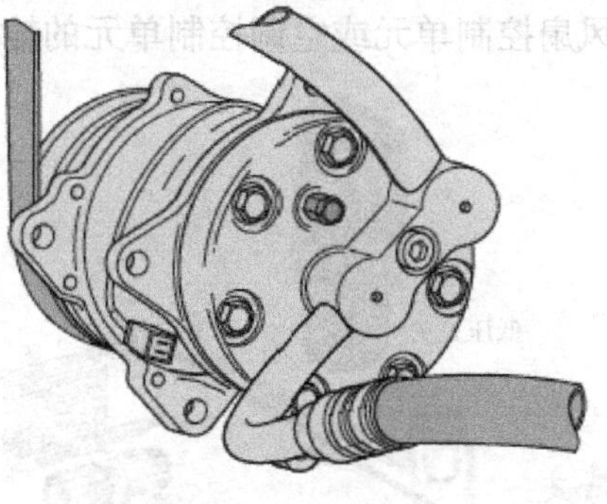

图2-26　压力释放阀

3）蒸发器温度传感器（见图2-27）。该传感器测量蒸发器冷却叶片间的温度并将信号传递给空调控制单元。当蒸发器的温度下降得太低时，压缩机将被关闭。压缩机在-1～0℃之间被切断，+3℃时接通，以避免因为冷凝水结冰而导致蒸发器结冰。在有些系统中，使用蒸发器温度开关取代该传感器，直接控制电磁离合器的电源。其他系统对该功能的控制是通过外界温度开关进行的。

4）压力开关（见图2-28）。为了监控并限制在封闭的制冷回路中的压力情况，在高压端安装了高压和低压开关。如果系统压力异常，将通过电磁离合器切断压缩机电路。该压力开关是一个三功能组合开关，功能为：

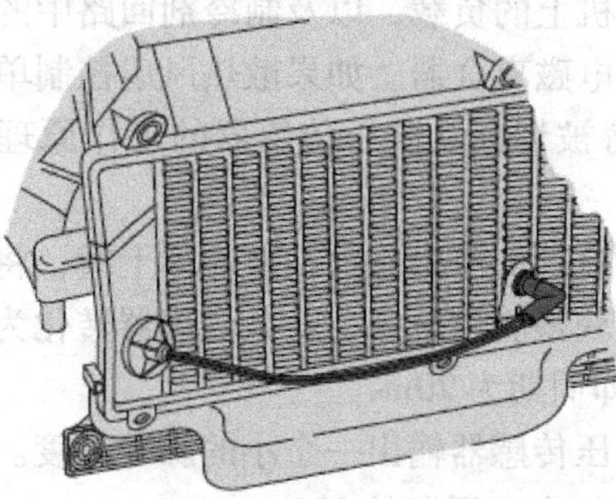

图2-27　蒸发器温度传感器

p>3.2MPa=
p<0.2MPa=
p>1.6MPa=

图2-28　压力开关

①当压力大于2.4～3.2MPa时，通过空调控制单元切断电磁离合器。例如，冷凝器变脏会导致压力过高。

②当压力下降到小于0.2MPa时，通过空调控制单元切断电磁离合器。这种压降可能是因制冷剂环路中的制冷剂不足引起的，这样就保护了压缩机。

③当压力超过1.6MPa时，风扇转速提高一档，以改善冷凝器的性能。

对于带有节流阀的制冷剂环路，通常是通过两个独立的安全开关来监控低压和高压，如图2-29所示。

低压开关：在制冷剂环路内压力低于0.17MPa时，就切断空调压缩机电路。

高压开关：在制冷剂环路内压力超过3.0 MPa时，就切断空调压缩机电路。

5）高压传感器（见图2-30）。高压传感器是一个电子压力传感器，用于替代空调压力开关。它检测制冷剂回路的压力并将物理的压力量转化为电子信号，用作发动机控制单元、散热风扇控制单元或空调控制单元的输入信号。

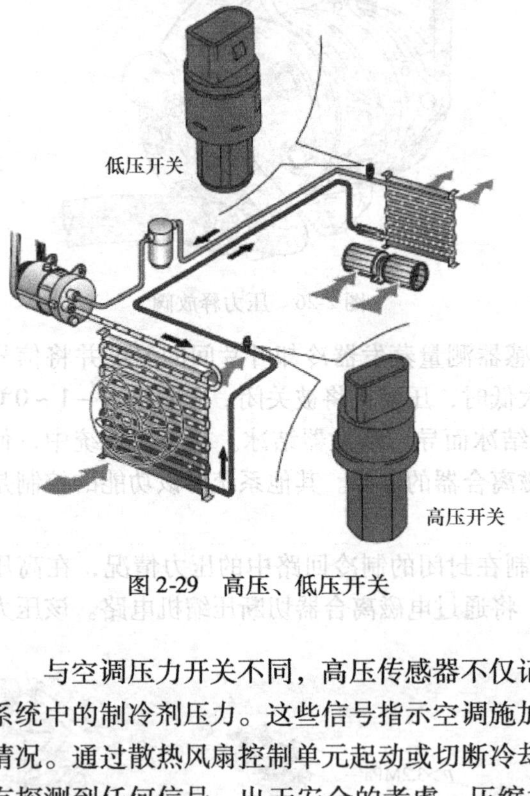
低压开关
高压开关
图2-29　高压、低压开关

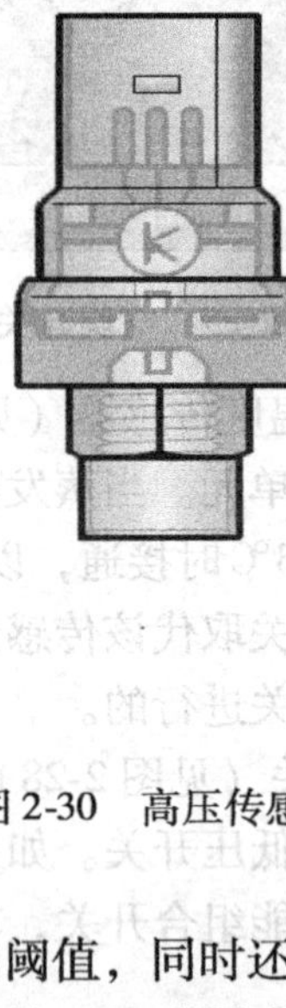
图2-30　高压传感器

与空调压力开关不同，高压传感器不仅记录所定义的压力阈值，同时还监控着整个循环系统中的制冷剂压力。这些信号指示空调施加在发动机上的负载，以及制冷剂回路中的压力情况。通过散热风扇控制单元起动或切断冷却风扇或电磁离合器。如果散热风扇控制单元没有探测到任何信号，出于安全的考虑，压缩机电路将被切断。高压传感器的工作原理如图2-31所示。

硅晶体连同一个微处理器集成在传感器内，当制冷剂的压力施加在硅晶体上时，将引起晶体变形，根据硅晶体特性其电阻会发生变化，从而获得测量电压，经微处理器转化为脉冲宽度调制信号。脉冲宽度信号以50Hz的频率生成，即周期为20ms。

在压力较低时，晶体变形小，电阻变化也小，高压传感器输出一个小的脉冲宽度。

在压力达到0.14MPa时，脉冲宽度为2.6ms，这相当于周期的13%。

在压力较高时，晶体变形大，电阻变化也大，测得的电压也会按相同比例减小，脉冲宽度按与压力升高相同的比例变大。

在压力达到 3.7MPa 时，脉冲宽度为 18ms，这相当于周期的 90%。

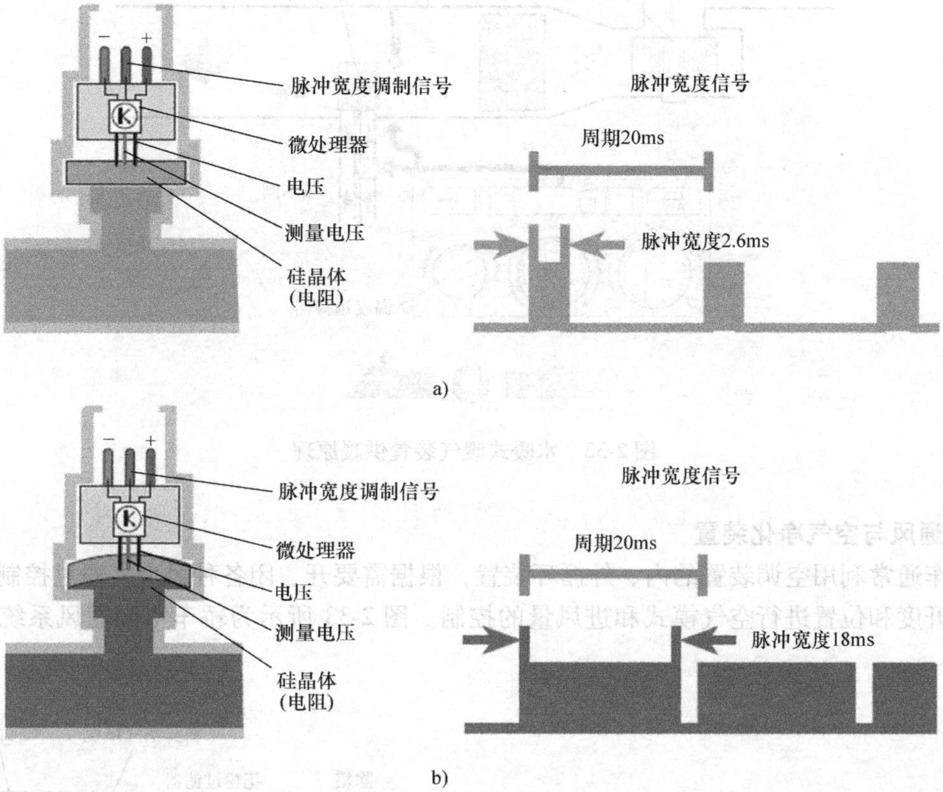
脉冲宽度调制信号
微处理器
电压
测量电压
硅晶体
(电阻)
脉冲宽度信号
周期20ms
脉冲宽度2.6ms
a)
脉冲宽度调制信号
微处理器
电压
测量电压
硅晶体
(电阻)
脉冲宽度信号
周期20ms
脉冲宽度18ms
b)

图 2-31　高压传感器的工作原理

a）压力较低时　b）压力较高时

6）冷却液温度控制开关　对于发动机来说，压缩机是一个额外负荷。在发动机负荷很大时（比如在上坡时），必须将压缩机这个额外负荷切断，以免冷却液温度过高，因此使用冷却液温度控制开关来对冷却液温度进行监控（最初的监控装置是冷却液温度传感器，该传感器在组合仪表上有一个指示灯）。压缩机电路在约 119℃ 时被断开，在约 112℃ 时又接通。车型不同，也可使用不同的控制开关，如散热风扇热敏开关、空调切断热敏开关等。

2.2.3　供暖、通风系统

1. 供暖系统

供暖是汽车空调的重要组成部分。非独立式供暖装置（轿车上使用）一般采用发动机工作时的冷却液供暖，称为水暖式暖气装置。水暖式暖气装置主要由加热器芯子、风机、热水阀及通风道等组成。

图 2-32 所示为水暖式暖气装置供暖原理。发动机水套内的冷却液经热水管道和热水阀进入加热器芯子加热周围的空气，再由风机将加热后的空气吹入车内，变冷后的冷却液由液压泵抽回发动机，如此循环进行供暖。

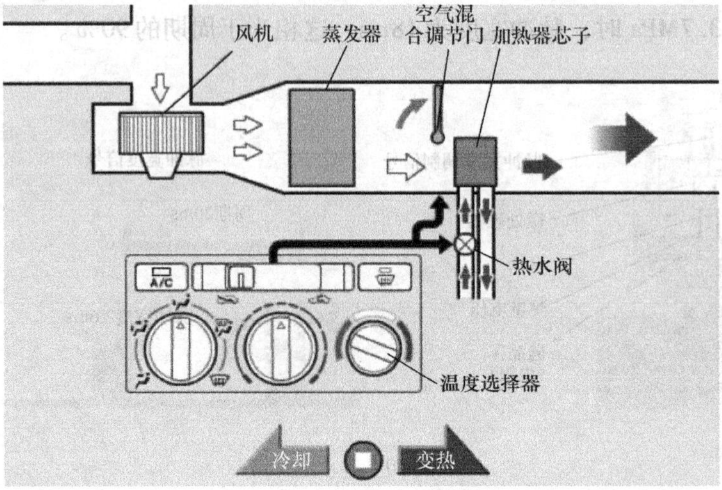
空气混
合调节门
风机
蒸发器
加热器芯子
热水阀
温度选择器
冷却
变热

图 2-32　水暖式暖气装置供暖原理

2. 通风与空气净化装置

轿车通常利用空调装置的内、外循环装置，根据需要开、闭各种风口，通过控制调节门或翻板开度和位置进行空气模式和进风量的控制。图 2-33 所示为轿车空调通风系统的结构示意图。

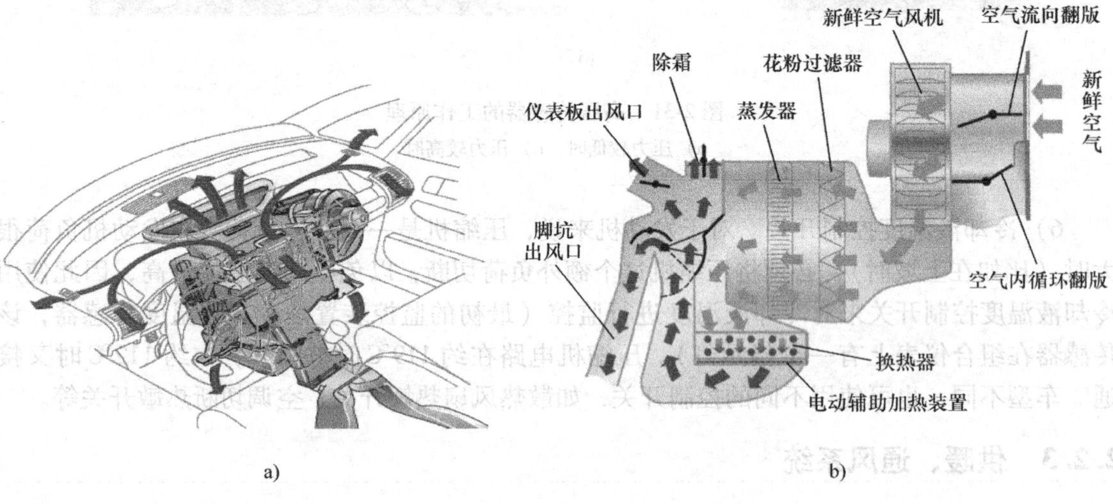
新鲜空气风机
空气流向翻版
除霜
花粉过滤器
新鲜空气
仪表板出风口
蒸发器
脚坑出风口
空气内循环翻版
换热器
电动辅助加热装置
a)
b)

图 2-33　轿车空调通风系统结构示意图
a）空气分配　b）导流系统

为了保持车内空气的清洁新鲜，除进行通风换气外，还可采用空气净化装置。常用的空气净化装置有灰尘/花粉过滤器、电子集尘器及负离子发生器等，安装在空调器总成内。

（1）循环空气模式　空调系统在进行空气准备时有两种状态可用：外部空气（新鲜空气）和内部空气（循环空气），如图 2-34 所示。在循环空气模式时，用于给车内制冷的空气不是从车外抽取，而是来自车内，也就是只将车内的空气进行循环并调节温度。

在循环空气模式下，没有空气交换过程，所以空气可能会被“耗尽”。因此循环空气模式不可使用时间过长。

在循环空气模式下，因车内乘员呼出气体的原因，车内湿度会增大。如果车内空气的露点高于玻璃的温度，那么玻璃上就不可避免地结成雾气。因此在除霜位置时，循环空气模式就自动关闭了。

选择循环空气模式（按压循环空气模式按钮，见图2-35）后，是通过真空气动力或伺服电动机来调节外部空气/循环空气翻板的位置。

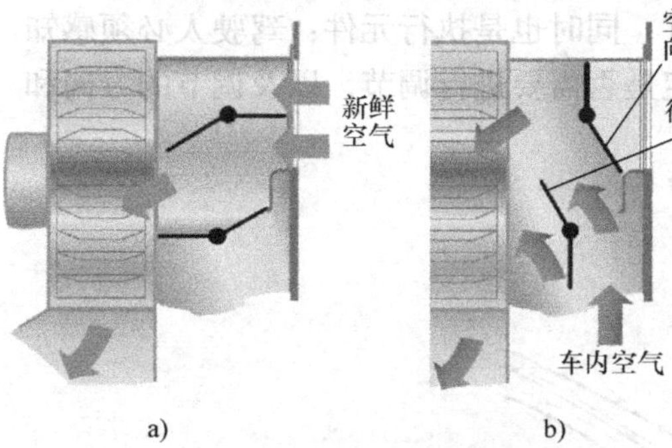
空气流向翻版
空气内循环翻版
新鲜空气
车内空气
a)
b)

图2-34　通风系统空气模式

a）外部空气模式　b）循环空气模式

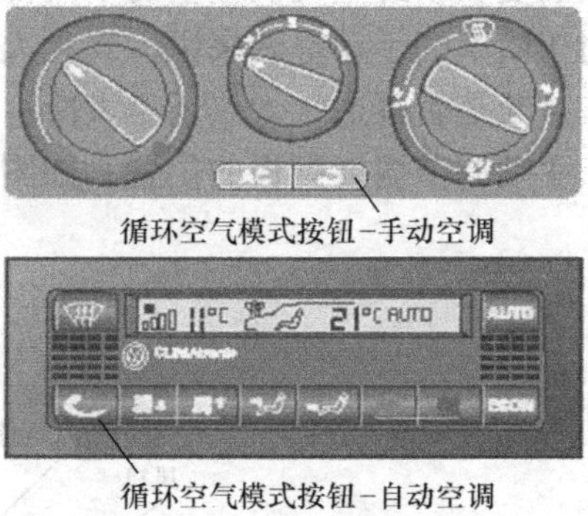
循环空气模式按钮–手动空调
11°C
21°C AUTO
AUTO
ECON
循环空气模式按钮–自动空调

图2-35　空气模式选择

（2）空气质量传感器（见图2-36）　自动操纵循环空气模式的空调装置一般设有空气质量传感器，其功用是侦测车外空气中的有害物质。如果有害物质浓度较高，空调控制单元就会根据这个信号将外部空气模式转换成循环空气模式。如果有害物质浓度降低了，就恢复成外部空气模式。

传感器侦测的有害物质主要有汽油发动机尾气中的有害物质：CO（氧化碳）、C_6H_{14}（乙烷）、C_6H_6（苯）、C_7H_{16}（庚烷）；柴油发动机尾气中的有害物质：NO_x（氮氧化合物）、SO_2（二氧化硫），H_2S（硫化氢），CS_2（二硫化碳）。

传感器的工作原理与氧传感器相同，其测量元件是一个采用半导体技术的混合氧化物传感器（氧化锡 SnO_2），使用铂、钯作为催化添加剂来提高该传感器的灵敏度。传感器的工作温度约为350℃。

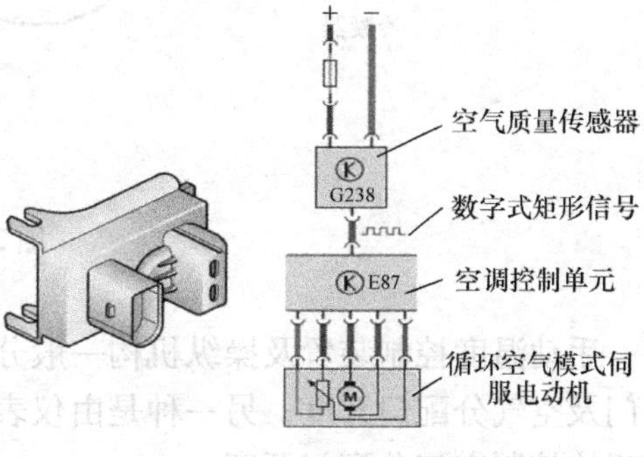
+
−
空气质量传感器
G238
数字式矩形信号
E87
空调控制单元
循环空气模式伺服电动机

图2-36　空气质量传感器

传感器内的电子测量系统是自学习式的。电子系统确定出车外空气中有害物质平均含量，然后通过数字式矩形信号将有害物质的种类和含量信息发送给空调控制单元。空调控制单元随后会在有害物质浓度达到顶点时，根据车外温度和空气污染程度控制循环空气翻板，这样就可以保证在污染严重的地区，通风系统不至于一直处于外部空气状态。

2.2.4 操纵控制系统

空调操纵控制系统的功用是对制冷系统和加热系统进行控制，调节车内的空气温度、风量、流向，确保空调系统正常工作。操纵控制系统一般由操纵开关、机械传动（或真空系统）和电气系统组成。

1. 手动调节

风机将已被蒸发器冷却的新鲜空气送入车内，这样的空气一般比所需要空气要凉，要想获得一个舒适的车内温度，就需将一部分凉空气送至换热器加热。另外，车外温度、车速、冷却液温度和新鲜空气供应量的不同都会引起温度波动。

对于简单的手动空调来说，驾驶人既是控制元件，同时也是执行元件：驾驶人必须感知温度，判断是否舒适，太热还是太冷；根据判断决定是否需要进行调节，以及调节的方向和程度，手动调节温度翻板的位置，如图2-37所示。

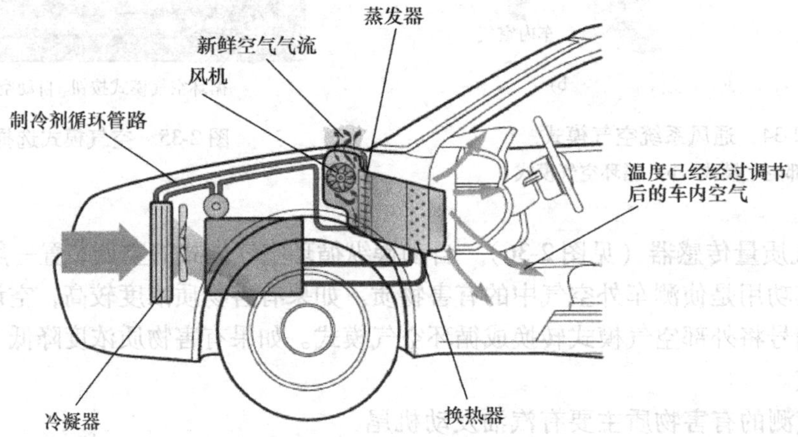
蒸发器
新鲜空气气流
风机
制冷剂循环管路
温度已经经过调节后的车内空气
冷凝器
换热器

图2-37 手动调节

手动温度控制装置及操纵机构一般分为两种：一种是由仪表板上的旋钮通过拉丝控制温度门及空气分配门开度；另一种是由仪表板上的拨杆通过拉丝控制温度门开度，通过真空伺服机构控制空气分配门开度。

2. 自动调节

对于自动空调系统，温度调节由电控系统完成，调节系统可以包含更多的参数，并可预先计算出所需要的制冷状态。系统组成包括：控制单元、车外温度传感器、车内温度传感器、附加传感器（如用于感知阳光入射强度的传感器）、暖风/空调的伺服电动机等。

下面以宝来自动空调系统为例进行说明，其电控系统组成如图2-38所示，传感器和执行器在车上的布置如图2-39所示。

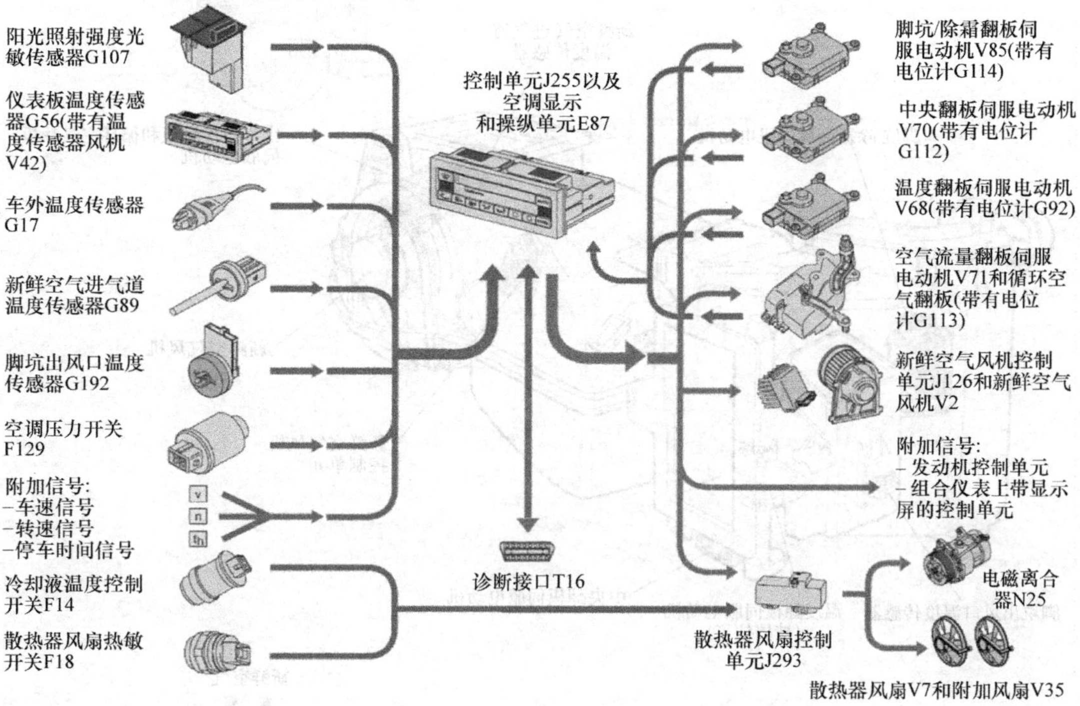
阳光照射强度光敏传感器G107
仪表板温度传感器G56(带有温度传感器风机V42)
车外温度传感器G17
新鲜空气进气道温度传感器G89
脚坑出风口温度传感器G192
空调压力开关F129
附加信号:
–车速信号
–转速信号
–停车时间信号
冷却液温度控制开关F14
散热器风扇热敏开关F18
控制单元J255以及空调显示和操纵单元E87
诊断接口T16
脚坑/除霜翻板伺服电动机V85(带有电位计G114)
中央翻板伺服电动机V70(带有电位计G112)
温度翻板伺服电动机V68(带有电位计G92)
空气流量翻板伺服电动机V71和循环空气翻板(带有电位计G113)
新鲜空气风机控制单元J126和新鲜空气风机V2
附加信号:
– 发动机控制单元
– 组合仪表上带显示屏的控制单元
电磁离合器N25
散热器风扇控制单元J293
散热器风扇V7和附加风扇V35

图 2-38　宝来轿车自动空调电控系统组成

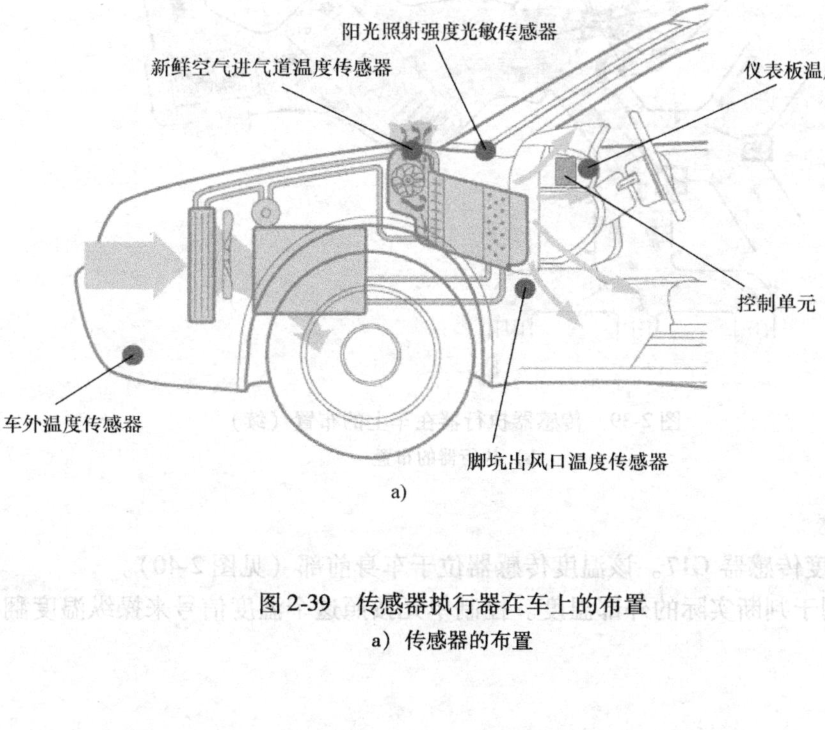
阳光照射强度光敏传感器
新鲜空气进气道温度传感器
仪表板温度传感器
控制单元
车外温度传感器
脚坑出风口温度传感器

a)

图 2-39　传感器执行器在车上的布置

a）传感器的布置

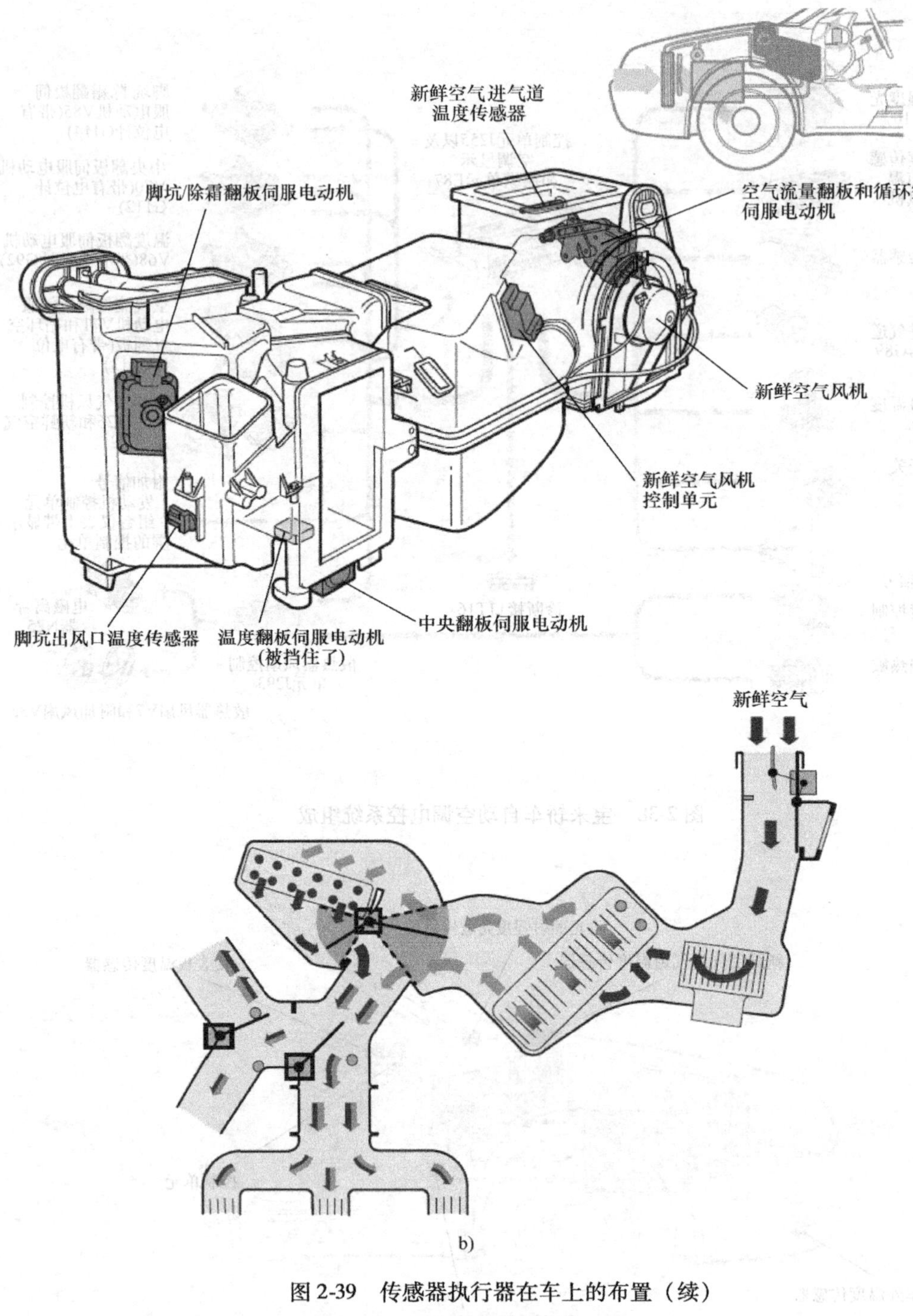
新鲜空气进气道
温度传感器
脚坑/除霜翻板伺服电动机
空气流量翻板和循环空气翻板
伺服电动机
新鲜空气风机
新鲜空气风机
控制单元
脚坑出风口温度传感器
温度翻板伺服电动机
(被挡住了)
中央翻板伺服电动机
新鲜空气

b)

图 2-39　传感器执行器在车上的布置（续）

b）执行器的布置

（1）传感器

1）车外温度传感器 G17。该温度传感器位于车身前部（见图 2-40）。

①功能：用于判断实际的外部温度。控制单元按照这个温度信号来操纵温度翻板和新鲜空气风机工作。

②失效影响：如果这个温度信号失效，会使用另一个温度传感器（新鲜空气进气道温度传感器）的测量值来替代。如果后者也失效了，系统用10℃这个替代值继续工作，但这时循环空气模式就不能使用了。该温度传感器具有自诊断功能。

2）新鲜空气进气道温度传感器G89。该温度传感器在新鲜空气进气道中（见图2-41）。

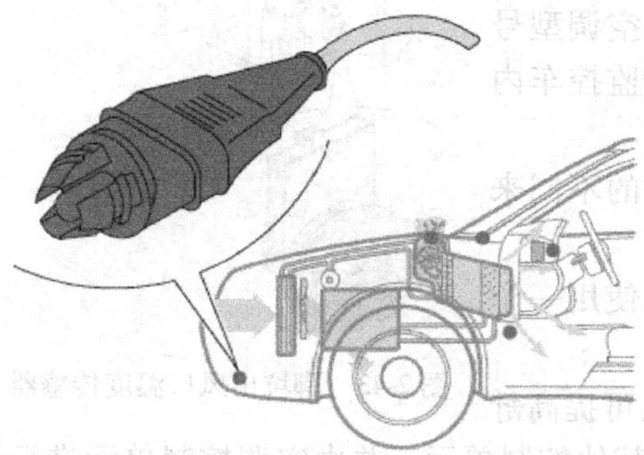

图2-40　车外温度传感器

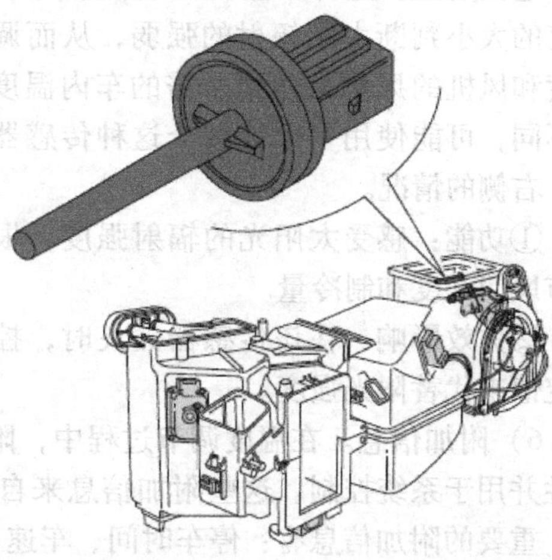

图2-41　新鲜空气进气道温度传感器

①功能：该传感器是外部实际温度的第二个测量点，控制单元按照这个温度信号来操纵温度翻板和新鲜空气风机工作。

②失效影响：如果这个温度信号失效，会使用另一个温度传感器（车身前部的车外温度传感器）的信号。该温度传感器具有自诊断功能。

在2个温度传感器均正常时，系统以2个温度信号中较低的一个为依据进行工作。

3）仪表板温度传感器G56（带有温度传感器风机V42）。这个温度传感器一般直接装在控制单元内（见图2-42）。

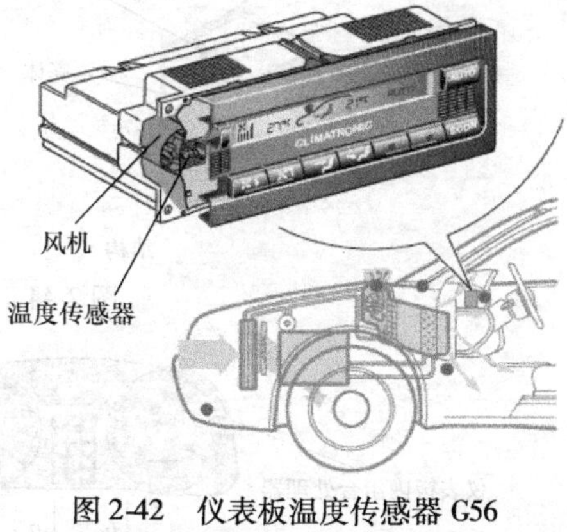
CLIMATRONIC
风机
温度传感器

图2-42　仪表板温度传感器G56

①功能：此温度传感器将真实的车内温度传递给空调控制器，它安放在风机抽吸的气流中，风机抽吸车内空气，以便传感器感受真实的车内温度。这个温度传感器的测量值用于与规定值进行对比，温度翻板和新鲜空气风机按此来进行相应的工作。

②失效影响：如果信号失效了，系统用24℃这个替代值继续工作。该温度传感器具有自诊断功能。

4）脚坑出风口温度传感器G192。该传感器的安装位置如图2-43所示。

①功能：该传感器测量的是从暖风/空调中出来的空气（进入车内的空气）温度，是通过一个随温度变化而变化的电阻获取的。温度下降，电阻升高。控制单元对这个信号进行处理用于控制除霜/脚坑的空气分配以及控制新鲜空气风机的工作能力。

②失效影响：如果信号失效，控制单元采用30℃这个替代值继续工作。该温度传感器具有自诊断功能。

5）阳光照射强度光敏传感器G107。该传感器由壳盖、过滤器、光学元件、光敏二极管和壳体组成，如图2-44所示。光敏二极管是光敏半导体元件，在没有光线射入时只有很小的电流通过二极管；在光线作用下电流升高，光强度越强，电流越大。这样，空调控制器就可以通过流经二极管电流的大小判断太阳辐射的强弱，从而调节温度调节门的开度和风机的风量来达到所需的车内温度。根据空调型号的不同，可能使用一个或两个这种传感器，分别监控车内左、右侧的情况。

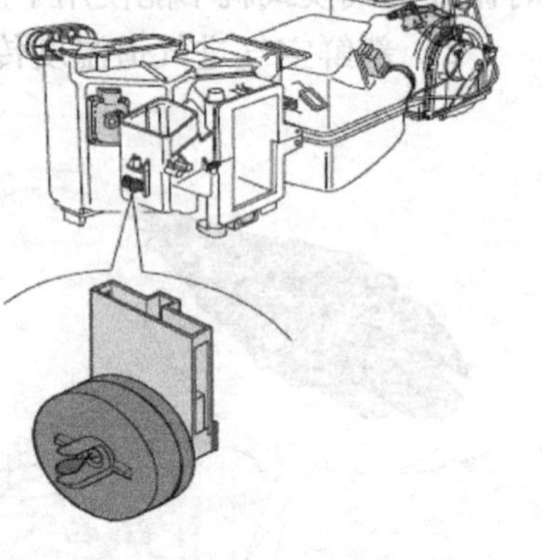

图2-43　脚坑出风口温度传感器

①功能：感受太阳光的辐射强度，根据强度的不同来调节风门开度和制冷量。

②失效影响：在该传感器失灵时，控制单元使用一个固定值来代替阳光强度。

6）附加信息。在温度调节过程中，附加信息可提高舒适性并用于系统控制。这些附加信息来自车上的其他控制单元，并由空调控制单元进行处理。重要的附加信息有：停车时间、车速、发动机转速，如图2-45所示。

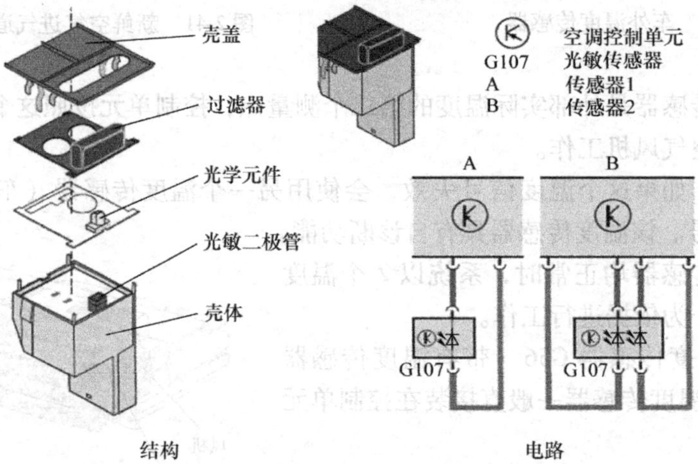
壳盖
过滤器
光学元件
光敏二极管
壳体
K 空调控制单元
G107 光敏传感器
A 传感器1
B 传感器2
A
B
G107
G107
结构
电路

图2-44　阳光照射强度光敏传感器

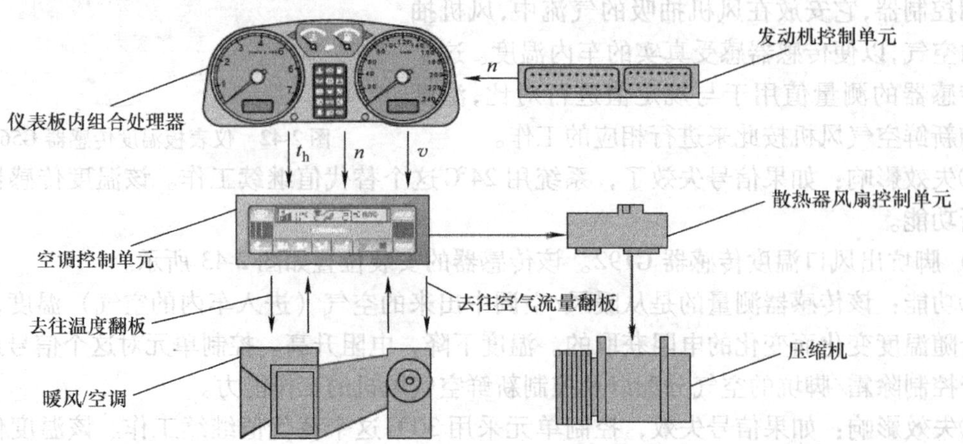
发动机控制单元
n
仪表板内组合处理器
t_h
n
v
空调控制单元
散热器风扇控制单元
去往空气流量翻板
去往温度翻板
压缩机
暖风/空调

图2-45　附加信息

停车时间指点火开关关闭到下一次起动发动机的时间，该信号用于调节温度翻板。发动机起动后，控制单元处理发动机关闭前所存储的车外温度值，可以很快调节到舒适温度，从而避免了温度过低的情况。

车速信号用于操纵空气流量翻板，是车速表传感器产生的，并在控制单元内进行转化。当车速较高时，新鲜空气出口的横截面就会变小，这样就可使得进入车内的空气量基本保持不变。

发动机转速信号将发动机的运转信息传给空调控制单元，用于系统控制（切断电磁离合器），例如在没有发动机转速信号时就关闭压缩机。

（2）执行元件　自动空调，温度翻板、中央翻板、脚坑/除霜翻板、循环空气翻板的调节过程是由伺服电动机（执行元件）来完成的。伺服电动机将电气输出信号转化成一个机械量。

伺服电动机布置在与相应翻板轴等高处，它们接收来自空调控制单元的相应控制信号。每个伺服电动机都配有一个电位计，产生反馈值将翻板的位置告知空调控制单元，如图2-46所示。

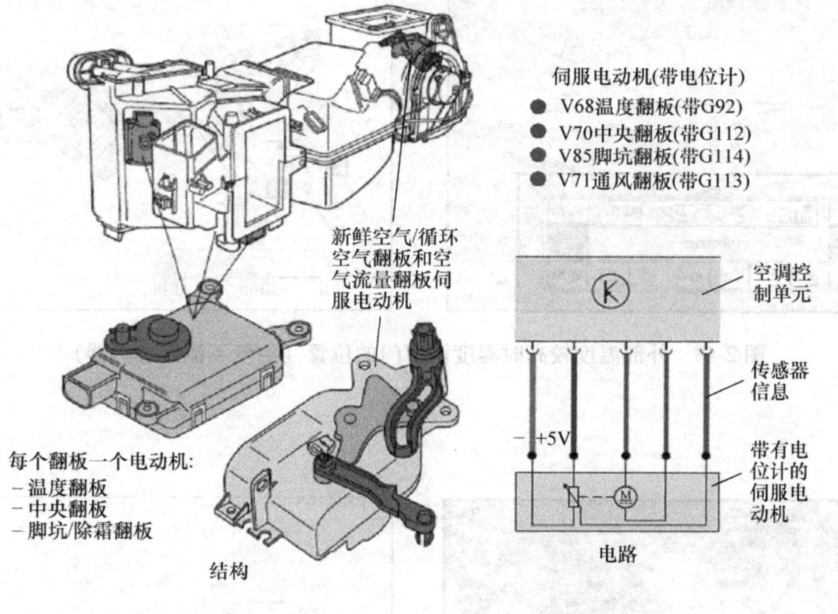
伺服电动机(带电位计)
V68温度翻板(带G92)
V70中央翻板(带G112)
V85脚坑翻板(带G114)
V71通风翻板(带G113)
新鲜空气/循环空气翻板和空气流量翻板伺服电动机
空调控制单元
传感器信息
+5V
带有电位计的伺服电动机
每个翻板一个电动机:
－温度翻板
－中央翻板
－脚坑/除霜翻板
结构
电路

图2-46　伺服电动机（执行元件）

（3）温度调节　自动空调系统利用各种传感器检测车内外温度、阳光强度的变化等，并把传感器信号送到空调系统控制单元，控制单元按照预置的程序对传感器信号进行处理，并通过执行元件不断地对风机转速、出风温度、送风方式及压缩机工作状况等进行调节（翻板自动调节、接通和关闭空调），从而使车内空气的温度、湿度及流动状况等始终保持在驾驶人设定的水平上，如图2-47～图2-49所示。

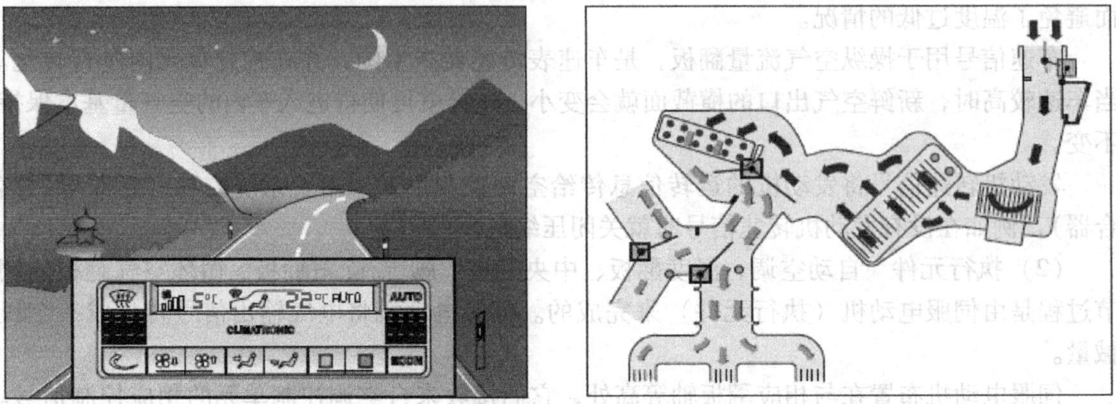
5°C
22°C AUTO
AUTO
CLIMATRONIC
ECON

图 2-47　外部温度较低时温度调节门的位置（空气全部流经加热器）

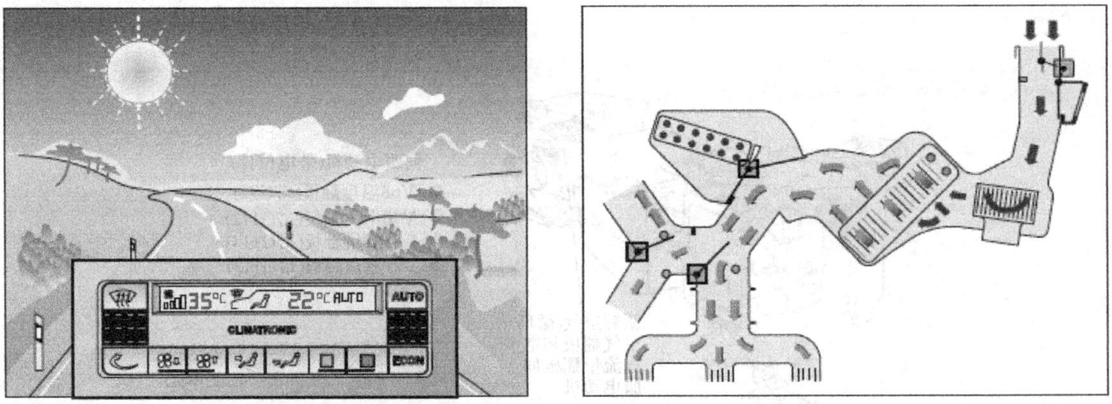
35°C
22°C AUTO
AUTO
CLIMATRONIC
ECON

图 2-48　外部温度较高时温度调节门的位置（空气不流经加热器）

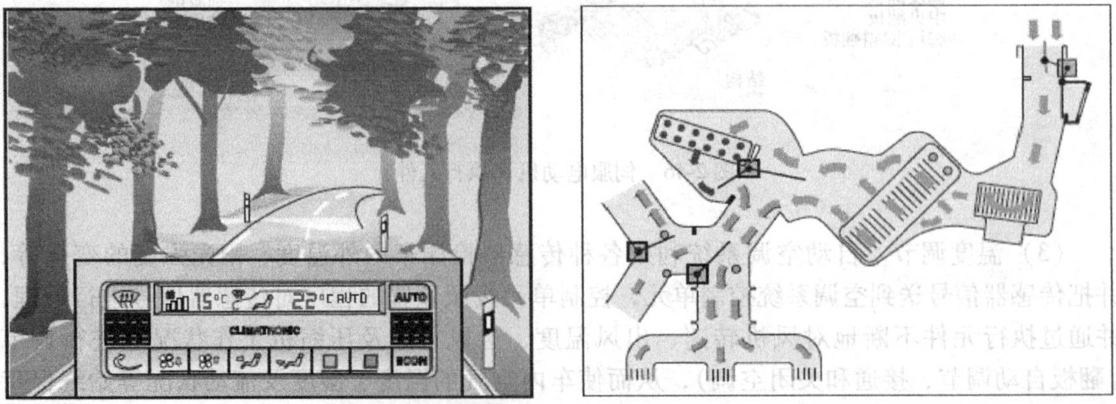
15°C
22°C AUTO
AUTO
CLIMATRONIC
ECON

图 2-49　外部温度适中时温度调节门的位置（部分空气流经加热器）

2.2.5 汽车空调系统检修

1. 检修用仪器设备

（1）歧管压力表 有分别用于高压和低压的歧管压力表，可通过打开/关闭阀门来开/关加注软管的通道，如图2-50和表2-4所示。

（2）检漏装置 制冷能力不足可能就是制冷回路泄漏导致制冷剂缺失造成的。小的泄漏点（外部损伤）因其泄漏的制冷剂量很少，只能用合适的检漏装置才能检测到。检漏装置包括卤素检漏灯和电子检漏仪。

使用电子检漏仪（见图2-51）可以检测到每年只有5g制冷剂泄漏量的泄漏。检漏仪用闪光灯和蜂鸣器检查制冷剂的泄漏，越靠近泄漏区域，闪光和蜂鸣的间隔越短。

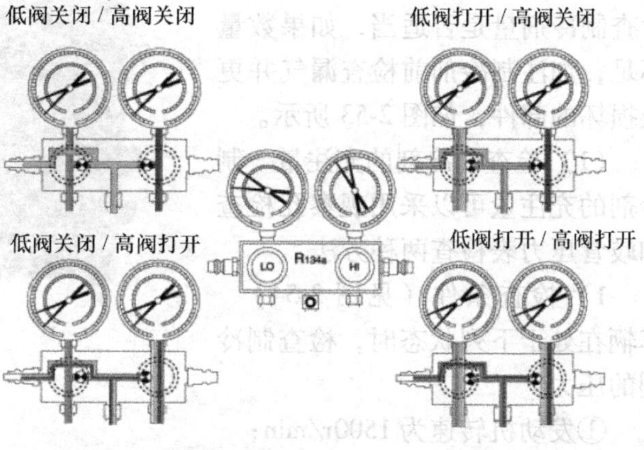

低阀关闭/高阀关闭
低阀打开/高阀关闭
低阀关闭/高阀打开
低阀打开/高阀打开
LO
R134a
HI

图2-50 歧管压力表

表2-4 高低压阀门在各位置的功能

高低压阀门位置	功用
高、低压阀门同时关闭	制冷系统故障诊断
低压阀门开，高压阀门关	制冷系统补充、加注制冷剂
低压阀门关，高压阀门开	制冷系统检漏或快速加注制冷剂
高、低压阀门同时开	制冷系统抽真空

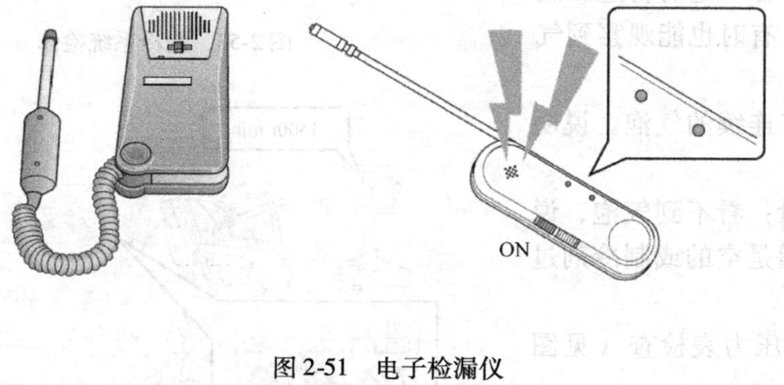

ON

图2-51 电子检漏仪

（3）冷媒回收、加注设备 该设备用于检查、抽取、抽真空和加注制冷剂及制冷剂的再利用，该设备可以满足车上空调设备的保养、检查和调试的要求。设备中包含多个单独装置或配件：压力表、真空泵、开启阀、低压（蓝色）/高压（红色）加注软管，还有用于制冷剂回路高压区和低压区的快速连接接头等，如图2-52所示。

MRF-301M冷媒回收加注机具有冷媒回收、加注、抽真空、自动模式、循环再生模式等五大主要功能，另外具有参数设置、报警提示、信息查询、系统功能、冷冻油排放、冷媒自动补充功能等多种附加功能。

2. 制冷系统检修

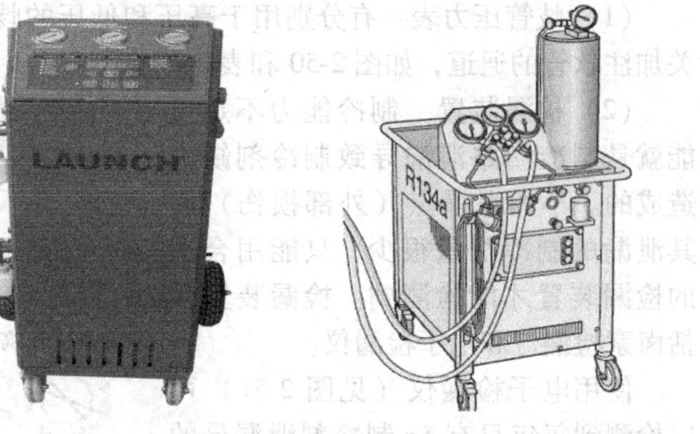

图2-52 冷媒回收加注设备

如果空调制冷效果不好，首先检查制冷剂量是否适当，如果数量不足，加注制冷剂前检查漏气并更换损坏的部件，如图2-53所示。

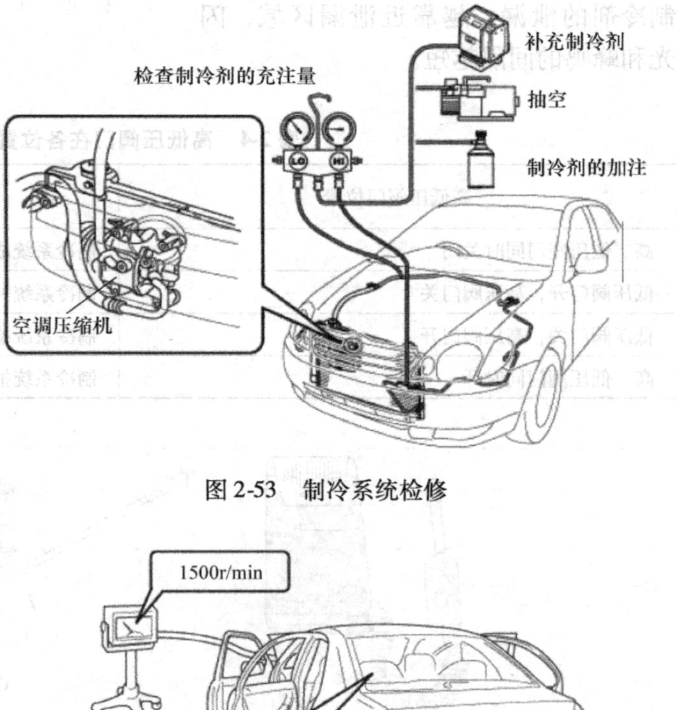
补充制冷剂
检查制冷剂的充注量
抽空
制冷剂的加注
空调压缩机

图2-53 制冷系统检修

（1）检查制冷剂的充注量 制冷剂的充注量可以采用观察孔检查和歧管压力表检查两种方法。

1）检查条件（见图2-54） 车辆在处于下列状态时，检查制冷剂的压力：

①发动机转速为1500r/min；

②送风机速度控制开关处于“高”位；

③空调开关“开”；

④温度选择器为“最凉”；

⑤完全打开所有车门。

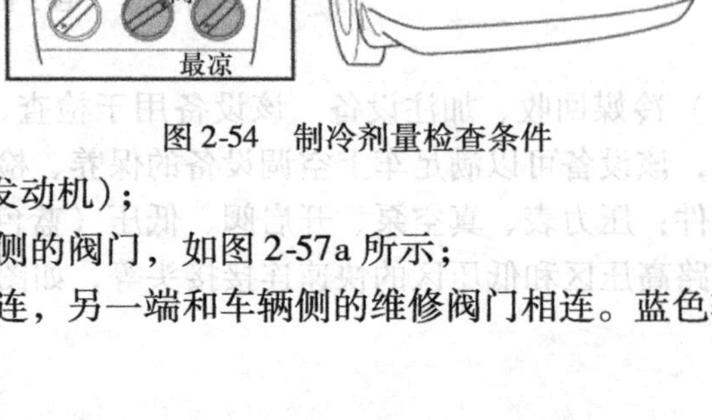
1500r/min
开
高
最凉

图2-54 制冷剂量检查条件

2）用观察孔检查（见图2-55） 通过观察孔中制冷剂的流量检查制冷剂量。

①正常：几乎没有气泡，说明制冷剂量正常。在一定的转速和制冷剂压力状态，有时也能观察到气泡。

②不足：有连续的气泡，说明制冷剂量不足。

③空或过量：看不到气泡，说明制冷剂储藏罐是空的或制冷剂过量。

3）用歧管压力表检查（见图2-56）

①连接歧管压力表。

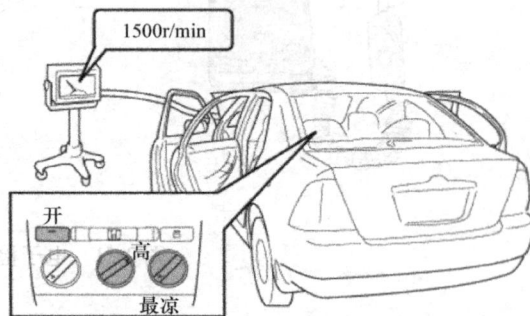

- 空调开关置于“OFF”位置，点火开关置于“LOCK”位置（停止发动机）；
- 完全关闭歧管压力表低压侧和高压侧的阀门，如图2-57a所示；
- 把加注软管的一端和歧管压力表相连，另一端和车辆侧的维修阀门相连。蓝色软管为低压侧，红色软管为高压侧，如图2-57b所示。

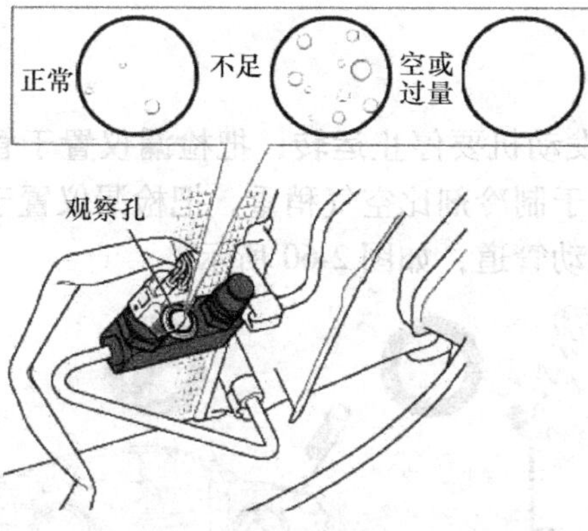
正常
不足
空或
过量
观察孔

图2-55　用观察孔检查制冷剂量

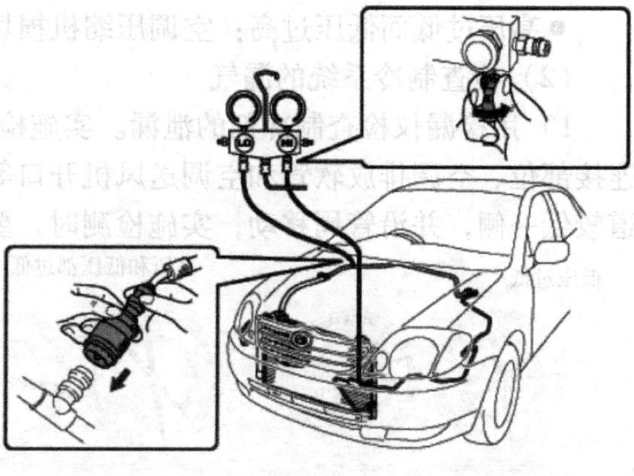

图2-56　用歧管压力表检查制冷剂量

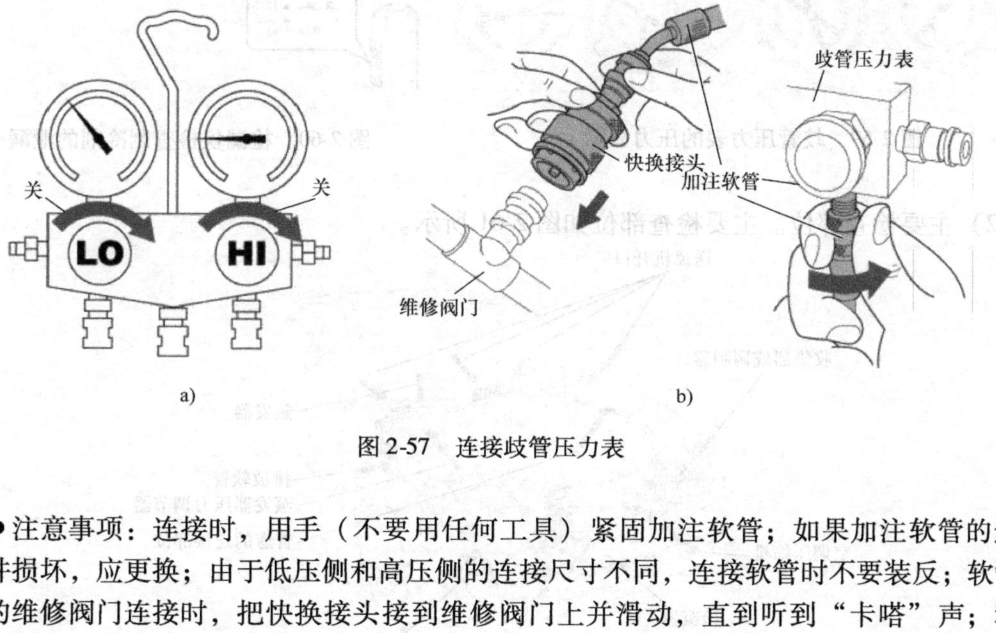
关
关
LO
HI
歧管压力表
快换接头
加注软管
维修阀门

a)　　b)

图2-57　连接歧管压力表

●注意事项：连接时，用手（不要用任何工具）紧固加注软管；如果加注软管的连接密封件损坏，应更换；由于低压侧和高压侧的连接尺寸不同，连接软管时不要装反；软管和车侧的维修阀门连接时，把快换接头接到维修阀门上并滑动，直到听到“卡嗒”声；和多功能表连接时，不要弄弯管道。

②起动发动机，在空调运行时检查歧管压力表所显示的压力，如图2-58所示。

压力参考值：低压侧0.15～0.25MPa（1.5～2.5kgf/cm^2）；高压侧1.37～1.57MPa（14～16kgf/cm^2）。指示压力会随外部空气温度变化而有轻微的变化。

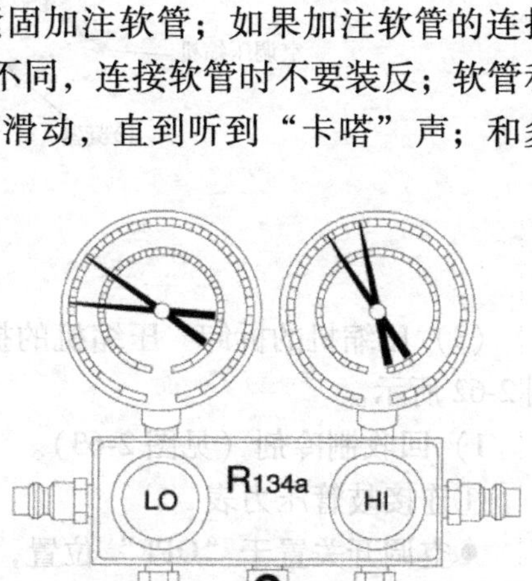
R134a
LO
HI

图2-58　系统压力检测

检测分析：歧管压力表的压力显示如图2-59所示。

●低压过低：湿气进入空调系统；

●高压和低压都过低：制冷剂量不足或制冷剂泄

漏；

● 高压和低压都过高：制冷剂过多或冷凝器不够凉；

● 高压过低而低压过高：空调压缩机损坏。

（2）检查制冷系统的漏气

1）用检漏仪检查制冷剂的泄漏。实施检查时，发动机要停止运转；把检漏仪置于管道连接部位、空调排放软管和空调送风机开口等处；由于制冷剂比空气稍重，把检漏仪置于管道较低一侧，并沿管周移动；实施检测时，要轻微震动管道，如图 2-60 所示。

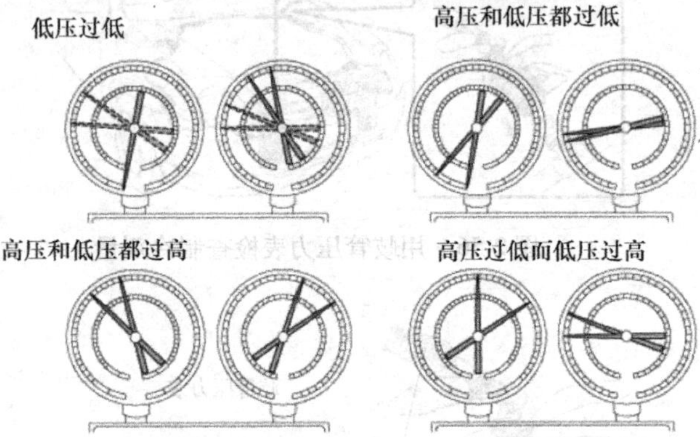
低压过低
高压和低压都过低
高压和低压都过高
高压过低而低压过高

图 2-59　歧管压力表的压力显示

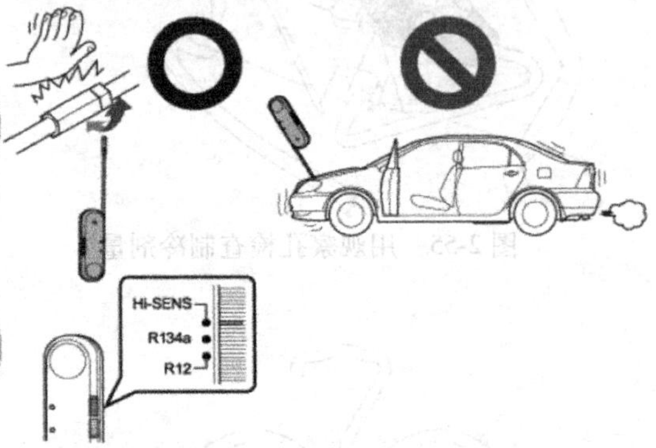
Hi-SENS
R134a
R12

图 2-60　检漏仪检查制冷剂的泄漏

2）主要检查部位。主要检查部位如图 2-61 所示。

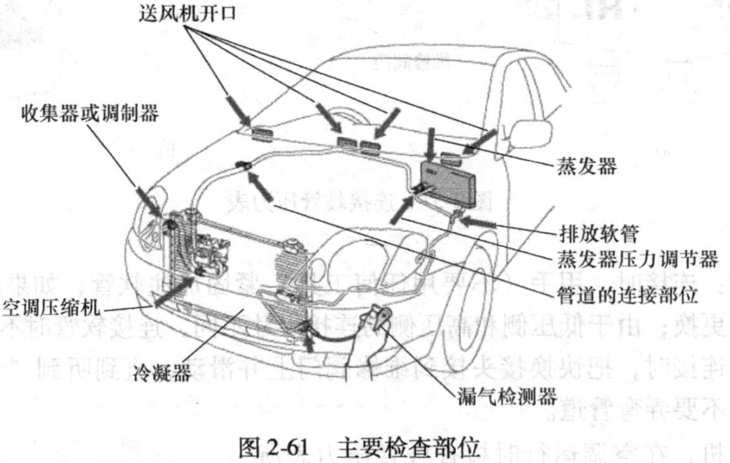
送风机开口
收集器或调制器
蒸发器
排放软管
蒸发器压力调节器
管道的连接部位
空调压缩机
冷凝器
漏气检测器

图 2-61　主要检查部位

（3）压缩机的拆卸　压缩机的拆卸步骤：回收制冷剂；拆卸压缩机。压缩机的拆卸如图 2-62 所示。

1）回收制冷剂（见图 2-63）。

①连接歧管压力表

● 空调开关置于“OFF”位置，点火开关置于“LOCK”位置（停止发动机）；

● 完全关闭歧管压力表低压侧和高压侧的阀门；

● 把加注软管的一端和歧管压力表相连，另一端和车辆侧的维修阀门相连。

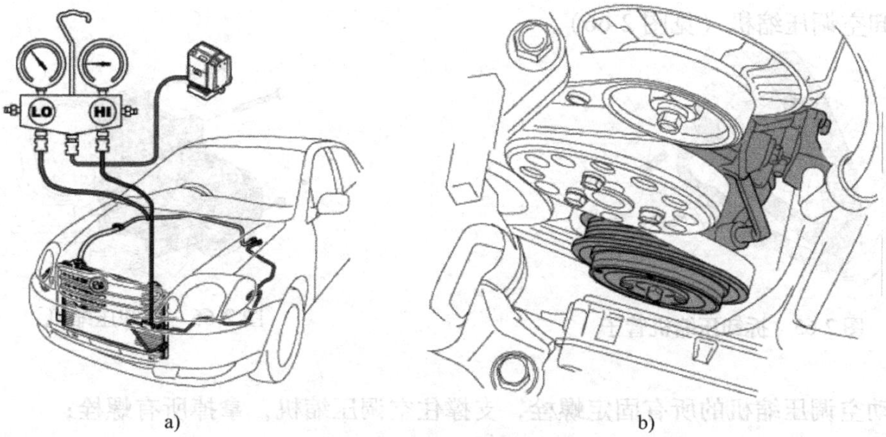
LO
HI
a)
b)

图 2-62　压缩机的拆卸
a）制冷剂回收　b）拆卸压缩机

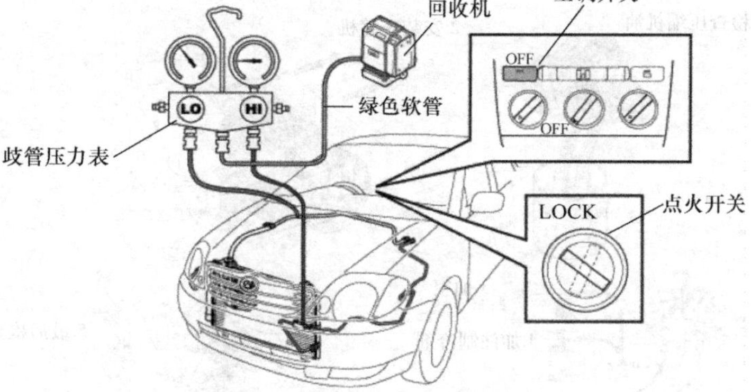
回收机
空调开关
OFF
OFF
绿色软管
LO
HI
歧管压力表
LOCK
点火开关

图 2-63　用回收机回收制冷剂

②用回收机回收制冷剂　回收设备型号不同则用法也不一样，应按照相关的说明书规定进行。

2）拆卸空调压缩机。

①拆卸传动带（见图 2-64）

● 松动发电机的用于调节传动带张紧度的固定螺栓 A 和 B；

● 用手把发电机推向发动机，然后拆掉传动带。注意，通过拉传动带移动发电机将损坏传动带。

②拆掉空调压缩机的管子（见图 2-65）。拆掉管道将有空调油流出，因此，拆管道时要用塑料袋盖住管道，以防空调油漏出或湿气进入空调压缩机。

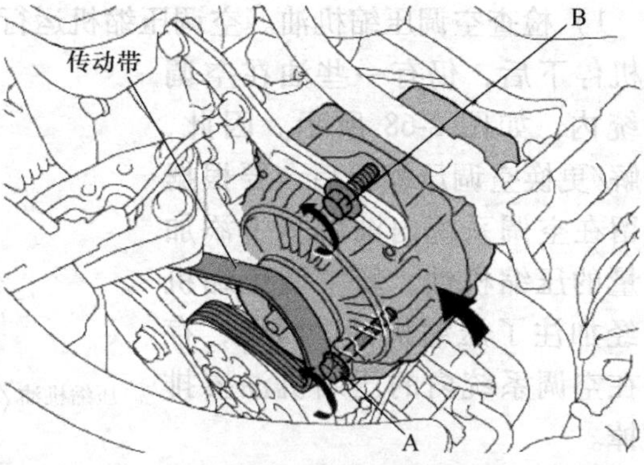
传动带
B
A

图 2-64　拆卸传动带

③拆卸空调压缩机（见图2-66）。

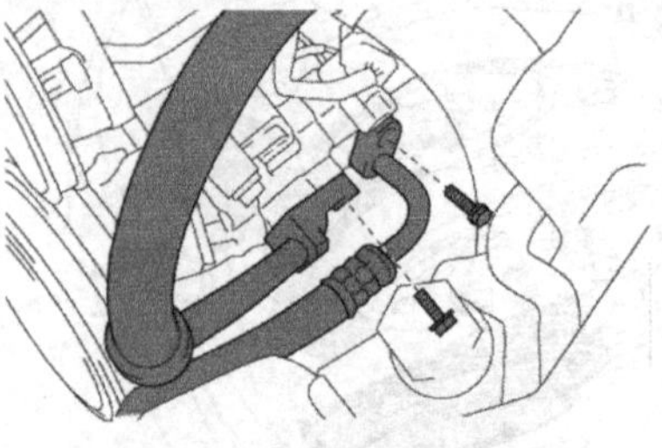

图2-65　拆卸压缩机管子

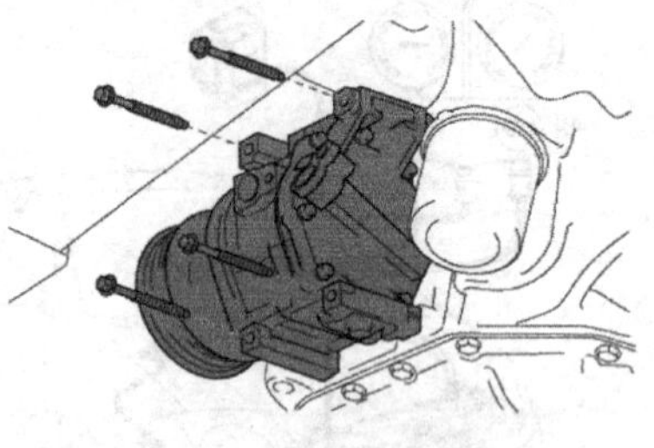

图2-66　拆卸压缩机

●松动空调压缩机的所有固定螺栓，支撑住空调压缩机，拿掉所有螺栓；

●用塑料袋盖住空调压缩机，以防空调有泄漏或湿气进入空调压缩机。

●注意：拆卸空调压缩机时，不要碰撞油滤清器、散热器等部件以免导致损害。

（4）压缩机的安装　压缩机的安装步骤：检查空调压缩机油；安装空调压缩机；抽空；加注制冷剂；最后检查。压缩机的安装如图2-67所示。

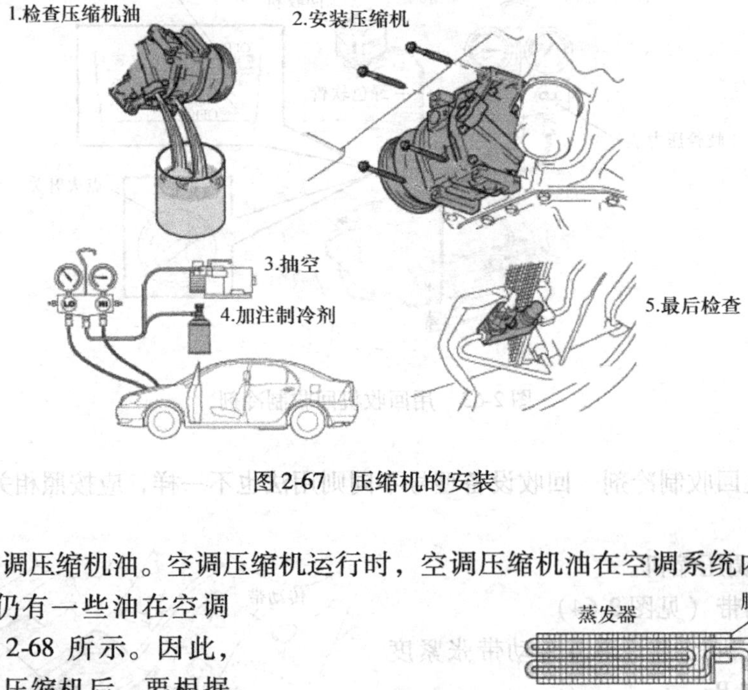
1.检查压缩机油
2.安装压缩机
3.抽空
4.加注制冷剂
5.最后检查

图2-67　压缩机的安装

1）检查空调压缩机油。空调压缩机运行时，空调压缩机油在空调系统内循环，空调压缩机停下后，仍有一些油在空调系统内，如图2-68所示。因此，分解/更换空调压缩机后，要根据存留在空调系统内油的多少添加适量的压缩机油。新空调压缩机已经加注了压缩机油，因此，存留在空调系统内的压缩机油要排放掉。

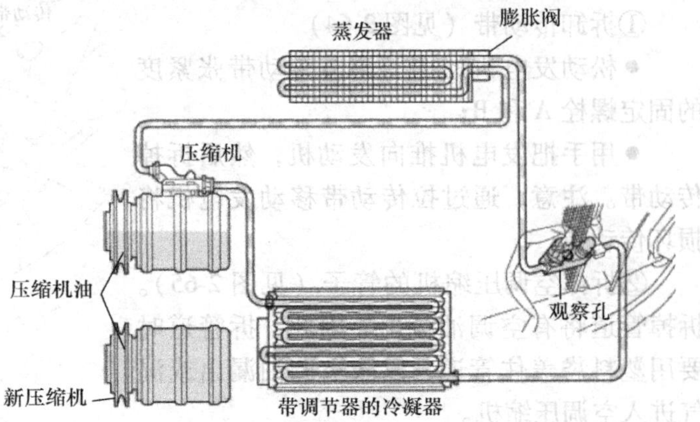
蒸发器
膨胀阀
压缩机
压缩机油
观察孔
新压缩机
带调节器的冷凝器

图2-68　检查空调压缩机油

①分解空调压缩机总成。

●测量空调压缩机油油量（油量A）（见图2-69）；

● 添加空调压缩机油：添加油量 = 油量 $A+20\text{mm}^3$。

测量油量（油量 A）时，空调压缩机里存有空调油，但空调压缩机在被分解时会被清空，所以里面没有压缩机油，为了补充少掉的油，要多加 20mm^3。

②更换空调压缩机总成。

● 测量拆掉的空调压缩机油的油量（油量 A）；

● 根据修理手册检查新空调压缩机油的油量；

● 放油：排放量 = 新空调压缩机的油量-油量 A

新空调压缩机内的油量要和拆掉的空调压缩机内的油量相等。

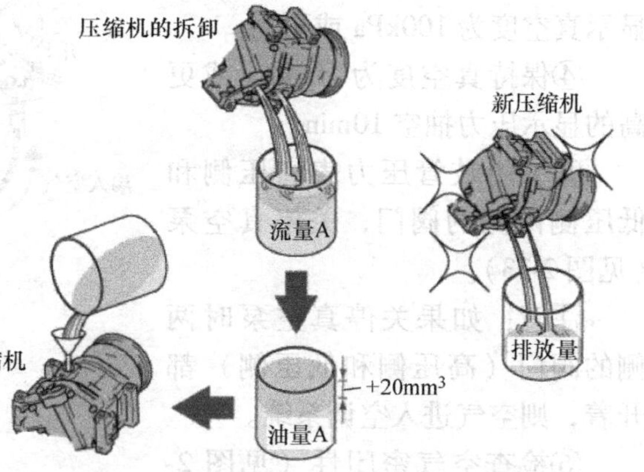
压缩机的拆卸
新压缩机
流量A
排放量
压缩机
+20mm³
油量A
图 2-69　空调压缩机油测量与添加

2）安装空调压缩机。

①安装空调压缩机（见图 2-67）。支撑住空调压缩机，先用手拧紧紧固螺栓再均匀地紧固所有的螺栓。

②安装空调压缩机管道（见图 2-65）。安装应用空调压缩机油润滑两只 O 形圈。

③安装传动带（见图 2-70）。

● 松动发电机的紧固螺栓 A 和 B，把传动带装到带轮上；

● 用一个杠杆（锤柄或轮毂螺母扳手等），移动发电机来调节传动带的张紧度，然后紧固螺栓 B；

● 检查传动带的张紧度，紧固螺栓 A。

3）抽空。从空调器系统抽出空气以便除去空调器管道内的水分（让水分蒸发），检查系统的空气密闭性。

①连接歧管压力表（见图 2-71）。

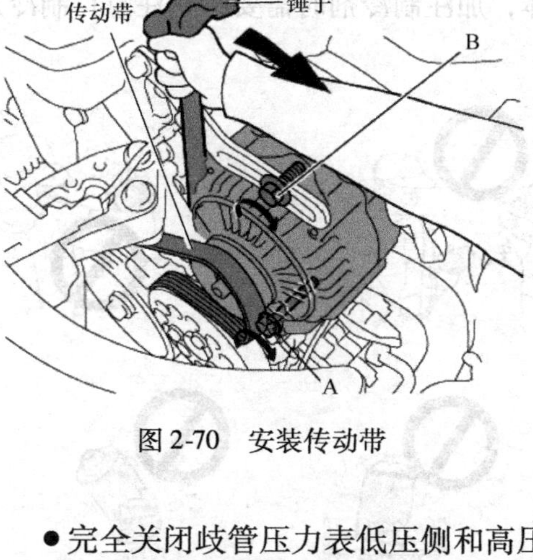
传动带
锤子
B
A
图 2-70　安装传动带

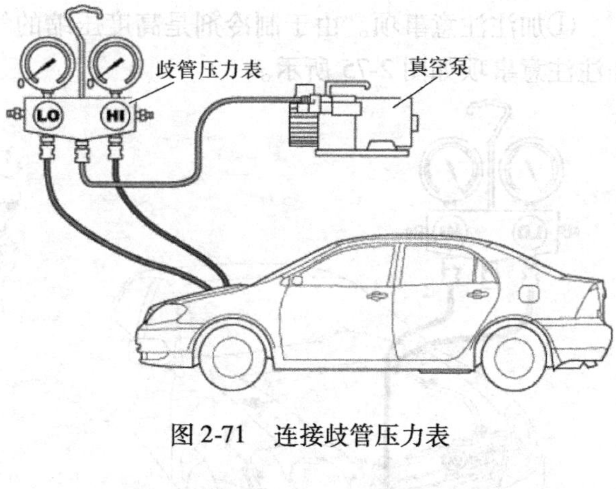
歧管压力表
真空泵
LO
HI
图 2-71　连接歧管压力表

● 完全关闭歧管压力表低压侧和高压侧的阀门；

● 把加注软管的一端和歧管压力表相连，另一端和车辆侧的维修阀门相连，蓝色软管为低压侧，红色软管为高压侧；

●把绿色软管连接到歧管压力表的中部，软管的另一端和真空泵连接。

②打开歧管压力表高压侧和低压侧两侧的阀门，开动真空泵抽空（见图2-72）。

③抽空至歧管压力表低压侧显示真空度为100kPa或更高。

④保持真空度为100kPa或更高的显示压力抽空10min。

⑤关闭歧管压力表高压侧和低压侧两侧的阀门，关停真空泵（见图2-73）。

注意：如果关停真空泵时两侧的阀门（高压侧和低压侧）都开着，则空气进入空调系统。

⑥检查空气密闭性（见图2-74）。真空泵停止后，高压侧和低压侧两侧的阀门关闭5min，歧管压力表的读数应该不变。如果显示压力增加，则有空气进入空调系统，检查O形圈和空调系统的连接状况。

注意：如果抽空不足，空调管道内的水分会冻结，这将阻碍制冷剂的流动并导致空调系统内表生锈。

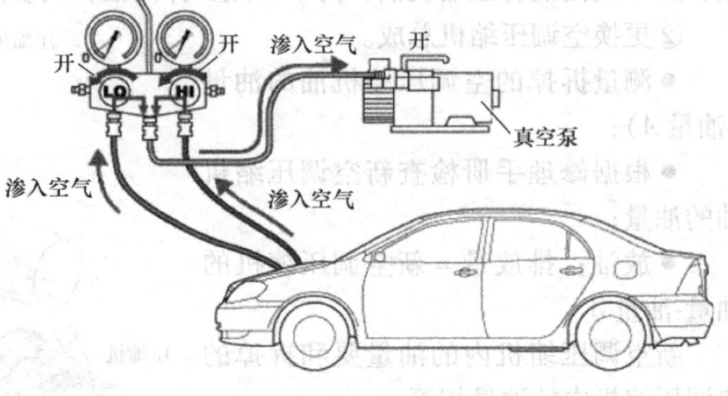
开
开
LO
HI
渗入空气
开
真空泵
渗入空气
渗入空气
图2-72　抽空

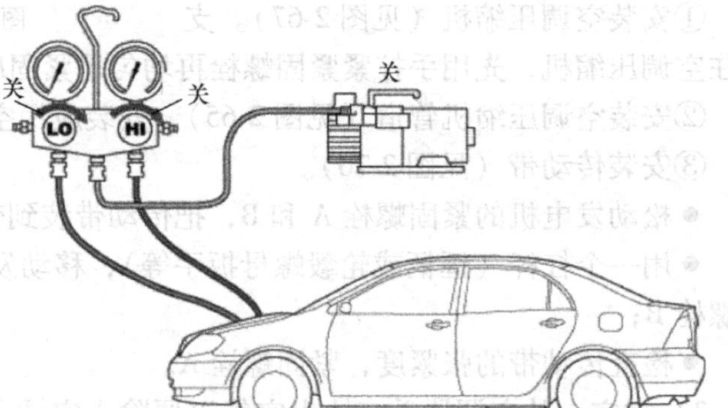
关
关
LO
HI
关
图2-73　关闭高、低压两侧阀门，关停真空泵

4）加注制冷剂。

①加注注意事项。由于制冷剂是高度压缩的气体，加注制冷剂时需要特别注意！制冷剂加注注意事项如图2-75所示。

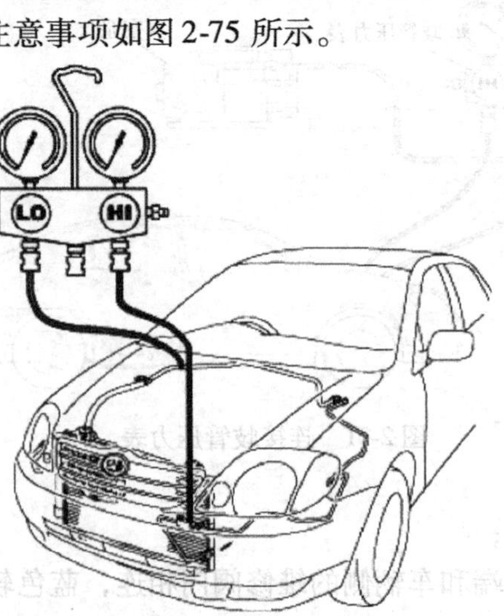
LO
HI
图2-74　检查空气密闭性

图2-75　制冷剂加注注意事项

●拆卸和安装加注罐或软管时，不要靠近脸部，要戴护目用具：如果制冷剂进入眼睛，会导致失明；

●不要把加注罐的底部对着人，底部有一个在紧急情况下放气的装置；

●不要直接加热加注罐或放到热水中，这将造成破裂。

②安装加注罐（见图2-76）。

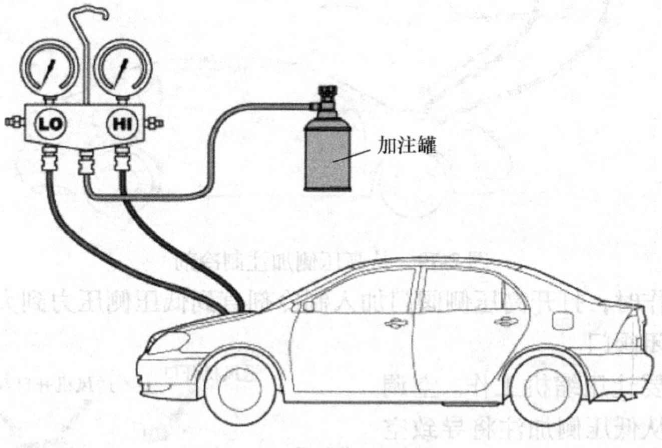
LO
HI
加注罐

图2-76　安装加注罐

●连接开启阀和加注罐（见图2-77）　检查加注罐连接部件的盘根，逆时针转动手柄升起针阀，逆时针转动阀盘升起阀盘，注意不要在针阀升起前安装加注罐，否则针阀会插进加注罐从而导致制冷剂泄漏；把开启阀旋进加注罐直到和盘根紧密接触，然后紧固阀盘以卡住开启阀。注意：不要顺时针转动手柄，否则针将插进加注罐，从而导致制冷剂泄漏。

●把加注罐安装到歧管压力表上（见图2-78）完全关闭歧管压力表低压侧和高压侧的阀门；把加注罐安装到歧管压力表中间的绿色加注软管上；顺时针转动手柄直到针阀在加注罐上钻个孔；逆时针转动手柄退出针阀；按下歧管压力表的空气驱除阀放出空气，直到制冷剂从阀门释出。注意：如果用手按下气体驱除阀，释放出的空调气体会沾到手上等处，从而冻伤，因此要用螺钉旋具等按住阀门。

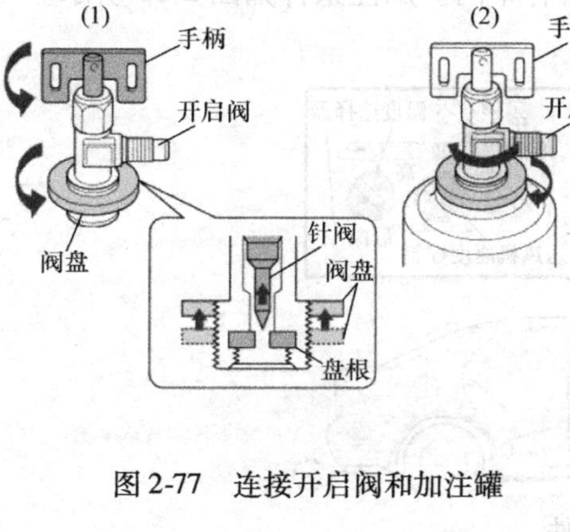
(1)
手柄
开启阀
阀盘
针阀
阀盘
盘根
(2)
手柄
开启阀

图2-77　连接开启阀和加注罐

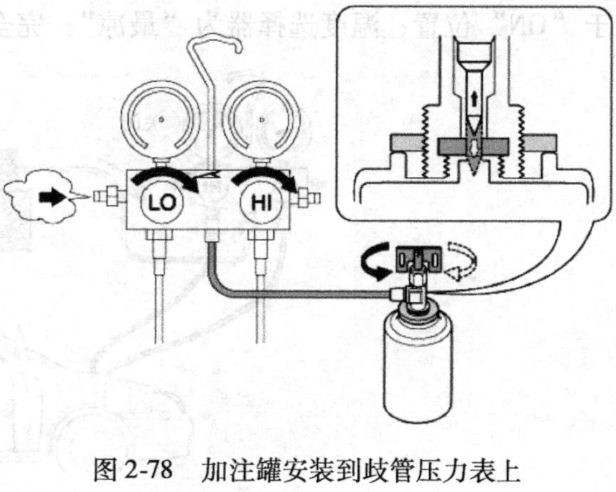
LO
HI

图2-78　加注罐安装到歧管压力表上

③从高压侧加注（见图 2-79）。

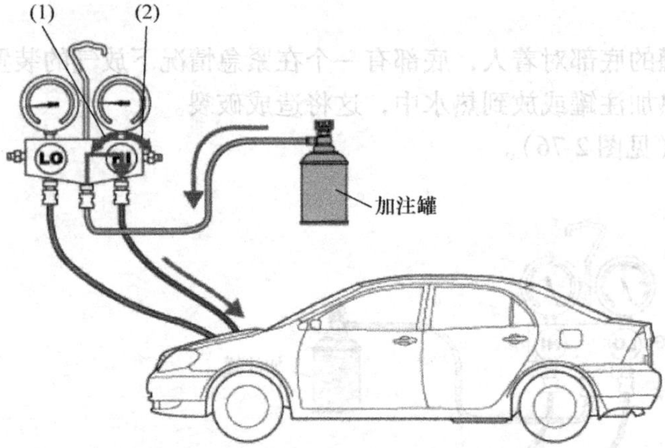
(1)
(2)
LO
HI
加注罐

图 2-79　从高压侧加注制冷剂

● 发动机不工作时，打开高压侧阀门加入制冷剂直到低压侧压力到大约 0.98MPa；

● 加注后，关闭阀门。

注意：一定不要让压缩机工作。空调压缩机运行时，不从低压侧加注将导致空调压缩机咬合；不要打开低压侧阀门，制冷剂在空调压缩机内通常被压缩成气体状态，如果从高压侧加注而低压侧阀门开着，制冷剂就会转变成液态，此时若空调压缩机开始工作时就会受损。

④漏气检查。用漏气检测器检查制冷剂的泄漏，检查的主要部位如图 2-80 所示。

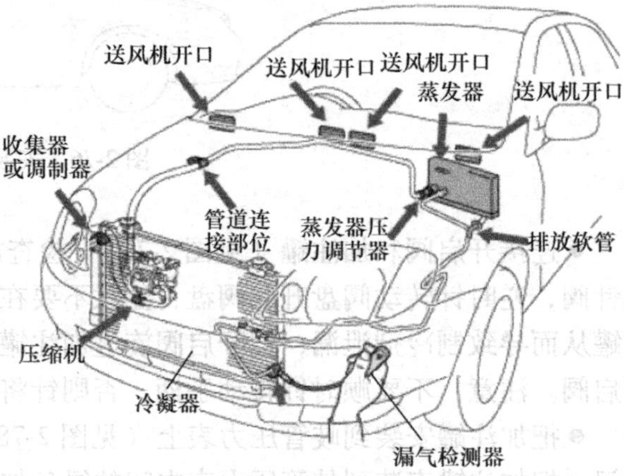
送风机开口
送风机开口
送风机开口
蒸发器
送风机开口
收集器
或调制器
管道连
接部位
蒸发器压
力调节器
排放软管
压缩机
冷凝器
漏气检测器

图 2-80　主要检查部位

⑤从低压侧加注。

● 检查高压侧阀门关闭后，起动发动机运行空调器。

加注条件：发动机转速为 1500r/min；送风机速度控制开关处于“高”位；A/C 开关置于“ON”位置；温度选择器为“最凉”；完全打开所有车门。加注条件如图 2-81 所示。

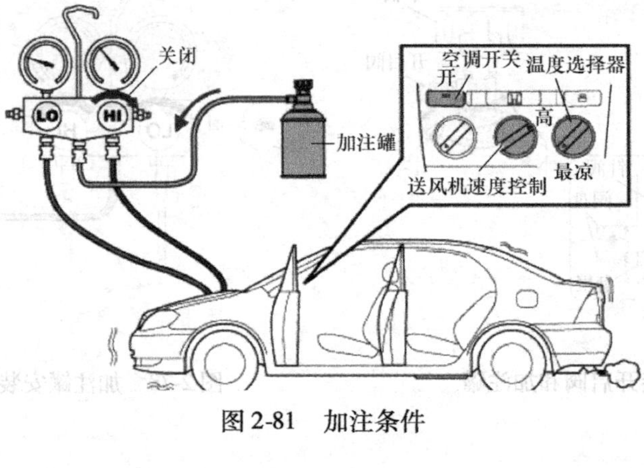
关闭
LO
HI
加注罐
空调开关
开
温度选择器
高
最凉
送风机速度控制

图 2-81　加注条件

●打开歧管压力表低压侧阀门，加入规定量的制冷剂（见图 2-82）。

●注意：低压侧加注制冷剂时，加注罐倒置将使空调气以液态进入压缩机，压缩液体将损坏压缩机；不要加注过量，因为这将导致制冷不足或加热过度；更换加注罐时，关闭高、低压两侧的阀门，更换后打开驱气阀从中部的软管（绿色）和歧管压力表放出空气；发动机工作时不要打开高压侧的阀门，这将导致高压气回流至加注罐，造成破裂。加注注意事项如图 2-83 所示。

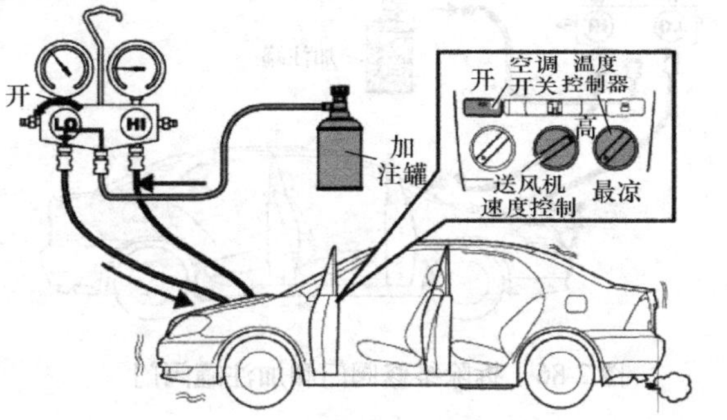
开
LO
HI
加
注罐
开
空调
开关
温度
控制器
高
送风机
速度控制
最凉
图 2-82　加入规定量的制冷剂

●用歧管压力表检查制冷剂的加注量（见图 2-84）。

正常压力显示：低压侧 0. 15 ~ 0. 25MPa（1. 5 ~ 2. 5kgf/cm²）；高压侧 1. 37 ~ 1. 57MPa（14 ~ 16kgf/cm²）。

●关闭低压侧阀门并关闭发动机（见图 2-85）。

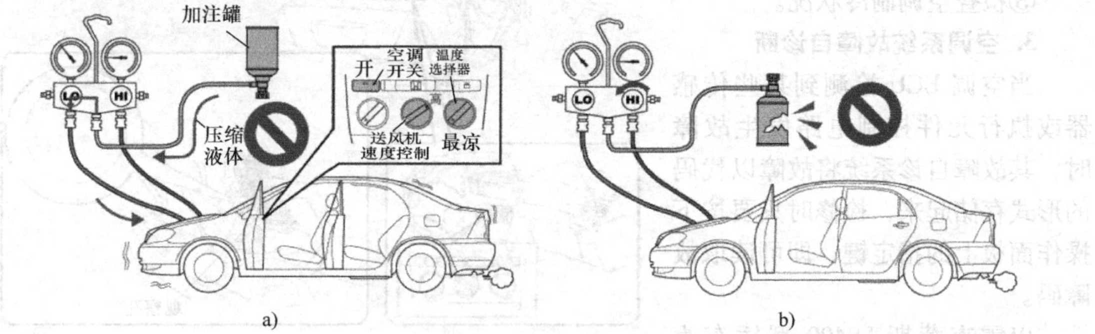
加注罐
LO
HI
开
空调
开关
温度
选择器
高
压缩
液体
送风机
速度控制
最凉
a)
LO
HI
b)
图 2-83　加注注意事项

a）低压侧加注加注罐不能倒置　b）发动机工作时不打开高压侧阀门

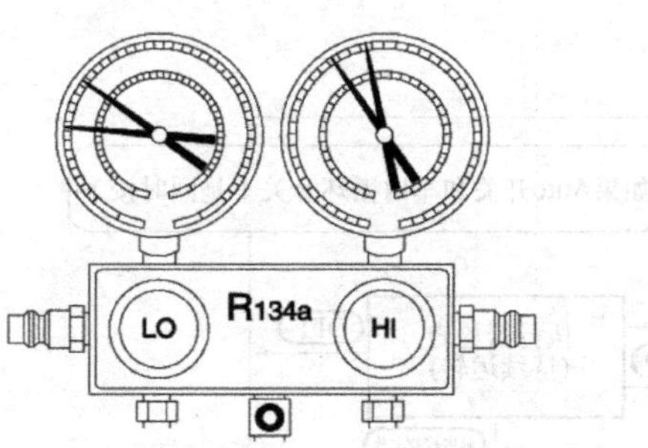
R134a
LO
HI
图 2-84　用歧管压力表检查制冷剂的加注量

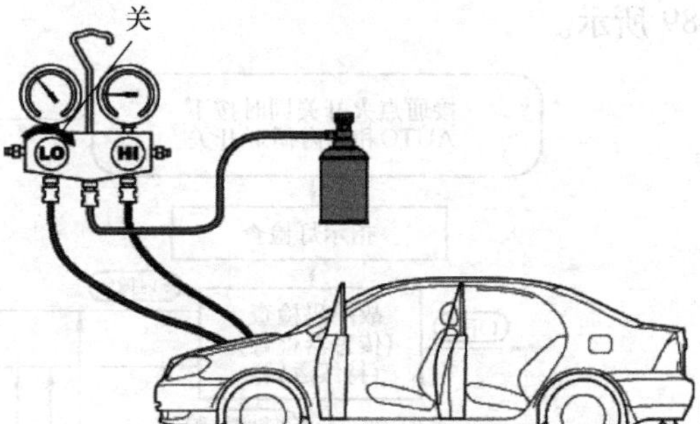
关
LO
HI
图 2-85　关闭低压侧阀门及发动机

●把加注软管从车辆侧维修阀门和加注罐阀门上拆掉（见图 2-86）。

●特别提示：歧管压力表所示压力随外部空气温度的变化而有轻微的变化；外部温度高，加注制冷剂困难，可用空气和水降低冷凝器的温度；外部温度低时，可用温水（40℃以下）加热加注罐，这样加注制冷剂时较容易。加注特别提示如图 2-87 所示。

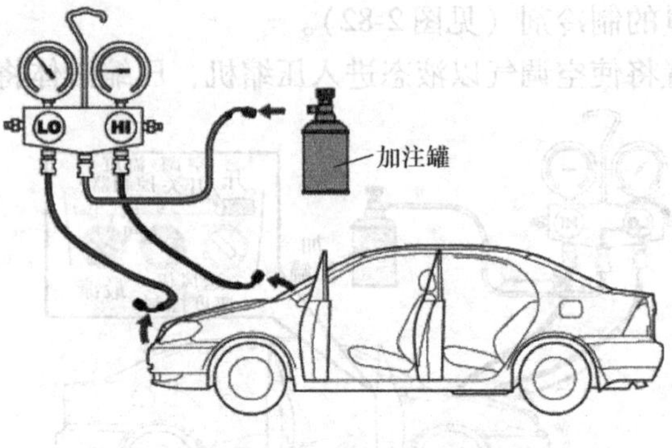
LO
HI
加注罐

图 2-86　拆除维修阀门和加注罐阀门

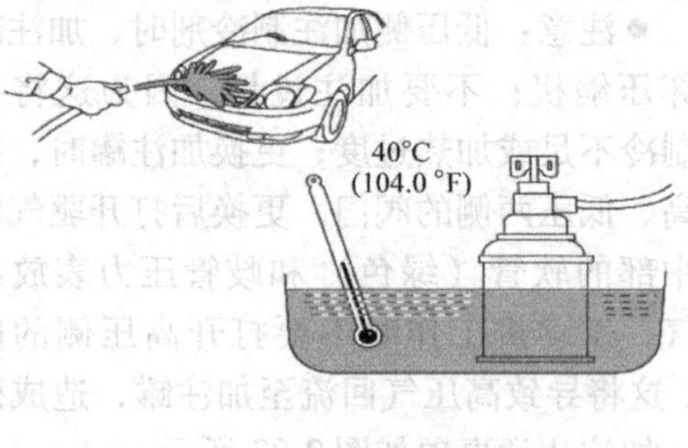
40°C
(104.0 °F)

图 2-87　加注特别提示

5）最后检查。检查制冷剂的加注量是否合适，空调系统运转是否正常，如图 2-88 所示。

①通过观察孔检查加注量。

②检查漏气。

③检查空调制冷状况。

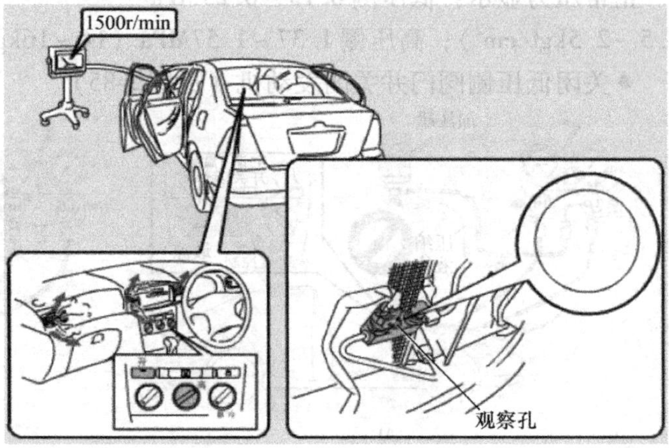
1500r/min
观察孔

图 2-88　最后检查

3. 空调系统故障自诊断

当空调 ECU 检测到某些传感器或执行元件控制电路发生故障时，其故障自诊系统将故障以代码的形式存储起来，检修时只要按下操作面板上的指定键，即可读取故障码。

以雷克萨斯 LS400 型轿车为例，其故障自诊断功能包括三个部分：指示灯检查功能、故障码检查功能和执行器检查功能。进入或退出检查状态流程如图 2-89 所示。

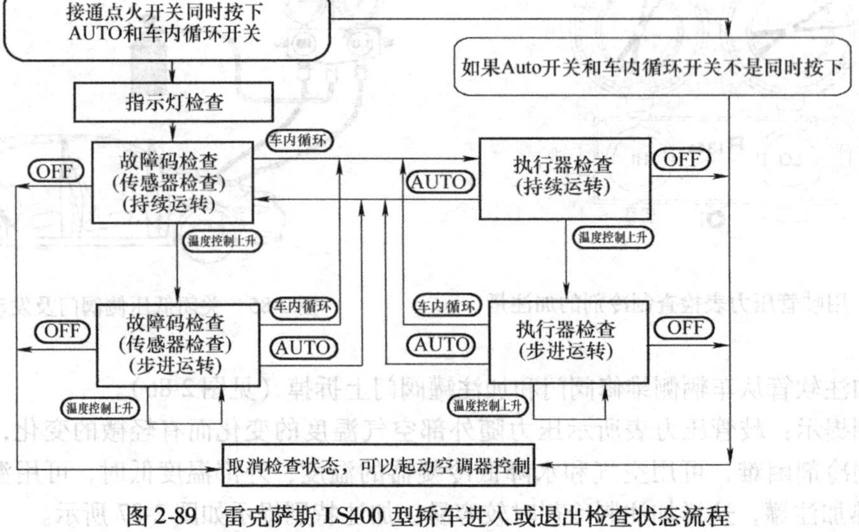
接通点火开关同时按下
AUTO和车内循环开关
如果Auto开关和车内循环开关不是同时按下
指示灯检查
车内循环
故障码检查
(传感器检查)
(持续运转)
OFF
AUTO
执行器检查
(持续运转)
OFF
温度控制上升
温度控制上升
车内循环
故障码检查
(传感器检查)
(步进运转)
OFF
AUTO
车内循环
AUTO
执行器检查
(步进运转)
OFF
温度控制上升
温度控制上升
取消检查状态，可以起动空调器控制

图 2-89　雷克萨斯 LS400 型轿车进入或退出检查状态流程

雷克萨斯 LS400 型轿车电控自动空调系统操作面板如图 2-90 所示，操作面板各键功能见表 2-5。

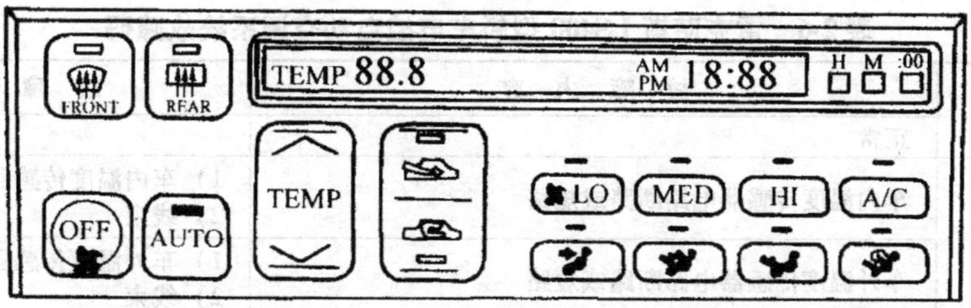
FRONT
REAR
TEMP 88.8
AM
PM
18:88
H M :00
TEMP
LO
MED
HI
A/C
OFF
AUTO

图 2-90　雷克萨斯 LS400 型轿车电控自动空调系统操作面板

表 2-5　雷克萨斯 LS400 型轿车电控自动空调系统的操作面板各键功能表

键　符	键　名	功　能
OFF	停止	关闭风机、压缩机及温度显示
AUTO	自动控制	将出风温度、风机转速、进气方式、送风方式和压缩机的控制设置成“自动模式”
TEMP	温度控制	每按一次，温度设定增加 0.5℃，最高达 32℃
		每按一次，温度设定降低 0.5℃，最低至 18℃
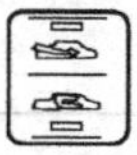	进气方式控制	置于“车外新鲜空气导入”模式
		置于“车内空气循环”模式
	送风方式控制	置于“吹脸”模式
		置于“吹脸及脚”模式
		置于“吹脚”模式
		置于“吹脚及除霜”模式
		置于“除霜”模式
LO	风机转速控制	置于“低速”模式。若空调控制正常，同时起动压缩机
MED		置于“中速”模式。若空调控制正常，同时起动压缩机
HI		置于“高速”模式。若空调控制正常，同时起动压缩机
A/C	空调工作指示	起动或关闭压缩机。若风机不转，则此键不起作用

（1）指示灯检查功能　按下操作面板上“自动控制”和“车内空气循环”键的同时接通点火开关，即可检查各指示灯。正常情况下，所有指示灯及显示屏上的指示符号以 1s 的间隔连续闪烁 4 次，同时蜂鸣器鸣响 40ms。

（2）故障码检查功能　指示灯检查结束后，系统就开始执行故障码检查功能，此时空调 ECU 存储器内存储的故障码即在显示屏上（温度显示处）显示出来。雷克萨斯 LS400 型轿车电控自动空调系统故障码见表 2-6。

表 2-6　雷克萨斯 LS400 型轿车电控自动空调系统故障码

故障码	故障内容	故障部位
00	正常	
11	车内温度传感器电路断路或短路	1）车内温度传感器 2）线束
12	车外温度传感器电路断路或短路	1）车外温度传感器 2）线束
13	蒸发器温度传感器电路断路或短路	1）蒸发器温度传感器 2）线束
14	冷却液温度传感器电路断路或短路	1）冷却液温度传感器 2）线束或插接器
21	阳光传感器电路断路或短路	1）阳光传感器 2）线束或插接器
22	1）压缩机 2）压缩机锁止传感器电路断路或短路	1）压缩机 2）线束或插接器
31	空气混合调节门位置传感器电路断路或短路	1）空气混合调节门位置传感器 2）线束或插接器
32	进气节气门位置传感器电路断路或短路	1）进气节气门位置传感器 2）线束或插接器
33	1）空气混合调节门伺服电动机锁止 2）电动机电路断路或短路	1）伺服电动机 2）线束或插接器
34	1）进气节气门伺服电动机锁止 2）电动机电路断路或短路	1）伺服电动机 2）线束或插接器

显示屏显示的故障有两种：一种是历史故障，已经排除，但故障码未清除；另一种是目前仍然存在的故障。对于历史故障只显示其故障码；对于现在存在的故障，在显示故障码的同时蜂鸣器鸣响。若同时存在多个故障码，则按从小到大顺序依次显示故障码。

按下“OFF”键即可退出诊断状态，拔出熔断器盒内的 DOME 熔丝 10s 以上，即可清除故障码。

（3）执行器检查功能　故障码检查功能结束后，按下“车内空气循环”键，即进入执行器检查状态。此时，空调 ECU 依次使各电动机及空调压缩机的电磁离合器工作，根据表 2-7 对照显示屏所显示的代码及相应执行器的工作情况检查各执行器工作是否正常。

表 2-7　执行器工作对照表

序号	显示代码	执行器工作状况								
		取暖器继电器	超高继电器	风机电动机	送风方式	冷气最足翻板	进气节气门	电磁离合器	空气混合调节门	后超大流量
1	20	OFF	OFF	OFF		100%开	新鲜	OFF	冷（0%开）	ON
2	21	ON	↑	LO	↑	↑	↑	↑	↑	↑
3	22	↑	↑	MED	↑	50%开	混合	ON	↑	OFF
4	23	↑	↑	↑	↑	0%开	循环	↑	↑	↑
5	24	↑	↑	↑		↑	新鲜	↑	冷热（50%开）	↑
6	25	↑	↑	↑	↑	↑	↑	↑	↑	↑

（续）

序号	显示代码	执行器工作状况								
		取暖器继电器	超高继电器	风机电动机	送风方式	冷气最足翻板	进气节气门	电磁离合器	空气混合调节门	后超大流量
7	26	↑	↑	↑		↑	↑	↑	↑	↑
8	27	↑	↑	↑	↑	↑	↑	↑	热（100%开）	↑
9	28	↑	↑	↑		↑	↑	↑	↑	↑
10	29	↑	ON	HI		↑	↑	↑	↑	↑

空调系统空气调节门及翻板控制原理及空气流量分配如图 2-91 和表 2-8 所示。

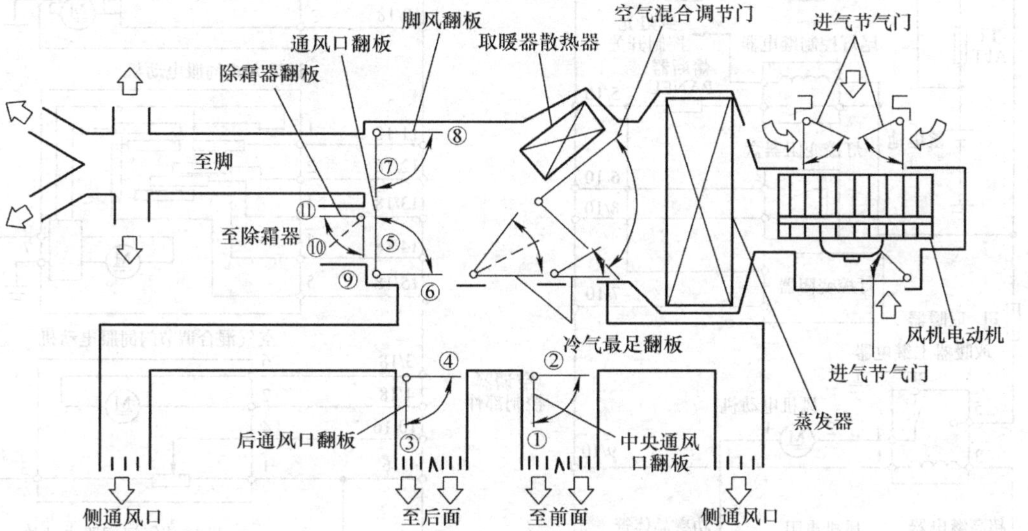
脚风翻板
空气混合调节门
进气节气门
通风口翻板
取暖器散热器
除霜器翻板
至脚
至除霜器
冷气最足翻板
风机电动机
进气节气门
蒸发器
后通风口翻板
中央通风口翻板
侧通风口
至后面
至前面
侧通风口

图 2-91　空调系统空气调节门及翻板控制原理

表 2-8　空气流量分配

通风口 \ 方式			通风口			热		除霜器	
方式		翻板位置	中央	侧面	后面	前面	后面	前面	侧面
脸		①③⑤⑦⑨	●	●	●				
脸和脚		①③⑤⑧⑨	●	●	•	●	●		
脚		②④⑥⑧⑨		●		●	●	•	•
脚/除霜器		②④⑥⑧⑩		●		●	●	●	•
除霜器		②④⑥⑦⑪		●				●	●

注：圆圈（●）的大小表示空气流量大小。

（4）初始设定程序

1）自动初始设定程序。接好蓄电池正、负极接线，把点火开关由关闭旋到接通，然后旋到关闭。A/C 控制总成已检测到蓄电池电压下降 30 次，而且是在点火开关由接通旋到关闭过了 60s 后。

2）强制初始设定程序。在把点火开关由关闭旋到接通的同时，按下 A/C 控制板上的

"OFF" 开关和后除霜开关，便可进行强制初使设定。

4. 空调系统电路检测

雷克萨斯 LS400 型轿车电控自动空调系统控制电路如图 2-92 所示。空调控制器（ECU）插接器端子布置及功能如图 2-93 和表 2-9 所示。空调系统元器件在车上的布置如图 2-94 所示。空调系统空气调节门及翻板、温度及风量控制原理如图 2-95～图 2-97 所示。

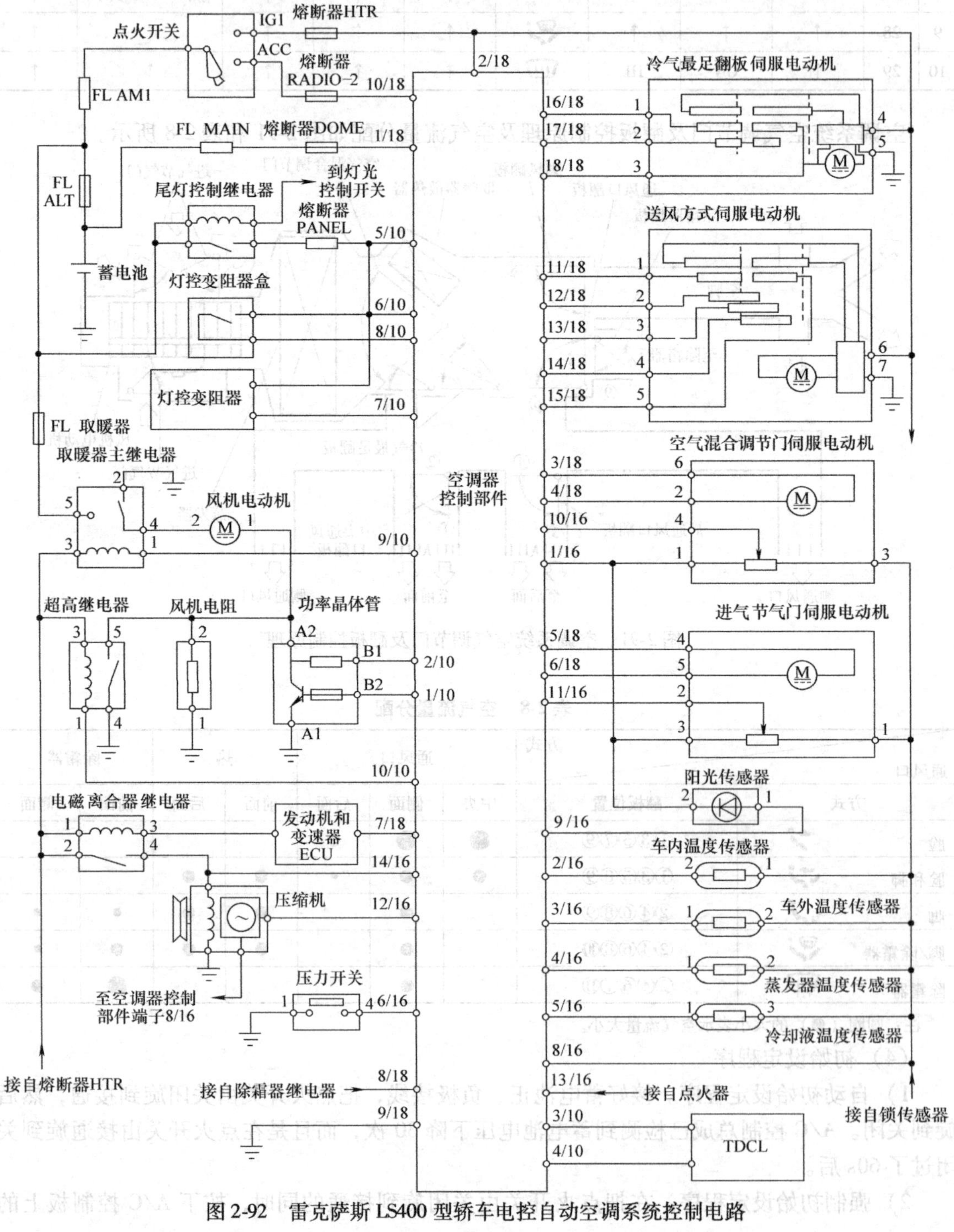

点火开关
IG1
熔断器HTR
ACC
熔断器RADIO-2
FL AM1
FL MAIN
熔断器DOME
FL ALT
尾灯控制继电器
到灯光控制开关
熔断器PANEL
蓄电池
灯控变阻器盒
灯控变阻器
FL 取暖器
取暖器主继电器
风机电动机
超高继电器
风机电阻
功率晶体管
A2
B1
B2
A1
电磁离合器继电器
发动机和变速器ECU
压缩机
压力开关
至空调器控制部件端子8/16
接自熔断器HTR
接自除霜器继电器
空调器控制部件
冷气最足翻板伺服电动机
送风方式伺服电动机
空气混合调节门伺服电动机
进气节气门伺服电动机
阳光传感器
车内温度传感器
车外温度传感器
蒸发器温度传感器
冷却液温度传感器
接自点火器
TDCL
接自锁传感器

图 2-92 雷克萨斯 LS400 型轿车电控自动空调系统控制电路

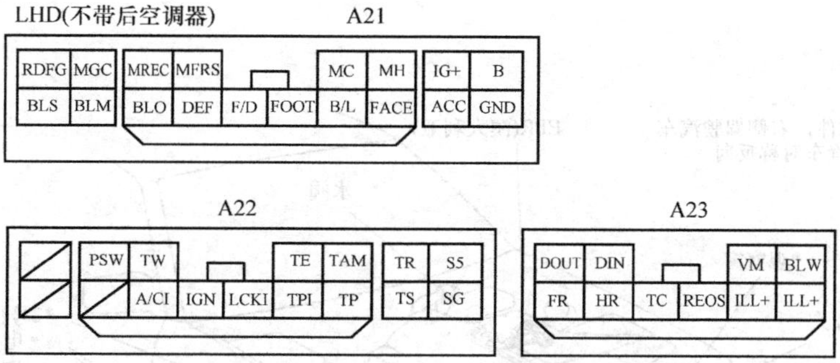

LHD(不带后空调器)
A21
RDFG MGC MREC MFRS MC MH IG+ B
BLS BLM BLO DEF F/D FOOT B/L FACE ACC GND
A22
PSW TW TE TAM TR S5
A/CI IGN LCKI TPI TP TS SG
A23
DOUT DIN VM BLW
FR HR TC REOS ILL+ ILL+

图 2-93　空调控制器（ECU）插接器端子布置

表 2-9　空调控制器（ECU）插接器端子功能

序号	符号	端子名称	序号	符号	端子名称	序号	符号	端子名称
1/18	B	后备电源	16/18	BLO	冷气最足翻板伺服电动机	13/16	IGN	点火器
2/18	IG +	电源	17/18	BLM	冷气最足翻板伺服电动机	14/16	A/CI	A/C 电磁离合器
3/18	MH	空气混合调节门伺服电动机	18/18	BLS	冷气最足翻板伺服电动机	15/16	—	—
4/18	MC	空气混合调节门伺服电动机	1/16	S5	传感器电源	16/16	—	—
5/18	MFRS	进气节气门伺服电动机	2/16	TR	车内温度传感器	1/10	BLW	功率晶体管
6/18	MREC	进气节气门伺服电动机	3/16	TAM	车外温度传感器	2/10	VM	功率晶体管
7/18	MGC	A/C 电磁离合器	4/16	TE	蒸发器温度传感器	3/10	DIN	TDCL
8/18	RDFG	后除霜器	5/16	TW	冷却液温度传感器	4/10	DOUT	TDCL
9/18	GND	接地	6/16	PSW	压力开关	5/10	ILL +	照明
10/18	ACC	电源	7/16	—	—	6/10	ILL +	照明
11/18	FACE	送风方式伺服电动机	8/16	SG	传感器接地	7/10	REOS	变阻器
12/18	B/L	送风方式伺服电动机	9/16	TS	阳光传感器	8/10	TC	TDCL
13/18	FOOT	送风方式伺服电动机	10/16	TP	空气混合调节门位置传感器	9/10	HR	取暖器主继电器
14/18	F/D	送风方式伺服电动机	11/16	TPI	进气节气门位置传感器	10/10	FR	超高继电器
15/18	DEF	送风方式伺服电动机	12/16	LCKI	压缩机锁止传感器	—	—	—

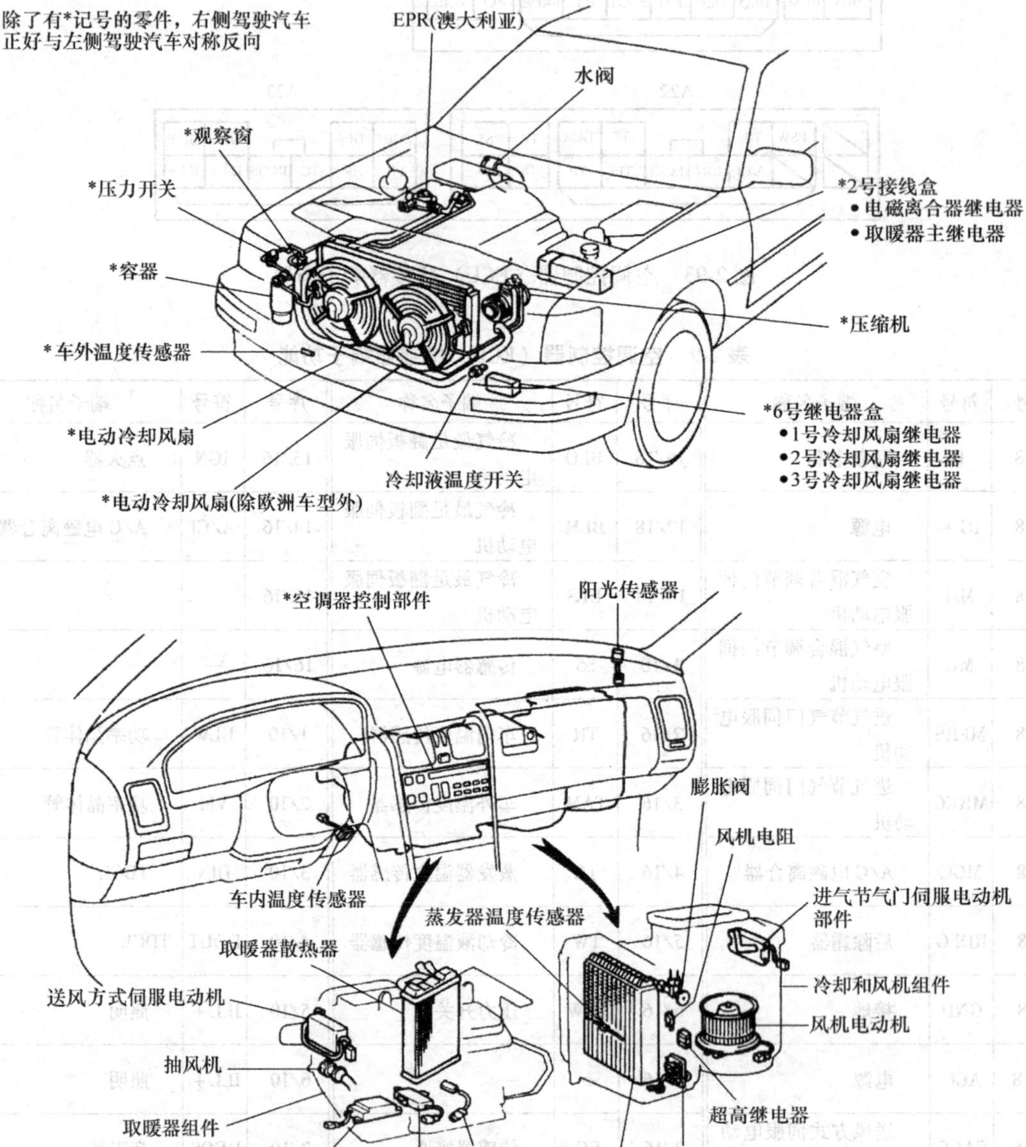

除了有*记号的零件，右侧驾驶汽车
正好与左侧驾驶汽车对称反向
EPR(澳大利亚)
水阀
*观察窗
*压力开关
*容器
*车外温度传感器
*电动冷却风扇
*电动冷却风扇(除欧洲车型外)
冷却液温度开关
*2号接线盒
• 电磁离合器继电器
• 取暖器主继电器
*压缩机
*6号继电器盒
•1号冷却风扇继电器
•2号冷却风扇继电器
•3号冷却风扇继电器
*空调器控制部件
阳光传感器
膨胀阀
风机电阻
车内温度传感器
蒸发器温度传感器
进气节气门伺服电动机
部件
取暖器散热器
冷却和风机组件
送风方式伺服电动机
风机电动机
抽风机
超高继电器
取暖器组件
冷气最足翻板伺服电动机
冷却液温度传感器
功率晶体管
空气混合调节门伺服电动机部件
蒸发器

图 2-94　空调系统元器件在车上的布置

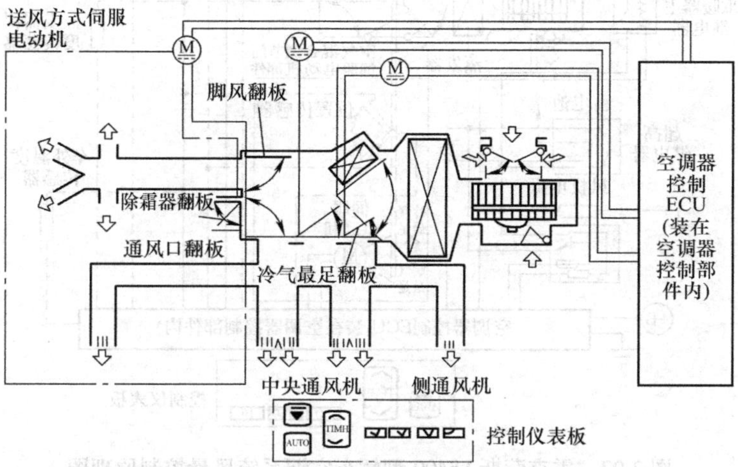
送风方式伺服
电动机
脚风翻板
除霜器翻板
通风口翻板
冷气最足翻板
中央通风机
侧通风机
空调器
控制
ECU
(装在
空调器
控制部
件内)
控制仪表板

图 2-95　雷克萨斯 LS400 型轿车空调
系统空气调节翻板控制原理图

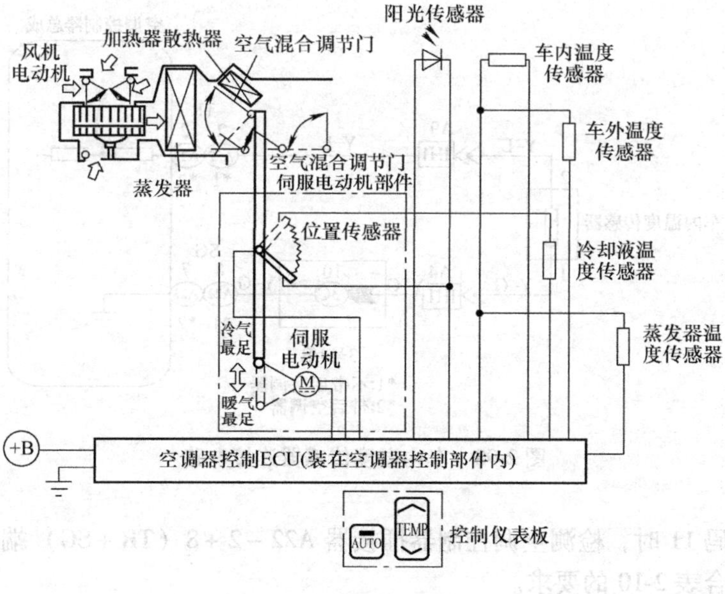
阳光传感器
风机
电动机
加热器散热器
空气混合调节门
车内温度
传感器
车外温度
传感器
空气混合调节门
伺服电动机部件
蒸发器
位置传感器
冷却液温
度传感器
蒸发器温
度传感器
冷气
最足
伺服
电动机
暖气
最足
+B
空调器控制ECU(装在空调器控制部件内)
AUTO
TEMP
控制仪表板

图 2-96　雷克萨斯 LS400 型轿车空调
系统温度控制原理图

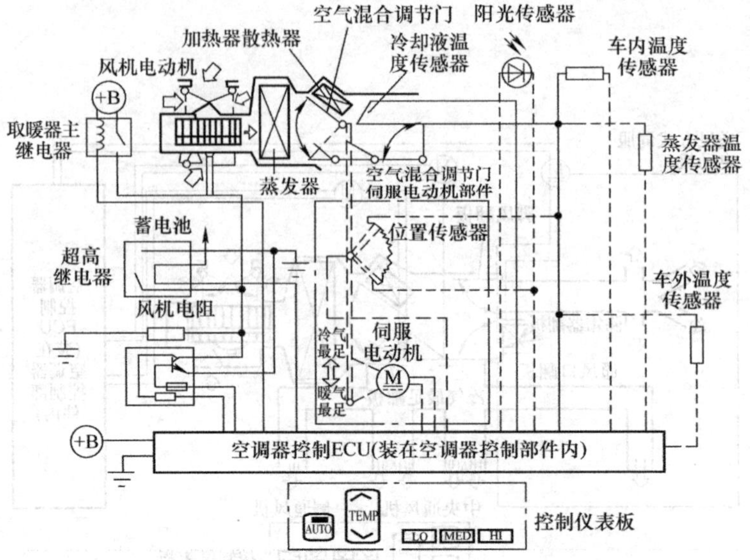
空气混合调节门
阳光传感器
加热器散热器
冷却液温度传感器
车内温度传感器
风机电动机
+B
取暖器主继电器
蒸发器温度传感器
蒸发器
空气混合调节门伺服电动机部件
蓄电池
位置传感器
超高继电器
车外温度传感器
风机电阻
冷气最足
伺服电动机
M
暖气最足
+B
空调器控制ECU(装在空调器控制部件内)
AUTO
TEMP
LO
MED
HI
控制仪表板

图 2-97　雷克萨斯 LS400 型轿车空调系统风量控制原理图

（1）车内温度传感器　车内温度传感器检测车内的温度，并发送此信号给空调器控制器。其连接电路如图 2-98 所示。

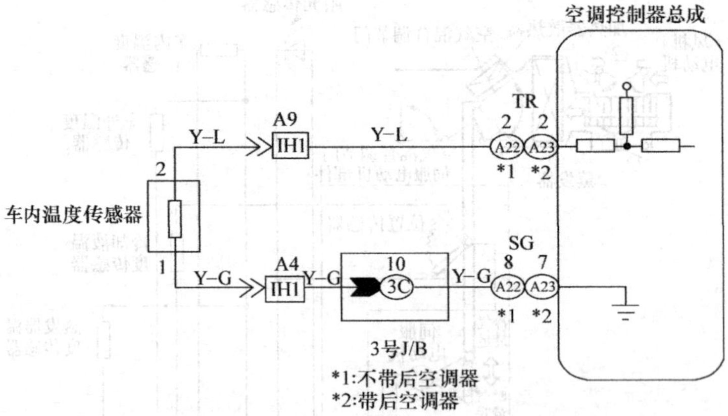
空调控制器总成
TR
A9
Y–L
IH1
Y–L
2
2
A22
A23
*1
*2
2
车内温度传感器
1
SG
A4
10
8
7
Y–G
IH1
Y–G
3C
Y–G
A22
A23
*1
*2
3号J/B
*1:不带后空调器
*2:带后空调器

图 2-98　车内温度传感器连接电路

若显示故障码 11 时，检测空调控制器插接器 A22 –2 +8（TR + SG）端子电压或传感器端子电阻，应符合表 2-10 的要求。

表 2-10　车内温度传感器检测

检测条件	端　子	电压/V	电阻/kΩ
点火开关 ON	A22 –2 +8 (TR + SG)	25℃：1.8 ~ 2.2	—
		40℃：1.2 ~ 1.6	—
脱开插接器	IH1 –1 +2	—	25℃：1.6 ~ 1.8
		—	50℃：0.5 ~ 0.7

（2）车外温度传感器　车外温度传感器检测环境温度，并发送此信号给空调控制器。其连接电路如图 2-99 所示。

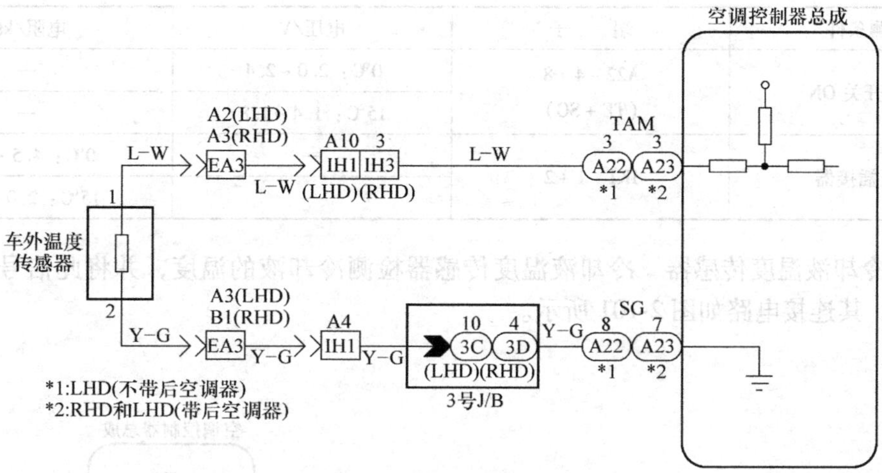
空调控制器总成
TAM
A2(LHD)
A3(RHD)
A10 3
L−W
EA3
IH1 IH3
L−W
L−W (LHD)(RHD)
3 3
A22 A23
*1 *2
1
车外温度
传感器
2
A3(LHD)
B1(RHD)
A4
10 4
SG
8 7
Y−G
EA3
Y−G
IH1
Y−G
3C 3D
(LHD)(RHD)
Y−G
A22 A23
*1 *2
3号J/B
*1:LHD(不带后空调器)
*2:RHD和LHD(带后空调器)

图 2-99　车外温度传感器连接电路

若显示故障码 12 时，检测空调控制器插接器 A22－3＋8（TAM＋SG）端子电压或传感器端子电阻，应符合表 2-11 的要求。

表 2-11　车外温度传感器检测

检测条件	端　子	电压/V	电阻/kΩ
点火开关 ON	A22－3＋8（TAM＋SG）	25℃：1.35～1.75	—
		40℃：0.85～1.25	—
脱开插接器	EA3－1＋2	—	25℃：1.6～1.8
		—	50℃：0.5～0.7

（3）蒸发器温度传感器　蒸发器温度传感器检测蒸发器组件内部温度，并将此信号传送给空调控制器。其连接电路如图 2-100 所示。

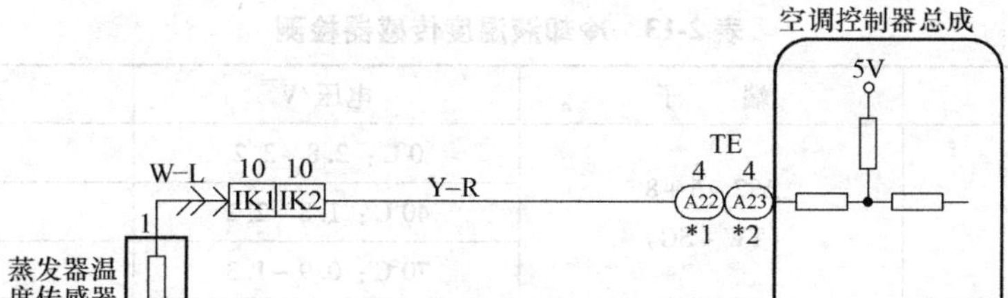
空调控制器总成
5V
TE
W−L
10 10
IK1 IK2
Y−R
4 4
A22 A23
*1 *2
1
蒸发器温
度传感器
2
Y
5 5
IK1 IK2
Y−G
10 10
3B 3B
Y−G
SG
8 7
A22 A23
*1 *2
3号J/B
*1:不带后空调器
*2:带后空调器

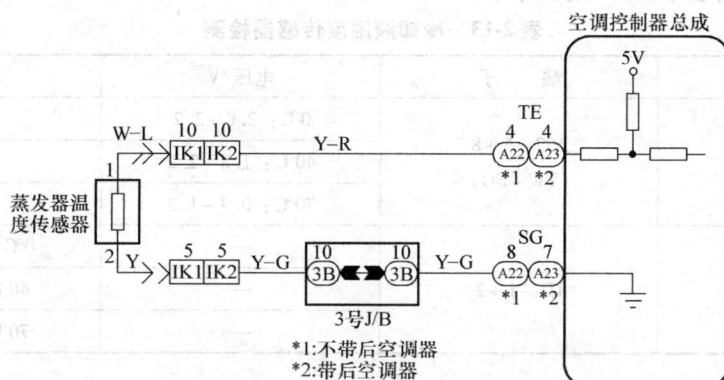

图 2-100　蒸发器温度传感器连接电路

若显示故障码 13 时，检测空调控制器插接器 A22 -4 +8（TE + SG）端子电压或传感器端子电阻，应符合表 2-12 的要求。

表 2-12　蒸发器温度传感器检测

检测条件	端　子	电压/V	电阻/kΩ
点火开关 ON	A22 -4 +8 (TE + SG)	0℃：2.0 ~ 2.4	—
		15℃：1.4 ~ 1.8	—
脱开插接器	IK1 -1 +2	—	0℃：4.5 ~ 5.2
		—	15℃：2.0 ~ 2.7

（4）冷却液温度传感器　冷却液温度传感器检测冷却液的温度，并将此信号传送给空调控制器。其连接电路如图 2-101 所示。

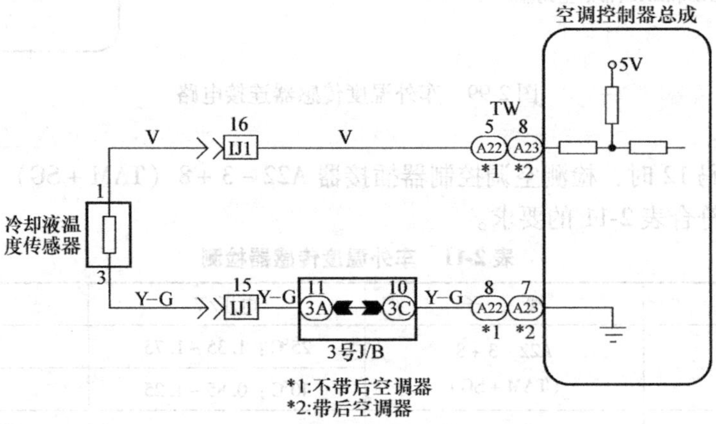

空调控制器总成
5V
TW
5　8
V
16
IJ1
V
A22
A23
*1　*2
1
冷却液温度传感器
3
Y-G
15
IJ1
Y-G
11
3A
10
3C
Y-G
8　7
A22
A23
*1　*2
3号J/B
*1:不带后空调器
*2:带后空调器

图 2-101　冷却液温度传感器连接电路

若显示故障码 14 时，检测空调控制器插接器 A22 -5 +8（TW + SG）端子电压或传感器端子电阻，应符合表 2-13 的要求。

表 2-13　冷却液温度传感器检测

检测条件	端　子	电压/V	电阻/kΩ
点火开关 ON	A22 -5 +8 (TW + SG)	0℃：2.8 ~ 3.2	—
		40℃：1.8 ~ 2.2	—
		70℃：0.9 ~ 1.3	—
脱开插接器	IJ1 -1 +2	—	0℃：1.65 ~ 1.75
		—	40℃：2.4 ~ 2.8
		—	70℃：0.7 ~ 1.0

（5）阳光传感器　阳光传感器检测太阳能辐射，并将此信号传送给空调控制器。其连接电路如图 2-102 所示。

若显示故障码21时，检测空调控制器插接器A22－1＋9（S5＋TS）端子电压或电阻，应符合表2-14的要求。

（6）压缩机锁止传感器　压缩机锁止传感器安装在压缩机上，在发动机每1转内发送4个脉冲给空调控制器。如果压缩机转速与发动机转速之比小于预定值，则空调控制器使压缩机停机。其连接电路如图2-103所示。

若显示故障码22时，检测传感器插接器EB1－1＋2端子电阻，应符合表2-15的要求。

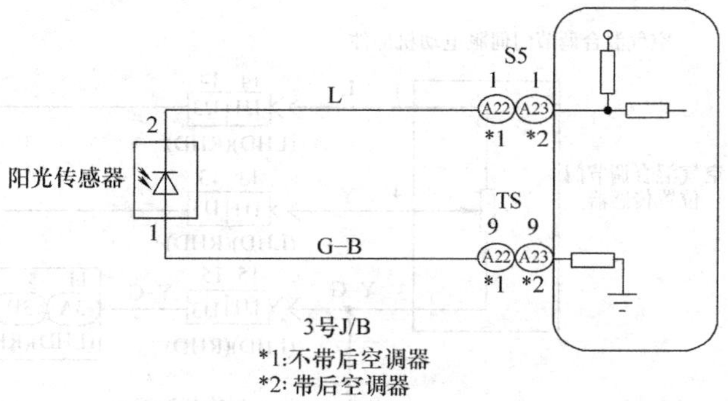

空调控制器总成
S5
1 1
L
A22 A23
*1 *2
2
阳光传感器
1
TS
9 9
G-B
A22 A23
*1 *2
3号J/B
*1:不带后空调器
*2:带后空调器

图2-102　阳光传感器连接电路

表2-14　阳光传感器检测

检测条件	端　子	电压/V	电阻/kΩ
点火开关ON	A22－1＋9 （S5＋TS）	在阳光下：4以下	—
		用布遮住：4.0～4.5	—
脱开插接器	传感器端子1接＋ 传感器端子2接－	—	在阳光下：4.0
		—	用布遮住：∞

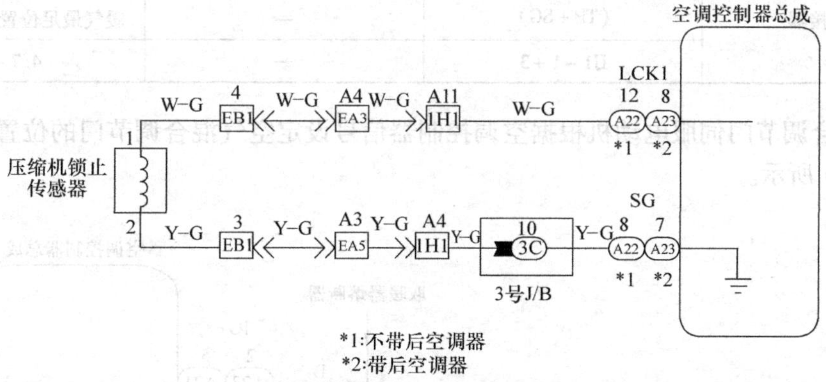

空调控制器总成
LCK1
12 8
W-G
4
EB1
W-G
A4
EA3
W-G
A11
IH1
W-G
A22 A23
*1 *2
1
压缩机锁止
传感器
2
Y-G
3
EB1
Y-G
A3
EA5
Y-G
A4
IH1
Y-G
10
3C
Y-G
SG
8 7
A22 A23
*1 *2
3号J/B
*1:不带后空调器
*2:带后空调器

图2-103　压缩机锁止传感器连接电路

表2-15　压缩机锁止传感器检测

检测条件	端　子	电阻/kΩ
脱开插接器	EB1－1＋2	25℃：530～650
		100℃：670～890

（7）空气混合调节门位置传感器及伺服电动机　空气混合调节门位置传感器检测空气混合调节门位置，并将此信号传送给空调控制器。其连接电路如图2-104所示。

若显示故障码31、33时，检测空调控制器插接器A22－10＋8（TP＋SG）端子电压或传感器端子电阻，应符合表2-16的要求。

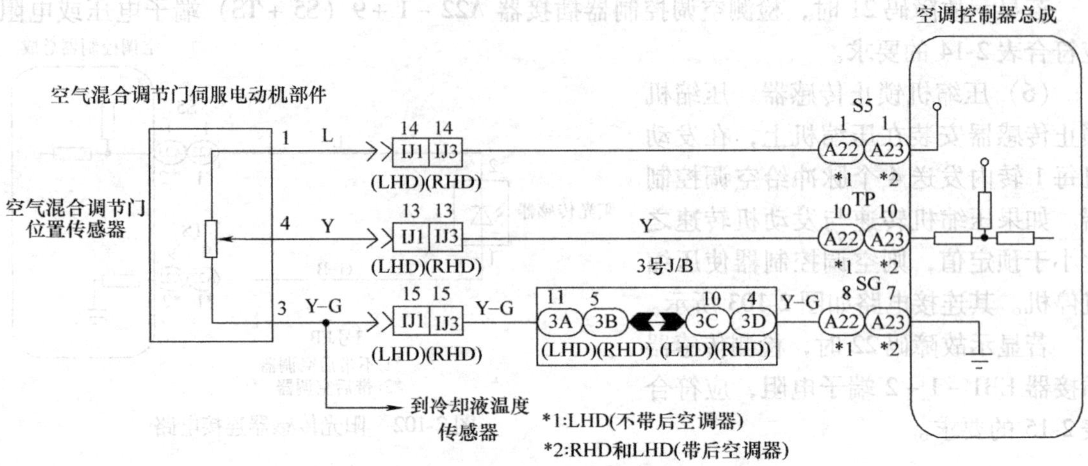
空调控制器总成
空气混合调节门伺服电动机部件
空气混合调节门位置传感器
1 L
4 Y
3 Y-G
14 14
IJ1 IJ3
(LHD)(RHD)
13 13
IJ1 IJ3
(LHD)(RHD)
15 15
IJ1 IJ3
(LHD)(RHD)
Y-G
11 5 10 4
3A 3B 3C 3D
(LHD)(RHD) (LHD)(RHD)
3号J/B
Y
Y-G
S5
1 1
A22 A23
*1 *2
TP
10 10
A22 A23
*1 *2
SG
8 7
A22 A23
*1 *2
到冷却液温度传感器
*1:LHD(不带后空调器)
*2:RHD和LHD(带后空调器)

图 2-104　空气混合调节门位置传感器连接电路

表 2-16　空气混合调节门位置传感器检测

检测条件	端　　子	电压/V	电阻/kΩ
点火开关 ON	TP + SG	设定温度暖气最足：1.0	—
		设定温度冷气最足：4.0	—
脱开插接器	IJ1 −3 +4 (TP + SG)	—	冷气最足位置：3.76～5.76
		—	暖气最足位置：0.94～1.44
	IJ1 −1 +3	—	4.7～7.2

空气混合调节门伺服电动机根据空调控制器信号设定空气混合调节门的位置。其连接电路如图 2-105 所示。

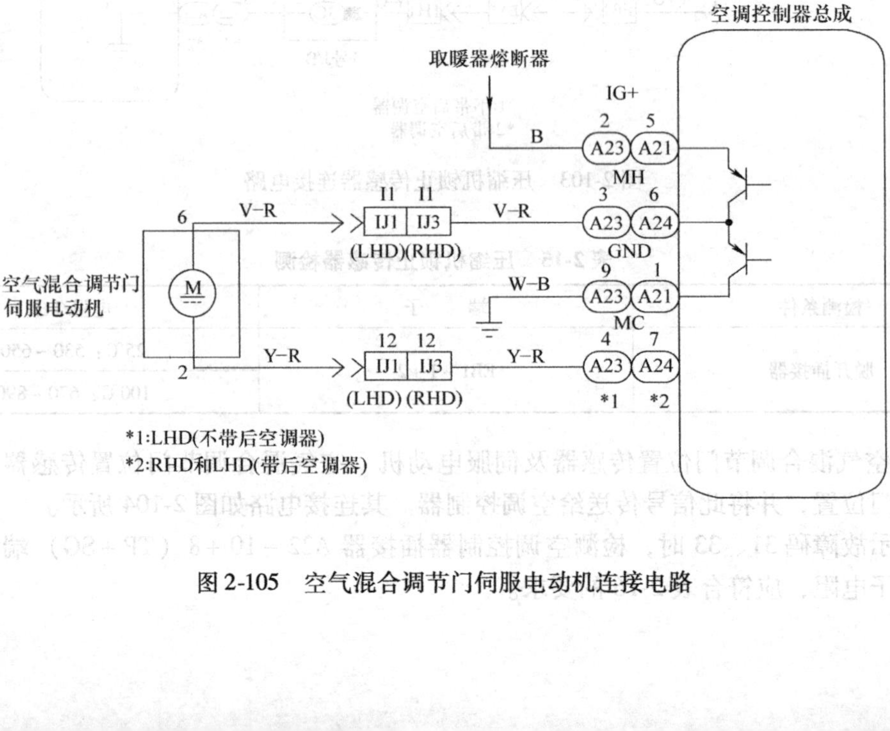
空调控制器总成
取暖器熔断器
B
IG+
2 5
A23 A21
MH
3 6
A23 A24
GND
9 1
A23 A21
MC
4 7
A23 A24
*1 *2
6
V-R
11 11
IJ1 IJ3
(LHD)(RHD)
V-R
W-B
空气混合调节门伺服电动机
M
2
Y-R
12 12
IJ1 IJ3
(LHD) (RHD)
Y-R
*1:LHD(不带后空调器)
*2:RHD和LHD(带后空调器)

图 2-105　空气混合调节门伺服电动机连接电路

若显示故障码 33 时，检测空气混合调节门伺服电动机，应符合表 2-17 的要求。

表 2-17　空气混合调节门伺服电动机检测

检测条件	显示代码	空气混合调节门	伺服电动机端子	推杆移动方向
预热发动机 执行器检查 步进运转	20 – 23	全关，冷气流出	—	—
	24 – 26	半开	—	—
	27 – 29	全开，热气流出	—	—
拆下取暖器组件 连接蓄电池	—	—	端子 2 接正，端子 6 接负	平滑移向冷却位置
	—	—	端子 6 接正，端子 2 接负	平滑移向加热位置

（8）进气节气门位置传感器及伺服电动机　进气节气门位置传感器检测进气节气门位置，并将此信号传送给空调控制器。其连接电路如图 2-106 所示。

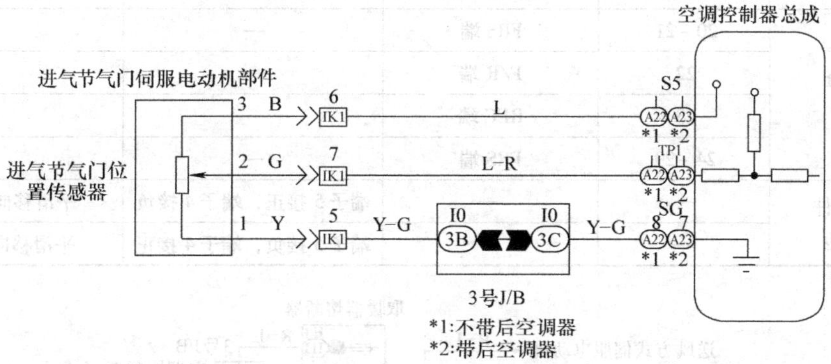

空调控制器总成
进气节气门伺服电动机部件
进气节气门位置传感器
3 B
6
IK1
L
S5
A22
A23
*1 *2
2 G
7
L–R
TP1
1 Y
5
Y–G
I0
3B
3C
SG
8 7
3号J/B
*1:不带后空调器
*2:带后空调器

图 2-106　进气节气门位置传感器连接电路

若显示故障码 32、34 时，检测空调控制器插接器 A22 – 11 + 8（TPI + SG）端子电压或传感器端子电阻，应符合表 2-18 的要求。

表 2-18　进气节气门位置传感器检测

检测条件	端　子	电压/V	电阻/kΩ
点火开关 ON 按 REC/FRS 开关	A22 – 11 + 8 （TPI + SG）	REC（循环模式）：4.0	—
		FRS（新鲜空气）：1.0	—
脱开插接器	IK1 – 1 + 2	—	REC 端：3.76 ~ 5.76
		—	FRS 端：0.94 ~ 1.44
	IK1 – 1 + 3	—	4.7 ~ 7.2

进气节气门伺服电动机根据空调控制器信号设定进气节气门的位置。其连接电路如图 2-107 所示。

若显示故障码 34 时，检测进气节气门伺服电动机，应符合表 2-19 的要求。

（9）冷气最足翻板伺服电动机　冷气最足翻板伺服电动机根据空调控制器信号设定冷气最足翻板的位置。其连接电路如图 2-108 所示。

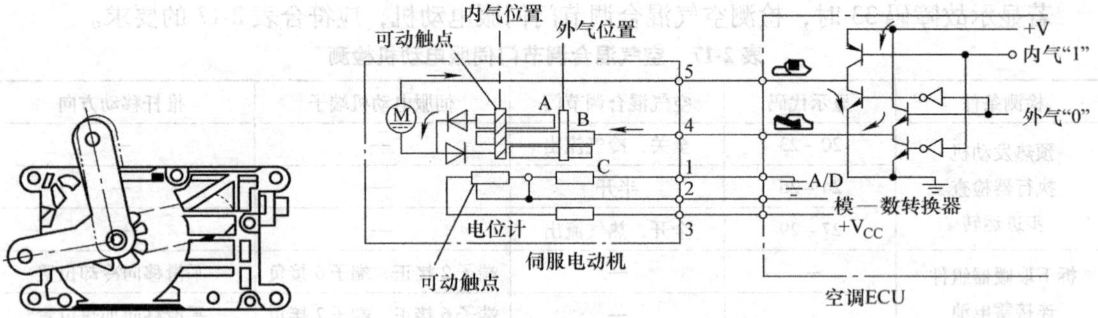
内气位置
可动触点
外气位置
A
B
C
5
4
1
2
3
电位计
伺服电动机
可动触点
+V
内气“1”
外气“0”
A/D
模—数转换器
$+V_{CC}$
空调ECU

图 2-107　进气节气门伺服电动机连接电路

表 2-19　进气节气门伺服电动机检测

检测条件	显示代码	进气节气门	伺服电动机端子	推杆移动方向
执行器检查步进运转	20－21	FRS 端	—	—
	22	F/R 端	—	—
	23	REC 端	—	—
	24－29	FRS 端	—	—
拆下冷却组件连接蓄电池	—	—	端子 5 接正，端子 4 接负	平滑移向 REC 位置
	—	—	端子 5 接负，端子 4 接正	平滑移向 FRS 位置

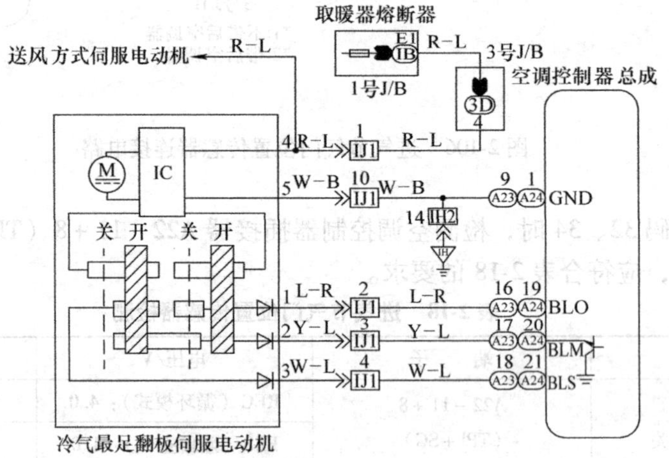
取暖器熔断器
送风方式伺服电动机
R−L
E1
IB
R−L
3号J/B
1号J/B
空调控制器总成
3D
4
IC
4 R−L
1
IJ1
R−L
5 W−B
10
IJ1
W−B
9
1
A23
A24
GND
14
IH2
关
开
关
开
1 L−R
2
IJ1
L−R
16
19
BLO
2 Y−L
3
IJ1
Y−L
17
20
BLM
3 W−L
4
IJ1
W−L
18
21
BLS
冷气最足翻板伺服电动机

图 2-108　冷气最足翻板伺服电动机连接电路

检测冷气最足翻板伺服电动机，应符合表 2-20 的要求。

表 2-20　冷气最足翻板伺服电动机检测

检测条件	显示代码	冷气最足翻板	伺服电动机端子	推杆移动方向
执行器检查步进运转按下温度控制开关	20－21	开	—	—
	22	半开	—	—
	23－29	关	—	—

（续）

检测条件	显示代码	冷气最足翻板	伺服电动机端子	推杆移动方向
拆下伺服电动机连接蓄电池	—	—	端子4接正，端子1、5接负	平滑移向打开位置
	—	—	端子4接正，端子2、5接负	平滑移向中间位置
	—	—	端子4接正，端子3、5接负	平滑移向关闭位置

（10）送风方式（通风模式翻板）伺服电动机　送风方式（通风模式翻板）控制伺服电动机连接电路如图2-109所示。

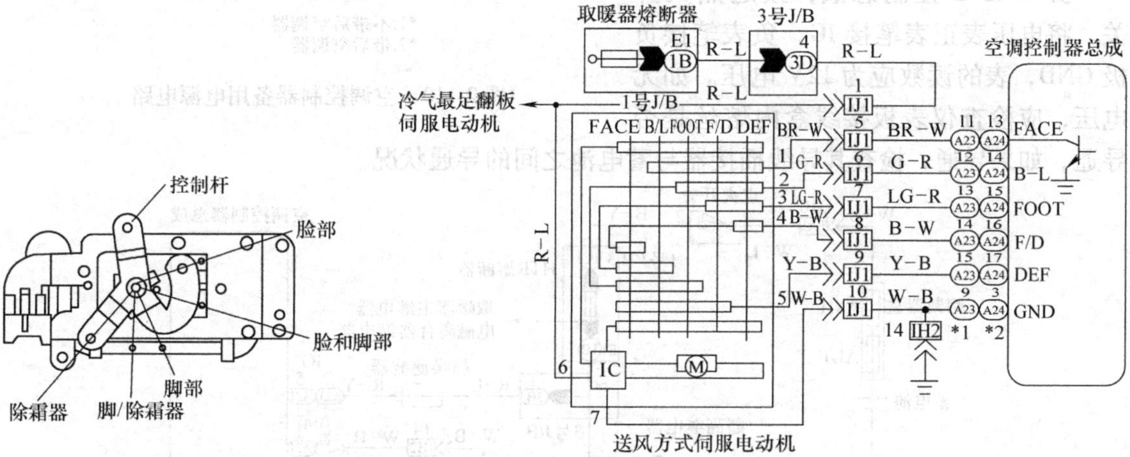
控制杆
脸部
脸和脚部
脚部
除霜器
脚/除霜器
取暖器熔断器
3号J/B
E1
1B
4
3D
R−L
冷气最足翻板
伺服电动机
1号J/B
空调控制器总成
FACE B/L FOOT F/D DEF
BR−W
G−R
LG−R
B−W
Y−B
W−B
IJ1
IH2
A23
A24
FACE
B−L
FOOT
F/D
DEF
GND
*1
*2
IC
M
送风方式伺服电动机

图2-109　送风方式（通风模式翻板）伺服电动机连接电路

检测送风方式（通风模式翻板）伺服电动机，应符合表2-21的要求。

表2-21　送风方式（通风模式翻板）伺服电动机检测

检测条件	显示代码	空气流动方式	伺服电动机端子	推杆运转位置
执行器检查步进运转	20-22	脸、最足	—	—
	23	脸	—	—
	24-25	脸和脚	—	—
	26-27	脚	—	—
	28	脚和除霜器	—	—
	29	除霜器	—	—
拆下伺服电动机连接蓄电池	—	—	端子6接正，端子1、7接负	脸部送风
	—	—	端子6接正，端子2、7接负	脸和脚送风
	—	—	端子6接正，端子3、7接负	脚送风
	—	—	端子6接正，端子4、7接负	脚和除霜器送风
	—	—	端子6接正，端子5、7接负	除霜器送风

（11）备用电源电路　空调控制器备用电源电路如图 2-110 所示，拆下带有导线插接器 A/C 控制总成，将电压表正表笔接 A/C 控制总成插接器端子 B，负表笔接车身搭铁。电压表读数应为 12V，如无电压，则应检查 2 号 J/B 接线盒中的 DOME 熔丝或导线。

（12）点火电源电路　空调点火电源电路如图 2-111 所示。

拆下 A/C 控制总成，接通点火开关，将电压表正表笔接 IG，负表笔接负极 GND，表的读数应为 12V 电压。如无电压，应检查仪表板接线盒内熔丝是否导通，如果导通，检查其导线插接器与蓄电池之间的导通状况。

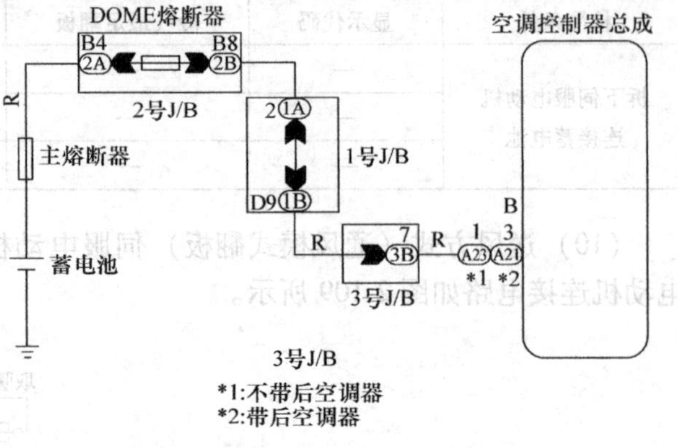
DOME熔断器
空调控制器总成
B4
B8
2A
2B
2号J/B
R
主熔断器
2 1A
1号J/B
D9 1B
B
蓄电池
R
7
R
1
3
3B
A23
A21
*1 *2
3号J/B
3号J/B
*1:不带后空调器
*2:带后空调器

图 2-110　空调控制器备用电源电路

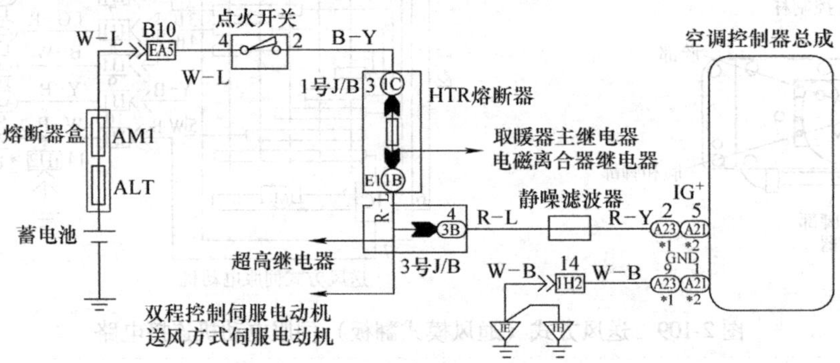
点火开关
W－L
B10
EA5
4
2
B－Y
W－L
空调控制器总成
1号J/B
3
1C
HTR熔断器
熔断器盒
AM1
ALT
取暖器主继电器
电磁离合器继电器
E1
1B
IG+
静噪滤波器
R－L
4
3B
R－L
R－Y
2
5
A23
A21
*1 *2
蓄电池
超高继电器
3号J/B
GND
W－B
14
W－B
9
1
1H2
A23
A21
*1 *2
双程控制伺服电动机
送风方式伺服电动机
IF
IH

图 2-111　空调点火电源电路

（13）取暖器主继电器电路　由空调控制器总成来的信号使取暖器主继电器接通，电路向风机电动机供电。取暖器主继电器电路如图 2-112 所示。

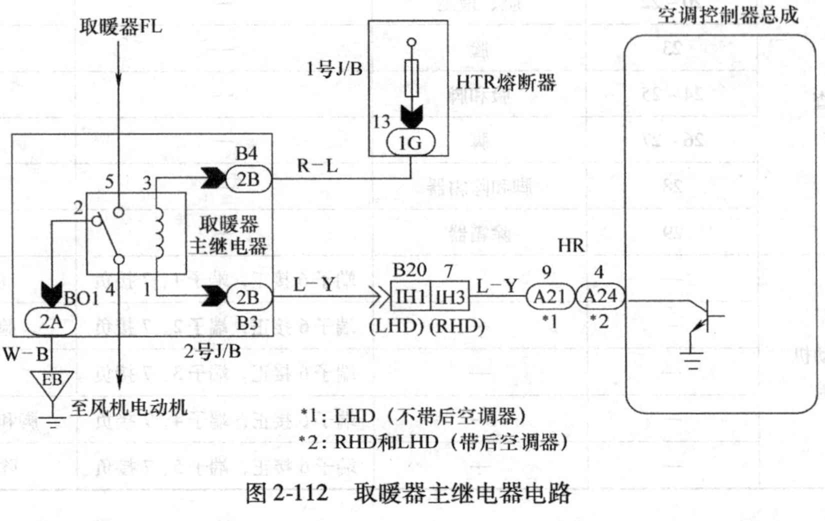
取暖器FL
1号J/B
HTR熔断器
空调控制器总成
13
1G
B4
5
3
2B
R－L
2
取暖器
主继电器
HR
B20
7
9
4
4
1
2B
L－Y
IH1
IH3
L－Y
A21
A24
BO1
B3
(LHD)
(RHD)
*1
*2
2A
2号J/B
W－B
EB
至风机电动机
*1: LHD（不带后空调器）
*2: RHD和LHD（带后空调器）

图 2-112　取暖器主继电器电路

检查空调控制器总成插接器 A21 内端子 HR 搭地电压。测量点火开关接通和断开时，HR 端子搭地电压应符合表 2-22 的要求。

表 2-22　空调控制器总成 HR 端子电压检测

点火开关	电压/V	
OFF	0	
ON	风机 ON	0
	风机 OFF	蓄电池电压

检查取暖器主继电器。检查继电器各端子间是否导通，正常情况时应符合表 2-23 的要求。

表 2-23　取暖器主继电器端子检测

不通电状态		通电状态
端子 1 和 3	导通（线圈电阻）	蓄电池电压
端子 2 和 4	导通	开路
端子 4 和 5	开路	导通

（14）风机电动机电路　风机电动机电路如图 2-113 所示。

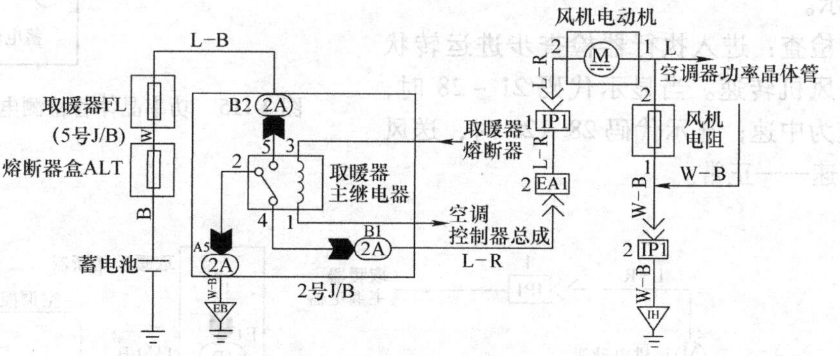
L-B
取暖器FL
(5号J/B)
W
熔断器盒ALT
B
蓄电池
B2 2A
5 3
2
取暖器
主继电器
4 1
A5
2A
W-B
EB
B1
2A
2号J/B
空调
控制器总成
L-R
风机电动机
M
2 1 L
空调器功率晶体管
L-R
取暖器
熔断器
1 IP1
L-R
2 EA1
2
风机
电阻
1
W-B
W-B
2 IP1
W-B
IH

图 2-113　风机电动机电路

拔开风机电动机的导线插接器，将蓄电池正极接电动机端子 2，负极接其端子 1，如果电动机运转不平稳，则更换电动机。

若电动机运转平稳，则检测风机电阻器 1 和 2 之间的电阻，电阻值应为 1 ~ 1.8Ω，如果不符合要求，则更换风机电阻器。

（15）功率晶体管电路　空调控制器通过改变输出电流对空调风机的转速进行无极调整。空调控制器也监控端子 VM 上的功率晶体管集电极电压，精确控制风机空气量。功率晶体管电路如图 2-114 所示。

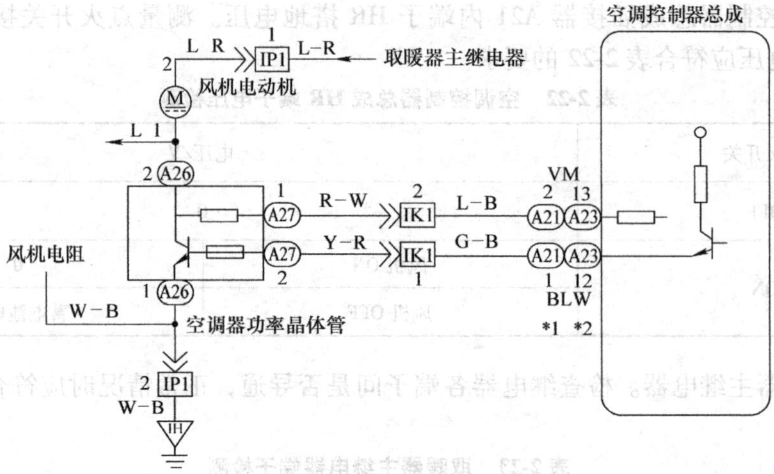
空调控制器总成
L R
1
IP1
L-R
取暖器主继电器
2
风机电动机
L 1
2 A26
VM
1
A27
R-W
2
IK1
L-B
2 13
A21 A23
风机电阻
A27
Y-R
IK1
G-B
A21 A23
2
1
1 12
1 A26
BLW
W-B
空调器功率晶体管
*1 *2
2 IP1
W-B
IH

图 2-114 功率晶体管电路

检查功率晶体管：脱开功率晶体管插接器，按图 2-115 所示方法连接功率晶体管插接器，试验灯亮为正常。如果灯泡不亮，更换功率晶体管。如果灯泡亮，则应检查其配线、插接器及空调控制器总成。

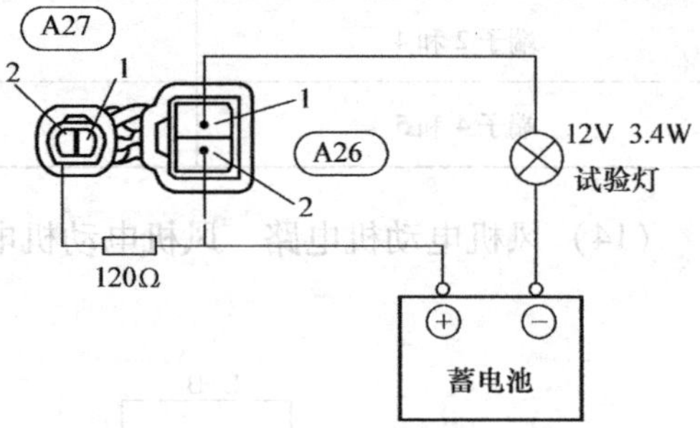
A27
2
1
1
A26
2
12V 3.4W
试验灯
120Ω
蓄电池

图 2-115 功率晶体管检测电路连接

（16）超高继电器电路 通过由空调控制器来的信号使超高继电器接通。超高继电器电路如图 2-116 所示。

执行器检查：进入执行器检查步进运转状态，检查送风机转速。当显示代码 21 ~ 28 时，送风机转速为中速；显示代码 28 ~ 29 时，送风机转速为高速——正常。

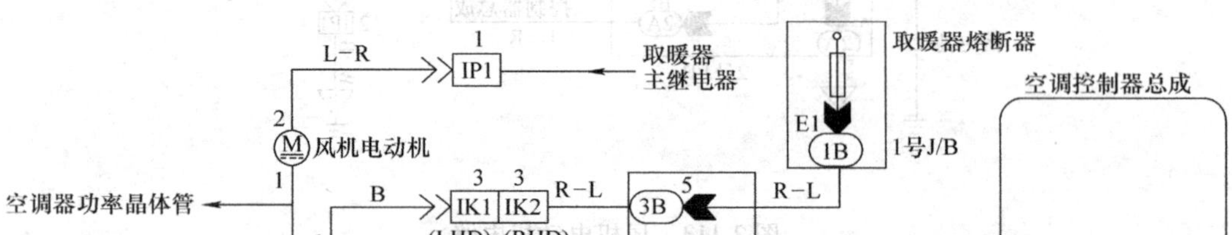
L-R
1
IP1
取暖器
主继电器
取暖器熔断器
空调控制器总成
E1
1B
1号J/B
2
风机电动机
空调器功率晶体管
1
B
3 3
IK1 IK2
R-L
5
3B
R-L
(LHD) (RHD)
3号J/B
5 3
超高继电器
FR
4 1
G-W
4 4
IK1 IK2
G-O
10 5
A21 A24
(LHD) (RHD)
2 IP1
W-B
IH

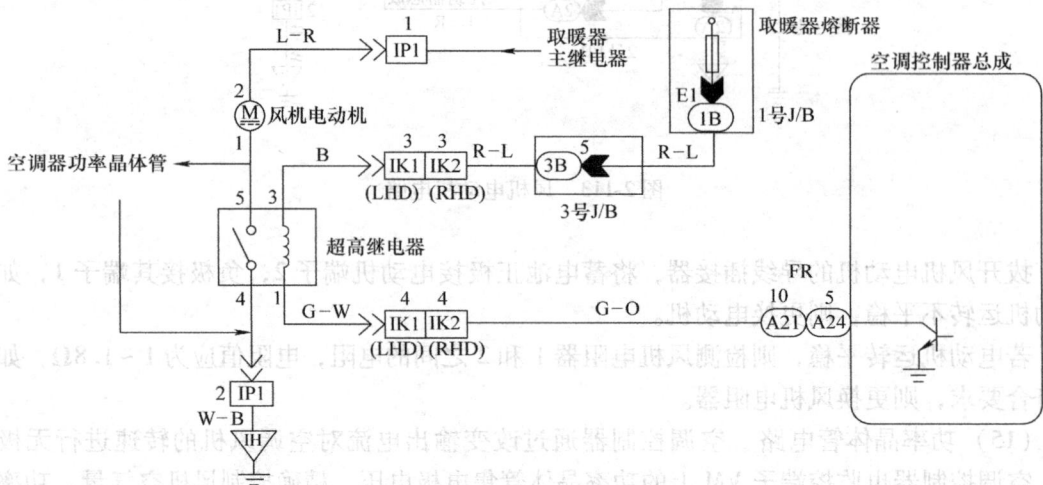

图 2-116 超高继电器电路

检查超高继电器：拆下超高继电器，检查超高继电器每对端子间导通情况，若正常，应符合表2-24的要求。

表2-24　超高继电器端子检测

不通电状态		通电状态
端子1和3	导通（线圈电阻）	蓄电池电压
端子4和5	开路	导通

（17）压缩机控制电路

1）压缩机的控制。

①手动控制：按下控制面板A/C开关，此时无论风机的速度为低速、中速或高速，空调压缩机的电磁离合器吸合，压缩机运转。

②自动控制：在空调面板按下自动开关“AUTO”，系统将自动使电磁离合器吸合。根据环境温度和蒸发器温度的数值及其相互关系，可反复开闭电磁离合器，当环境温度或蒸发温度达到一定值时，压缩机即停止工作，系统自动进入除霜。此时，若要再次强制起动压缩机，则需要按下A/C开关或“除霜”开关，使系统退出除霜，起动空调压缩机。

③锁止控制：空调控制器从点火器取出发动机转速信号（每转1周发出2个脉冲信号），同时空调控制器在压缩机运转时，取出压缩机转速信号（每转1周发出4个脉冲信号）。空调计算机比较这两个信号，计算出滑动率，如果滑动率在3s内超过80%，控制器将判定压缩机锁死，随即电磁离合器脱开，同时A/C开关指示灯闪烁警告。

2）压缩机控制电路检测。空调控制器从端子MGC输出电磁离合器“ON”信号到发动机和ECT ECU。当发动机和ECT ECU接收到此信号时，它从端子A/C MG传送一个信号，接通空调电磁离合器继电器，于是空调压缩机电磁离合器接通。空调控制器也在端子A/C IN处监视电源是否供应到电磁离合器上。空调压缩机控制电路如图2-117所示。

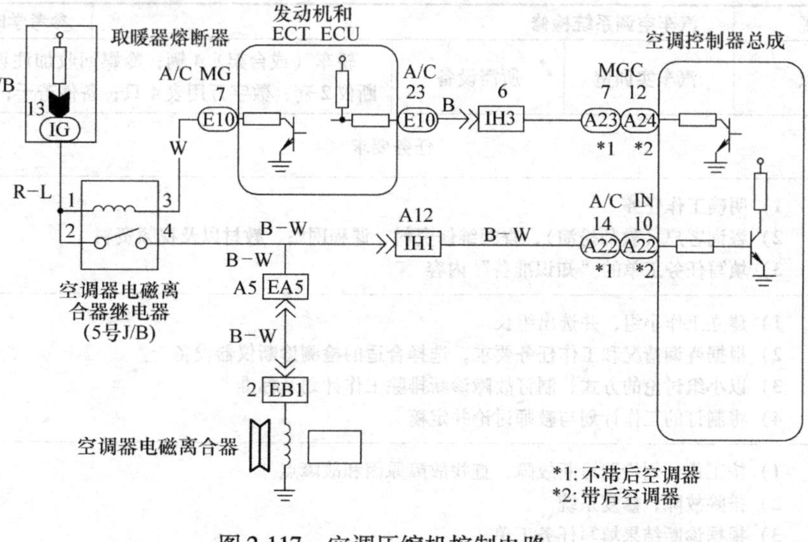
取暖器熔断器
1号J/B
13
IG
发动机和
ECT ECU
A/C MG
7
E10
W
A/C
23
E10
B
6
IH3
空调控制器总成
MGC
7 12
A23 A24
*1 *2
R−L
1
3
2
4
B−W
A12
IH1
B−W
A/C IN
14 10
A22 A22
*1 *2
B−W
A5 EA5
空调器电磁离
合器继电器
(5号J/B)
B−W
2 EB1
空调器电磁离合器
*1: 不带后空调器
*2: 带后空调器

图2-117　空调压缩机控制电路

检查空调控制器插接器A22端子A/C IN搭地电压：当空调器开关置于“ON”位置时，A/C IN搭地电压为蓄电池电压；空调器开关置于“OFF”位置时，A/C IN搭地电压为零

(点火开关置于“ON”位置，拆下空调控制器总成但插接器仍连接着)。

检查压缩机电磁离合器：脱开电磁离合器插接器，将蓄电池正极导线连接到电磁离合器端子，电磁离合器励磁。

端子 MGC 搭地电压检查：检查空调控制器插接器 A23 内端子 MGC 搭地电压，空调控制器插接器不脱开，当 A/C 开关接通和断开时，MGC 搭地电压分别为 0V 和 5V 左右（点火开关置于“ON”位置，按下风扇转速开关“LO”、“MED”或“HI”中任一键）；脱开空调控制器插接器，点火开关置于“ON”位置，MGC 搭地电压为 5V 左右。

电磁离合器继电器检查：拆下电磁离合器继电器，检查每对端子间的导通情况，若正常，应符合表 2-25 的要求。

表 2-25　电磁离合器继电器端子检测

不通电状态		通电状态
端子 1 和 3	导通（线圈电阻）	蓄电池电压
端子 2 和 4	开路	导通

检查发动机和 ECT ECU E10 插接器内端子 A/C MG 搭地电压：当空调器开关置于“ON”位置时，A/C MG 搭地电压约 1.3V；当空调器开关置于“OFF”位置时，A/C MG 搭地电压为蓄电池电压（拆下发动机和 ECT ECU，但插接器仍连接着，点火开关置于“ON”位置，按任一个风扇转速控制开关“LO”、“MED”或“HI”）。

2.3 任务实施

“汽车空调系统检修”实施步骤与要求见表 2-26。

表 2-26“汽车空调系统检修”实施步骤与要求

<table>
<tr><td>学习情境</td><td colspan="3">汽车空调系统检修</td><td>参考学时</td><td>24</td></tr>
<tr><td>教学地点</td><td>汽车实训室</td><td>所需设备</td><td colspan="3">轿车（或台架）4 辆；冷媒回收加注设备 2 套；故障诊断仪 2 套；数字万用表 4 只；备件若干；常用工具 4 套</td></tr>
<tr><td>步骤</td><td colspan="4">任务要求</td><td>所用时间 /min</td></tr>
<tr><td>资讯</td><td colspan="4">1）明确工作任务
2）咨询客户（教师扮演），查阅维修资料、课程网站、教材以及视频资料
3）填写任务工单的“知识准备”内容</td><td>120</td></tr>
<tr><td>决策计划</td><td colspan="4">1）建立工作小组，并选出组长
2）根据咨询情况和工作任务要求，选择合适的检测诊断仪器设备
3）以小组讨论的方式，制订故障诊断排除工作计划及标准
4）将制订的工作计划与教师讨论并定稿</td><td>40</td></tr>
<tr><td>实施</td><td colspan="4">1）按工作计划检测诊断故障，查找故障原因和故障点
2）排除故障，修复系统
3）根据诊断结果填写任务工单</td><td>640</td></tr>
<tr><td>检查评估</td><td colspan="4">1）自行检查是否按计划和要求完成了工作任务
2）以小组讨论方式进行工作评估
3）结合教师的评价找出不足并提出改进意见</td><td>160</td></tr>
</table>

2.4　任务考核

1. 完成任务实施过程，填写“汽车空调系统检修”任务工单并上交。
2. 根据完成任务工单情况评定任务成绩。

“汽车空调系统检修”任务工单

	学习情境2　汽车空调系统检修	班级		编号	2
		姓名		组别	
		学号		日期	

任务描述

针对汽车空调系统故障，要求按照四步法（资讯、决策计划、实施、检查评估），紧密结合汽车维修实际过程诊断排除故障，在此过程中学习相关理论知识和检测诊断仪器设备的正确使用方法

一、资讯

1. 明确工作任务

2. 咨询情况

3. 知识准备

阅读相关知识内容及文献资料，并完成以下题目。

（1）填空题

1）汽车空调系统按其功能可分为________、________、________和________等几个主要组成部分。

2）制冷循环分为________、________、________、________4个过程，与此相应的部件为压缩机、冷凝器、膨胀阀（或节流阀）和蒸发器。

3）变容量压缩机的种类有________和________两种。

4）大众系列轿车常见变容量压缩机通过改变________来改变排量，调节范围为________。

5）电控自动空调系统在手动空调的基础上增加了控制系统，控制系统由________、________和________等组成。

6）电控自动空调系统的传感器主要包括________、________、________、________、________和________等。

7）电控自动空调系统的执行元件主要包括________、________及________等。

8）电控自动空调系统控制单元将________信号，按照________进行处理，并通过________不断地对________、________、________及________等进行调节，从而使车内温度、空气湿度及流动状况等保持在设定的水平上。

（续）

9）MRF-301M 冷媒回收加注机具有________、________、________、________、________五大主要功能。

10）雷克萨斯 LS400 型轿车自动空调系统故障自诊断功能包括____________、____________和____________。

（2）判断题

1）制冷系统应用制冷剂在某一温度点的状态变化实行热交换达到制冷目的。（　　）

2）R134a 和 R12 的物理特性相近，因此可以混用。（　　）

3）压缩机采用专用的制冷剂润滑油润滑，大约有一半留在压缩机中，而另一半随制冷剂在回路中循环。（　　）

4）对外部调节压缩机可不用电磁离合器，压缩机在空调器断开时继续运转。（　　）

5）空调系统在除霜位置时，循环空气模式自动开启。（　　）

6）对于简单手动空调来说，驾驶人既是控制元件，同时也是执行元件。（　　）

7）只要空调系统存在泄漏，都必须在修理完成后对系统抽真空。（　　）

8）风机电动机在高速不工作，而在其他转速下都工作，其原因可能是风机接地线松脱或断开。（　　）

9）空气质量传感器的功用是侦测车外空气中的有害物质。（　　）

10）带节流阀的制冷系统包含储液干燥器。（　　）

（3）单选题

1）技师 A 说有故障的离合器轴承会导致压缩机在运转时发出噪声。技师 B 说如果当压缩机不工作时噪声也停止，那么离合器轴承有故障，应该进行更换。谁说的对？（　　）。

A. 只有技师 A 说的对　　B. 只有技师 B 说的对　　C. 技师 A 和 B 说的都对　　D. 技师 A 和 B 说的都不对

2）如果空调系统中装有储液器，则此系统是（　　）。

A. 恒温膨胀阀系统　　B. 固定量孔管系统　　C. 储液干燥器系统　　D. 节流吸气阀系统

3）技师 A 说只要制冷剂容器没有倒置，空调就可以在系统运行过程中，从高压侧加注。技师 B 说容器倒置会导致低压的制冷剂蒸气泄到系统中。谁说的对？（　　）。

A. 只有技师 A 说的对　　B. 只有技师 B 说的对　　C. 技师 A 和 B 说的都对　　D. 技师 A 和 B 说的都不对

4）技师 A 说蒸发器中阻塞的制冷剂通道会导致蒸发器出口连接管上结霜。技师 B 说蒸发器中阻塞的制冷剂通道会导致低压侧压力比规范值高出许多。谁说的对？（　　）。

A. 只有技师 A 说的对　　B. 只有技师 B 说的对　　C. 技师 A 和 B 说的都对　　D. 技师 A 和 B 说的都不对

5）技师 A 说有些压缩机的机油液位可以用油尺检查。技师 B 说必须将有些压缩机的机油排出，然后用量杯进行测量。谁说的对？（　　）。

A. 只有技师 A 说的对　　B. 只有技师 B 说的对　　C. 技师 A 和 B 说的都对　　D. 技师 A 和 B 说的都不对

6）在半自动空调系统中，温度控制设定为 70 ℉（21℃），当车辆行驶一个小时后，车内温度为 80 ℉（27℃）。制冷系统压力正常。技师 A 说可能是车内传感器有故障。技师 B 说可能是温度调节门被卡住了。谁说的对？（　　）。

A. 只有技师 A 说的对　　B. 只有技师 B 说的对　　C. 技师 A 和 B 说的都对　　D. 技师 A 和 B 说的都不对

7）技师 A 说风机电阻器用于降低加在风机电动机上的电压，产生不同的转速。技师 B 说风机转速最高时风机电阻器的阻值最大。谁说的对？（　　）。

A. 只有技师 A 说的对　　B. 只有技师 B 说的对　　C. 技师 A 和 B 说的都对　　D. 技师 A 和 B 说的都不对。

8）测试空调系统是否泄漏，技师 A 仔细检查了所有系统连接处后，说空调管路或软管上接头周围存在的润滑油表明存在制冷剂泄漏。技师 B 用手持式电子检漏仪检测，在感测到制冷剂时会发出嗡嗡声。谁做的对？（　　）。

A. 只有技师 A 做的对　　B. 只有技师 B 做的对　　C. 技师 A 和 B 做的都对　　D. 技师 A 和 B 做的都不对

9）制冷系统抽真空是要去除（　　）。

A. 系统中的水分　　B. 系统中的铁锈　　C. 系统中的污垢　　D. 系统中的干燥剂颗粒

10）在进行空调系统性能测试时，技师 A 将一个温度计插入仪表板中央的风道中，监测吹风温度。技师 B 则从彻底的直观检查开始测试。谁做的对？（　　）。

A. 只有技师 A 做的对　　B. 只有技师 B 做的对　　C. 技师 A 和 B 做的都对　　D. 技师 A 和 B 做的都不对

（4）多选题

1）下面中哪种可检测空调制冷剂泄漏？（　　）

（续）

A. 空气压力　B. 卤素检漏灯　C. 电子检漏仪　D. 地面上的残留物

2）下列关于空调暖风控制板维修的陈述中正确的是（　　）。

A. 在拆卸空调控制板之前必须先断开蓄电池负极电缆

B. 在拆卸空调控制板之前必须先排空制冷系统

C. 如果车辆装备有气囊，在蓄电池负极电缆断开后应等待指定的一段时间

D. 自诊断测试会显示出计算机控制的空调系统中空调控制板的故障

3）典型的控制板总成控制下列部件：（　　）。

A. 压缩机　B. 加热器阀　C. 强制通风风门　D. 冷却液温度

4）下列陈述正确的是（　　）。

A. 制冷剂离开压缩机时是高压、高温的蒸气

B. 膨胀阀控制流入蒸发器的制冷剂流量

C. 储液干燥罐去除水分和污染物，将水分保存到需要为止

D. 车内空气的热量被压力低的温热制冷剂吸收，使制冷剂汽化，温度下降

5）下列关于制冷剂管路的陈述中正确的是（　　）。

A. 吸气管路总是可以通过触觉与排气管路区分开，它们摸上去总是热的

B. 吸气管路将低压低温的制冷剂蒸气输送到压缩机中，并从这里开始再次在系统中循环

C. 吸气管路在蒸发器的出口侧与压缩机的入口侧或吸气侧之间

D. 吸气管路的直径比液体管路要粗，这是因为蒸气状态的制冷剂比液态下的制冷剂占据的空间要大得多

6）在读解压力计读数时，高压侧读数高可能是由（　　）造成。

A. 制冷剂充注过量　B. 冷凝器阻塞　C. 吹过蒸发器的气流不足　D. 风扇离合器无力

7）制冷剂的充加量可以用（　　）检查。

A. 观察孔　B. 歧管压力表　C. 检漏仪　D. 真空泵

8）下列陈述正确的是（　　）。

A. 一种物质可以通过吸收热量从液态转化到气态

B. 从气态转化回液态时，释放出热量

C. 在常规压力下，通过温度的降低，蒸气可转化为液体

D. 通过降低压力，制冷剂从液态转化到气态

9）下列关于计算机控制的空调系统执行器电动机的陈述正确的是（　　）。

A. 有些执行器电动机会在自诊断模式下自动标定

B. 空调系统和部件问题不会产生诊断故障码

C. 有些系统中的执行器电动机控制杆必须手动标定

D. 执行器电动机控制杆只在电动机进行更换或失调后才要求标定

10）当空调系统从高压侧充注时，下列陈述真实的是（　　）。

A. 系统必须关闭　B. 压缩机必须用手转动　C. 应该倒置制冷剂罐　D. 低压阀应该保持打开

二、决策计划

（建立工作小组，并选出组长；根据具体故障现象和工作任务要求，选择合适的检测诊断仪器设备；以小组讨论的方式，制订故障诊断排除的工作计划及标准；将制订的计划与教师讨论并定稿）

（续）

三、实施

（按工作计划检测、诊断故障，查找故障原因和故障点；排除故障，修复系统）

1. 故障现象描述

2. 检查项目与检查结果

（续）

3. 结果分析与故障判断：（根据检测结果及相关故障现象进行分析，列出可能原因）

4. 故障点及排除：（判断出准确的故障点，排除故障）

四、检查评估

（自行检查是否按计划和要求完成了工作任务；以小组讨论方式进行工作评估；结合教师的评价找出不足并提出改进意见）

学习情境3　汽车中控门锁与防盗系统检修

3.1　学习情境描述

学习情境3的描述见表3-1。

表3-1　学习情境3的描述

学习情境名称　汽车中控门锁与防盗系统检修	参考学时：12
学习任务	
针对汽车中控门锁与防盗系统故障，要求按照四步法（资讯、决策计划、实施、检查评估），紧密结合汽车维修企业实际维修过程诊断排除故障，在此过程中学习相关知识和检测诊断仪器设备的正确使用方法	
学习目标	
1）能通过与客户交流、查阅相关维修技术资料等方式获取车辆信息 2）能正确描述汽车中控门锁与防盗系统的检测项目和内容 3）能确定汽车中控门锁与防盗系统主要参数的检测方法及相关标准 4）能对汽车中控门锁与防盗系统常见故障进行诊断和排除 5）能根据故障现象选择正确的检测诊断仪器设备，制订正确的检测诊断计划 6）能根据计划对汽车中控门锁与防盗系统进行检测诊断 7）能正确分析各检测结果并做出故障判断 8）能检查、评价、记录工作结果 9）能根据环保要求，正确处理对环境和人体有害的辅料、废气、废液和损坏零部件	
学习内容	
1）汽车中控门锁的结构、原理 2）汽车防盗系统的结构、原理 3）汽车中控门锁与防盗系统的电路分析 4）汽车中控门锁与防盗系统的常见故障诊断排除 5）常用检测诊断仪器设备的使用	
工具、设备与资料	知识基础
实训车辆 专用工具 检测、诊断设备 多媒体教学设备 教学课件 维修资料 视频教学资料 网络教学资源 任务工单	电工、电子学基础 汽车结构、原理 汽车使用操作 技术资料收集应用 安全规定

3.2 相关知识及检修技术

3.2.1 汽车中控门锁系统

1. 中控门锁系统功用

为了使汽车的使用更加舒适和安全，现代轿车多数都安装了中控（中央）门锁控制系统。安装中控门锁后可实现下列功能：

1）驾驶人侧车门锁扣按下或用钥匙锁门时，能自动锁住其他车门及行李箱门。

2）驾驶人侧车门锁扣拉起或用钥匙开门时，能同时打开其他车门及行李箱门锁。

3）除中央系统控制外，乘客仍可以利用各车门的锁扣开、闭车门锁。

4）有些中控门锁系统具有车速感应锁定功能，当车速超过 10 km/h 时，车门自动锁定，以确保安全。

5）很多车辆中控门锁与防盗系统一同工作。

2. 中控门锁系统结构

中控门锁系统一般由控制开关、门锁控制器、门锁执行机构等组成。雷克萨斯 LS400 型轿车中控门锁系统安装位置如图 3-1 所示。帕萨特轿车中控门锁操作位置如图 3-2 所示。典型中控门锁传动系统如图 3-3 所示。

（1）控制开关　控制开关包括门锁控制开关、门锁位置开关等，用于控制车门开闭或提供车门开闭锁信号以及监测车门开闭状态、门锁状态或钥匙状态等。门锁结构及开关信号如图 3-4 所示。

（2）门锁控制器　门锁控制器根据门锁控制开关、门锁位置开关等信号控制门锁执行机构，进行开锁和闭锁。门锁控制器类型有晶体管式、电容式、车速感应式和无线遥控式等。

1）晶体管式门锁控制器。这种控制器内部设有两个继电器，一个控制闭锁，一个控制开锁。继电器由晶体管开关控制，利用电容器的充、放电过程来控制脉冲的持续时间，使执行器完成开关动作。晶体管式门锁控制器电路如图 3-5 所示。

2）电容式门锁控制器。这种控制器利用电容充、放电特性，平时电容器充足电，工作时把它接入控制电路，使电容放电，使两电路中之一通电而短时吸合。电容器完全放电后，流过继电器的电流中断而使其触点断开，门锁系统不再工作。电容式门锁控制器电路如图 3-6 所示。

3）车速感应式门锁控制器　在中控门锁系统中设置 10km/h 车速感应开关，当车速大于 10km/h 时，若车门未上锁，不需驾驶人动手，门锁控制器自动将门上锁。如果个别车门要自行开门或锁门可分别操作。车速感应式中控门锁系统电路如图 3-7 所示。

当点火开关接通时，电流流经警告灯可使 3 个车门的警告灯开关（此时门未锁）搭铁，警告灯亮。若按下闭锁开关，定时器使晶体管 VT_2 导通一下，在晶体管 VT_2 导通期间，锁定继电器线圈 K_1 通电，动合触点闭合，门锁执行机构通正向电流，执行闭锁动作。当按下开锁开关，则开锁继电器线圈 K_2 通电，动合触点闭合，门锁执行机构通反向电流，执行开锁动作。汽车行驶时，若车门未锁，且车速低于 10km/h 时，置于车速表内的 10km/h 开关闭合，此时稳态电路不向晶体管 VT_1 提供基极电流；当行车速度高于 10km/h 时，车速感应开关断开，此时稳态电路给晶体管 VT_1 提供基极电流，定时器触发端经 VT_1 和车门报警开关搭铁，与按下闭锁开关一样，使车门锁定，从而保证行车安全。

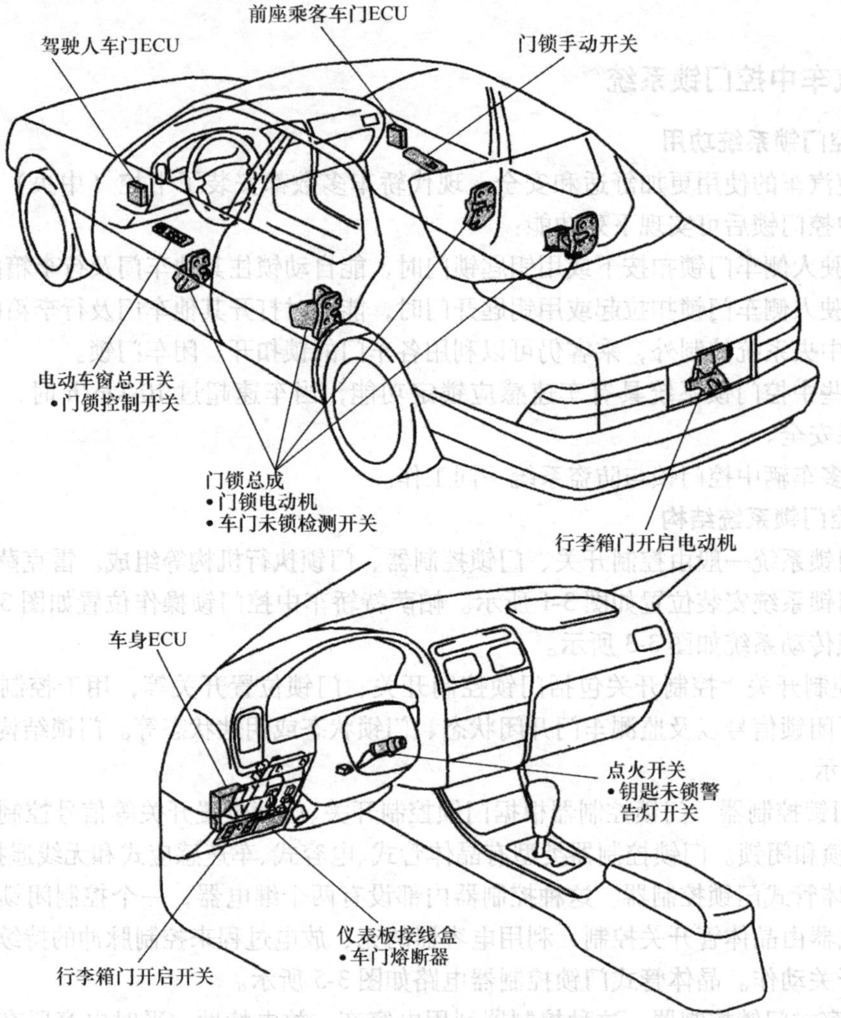
前座乘客车门ECU
驾驶人车门ECU
门锁手动开关
电动车窗总开关
•门锁控制开关
门锁总成
•门锁电动机
•车门未锁检测开关
行李箱门开启电动机
车身ECU
点火开关
•钥匙未锁警
告灯开关
仪表板接线盒
•车门熔断器
行李箱门开启开关

图 3-1　雷克萨斯 LS400 型轿车中控门锁系统安装位置

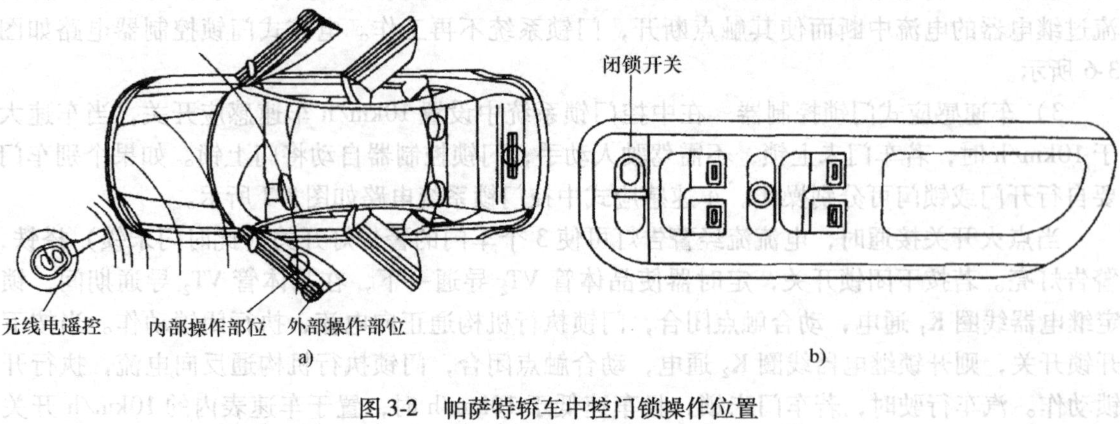
无线电遥控
内部操作部位
外部操作部位
a)
闭锁开关
b)

图 3-2　帕萨特轿车中控门锁操作位置

a）操作位置　b）控制面板

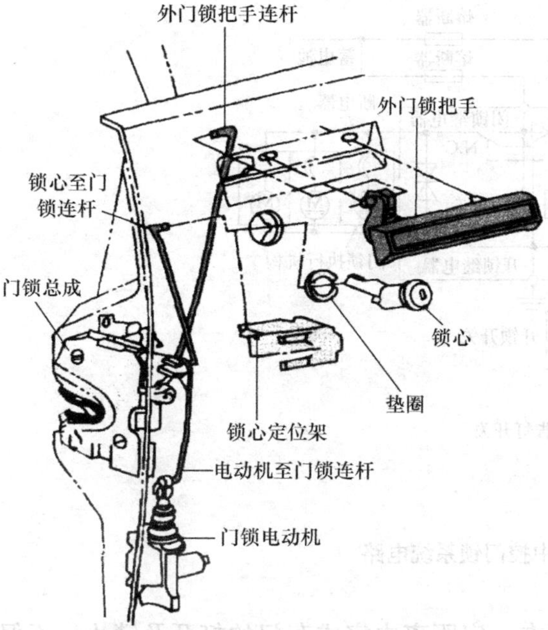
外门锁把手连杆
外门锁把手
锁心至门
锁连杆
门锁总成
锁心
垫圈
锁心定位架
电动机至门锁连杆
门锁电动机

图 3-3　典型中控门锁传动系统

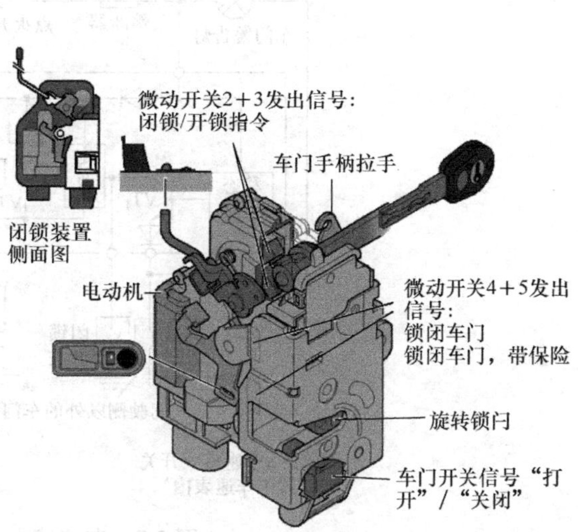
微动开关2＋3发出信号：
闭锁/开锁指令
车门手柄拉手
闭锁装置
侧面图
电动机
微动开关4＋5发出
信号：
锁闭车门
锁闭车门，带保险
旋转锁闩
车门开关信号“打
开”/“关闭”

图 3-4　门锁结构及开关信号

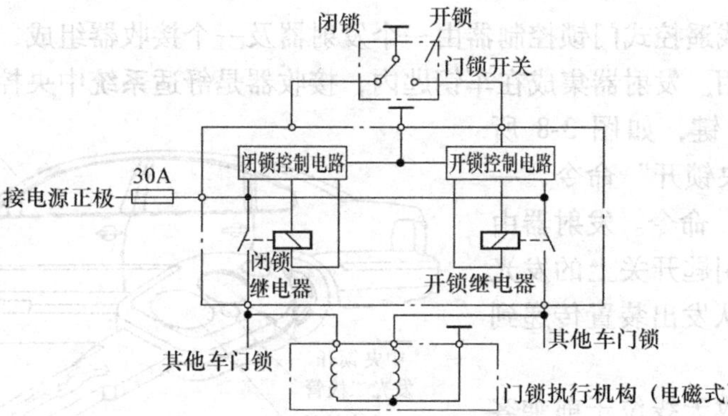
闭锁
开锁
门锁开关
闭锁控制电路
开锁控制电路
30A
接电源正极
闭锁
继电器
开锁继电器
其他车门锁
其他车门锁
门锁执行机构（电磁式）

图 3-5　晶体管式门锁控制器电路

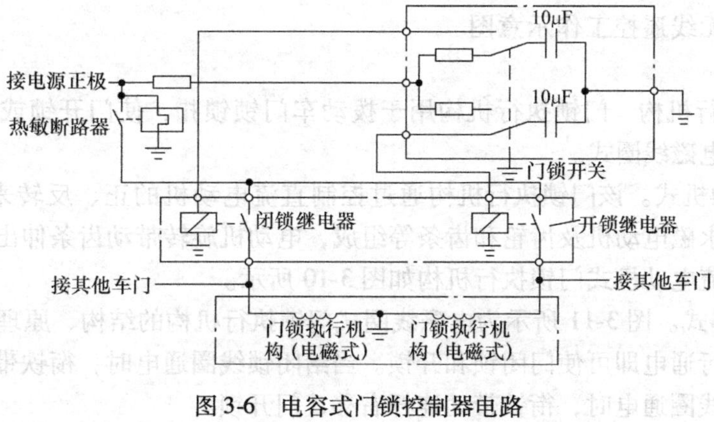
10μF
接电源正极
10μF
热敏断路器
门锁开关
闭锁继电器
开锁继电器
接其他车门
接其他车门
门锁执行机
构（电磁式）
门锁执行机
构（电磁式）

图 3-6　电容式门锁控制器电路

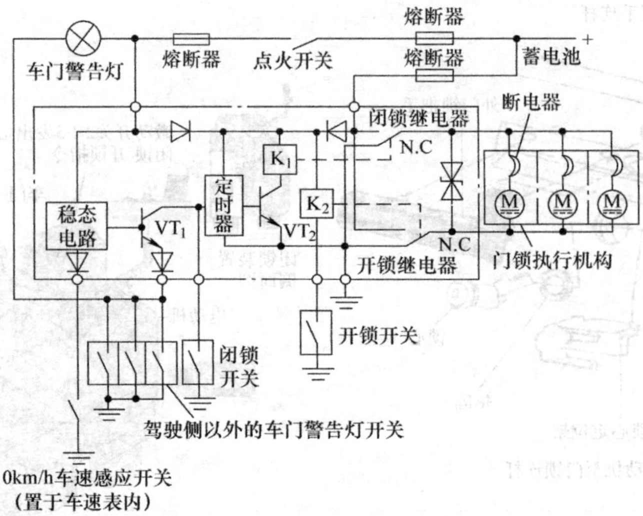
熔断器
车门警告灯
熔断器
点火开关
熔断器
蓄电池
断电器
闭锁继电器
N.C
K_1
定时器
K_2
稳态电路
VT_1
VT_2
N.C
开锁继电器
门锁执行机构
开锁开关
闭锁开关
驾驶侧以外的车门警告灯开关
10km/h车速感应开关
(置于车速表内)

图 3-7 车速感应式中控门锁系统电路

4）无线遥控式门锁控制器。这种控制器可在一定距离内完成车门的打开及锁止，不但能控制驾驶人侧车门，还可控制其他车门和行李箱门。下面以帕萨特轿车无线遥控式门锁控制器为例作介绍。

帕萨特轿车无线遥控式门锁控制器由一个发射器及一个接收器组成，对中央门锁控制装置及防盗装置起作用。发射器集成在车钥匙内，接收器是舒适系统中央控制单元的一部分。

车钥匙有两个键，如图 3-8 所示。一个键是“中央锁开”命令，一个键是“中央锁关”命令。发射器由安装的电池供电，钥匙开关上的发光二极管显示了数据从发出装置传递到接收装置的过程。

无线遥控的接收天线位于前乘客侧的车辆 A 柱上，接收器与中央控制单元为一体，最多可接受 4 把登记过的钥匙的信息。无线遥控工作示意图如图 3-9 所示。

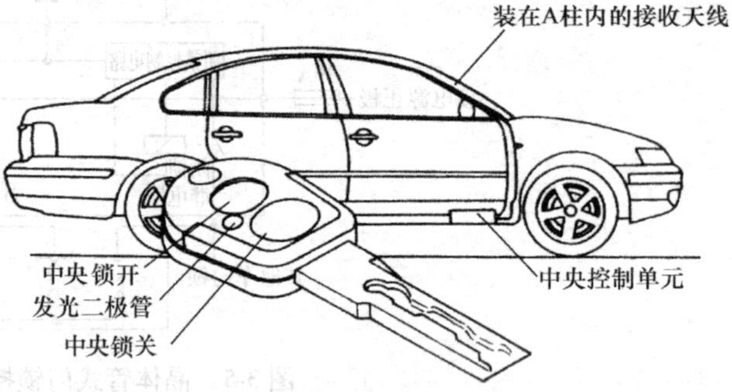
装在A柱内的接收天线
中央锁开
发光二极管
中央锁关
中央控制单元

图 3-8 发射器和接收器

（3）门锁执行机构　门锁执行机构用于拨动车门锁锁扣，使门开锁或闭锁，常用的有直流电动机式和电磁线圈式。

1）直流电动机式。该门锁执行机构通过控制直流电动机的正、反转来实现门锁的开、闭动作，由双向永磁电动机及齿轮和齿条等组成，电动机旋转带动齿条伸出或缩回完成开锁和闭锁动作。直流电动机式门锁执行机构如图 3-10 所示。

2）电磁线圈式。图 3-11 所示为电磁线圈式门锁执行机构的结构、原理，分别对闭锁线圈和开锁线圈进行通电即可使门闭锁和开锁。当给闭锁线圈通电时，衔铁带动连杆左移，门闭锁；当给开锁线圈通电时，衔铁带动连杆右移，门开锁。

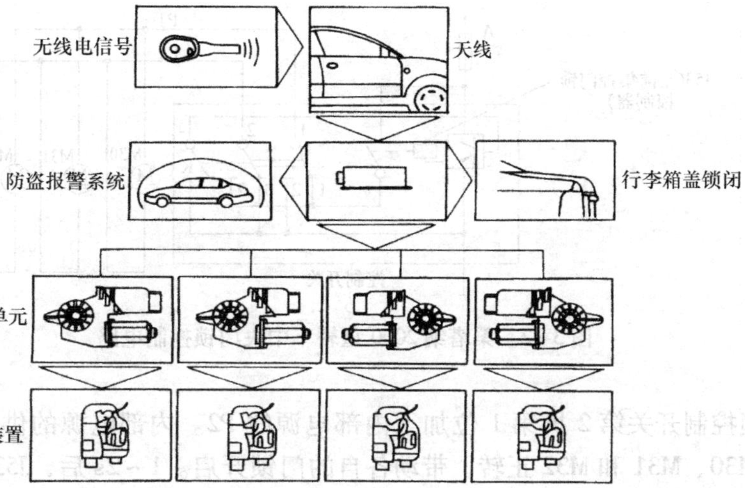
无线电信号
天线
防盗报警系统
行李箱盖锁闭
门控单元
闭锁装置

图 3-9 无线遥控工作示意图

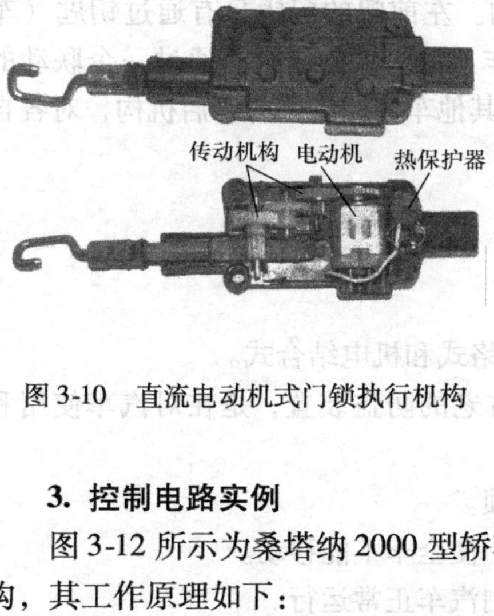
传动机构
电动机
热保护器

图 3-10 直流电动机式门锁执行机构

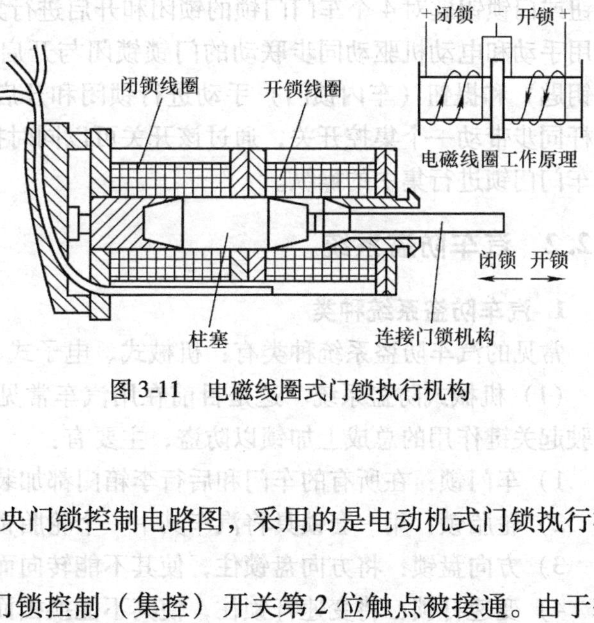
+闭锁
开锁+
闭锁线圈
开锁线圈
电磁线圈工作原理
闭锁
开锁
柱塞
连接门锁机构

图 3-11 电磁线圈式门锁执行机构

3. 控制电路实例

图 3-12 所示为桑塔纳 2000 型轿车中央门锁控制电路图，采用的是电动机式门锁执行机构，其工作原理如下：

将左前门门锁提钮（锁扣）压下，门锁控制（集控）开关第 2 位触点被接通。由于提钮压下过程中，门锁控制开关附带的控制触点 K 被短暂闭合，继电器使其触点闭合。这时 A 路电源经熔断器，通过 J53 的闭合触点及门锁控制开关第 2 掷第 2 位加至中控门锁内部电源线 P2，与此同时，电源的负极经门锁控制开关第 1 掷第 2 位加至中控门锁内部电源线 P1。门锁电动机 M30、M31 和 M32 反转，带动各门锁锁闭。1 ~ 2s 后，J53 控制其已闭合的触点断开，从而切断了为门锁电动机供电的 A 路电源，电动机停转，并一直保持此状态。

若将左前门门锁操纵提钮拔起，门锁控制开关 2 位触点被断开，第 1 位触点闭合。在这一过程中，控制开关附带的控制触点 K 又被短暂闭合，从而使 J53 的触点再次闭合 1 ~ 2s。这时 A 路电源经 J53 的闭合触点和门锁控制开关第 1 掷第 1 位加至内部电源线 P1，而电源

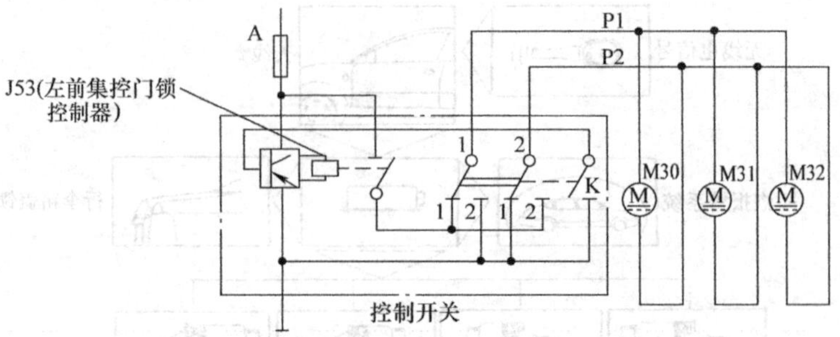
A
J53(左前集控门锁
控制器)
P1
P2
1
2
K
M30
M31
M32
控制开关
图 3-12　桑塔纳 2000 型轿车中央门锁控制电路

的负极经门锁控制开关第 2 掷第 1 位加至内部电源线 P2。内部电源的供电电压极性改变，门锁电动机 M30、M31 和 M32 正转，带动各自的门锁开启。1 ~ 2s 后，J53 控制其已闭合的触点断开，门锁电动机停转。

门锁的锁闭与开启有两种方式可供选择：一是独立地按下或提起右前、右后和左后车门上的门锁提钮，分别锁闭或开启这 3 个车门的门锁；另一种方式是通过设在左前门上的门锁提钮或门锁钥匙对 4 个车门门锁的锁闭和开启进行集中控制。为此右前、右后和左后门各自采用手动和电动机驱动同步联动的门锁锁闭与开启机构。左前门的门锁只有通过钥匙（车外钥匙）和提钮（车内锁门）手动进行锁闭和开启操作。但门锁操纵机构通过一个联动的连杆同步带动一个集控开关，通过该开关可以同时控制其他车门的锁闭与开启机构，对各自的车门门锁进行集中的操纵。

3.2.2　汽车防盗系统

1. 汽车防盗系统种类

常见的汽车防盗系统种类有：机械式、电子式、网络式和机电结合式。

（1）机械式防盗系统　这是目前在用汽车常见而古老的防盗装置，是在对汽车使用和行驶起关键作用的总成上加锁以防盗，主要有：

1）车门锁：在所有的车门和后行李箱门都加装门锁。

2）轮胎锁：用一套锁具将汽车其中一个轮胎锁定，使全车不能移动。

3）方向盘锁：将方向盘锁住，使其不能转向而限制汽车正常运行。

4）变速杆锁：将变速杆锁住，使其不能换档而限止汽车运行。

机械式防盗系统虽然成本低，但因拆装麻烦，放置不便，安全性也太差，所以正趋于被淘汰。

（2）电子式防盗系统　这是目前轿车普遍应用的防盗系统，它具有 4 种功能：

1）服务功能：包括遥控车门，遥控起动，寻车等功能。

2）警惕提示功能：也称为触发报警记录，提示汽车车门曾被人打开过。

3）报警提示功能：当有人动车时即发出闪光和鸣笛报警。

4）防盗功能：如果非法移动汽车，开启车门，打开油箱盖、发动机舱盖、行李箱门，接通点火电路时防盗器将立刻报警并切断起动电路以及点火电路、喷油电路、供油电路、自动变速器电路，使汽车完全无法移动。

电子式防盗系统安装隐蔽，功能齐全，操作简便，但对安全调试技术要求较高，有时也会受其他电波干扰。

（3）网络式防盗系统　这种防盗系统是随着卫星通信等高科技电子通信技术的发展而得以实现的，在技术上是先进可靠的。它分为卫星定位跟踪系统（即 GPS）和车载台通过中央控制中心定位监控系统。这些系统要构成网络，消除盲区，而且要有政府配合，需要设立监控中心，并需 24 小时不间断地监视，否则，即使安装了电子跟踪定位监控防盗系统也起不到防盗作用。

（4）机电结合的防盗系统　机械式防盗装置坚固可靠，电子防盗装置编程密码难解，把二者的优点结合起来则构成了机电结合式的防盗装置。

2. 汽车电子式防盗系统的组成

电子式防盗系统是具有报警及切断发动机点火电路、供油电路、控制制动和变速电路等功能的电子防盗系统，一般由与中控（中央）门锁系统联动的防盗安全报警系统和防车辆行驶系统组成，主要部件如下。

（1）防盗保险装置　防盗保险装置主要由各门锁、发动机舱盖锁、行李箱门锁、车门开启传感器、转向机锁止机构、变速杆锁止机构、安全指示灯、报警喇叭、报警蜂鸣器及有关电器元件等组成。当拔下点火钥匙，锁好车门后，防盗保险装置就进入了预警状态，设在汽车外可看到部位的工作显示灯（前照灯、转向灯、尾灯等）一起闪亮后熄灭，表示汽车已完全处于预警状态。

（2）防盗报警装置　当非法打开车门、接通起动电路（不用遥控器或开门钥匙、点火钥匙）起动发动机时，防盗报警装置便会报警，其形式有：

1）喇叭鸣叫。喇叭或蜂鸣器断续发出鸣叫（可达 3min）。

2）灯闪亮。外部可见的前照灯、尾灯等忽明忽暗的反复闪亮。

3）指名呼叫。系统向车主发送报警电波，并与汽车内电路联通指名向车主发出汽车被盗报警信号。

4）胶纸报警。门窗玻璃上粘贴的专用报警胶纸显示醒目的汽车被盗信号。

5）位置报警。系统发射电波，使公安局能在电子地图上看到被盗汽车的具体位置，便于警方追踪查找。

（3）防被盗车辆行驶装置　当盗贼非法进入车内时，防止车辆行驶的装置有：

1）阻止发动机起动。当发出警告信号时，起动电路被断路，发动机无法起动。

2）阻止点火系点火。当发出警告信号时，点火电路被断路，发动机无法起动。

3）阻止燃油供应。当发出警告信号时，供油电路被断路，发动机无法起动。

4）阻止转向机转向。当发出警告信号时，转向机被锁止，汽车无法转向。

5）阻止变速杆换档。当发出警告信号时，变速杆被锁止，汽车无法挂档。

3. 发动机止动系统

发动机止动系统又称为发动机防起动系统或防盗止动器，即防止汽车在未被授权的情况下，依靠自己的动力被开走，它是汽车防盗系统的一部分。下面以大众车系的发动机止动系统（发展到今已历经四代）为例进行介绍：

第一代防盗止动器：固定码。

第二代防盗止动器：固定码 + 可变码，W 线数据传输。

第三代防盗止动器：固定码 + 可变码，CAN 总线数据传输，支持第二代功能。

第四代防盗止动器：固定码 + 可变码，在线匹配。

（1）系统组成　防盗止动器主要由防盗器控制单元、发送器（钥匙）、识读线圈、发动机控制单元、故障警告灯等组成，如图 3-13 所示。

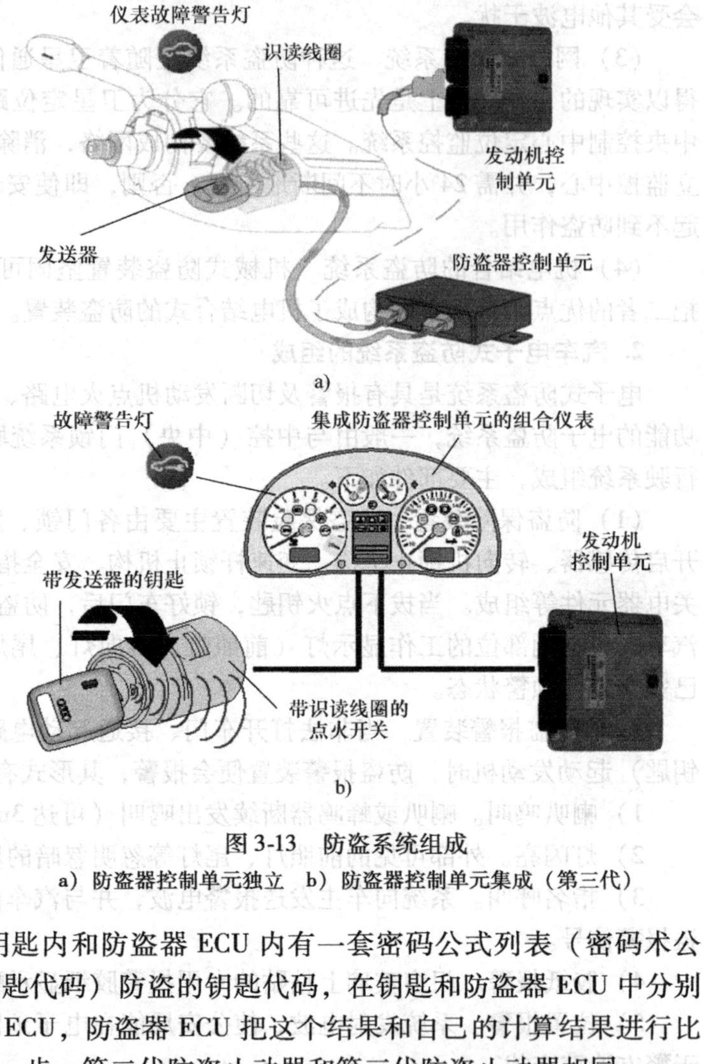
仪表故障警告灯
识读线圈
发动机控制单元
发送器
防盗器控制单元
a)
故障警告灯
集成防盗器控制单元的组合仪表
发动机控制单元
带发送器的钥匙
带识读线圈的点火开关
b)

图 3-13　防盗系统组成

a）防盗器控制单元独立　b）防盗器控制单元集成（第三代）

（2）工作原理

1）固定码传输（从钥匙到防盗器 ECU）。当车钥匙插入锁孔并打开点火开关时，防盗器 ECU 把能量输送给识读线圈，由识读线圈把能量用感应的方式传送给发送器。发送器接收感应能量后立即发射出固定码（首次匹配中这个固定码储存在防盗器 ECU 中），通过识读线圈输送给防盗器 ECU，供其核对，如果相同，则开始传送可变码。固定码用来锁定钥匙。

2）可变码的传输（从防盗器 ECU 到钥匙）。防盗器 ECU 随机产生一可变码，这个码是钥匙和防盗器 ECU 用于计算的基础。在钥匙内和防盗器 ECU 内有一套密码公式列表（密码术公式）和一个相同的 SKC（隐蔽的钥匙代码）防盗的钥匙代码，在钥匙和防盗器 ECU 中分别计算结果。钥匙发送结果给防盗器 ECU，防盗器 ECU 把这个结果和自己的计算结果进行比较，如果相同，钥匙确认完成。这一步，第二代防盗止动器和第三代防盗止动器相同。

3）可变码传输（从发动机控制单元到防盗器 ECU）。发动机控制单元随机产生可变码并传送给防盗器 ECU。防盗器 ECU 把该码和存储的码进行比较，如果相同，发动机被允许起动。发动机控制单元每次起动后按照随机选定原则产生一个码（变化的码），并把这个码储存在发动机控制单元和防盗器 ECU 中，用于下次起动时计算。第二代防盗止动器由 W 线传输。

发动机控制单元随机产生可变码。在发动机控制单元和防盗器 ECU 内有另一套密码公式列表和一个相同的 SKC 防盗的钥匙代码。防盗器 ECU 返回这个计算结果到发动机控制单元内，与其计算结果进行比较，如果相同，发动机被允许起动。第三代防盗止动器由 CAN 总线传输。

第三代防盗系统结构及传输过程如图 3-14、图 3-15 所示。第二代与第三代防盗系统区别见表 3-2。

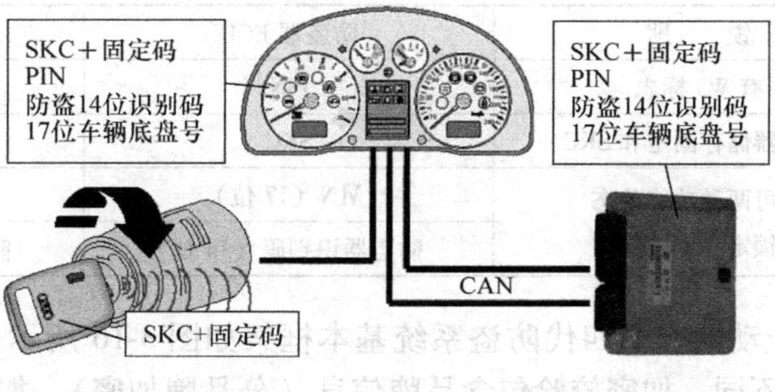
SKC＋固定码
PIN
防盗14位识别码
17位车辆底盘号
SKC＋固定码
PIN
防盗14位识别码
17位车辆底盘号
CAN
SKC+固定码

图 3-14　第 3 代防盗系统结构

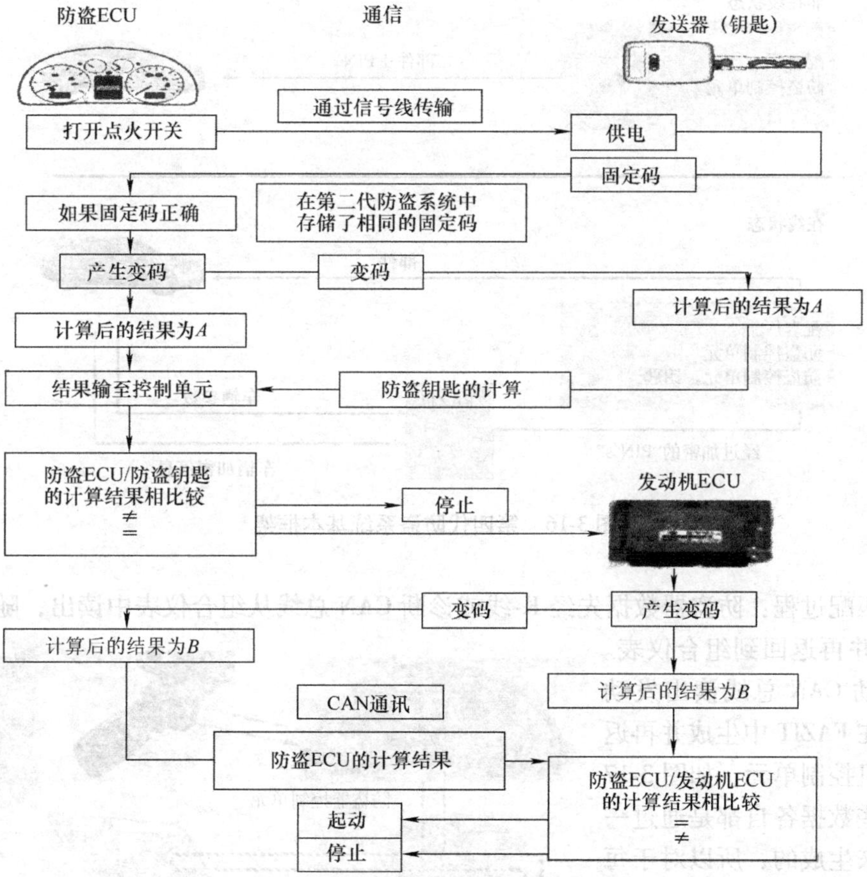
防盗ECU
通信
发送器（钥匙）
通过信号线传输
打开点火开关
供电
固定码
如果固定码正确
在第二代防盗系统中
存储了相同的固定码
产生变码
变码
计算后的结果为A
计算后的结果为A
结果输至控制单元
防盗钥匙的计算
防盗ECU/防盗钥匙
的计算结果相比较
≠
＝
停止
发动机ECU
变码
产生变码
计算后的结果为B
计算后的结果为B
CAN通讯
防盗ECU的计算结果
防盗ECU/发动机ECU
的计算结果相比较
＝
≠
起动
停止

图 3-15　第三代防盗系统传输过程

表 3-2　第二代与第三代防盗系统区别

识　别	锁　匙	防盗器 ECU	发动机 ECU
第二代	有 W 标志	PIN	无
	应答器储存固定和 SKC	SKC	
		防盗器识别码	

（续）

识　别	锁　匙	防盗器 ECU	发动机 ECU
第三代	有 W3 标志	PIN	PIN
	应答器储存固定和 SKC	SKC	SKC
	认可两种功能状态（锁定和未锁定）	VIN（17 位）	VIN（17 位）
		防盗器识别码（14 位）	防盗器识别码（14 位）

4）第四代防盗止动器。第四代防盗系统基本框架如图 3-16 所示，其加密技术更加先进，各部件加密算法不同，加密校验包含品牌信息（分品牌加密），加密数据在线交换，由车辆信息和核心识别工具（FAZIT）统一存储关键数据。

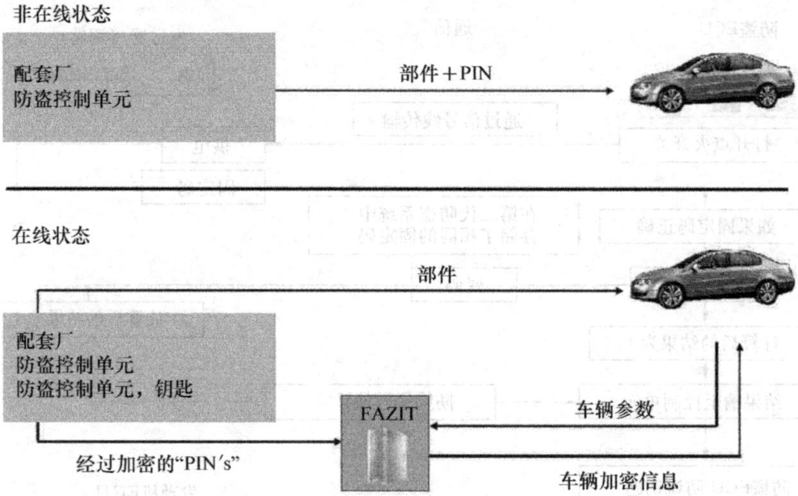
非在线状态
配套厂
防盗控制单元
部件＋PIN
在线状态
部件
配套厂
防盗控制单元
防盗控制单元，钥匙
FAZIT
车辆参数
经过加密的“PIN's”
车辆加密信息

图 3-16　第四代防盗系统基本框架

在线匹配过程：防盗器数据先经 K-线或诊断 CAN 总线从组合仪表中读出，随后在 FAZIT 中生成并再返回到组合仪表。然后经驱动 CAN 总线读出发动机数据，在 FAZIT 中生成并再返回到发动机控制单元，如图 3-17 所示。这些数据各自都是通过一个可变码来生成的，所以对于每个控制单元来说都是不同的。

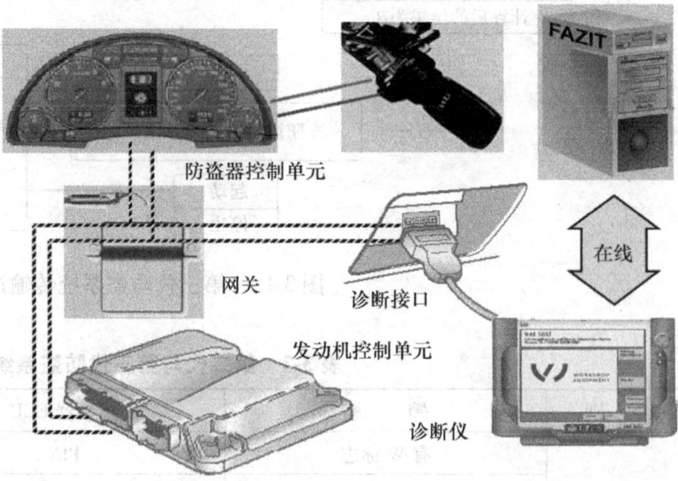
FAZIT
防盗器控制单元
在线
网关
诊断接口
发动机控制单元
诊断仪

图 3-17　在线匹配过程

第四代防盗系统与第三代防盗系统的区别如下：

①第四代防盗系统是网络防盗系统，防盗器不是一个单独的控制单元，而是一项功能，包括位于德国沃尔夫斯堡的 FAZIT 中

央数据库，存储了与防盗相关的控制单元参数。

②防盗器控制单元与其他防盗系统部件之间信息传递已经加密，控制单元必须在线匹配。

4. 卡罗拉轿车发动机停机系统

发动机停机系统是为防止车辆被盗而设计的，该系统使用收发器钥匙 ECU 总成来存储经授权的点火钥匙的钥匙代码。如果试图使用未经授权的钥匙起动发动机，则 ECU 将向 ECM 发送信号以禁止供油和点火，从而有效地禁止发动机工作。

（1）系统组成　卡罗拉轿车发动机停机系统由带芯片的点火钥匙、开锁警告开关、收发器钥匙线圈/放大器、收发器钥匙 ECU 发动机 ECM 以及停机系统安全指示灯等组成。卡罗拉轿车发动机停机系统框图如图 3-18 所示。

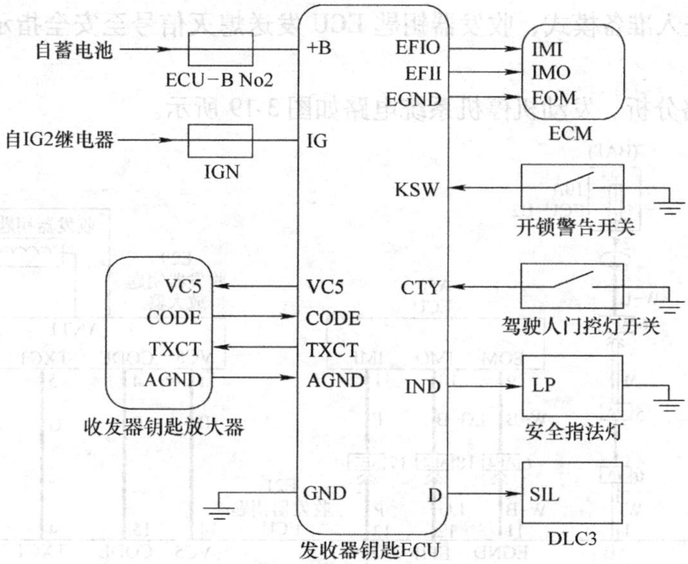
自蓄电池
ECU-B No2
自IG2继电器
IGN
+B
IG
EFIO
EFII
EGND
IMI
IMO
EOM
ECM
KSW
开锁警告开关
VC5
CODE
TXCT
AGND
收发器钥匙放大器
VC5
CODE
TXCT
AGND
CTY
驾驶人门控灯开关
IND
LP
安全指法灯
GND
D
SIL
DLC3
发收器钥匙ECU

图 3-18　卡罗拉轿车发动机停机系统框图

1）带芯片的点火钥匙。钥匙中具有单独编码的发射应答芯片，在钥匙插入点火开关并置于“ON”位置时，芯片接收由收发器钥匙放大器发出的磁场能量，转化为驱动芯片工作的电能，使芯片以电波的形式发出具备一特定编码的代码。

2）收发器钥匙线圈/放大器。该装置接收来自收发器 ECU 总成送出的能量，并以磁场的形式出现在点火开关的周围，向钥匙芯片发出驱动能量，接收来自钥匙芯片发出的特定编码的信息，并将此信息放大后传给收发器钥匙 ECU。

3）开锁警告开关。检查钥匙插入点火开关的动作，确认钥匙是否已经在点火开关中，同时在钥匙离开点火开关后，起动发动机停机系统。

4）收发器钥匙 ECU。在检测到钥匙开锁警告开关“ON”信号后，向收发器钥匙放大器送出一定的能量，同时接收来自收发器钥匙放大器收到的钥匙芯片代码信息，并将此代码与存储器中储存的钥匙编码进行对比。如果编码一致，则向发动机 ECM 发出允许起动的信息，并向组合仪表发出一个要求安全指示灯熄灭的指令。

5）发动机 ECM。该装置接收来自收发器钥匙 ECU 总成发出的是否允许发动机运行的指令。在发动机正常起动后5s内，没有接收到收发器钥匙ECU总成发出的允许发动机起动的指令，则会作出断油、断火的动作，使发动机停止工作。

该装置对收发器钥匙ECU总成和发动机ECM之间的通信ID码进行对比。如果通信ID代码不匹配，发动机也会在运行5s内熄火，同时发动机ECM内会存储“B2799”故障码。

（2）系统工作原理。当收发器钥匙ECU检测到钥匙开锁警告开关置于“ON”位置时（点火开关置于“ON”位置时），收发器钥匙ECU向收发器钥匙线圈提供电流并产生一个电波，钥匙柄中的发射应答芯片接收电波并输出一个钥匙识别码信号。该信号由收发器钥匙线圈接收，通过收发器钥匙放大器放大发送到收发器钥匙ECU。

收发器钥匙ECU将钥匙识别码与先前注册的车辆识别码相比较，并将结果发送至发动机ECM。在识别结果表明钥匙识别码与车辆识别码匹配后，发动机起动控制（燃油喷射控制和点火控制）进入准备模式，收发器钥匙ECU发送熄灭信号至安全指示灯，安全指示灯熄灭。

（3）系统电路分析。发动机停机系统电路如图3-19所示。

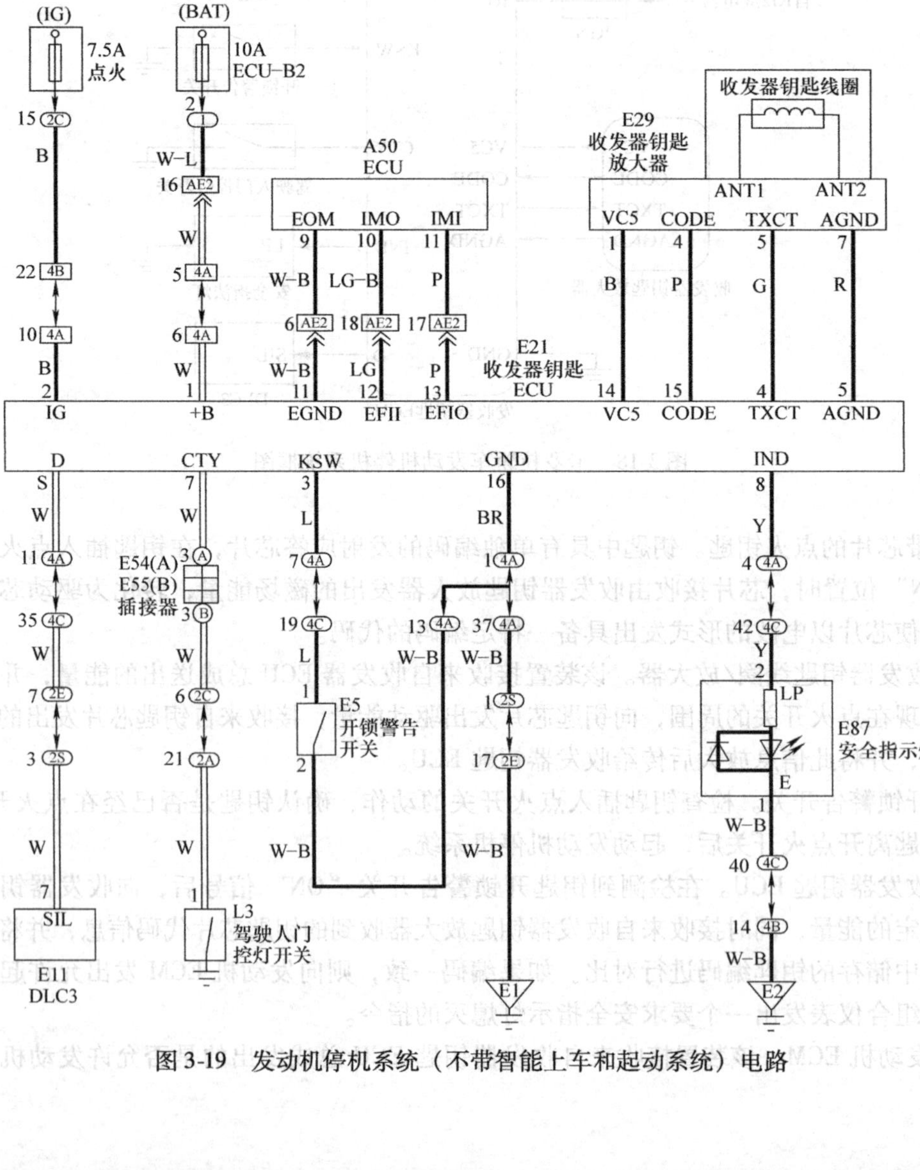
(IG)
7.5A
点火
(BAT)
10A
ECU–B2
A50
ECU
EOM
IMO
IMI
收发器钥匙线圈
E29
收发器钥匙
放大器
ANT1
ANT2
VC5
CODE
TXCT
AGND
E21
收发器钥匙
ECU
IG
+B
EGND
EFII
EFIO
D
CTY
KSW
GND
IND
E54(A)
E55(B)
插接器
E5
开锁警告
开关
LP
E87
安全指示灯
SIL
E11
DLC3
L3
驾驶人门
控灯开关
E1
E2

图3-19 发动机停机系统（不带智能上车和起动系统）电路

蓄电池电压经10A ECU-B2熔断器后供电给收发器钥匙ECU的1脚；当点火开关置于“ON（IG）”位置时，蓄电池电压经7.5A的点火熔断器后，供电给收发器钥匙ECU的2脚。

收发器钥匙线圈安装在收发器钥匙放大器内，可以接收来自钥匙内发射器芯片的钥匙代码信号，该信号通过放大器放大，然后输出到收发器钥匙ECU E21。其中，收发器钥匙放大器的1脚为供电脚，接E21的14脚；7脚为接地脚，接E21的5脚；4脚和5脚为通信信号，分别接E21脚的15脚和4脚。

收发器钥匙ECU的11、12、13脚外接发动机ECM。其中，11脚为接地脚，12脚为ECM输入信号，13脚为ECM输出信号。

收发器钥匙ECU的7脚外接驾驶人侧门控灯开关，当驾驶人侧车门打开时，门控灯开关闭合，搭铁信号输入收发器钥匙ECU的7脚。

收发器钥匙ECU的3脚外接开锁警告开关，在正常状态下，当点火开关置于“ON”位置时，解锁警告开关置于“ON”位置。当点火开关置于“ON”位置时，如果收发器钥匙ECU总成未检测到解锁警告开关置于“ON”位置，将输出故障码B2780。

收发器钥匙ECU的8脚外接安全指示灯，如果发射器钥匙已注册，收发器钥匙ECU总成通过亮起、闪烁或熄灭安全指示灯来输出钥匙注册情况。

收发器钥匙ECU的9脚外接DLC3，该电路用于使用智能检测仪读取从收发器钥匙ECU总成输出的故障码。

5. 奥迪A6轿车防盗系统

奥迪A6轿车上除装有机械式防盗装置即方向盘锁外，还装有电子防盗装置。

（1）防盗系统结构原理　奥迪A6轿车电子防盗系统由超声波传感器组件（2个）、超声波传感器控制单元、防盗报警器控制单元、防盗报警器及执行元件等组成。超声波传感器控制单元和防盗报警器控制单元是通过一条警告线和开关线相连的，超声波传感器装在两个B柱上，如图3-20所示。

1）超声波传感器。每个传感器组件包括2个超声波传感器和1个电子放大电路，分别装在左、右B柱内，每个传感器监控一个车窗。

超声波传感器控制单元
超声波传感器
防盗报警器控制单元
(带有车内灯延时关闭
和中控门锁电动机)

图3-20　奥迪A6轿车防盗系统示意图

超声波传感器以40kHz的频率发射声波（人耳无法听见），同时传感器又接收反射回来的声音信号，超声波控制单元分析反射回来的信号，如果必要，则触发报警。如果4个传感器中的某一个传递信号失败，则将中断对该车窗的监控。传感器放大电路如图3-21所示。

①发射功能。交流电压作用于振动线圈时，其内部将产生一个磁场，该磁场又反作用于永久磁铁的恒定磁场，因此，振动线圈的频率与交流电压相同。振动线圈与膜片相连，从而膜片也以相同的频率振动，膜片振动引起空气运动，产生超声波，如图3-22所示。

②接收功能。超声波传感器也起接收器的作用，如图3-23所示。

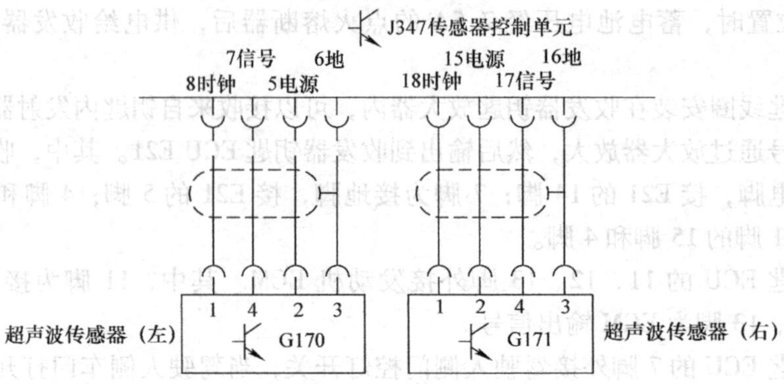
J347传感器控制单元
7信号
6地
8时钟
5电源
15电源
16地
18时钟
17信号
1
4
2
3
1
2
4
3
超声波传感器（左）
G170
G171
超声波传感器（右）

图 3-21　传感器放大电路

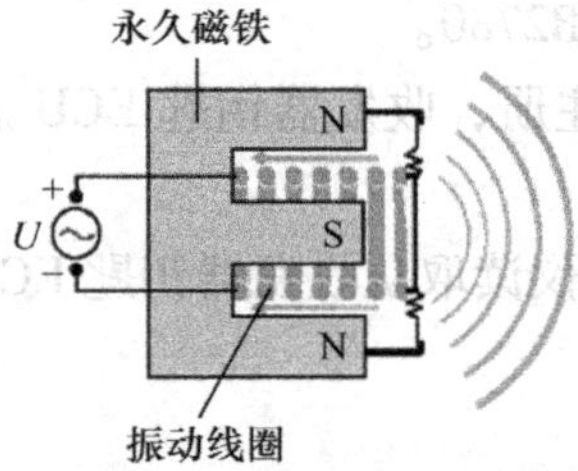
永久磁铁
膜片
N
S
N
U
振动线圈
声波

图 3-22　超声波传感器发射功能

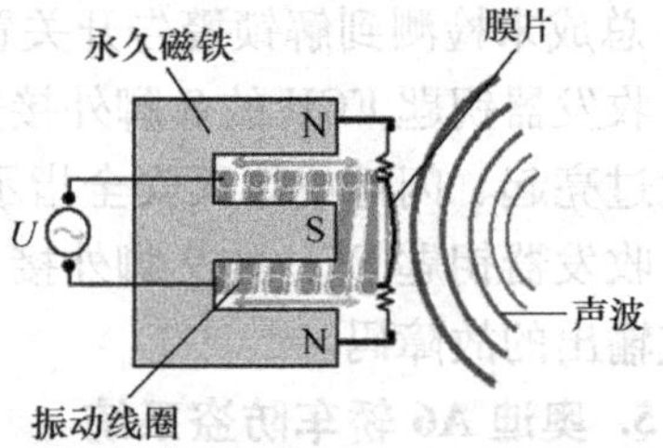
永久磁铁
膜片
N
S
N
U
声波
振动线圈

图 3-23　超声波传感器接收功能

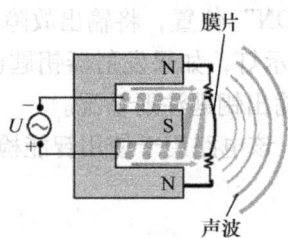

发射出的声波射到车内壁，并被反射回来，反射的声波引起膜片以一定的频率振动。这样，在振动线圈上感应产生一同样频率的交流电压，这种作用是反向的。如果声波频率改变（例如某个车窗破损），则交流电压的频率也随之改变。超声波传感器控制单元将识别交流电压的变化，并触发报警器报警。

2）超声波传感器控制单元、防盗报警器控制单元（带有车内灯延时关闭和中控门锁电动机）。超声波传感器控制单元装在行李箱内左侧，若有人企图非法进入车内，超声波传感器控制单元将向防盗报警器控制单元发送信号，系统立即报警。这种情况下，扬声器立即发出声音报警，转向灯发出闪光报警。防盗报警器控制单元装在超声波传感器控制单元的前面。

3）防盗报警器。当关闭所有车门、发动机舱盖和行李箱，并用钥匙或无线遥控器锁闭后，报警器立即开始工作，防盗报警器控制下列区域：

①驾驶人和前乘客席侧（微动开关设在门锁内）；

②发动机舱盖（微动开关设在锁下部位置）；

③行李箱盖（微动开关设在行李箱锁内）；

④收音机——必须在工厂安装（接地线）；

⑤点火开关（15 号端子）。

防盗报警器控制单元接到来自上述区域超声波传感器的信号后，立即发出声音报警，转向灯发出闪光报警。

4）执行元件。

①防盗系统开关。防盗系统开关装在驾驶人侧 B 柱上，只需按一下该开关，就能中断防盗器的监控功能，防止意外触发报警器。当驾驶人侧车门打开后，内部监控功能被中断，超声波传感器控制单元通过左前车门触发开关收到“驾驶人侧车门打开”的信号。防盗器开关电路如图 3-24 所示。

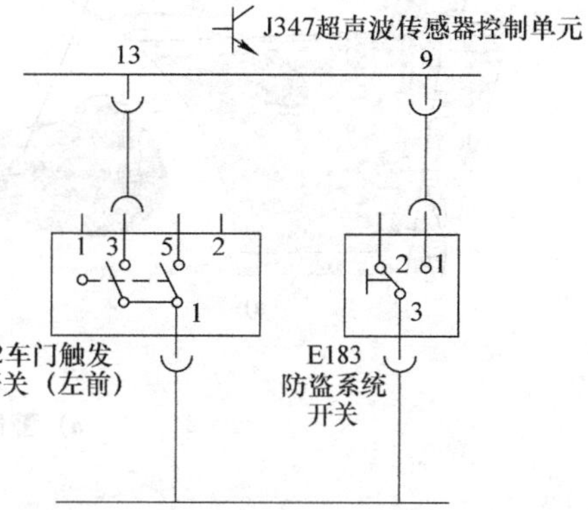
J347超声波传感器控制单元
13
9
1
3
5
2
1
2
1
3
F2车门触发
开关（左前）
E183
防盗系统
开关

图 3-24　防盗器开关电路

②防盗报警器信号扬声器。防盗报警器扬声器位于流水槽内，如图 3-25 所示。

当报警时，防盗报警器控制单元 V94 接通扬声器电路，使扬声器发出声音报警，声音报警与闪烁转向信号交替发出。防盗报警器信号扬声器电路如图 3-26 所示。

图 3-25　防盗报警器信号扬声器位置图

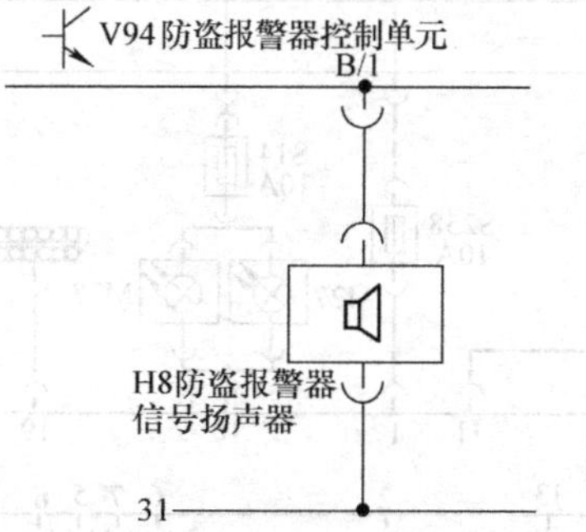
V94防盗报警器控制单元
B/1
H8防盗报警器
信号扬声器
31

图 3-26　防盗报警器信号扬声器电路

③转向信号灯。转向信号灯也由防盗报警器触发。当报警时，防盗报警器控制单元接通转向信号灯电路，转向信号灯发出闪光信号（闪烁），如图 3-27 所示。

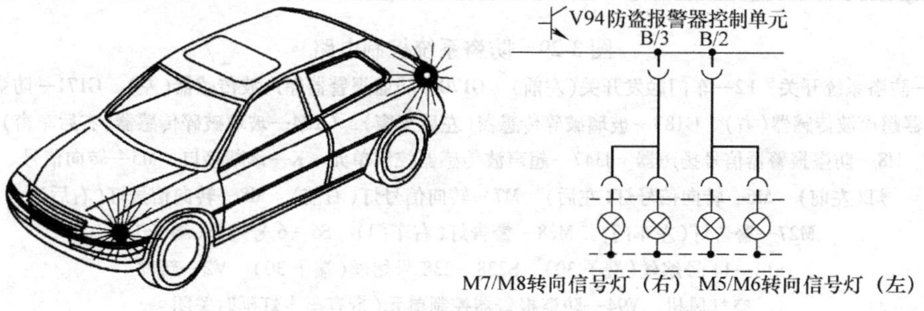
V94防盗报警器控制单元
B/3
B/2
M7/M8转向信号灯（右）
M5/M6转向信号灯（左）

a）　　b）

图 3-27　转向信号灯

a）转向信号灯　b）转向信号灯电路

④警告灯。警告灯是发光二极管，由超声波传感器控制单元触发，其闪烁频率表示防盗系统的状态。警告灯还可作自诊断辅助指示灯，如图 3-28 所示。

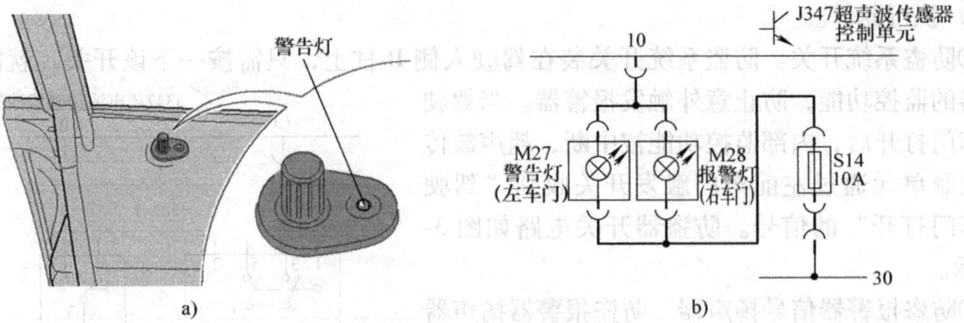
警告灯
a)
J347超声波传感器控制单元
10
M27
警告灯
(左车门)
M28
报警灯
(右车门)
S14
10A
30
b)

图 3-28　警告灯

a）警告灯示意图　b）警告灯电路

5）防盗系统控制电路。防盗系统控制电路如图 3-29 所示。

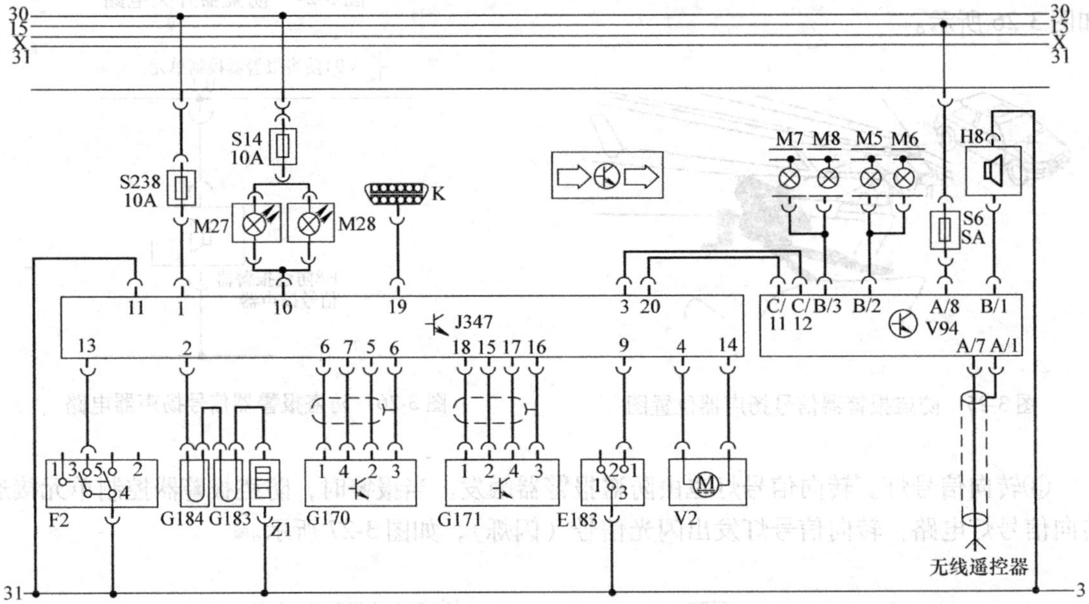
30
15
X
31
S238
10A
S14
10A
M27
M28
K
M7 M8 M5 M6
H8
S6
SA
11 1 10 19 3 20
J347
13 2 6 7 5 6 18 15 17 16 9 4 14
C/11 C/12 B/3 B/2 A/8 B/1
V94
A/7 A/1
F2
G184 G183 Z1
G170
G171
E183
V2
无线遥控器
31
3

图 3-29　防盗系统控制电路

E183—防盗系统开关　F2—车门触发开关(左前)　G170—防盗报警器超声波传感器(左)　G171—防盗报警器超声波传感器(右)　G183—玻璃破碎传感器(左后车窗)　G184—玻璃破碎传感器(右后车窗)　H8—防盗报警器信号扬声器　J347—超声波传感器控制单元　K—诊断接口　M5—转向信号灯(左前)　M6—转向信号灯(左后)　M7—转向信号灯(右前)　M8—转向信号灯(右后)　M27—警告灯(左车门)　M28—警告灯(右车门)　S6—6 号熔丝(端子 15)　S14—14 号熔丝(端子 30)　S238—238 号熔丝(端子 30)　V2—新鲜空气风机　V94—防盗报警器控制单元(带有车内灯延时关闭和中控门锁电动机)　Z1—可加热后风窗

（2）防盗系统自诊断　奥迪 A6 轿车防盗系统可利用故障检测仪 V. A. G1551、V. A. G1552、VAS5051、VAS5052，通过自诊断系统来检查系统传感器和执行元件。

防盗系统的地址码是“45”，可执行下列功能：

01——查询控制单元版本；

02——查询故障记忆；

03——执行元件诊断；

05——删除故障记忆；

06——结束输出；

07——对控制单元编码；

08——阅读测量数据块；

10——匹配。

奥迪 A6 轿车防盗系统的自诊断故障码表见表 3-3。

表 3-3　奥迪 A6 轿车防盗系统故障码表

V. A. G1551 打印输出	可能故障原因	故障排除
01377 1）防盗报警装置左侧超声波传感器 G170 2）对正极短路、断路/对地短路 3）不可靠信号	1）G170 和 J347 之间导线断路 2）G170 损坏 3）启动防盗系统时出现故障	1）按电路图查询故障 2）更换 G170 3）检修或更换线束
01378 1）防盗报警装置右侧超声波传感器 G171 2）对正极短路、断路/对地短路 3）不可靠信号	1）G171 和 J347 之间导线断路 2）G171 损坏 3）启动防盗系统时出现故障	1）按电路图查询故障 2）更换 G171 3）检修或更换线束
01379 1）防盗系统开关 E183 2）对地短路	1）E183 和 J347 间导线损坏 2）E183 损坏	1）按电路图查询故障 2）更换 E183 3）检修或更换线束
01380 通过左后防盗报警装置传感器报警	1）试图从左后车窗进入车内或功能检测后 2）因误操作而启动报警	1）清除故障存储器 2）功能检查 3）进行传感器灵敏度自适应
01381 通过右后防盗报警装置传感器报警	1）试图从右后车窗进入车内或功能检测后 2）因误操作而启动报警	1）清除故障存储器 2）功能检查 3）进行传感器灵敏度自适应
01382 通过左前防盗报警装置传感器报警	1）试图从左前车窗进入车内或功能检测后 2）因误操作而启动报警	1）清除故障存储器 2）功能检查 3）进行传感器灵敏度自适应
01383 通过右前防盗报警装置传感器报警	1）试图从右前车窗进入车内或功能检测后 2）因误操作而启动报警	1）清除故障存储器 2）功能检查 3）进行传感器灵敏度自适应

6. 桑塔纳 2000GSi 型轿车防盗系统

图 3-30 所示为桑塔纳 2000GSi 型轿车装用的防盗系统。

（1）防盗系统组成　防盗系统主要由带脉冲转发器的钥匙、识读线圈（D2）、防盗器控制单元（J362）、发动机电控单元（J220）及防盗器警告灯（K117）等组成。其中，防盗器 ECU 安装在转向柱左边的支柱上。防盗系统电路图如图 3-31 所示。

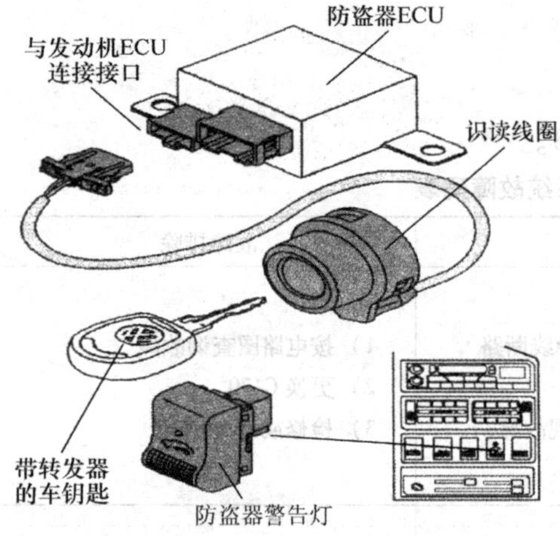
防盗器ECU
与发动机ECU
连接接口
识读线圈
带转发器
的车钥匙
防盗器警告灯

图 3-30　桑塔纳 2000GSi 型轿车装用的防盗系统

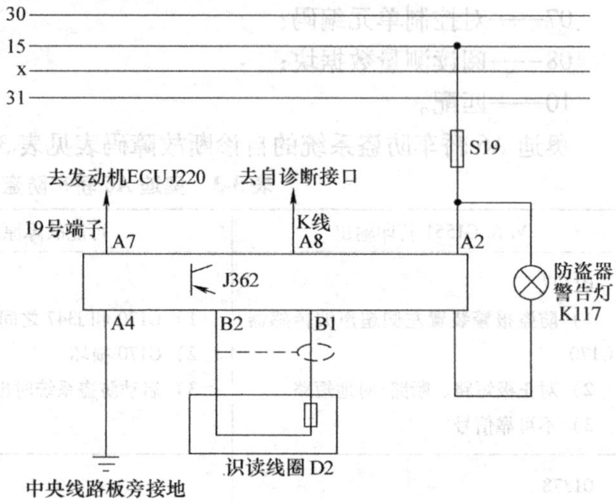
30
15
x
31
S19
去发动机ECU J220
去自诊断接口
19号端子
A7
K线
A8
A2
J362
防盗器
警告灯
K117
A4
B2
B1
识读线圈 D2
中央线路板旁接地

图 3-31　桑塔纳 2000GSi 型轿车防盗系统电路图

1）脉冲转发器。脉冲转发器是一种不需要电池驱动的感应和发射元件。当点火开关打开时，识读线圈把能量用感应的方式传送给脉冲转发器。脉冲转发器接收感应能量后立即发射出程控代码，通过识读线圈把程控代码输送给防盗器控制单元。每一把钥匙（脉冲转发器）有不同的程控代码。

2）识读线圈。识读线圈包在机械点火开关外面，它把能量传送给钥匙中的脉冲转发器，并把脉冲转发器中存储的代码输送给防盗装置控制单元。

3）防盗器控制单元。防盗器控制单元有一个 14 位的识别码和 4 位数的密码。

密码是用来解密和重新配置钥匙的。如果钥匙丢失，应使用故障阅读器 V. A. G1551 或车辆系统测试仪 V. A. G1552 读出 14 位字符的识别码，再通过大众公司服务热线查询密码。

防盗器控制单元经过与发动机电控单元匹配后，介入发动机管理系统中。每次打开点火开关时，防盗系统识读线圈将读取钥匙中转发器发出的答复代码。

当使用合法钥匙时，警告灯亮一下就会熄灭（约 3s）。如果使用非法钥匙或系统存在故障时，打开点火开关后，警告灯连续不停地闪烁，发动机起动 2s 后立即熄灭。

（2）工作原理　当点火开关打开时，防盗装置开始工作。防盗器控制单元通过读识线圈将能量感应后传送给钥匙中的脉冲转发器，此时，脉冲转发器被激活，通过读识线圈把它的程控代码送给防盗器控制单元。在防盗器控制单元里，输入的程控代码与先前存储在防盗器控制单元的钥匙代码进行比较，然后，防盗器控制单元再核对发动机电控单元的代码是否正确。该代码由发动机电控单元存储在防盗器控制单元中，每次起动发动机时，控制单元中的随机代码发生器都会发出一个可变的代码。如果核对后，代码不一致，发动机将在起动后 2s 内熄灭，从而起到防盗作用。

3.3 任务实施

“汽车中控门锁与防盗系统检修”实施步骤与要求见表3-4。

表3-4 “汽车中控门锁与防盗系统检修”实施步骤与要求

学习情境	汽车中控门锁与防盗系统检修		参考学时	12
教学地点	汽车实训室	所需设备	轿车（或台架）4辆；故障诊断仪4套；数字万用表4只；备件若干；常用工具4套	
步骤	任务要求			所用时间/min
资讯	1）明确工作任务。 2）咨询客户（教师扮演），查阅维修资料、课程网站、教材以及视频资料 3）填写任务工单的“知识准备”内容			60
决策计划	1）建立工作小组，并选出组长 2）根据咨询情况和工作任务要求，选择合适的检测诊断仪器设备 3）以小组讨论的方式，制订故障诊断排除工作计划及标准 4）将制订的工作计划与教师讨论并定稿			40
实施	1）按工作计划检测诊断故障，查找故障原因和故障点 2）排除故障，修复系统 3）根据诊断结果填写任务工单			320
检查评估	1）自行检查是否按计划和要求完成了工作任务 2）以小组讨论方式进行工作评估 3）结合教师的评价找出不足并提出改进意见			60

3.4 任务考核

1. 完成任务实施过程，填写“汽车中控门锁与防盗系统检修”任务工单并上交。
2. 根据完成任务工单情况评定任务成绩。

“汽车中控门锁与防盗系统检修”任务工单

	学习情境3 汽车中控门锁与防盗系统检修	班级		编号	3
		姓名		组别	
		学号		日期	

任务描述

针对汽车中控门锁与防盗系统故障，要求按照四步法（资讯、决策计划、实施、检查评估），紧密结合汽车维修实际过程诊断排除故障，在此过程中学习相关理论知识和检测诊断仪器设备的正确使用方法

（续）

一、资讯

1. 明确工作任务

2. 咨询情况

3. 知识准备

阅读相关知识内容及文献资料，并完成以下题目。

（1）填空题

1）中控门锁系统一般由________、____________、____________等组成。

2）帕萨特轿车中控门锁操作位置包括____________、____________、____________、____________。

3）控制开关包括门锁控制开关、门锁位置开关等，用于____________或____________________以及________________、________________等。

4）常见的汽车防盗系统有________、________、________和________4种。

5）防盗止动器主要由____________、____________、____________、____________和____________等组成。

（2）判断题

1）门锁控制器有晶体管式、电容式、车速感应式和无线遥控式等。（　　）

2）有时即使安装了电子跟踪定位监控防盗系统还是起不到防盗作用。（　　）

3）遥控门锁系统能控制驾驶人侧车门，但不可控制其他车门和行李箱门。（　　）

4）可以利用电容器的充、放电过程来控制脉冲的持续时间，使门锁执行器完成开关动作。（　　）

5）装有车速感应式门锁控制器时，当车速大于30km/h时，若车门未锁，不需驾驶人动手，门锁控制器自动将门上锁。（　　）

（3）单选题：

1）对于中央控制门锁系统来说，下列说法错误的是（　　）。

A. 电控门锁一般采用永磁电动机　　B. 一般是每个车门都设有一个继电器

C. 锁住了车门，但却不能解锁，电动机没失效　　D. 利用电动机的正、反转来实现开门与锁门

2）下列关于大众车系防盗止动器的叙述除了（　　）外都是正确的。

A. 从防盗器ECU到钥匙的可变码传输，第二代防盗止动器与第三代防盗止动器是相同的

B. 从发动机控制单元到防盗器ECU的可变码传输，第二代防盗止动器由W线传输

C. 从发动机控制单元到防盗器ECU的可变码传输，第三代防盗止动器由CAN总线传输

D. 固定码由防盗器ECU传输到钥匙

3）汽车装备中央门锁后不能实现的功能是（　　）。

A. 开门　　B. 报警　　C. 防盗　　D. 锁门

（续）

4）不是发动机止动系统组成部件的是（　　）。

A. 舒适系统控制单元　　B. 识读线圈　C. 点火钥匙　　D. 防盗器控制单元

5）关于第四代防盗止动器的说法不正确的是（　　）。

A. 加密技术更加先进，各部件加密算法不同　　B. 加密校验包含品牌信息

C. FAZIT 统一存储关键数据　　D. 系统匹配与前几代防盗止动器方法相同

（4）多选题

1）奥迪 A6 轿车防盗报警器控制下列（　　）区域。

A. 驾驶人和前乘客席侧　　B. 发动机舱盖　　C. 行李箱盖　　D. 点火开关

2）下列与防盗系统超声波传感器相关的叙述正确的是（　　）。

A. 传感器是超声波的发射器，也是接收器

B. 振动线圈与膜片相连，膜片振动引起空气运动，产生声波

C. 超声波传感器是一种机械式传感器

D. 传感器控制单元识别传感器交流电压的变化，并触发报警器报警

3）属于卡罗拉轿车发动机停机系统组成件的是（　　）。

A. SRS 指示灯　　B. 收发器钥匙放大器　　C. 收发器钥匙 ECU　　D. 开锁警告开关

4）关于第三代防盗止动器的说法正确的是（　　）。

A. 固定码 + 可变码传输　　B. 不支持第二代功能　　C. CAN 总线数据传输　　D. 发动机控制单元不接收没有 PIN 的自适应

5）中控门锁系统具有以下（　　）功用。

A. 驾驶人侧车门锁扣按下或用钥匙锁门时，能自动锁定其他车门及行李箱门

B. 除中央系统控制外，乘客仍可以利用各自车门的锁扣开关车门

C. 很多车辆中控门锁与防盗系统一同工作　　D. 起动发动机停机系统

二、决策计划

（建立工作小组，并选出组长；根据具体故障现象和工作任务要求，选择合适的检测诊断仪器设备；以小组讨论的方式，制订故障诊断排除的工作计划及标准；将制订的计划与教师讨论并定稿）

（续）

三、实施

（按工作计划检测、诊断故障，查找故障原因和故障点；排除故障，修复系统）

1. 故障现象描述

2. 检查项目与检查结果

3. 结果分析与故障判断：（根据检测结果及相关故障现象进行分析，列出可能原因）

4. 故障点及排除：（判断出准确的故障点，排除故障）

四、检查评估

（自行检查是否按计划和要求完成了工作任务；以小组讨论方式进行工作评估；结合教师的评价找出不足并提出改进意见）

学习情境4　汽车巡航控制系统检修

4.1 学习情境描述

学习情境4的描述见表4-1。

表4-1　学习情境4的描述

<table>
<tr><td colspan="2">学习情境名称　汽车巡航控制系统检修　　　　　　　　　　参考学时：8</td></tr>
<tr><td colspan="2">学习任务</td></tr>
<tr><td colspan="2">针对汽车巡航控制系统故障，要求按照四步法（资讯、决策计划、实施、检查评估），紧密结合汽车维修企业实际维修过程诊断排除故障，在此过程中学习相关知识和检测诊断仪器设备的正确使用方法</td></tr>
<tr><td colspan="2">学习目标</td></tr>
<tr><td colspan="2">1）能通过与客户交流、查阅相关维修技术资料等方式获取车辆信息
2）能正确描述汽车巡航控制系统的检测项目和内容
3）能确定汽车巡航控制系统主要参数的检测方法及相关标准
4）能对汽车巡航控制系统常见故障进行诊断和排除
5）能根据故障现象选择正确的检测诊断仪器设备，制订正确的检测诊断计划
6）能根据计划对汽车巡航控制系统进行检测诊断
7）能正确分析各检测结果并做出故障判断
8）能检查、评价、记录工作结果
9）能根据环保要求，正确处理对环境和人体有害的辅料、废气、废液和损坏零部件</td></tr>
<tr><td colspan="2">学习内容</td></tr>
<tr><td colspan="2">1）汽车定速巡航控制系统的结构、原理
2）汽车主动巡航控制系统的结构、原理
3）汽车巡航控制系统的使用
4）汽车巡航控制系统常见故障诊断排除
5）常用检测诊断仪器设备的使用</td></tr>
<tr><td>工具、设备与资料</td><td>知识基础</td></tr>
<tr><td>实训车辆
专用工具
检测、诊断设备
多媒体教学设备
教学课件
维修资料
视频教学资料
网络教学资源
任务工单</td><td>电工、电子学基础
汽车结构、原理
汽车使用操作
技术资料收集应用
安全规定</td></tr>
</table>

4.2 相关知识及检修技术

4.2.1 汽车巡航控制系统

1. 巡航控制系统概述

巡航控制系统（Cruise Control System，CCS），又称为速度控制系统。当该系统工作时，会根据汽车行驶阻力的变化，自动增大或减小节气门开度，驾驶人不用去控制加速踏板，汽车也会按驾驶人所选定的速度匀速行驶，即使是上坡或下坡也一样。

（1）优点　巡航控制系统主要具有以下一些优点：

1）提高汽车行驶时的舒适性。当汽车以一定的速度行驶时，能减少驾驶人的负担，使其可以轻松地驾驶，特别是在郊外或高速公路上行驶时，这种优越性更为显著。

2）节省燃料，具有一定的经济性和环保性。在同样的行驶条件下，对一个有经验的驾驶人来说，可节省燃料15%，并减少废气的排放。这是因为在巡航控制时，汽车的燃料供给与发动机功率之间处于最佳的配合状态。

3）保持汽车车速的稳定。汽车无论是在上坡、下坡、平路上行驶，或是在风速变化的情况下行驶，只要在发动机功率允许的范围内，汽车的行驶速度都可以保持不变。

（2）分类　根据控制节气门的方式，巡航控制系统可以分为真空巡航控制系统和电子巡航控制系统两类。真空巡航控制系统主要依赖于机械部件和转动零件，精度低、灵活性较差，所以现在已经很少应用；电子巡航控制系统则具有精度高的优点，因而得到了广泛的应用。电子巡航控制系统又经历了晶体管式、模拟式和数字式3个发展阶段。电子巡航控制系统根据执行器的不同又可分为以下3种：真空驱动型电子巡航控制系统（只用于燃油为汽油的车型）；电动机驱动型电子巡航控制系统；电子节气门控制型巡航控制系统（用于配有电子节气门发动机的汽车）。

2. 巡航控制系统的结构、原理

巡航控制系统主要由巡航控制开关、传感器、巡航控制ECU、执行器等组成。雷克萨斯LS400轿车巡航控制系统布置如图4-1所示。数字式巡航控制系统基本原理如图4-2所示。

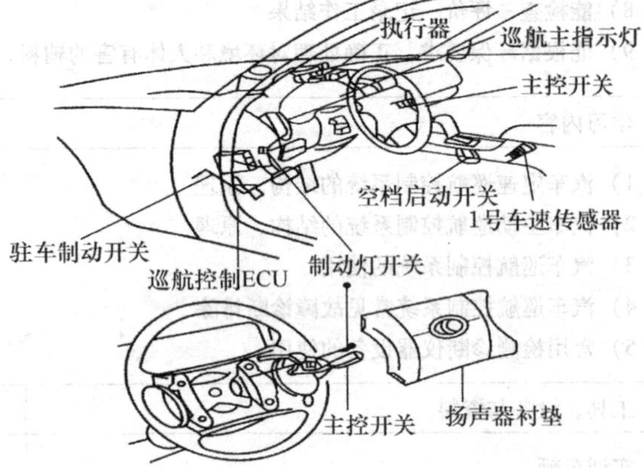
执行器
巡航主指示灯
主控开关
空档启动开关
1号车速传感器
驻车制动开关
制动灯开关
巡航控制ECU
主控开关
扬声器衬垫

图4-1　雷克萨斯LS400轿车巡航控制系统布置

巡航控制开关和传感器将信号送至ECU，ECU根据这些信号计算出节气门的合理开度，并给执行器发出信号，调节节气门的开度，保持汽车按设定的车速等速行驶。雷克萨斯LS400轿车巡航控制系统电路如图4-3所示。

3. 巡航控制系统的操作

巡航控制系统的操作主要通过主开关和控制开关来完成。将主开关（CRUISE ON-OFF）置于“ON”位置，仪表板上的巡航控制系统的指示灯亮，表示巡航控制系统转入运行状态。

宝来轿车巡航控制开关及指示灯如图 4-4 所示。

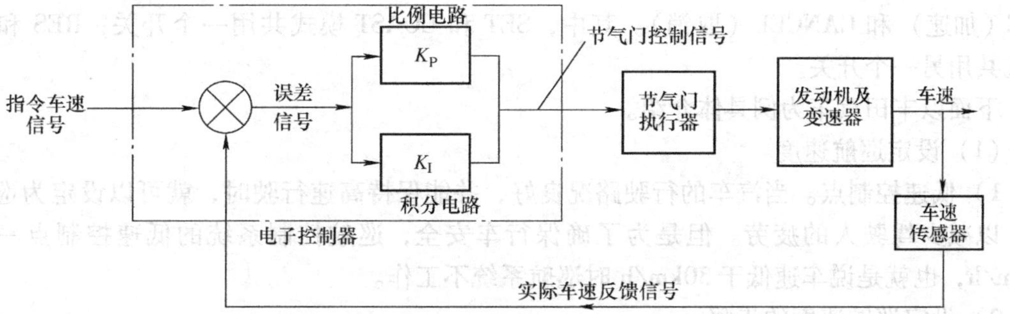
比例电路
K_P
节气门控制信号
指令车速
信号
误差
信号
K_I
积分电路
节气门
执行器
发动机及
变速器
车速
车速
传感器
电子控制器
实际车速反馈信号

图 4-2 数字式巡航控制系统基本原理

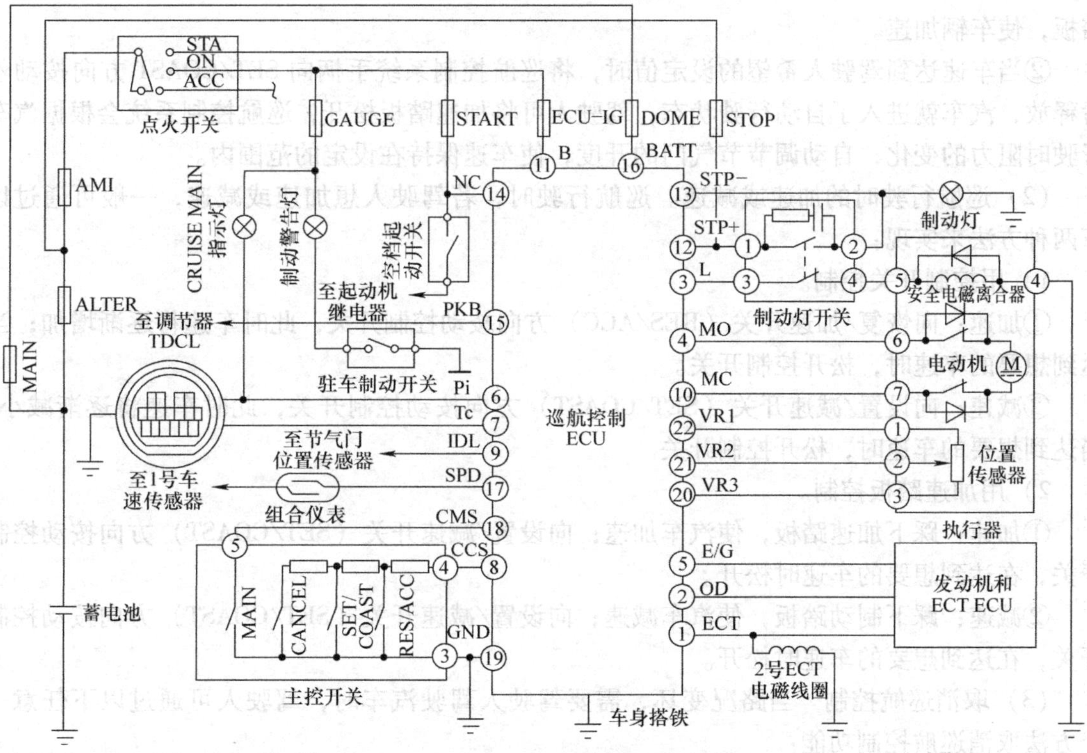
STA
ON
ACC
点火开关
GAUGE
START
ECU−IG
DOME
STOP
B
BATT
AMI
CRUISE MAIN
指示灯
制动警告灯
NC
空档起
动开关
STP−
STP+
制动灯
L
制动灯开关
安全电磁离合器
至起动机
继电器
ALTER
至调节器
TDCL
PKB
MO
驻车制动开关
Pi
MC
电动机
MAIN
Tc
巡航控制
ECU
VR1
至节气门
位置传感器
IDL
VR2
位置
传感器
至1号车
速传感器
SPD
VR3
组合仪表
CMS
执行器
CCS
E/G
发动机和
ECT ECU
MAIN
CANCEL
SET/
COAST
RES/ACC
OD
蓄电池
GND
ECT
主控开关
2号ECT
电磁线圈
车身搭铁

图 4-3 雷克萨斯 LS400 轿车巡航控制系统电路

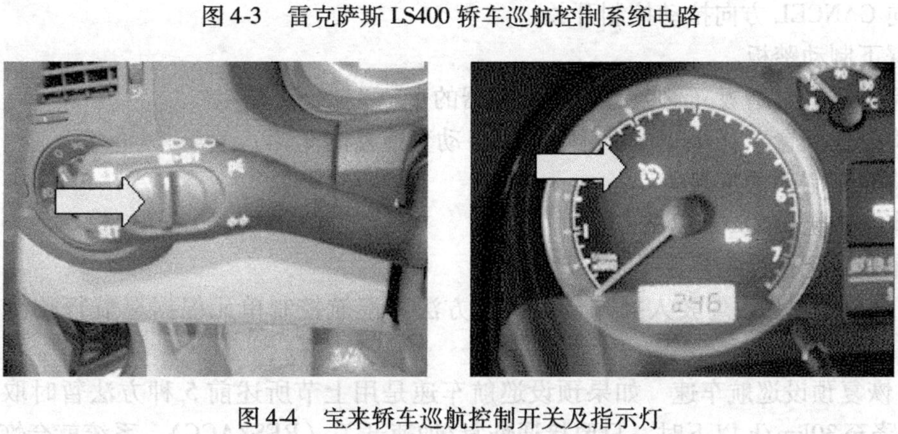

图 4-4 宝来轿车巡航控制开关及指示灯

巡航控制开关通常有5种控制功能：SET（设置）、COAST（减速）、RES（恢复）、ACC（加速）和CANCEL（取消）。其中，SET和COAST模式共用一个开关，RES和ACC模式共用另一个开关。

下面以丰田汽车为例具体介绍。

（1）设定巡航速度

1）低速控制点。当汽车的行驶路况良好，并能保持高速行驶时，就可以设定为巡航行驶，以减少驾驶人的疲劳。但是为了确保行车安全，巡航控制系统的低速控制点一般为30km/h，也就是说车速低于30km/h时巡航系统不工作。

2）设定巡航速度的步骤。

①按下CRUISE ON-OFF按钮，启动巡航控制系统，此时巡航指示灯应该亮，踩下加速踏板，使车辆加速。

②当车速达到驾驶人希望的设定值时，将巡航控制系统手柄向SET/COAST方向按动然后释放，汽车就进入了自动行驶状态，驾驶人可将加速踏板松开，巡航控制系统会根据汽车行驶时阻力的变化，自动调节节气门的开度，使车速保持在设定的范围内。

（2）巡航行驶时的加速或减速。巡航行驶时，若驾驶人想加速或减速，一般可通过以下两种方法来实现：

1）用控制开关控制。

①加速：向恢复/加速开关（RES/ACC）方向按动控制开关，此时车速将逐渐增加；当达到想要的车速时，松开控制开关。

②减速：向设置/减速开关（SET/COAST）方向按动控制开关，此时车速将逐渐减小；当达到想要的车速时，松开控制开关。

2）用加速踏板控制。

①加速：踩下加速踏板，使汽车加速；向设置/减速开关（SET/COAST）方向按动控制开关，在达到想要的车速时松开。

②减速：踩下制动踏板，使汽车减速；向设置/减速开关（SET/COAST）方向按动控制开关，在达到想要的车速时松开。

（3）取消巡航控制　当路况变坏，需要驾驶人驾驶汽车时，驾驶人可通过以下任意一个方法取消巡航控制功能：

1）向CANCEL方向拉动控制开关。

2）踩下制动踏板。

3）踩下离合器踏板（对装有手动变速器的车辆）。

4）将变速杆置于“N”位（对于装有自动变速器的车辆）。

5）将驻车制动器拉起少许。

6）车速降至30km/h以下。

7）车速降至比设定车速低16km/h。

其中前5种方法由驾驶人操作，后2种方法由巡航控制单元根据巡航行驶情况自动执行。

（4）恢复预设巡航车速　如果预设巡航车速是用上节所述前5种方法暂时取消，而且车速没有降至30km/h以下时，只要接通恢复/加速开关（RES/ACC），系统就会恢复到预设巡航车速。但是如果驾驶人通过关闭主开关或出现上节所述后两种情况使巡航预设车速被取消时，要想使汽车巡航行驶，就必须重新设置。

4. 巡航控制系统主要部件结构、原理

（1）巡航控制开关　巡航控制开关主要用于设置巡航车速或将其重新设置为另一车速，以及取消巡航控制等，主要包括主开关、控制开关和退出巡航控制开关。

1）主开关。主开关（ON/OFF）是巡航控制系统的总开关，用于巡航控制系统的接通或关闭，如图 4-5 所示。

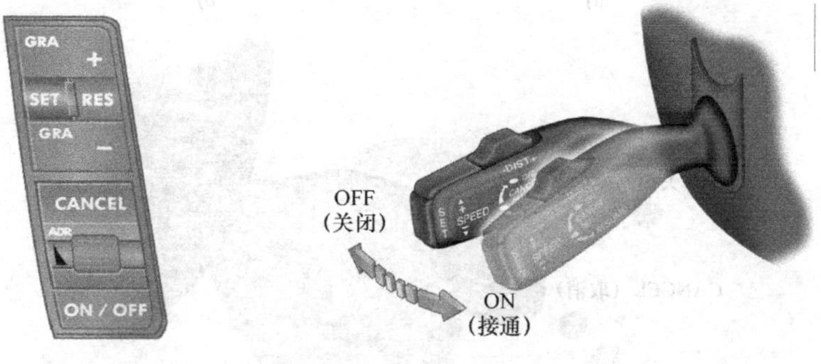
GRA
+
SET
RES
GRA
–
CANCEL
ADR
ON / OFF
OFF
（关闭）
ON
（接通）
SET
SPEED
DIST

a)　　b)

图 4-5　巡航控制系统主开关（ON/OFF）
a）按钮式　b）手柄式

2）控制开关。控制开关有 5 种控制功能：设置（SET）、减速（COAST 或 GRA -）、恢复（RES）、加速（ACC 或 GRA +）和取消（CANCEL），位置布置及操作方法因车型差异各有不同，如图 4-6 所示。

3）退出巡航控制开关。退出巡航控制开关是指开关接通后，能使巡航控制系统自动退出工作的开关。退出巡航控制开关除取消开关外，还包括制动灯开关、驻车制动开关、离合器开关（手动变速器）和空档起动开关（自动变速器）。如图 4-7 所示。

①制动灯开关。制动灯开关由常闭和常开两个开关组成，如图 4-8 所示。开关 A 为常开开关，踏下制动踏板时开关闭合，将制动灯的电源电路接通，制动灯亮。同时，电源电压经开关 A 加在巡航控制 ECU 上，将制动信号输入巡航控制 ECU，巡航控制 ECU 取消巡航控制系统的控制，巡航控制系统停止工作。开关 B 为常闭开关，当踏下制动踏板时，开关 B 断开，直接切断巡航控制 ECU 对巡航控制执行器的控制电路，确保巡航控制系统停止工作。

②驻车制动开关。当使用驻车制动器时，驻车制动开关接通，将驻车制动信号送至巡航控制 ECU，巡航控制 ECU 取消巡航控制系统的工作，同时，驻车制动灯亮。

③离合器开关。对于装有手动变速器的汽车，当踏下离合器踏板时，离合器开关接通，将取消信号送至巡航控制 ECU，巡航控制 ECU 取消巡航控制系统的工作。

④空档起动开关。对于装有自动变速器的汽车，当将变速杆移至“N”（空档）位时，空档起动开关接通，将取消信号送至巡航控制 ECU，巡航控制 ECU 取消巡航控制系统的工作。

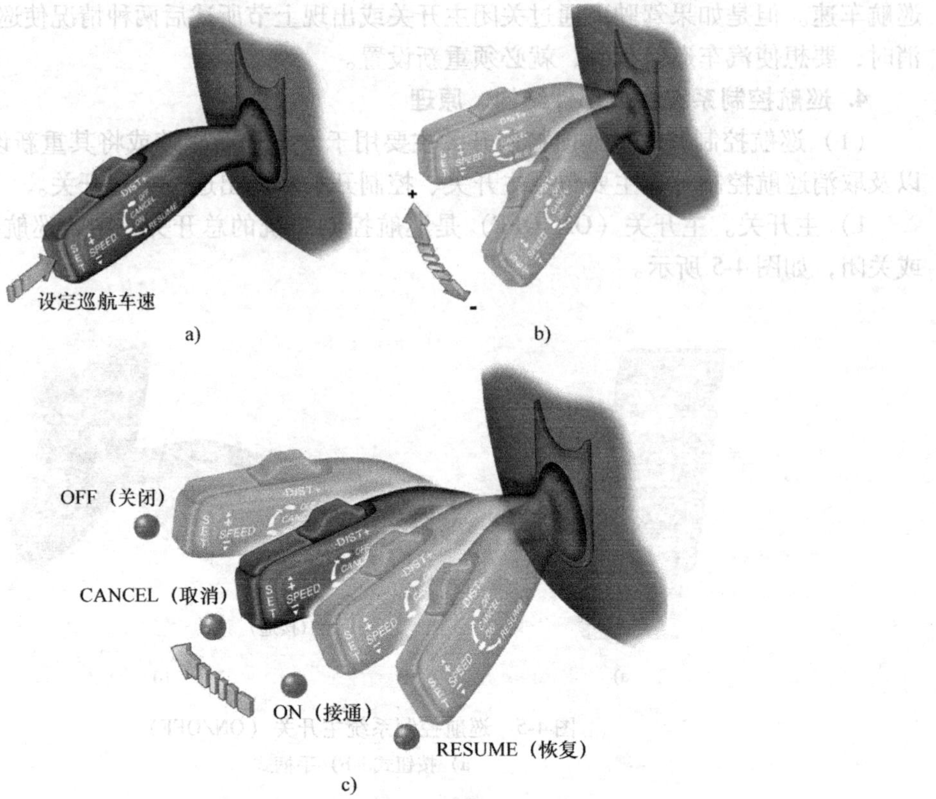
设定巡航车速
a)
+
-
b)
OFF（关闭）
CANCEL（取消）
ON（接通）
RESUME（恢复）
c)

图 4-6　控制开关（手柄式）

a）设置　b）加/减速　c）取消和恢复

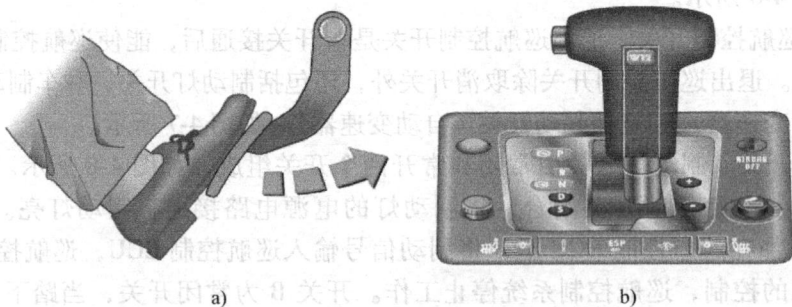

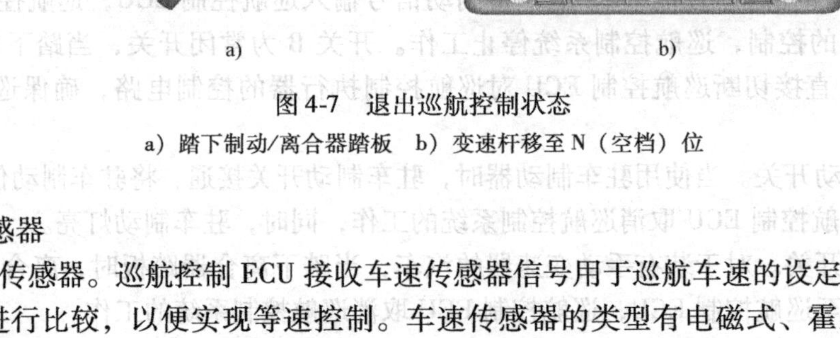
a)
b)

图 4-7　退出巡航控制状态

a）踏下制动/离合器踏板　b）变速杆移至 N（空档）位

（2）传感器

1）车速传感器。巡航控制 ECU 接收车速传感器信号用于巡航车速的设定及将实际车速与设定车速进行比较，以便实现等速控制。车速传感器的类型有电磁式、霍尔式、光电式等。车速传感器信号同时用于发动机控制、自动变速器控制等，如图 4-9 所示。

2）节气门位置传感器。节气门位置传感器一般为线性输出型，作用是为巡航控制 ECU 提供一个与节气门开度成正比的电信号，该传感器与发动机电控系统共用，如图 4-10 所示。

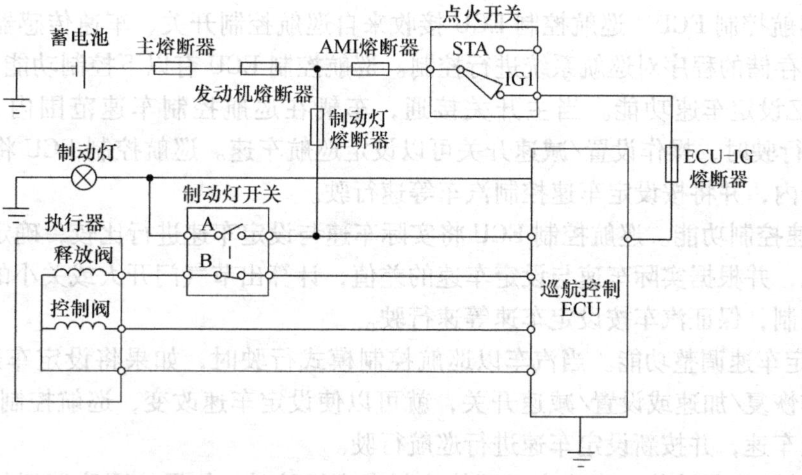
点火开关
蓄电池
主熔断器
AMI熔断器
STA
IG1
发动机熔断器
制动灯
熔断器
ECU-IG
熔断器
制动灯
制动灯开关
执行器
A
B
释放阀
控制阀
巡航控制
ECU

图 4-8 制动灯开关电路（真空驱动执行器）

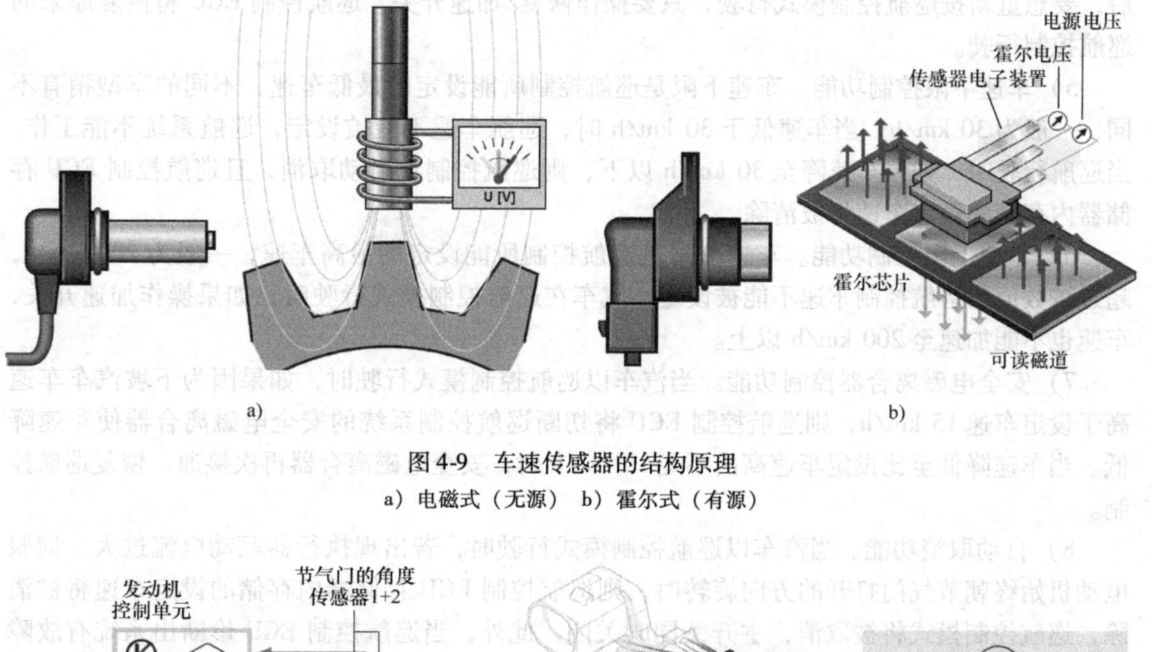
U [V]
电源电压
霍尔电压
传感器电子装置
霍尔芯片
可读磁道

a) b)

图 4-9 车速传感器的结构原理

a）电磁式（无源） b）霍尔式（有源）

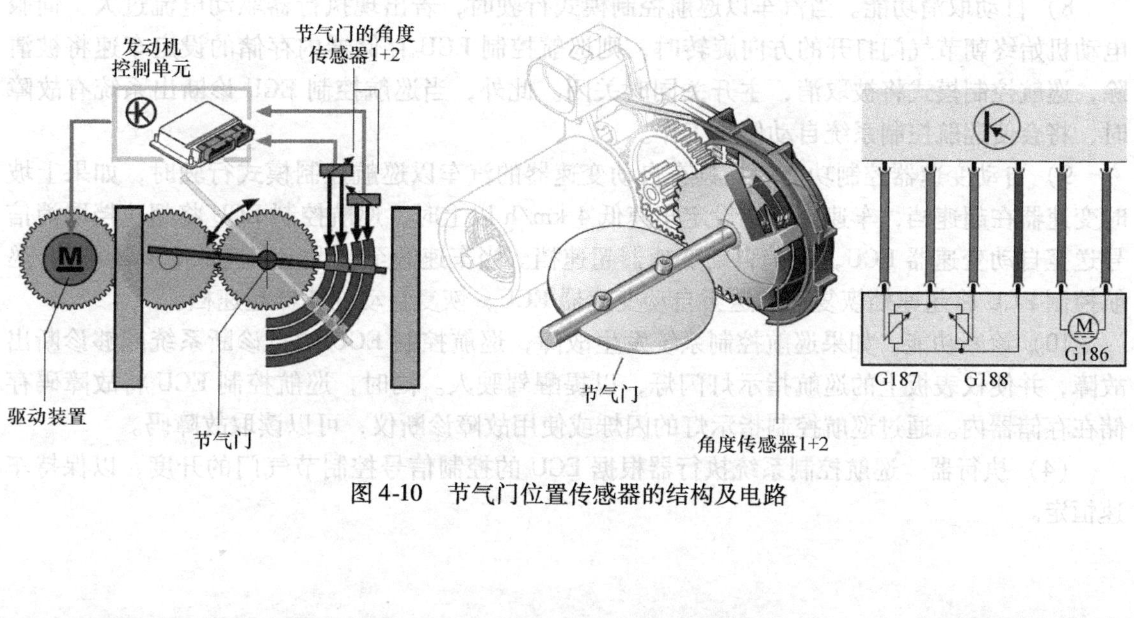
发动机
控制单元
节气门的角度
传感器1+2
M
驱动装置
节气门
节气门
角度传感器1+2
M
G186
G187
G188

图 4-10 节气门位置传感器的结构及电路

（3）巡航控制 ECU　巡航控制 ECU 接收来自巡航控制开关、车速传感器和其他开关的信号，按照存储的程序对巡航系统进行控制。巡航控制 ECU 有以下控制功能：

1）记忆设定车速功能。当主开关接通，车辆在巡航控制车速范围内（一般为 30 ~ 200km/h）行驶时，操作设置/减速开关可以设定巡航车速。巡航控制 ECU 将设定的车速存储在存储器内，并将按设定车速控制汽车等速行驶。

2）等速控制功能。巡航控制 ECU 将实际车速与设定车速进行比较，确定节气门开度是否需要变化，并根据实际车速与设定车速的差值，计算出节气门开大或关小的量，进而对执行器进行控制，保证汽车按设定车速等速行驶。

3）设定车速调整功能。当汽车以巡航控制模式行驶时，如果将设定车速提高或降低，则只要操作恢复/加速或设置/减速开关，就可以使设定车速改变，巡航控制 ECU 将记忆改变后的设定车速，并按新设定车速进行巡航行驶。

4）取消和恢复功能。当汽车以巡航控制模式行驶时，如果接通取消开关或接通任何一个其他退出巡航控制开关，巡航控制 ECU 将控制执行器使巡航控制取消。取消巡航控制以后，要想重新按巡航控制模式行驶，只要操作恢复/加速开关，巡航控制 ECU 将恢复原来的巡航控制行驶。

5）车速下限控制功能。车速下限是巡航控制所能设定的最低车速，不同的车型稍有不同，一般为 30 km/h。当车速低于 30 km/h 时，巡航车速不能被设定，巡航系统不能工作。当巡航行驶时，如果车速降至 30 km/h 以下，则巡航控制将自动取消，且巡航控制 ECU 存储器内存储的设定车速将被清除。

6）车速上限控制功能。车速上限是巡航控制所能设定的最高车速，一般为 200 km/h，超过该数值的巡航控制车速不能被设定。汽车在巡航控制模式行驶时，如果操作加速开关，车速也不能加速至 200 km/h 以上。

7）安全电磁离合器控制功能。当汽车以巡航控制模式行驶时，如果因为下坡汽车车速高于设定车速 15 km/h，则巡航控制 ECU 将切断巡航控制系统的安全电磁离合器使车速降低。当车速降低至比设定车速高出不足 10 km/h 时，安全电磁离合器再次接通，恢复巡航控制。

8）自动取消功能。当汽车以巡航控制模式行驶时，若出现执行器驱动电流过大，伺服电动机始终朝节气门打开的方向旋转时，则巡航控制 ECU 存储器内存储的设定车速将被清除，巡航控制模式将被取消，主开关同时关闭。此外，当巡航控制 ECU 诊断出系统有故障时，将会使巡航控制系统自动停止工作。

9）自动变速器控制功能。当具有自动变速器的汽车以巡航控制模式行驶时，如果上坡时变速器在超速档，车速降至比设定车速低 4 km/h 以上时，巡航控制 ECU 将超速档取消信号送至自动变速器 ECU，取消自动变速器超速档。当车速升至比设定车速低 2 km/h 时，巡航控制 ECU 将超速档恢复信号送至自动变速器 ECU，恢复自动变速器超速档。

10）诊断功能。如果巡航控制系统发生故障，巡航控制 ECU 的自诊断系统能够诊断出故障，并使仪表板上的巡航指示灯闪烁，以提醒驾驶人。同时，巡航控制 ECU 将故障码存储在存储器内。通过巡航控制指示灯的闪烁或使用故障诊断仪，可以读取故障码。

（4）执行器　巡航控制系统执行器根据 ECU 的控制信号控制节气门的开度，以保持车速恒定。

根据驱动方式不同，执行器分为以下三种：真空驱动型、电动机驱动型和电子节气门控制型。

1）真空驱动型执行器。真空驱动型执行器依靠真空力驱动节气门，真空源有发动机进气歧管或真空泵。真空驱动型执行器主要由控制阀、释放阀、两个电磁线圈、膜片、回位弹簧和空气滤清器等组成。

①控制阀。控制阀用来控制膜片后方的真空度，以改变膜片位置，从而控制节气门，如图 4-11 所示。

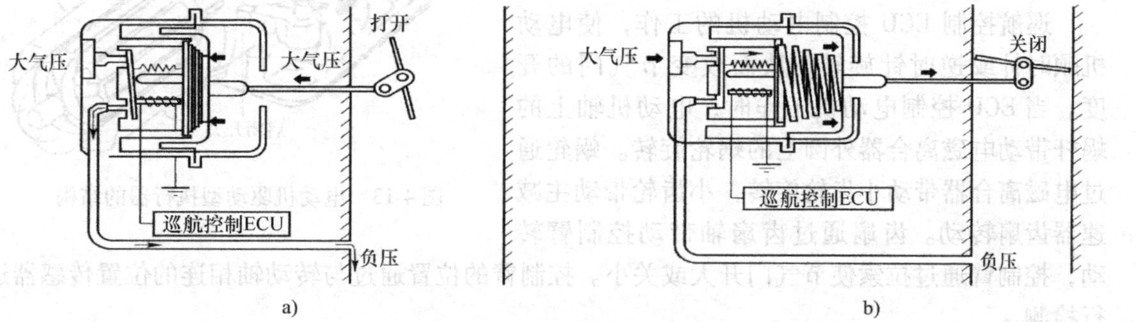
大气压
大气压
打开
巡航控制ECU
负压
a)
大气压
关闭
巡航控制ECU
负压
b)

图 4-11　控制阀

a）控制线圈通电　b）控制线圈断电

当 ECU 给控制阀电磁线圈通电时，与大气相通的空气通道关闭，与进气歧管相通的真空通道打开，执行器内的真空度增加，膜片左移将弹簧压缩，与膜片相连的拉杆将节气门开大。

当 ECU 给控制阀电磁线圈断电时，与进气歧管相通的真空通道关闭，与大气相通的空气通道打开，空气进入执行器，膜片右移，节气门关小。

ECU 通过信号的占空比控制电磁线圈的通电与断电，通过改变占空比控制执行器内的真空度，从而控制节气门的开度。

②释放阀。释放阀的作用是取消巡航控制时，使空气迅速进入执行器将巡航控制立即取消。释放阀的结构和工作原理如图 4-12 所示。

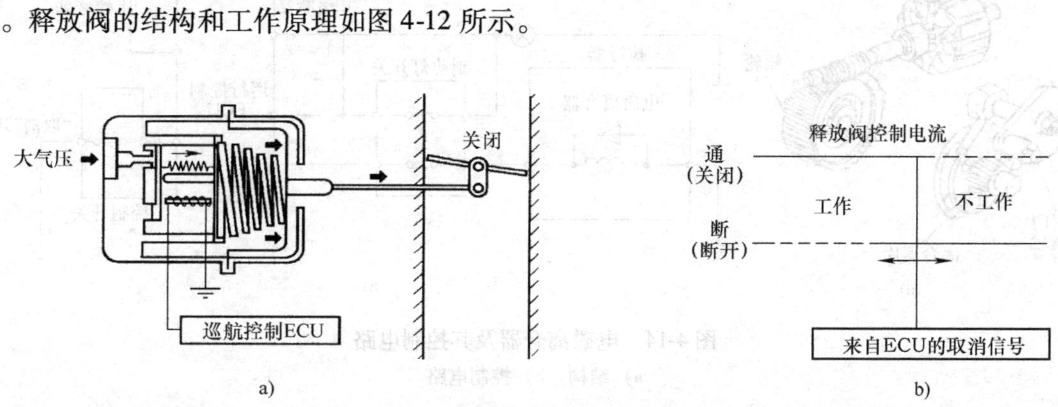
大气压
关闭
巡航控制ECU
a)
释放阀控制电流
通
(关闭)
断
(断开)
工作
不工作
来自ECU的取消信号
b)

图 4-12　释放阀的结构和工作原理

a）结构　b）工作原理

巡航系统工作时，释放阀电磁线圈中有电流通过，与大气相通的空气通道关闭，由控制阀控制执行器内的真空度，从而控制节气门的开度，保持汽车等速行驶。取消巡航控制时，巡航控制 ECU 使控制阀电磁线圈断电，控制阀与大气相通的空气通道打开，释放阀电磁线圈断电，与大气相通的空气通道也打开，让空气迅速进入执行器，使巡航控制立即取消。

2）电动机驱动型执行器。电动机驱动型执行器由电动机、传动机构、电磁离合器和电位计等组成，其结构如图 4-13 所示。

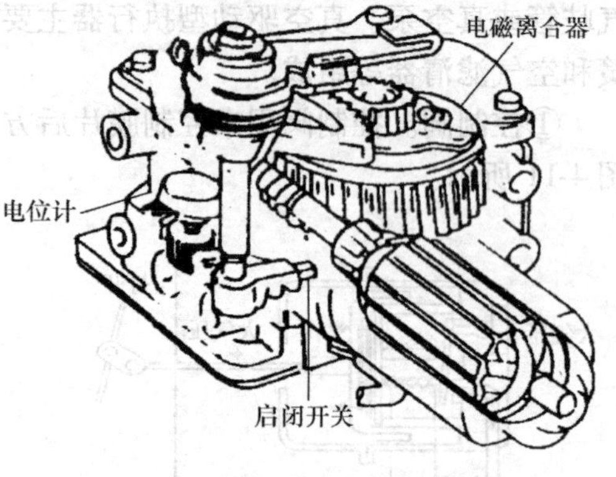
电磁离合器
电位计
启闭开关
图 4-13　电动机驱动型执行器的结构

巡航控制 ECU 控制电动机的工作，使电动机顺时针或逆时针旋转，从而改变节气门的开度。当 ECU 控制电动机工作时，电动机轴上的蜗杆带动电磁离合器外圆上的蜗轮旋转。蜗轮通过电磁离合器带动小齿轮旋转，小齿轮带动主减速器齿扇转动。齿扇通过齿扇轴带动控制臂转动，控制臂通过拉索使节气门开大或关小。控制臂的位置通过与转动轴相连的位置传感器进行检测。

在节气门完全关闭和完全打开的相应控制臂轴位置上设有开关，当这些开关被触动时，通向电动机的电流被切断。当汽车制动或处于空档位置时，节气门处于全关闭状态。当踩下离合器或制动踏板，或变速器处于空档，或驻车制动器起作用时，由离合器开关、制动开关、空档开关、驻车制动开关等信号直接控制电磁离合器将其分离，使巡航控制的执行机构对节气门控制不起作用。

电磁离合器用于接通或断开电动机与节气门拉索之间的联系。当巡航控制 ECU 给执行器发出控制信号时，电磁离合器接合。若取消巡航控制，则 ECU 使电磁离合器断电分离，节气门不受电动机控制。电磁离合器及其控制电路如图 4-14 所示。

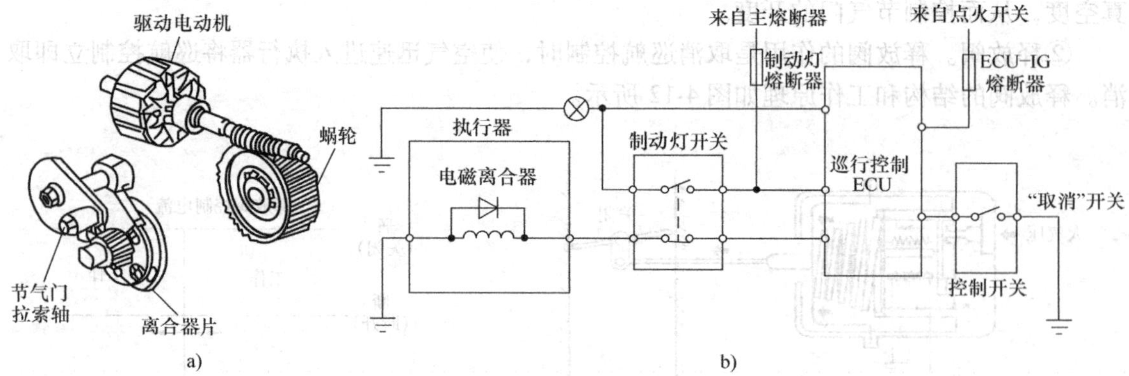
驱动电动机
蜗轮
节气门
拉索轴
离合器片
a)
来自主熔断器
来自点火开关
制动灯
熔断器
ECU-IG
熔断器
执行器
电磁离合器
制动灯开关
巡行控制
ECU
“取消”开关
控制开关
b)
图 4-14　电磁离合器及其控制电路
a）结构　b）控制电路

3）电子节气门控制型执行器。电子节气门控制型巡航控制系统是集成在发动机电控系统中的一个子系统，装备巡航控制系统（CCS）只需增加控制开关和巡航指示灯等。

电子节气门控制系统由带加速踏板位置传感器的加速踏板模块、发动机控制单元、节气门控制单元等组成，如图 4-15 所示。

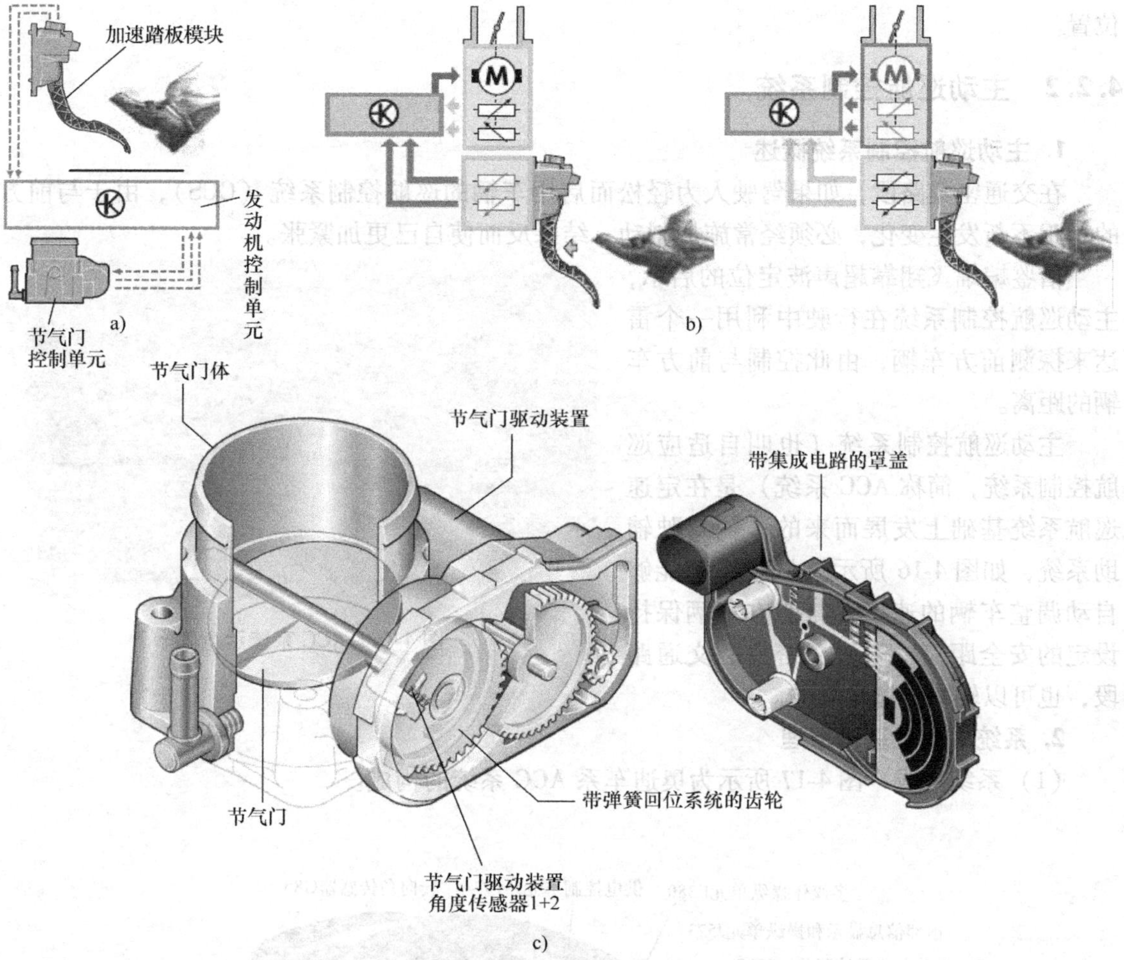
加速踏板模块
发动机控制单元
节气门控制单元
a)
b)
节气门体
节气门驱动装置
带集成电路的罩盖
节气门
带弹簧回位系统的齿轮
节气门驱动装置角度传感器1+2
c)

图 4-15　电子节气门控制系统的结构、原理

a）组成　b）基本原理　c）节气门控制单元的结构

①加速踏板模块：由传感器确定当前加速踏板的位置并将相应的信号传递到发动机控制单元。

②发动机控制单元：根据信号计算出驾驶人需要的发动机动力，并将此信息转换为发动机的转矩数值，并激活节气门驱动装置以进一步开启或关闭节气门。

③节气门控制单元：负责提供所需要的空气质量，主要由节气门驱动装置（电动机）和节气门位置传感器组成。节气门驱动装置根据发动机控制单元发出的指令定位节气门。节气门位置传感器向发动机提供节气门位置的反馈数值。

在该系统中，节气门在整个调整范围内都是由一个电动机控制。踏下加速踏板，发动机控制单元从加速踏板位置传感器的信号电压识别加速踏板被踏下的程度，计算出驾驶人的输入并通过一个电动机激活节气门驱动装置，将节气门定位。节气门驱动装置的位置传感器确定节气门位置并传递相应的信号到发动机控制单元。

发动机控制单元可以独立于加速踏板的位置而调整节气门的位置，可根据各种不同的需求（包括速度限制装置、巡航控制、牵引力控制系统、发动机制动控制等）确定节气门的位置。

4.2.2 主动巡航控制系统

1. 主动巡航控制系统概述

在交通密集路段，如果驾驶人为轻松而启用车辆的巡航控制系统（CCS），由于与前方的车距不断发生变化，必须经常施加制动，结果反而使自己更加紧张。

借鉴蝙蝠飞翔靠超声波定位的启示，主动巡航控制系统在行驶中利用一个雷达来探测前方车辆，由此控制与前方车辆的距离。

图 4-16 ACC 系统示意图

主动巡航控制系统（也叫自适应巡航控制系统，简称 ACC 系统）是在定速巡航系统基础上发展而来的车辆驾驶辅助系统，如图 4-16 所示。ACC 系统能够自动调整车辆的速度，与前方车辆保持设定的安全距离，即使在密集的交通路段，也可以轻松舒适地驾驶。

2. 系统构成及基本原理

（1）系统构成 图 4-17 所示为奥迪车系 ACC 系统的构成。

多媒体操纵单元E380
供电控制单元J519
转向角传感器G85
前部信息显示和操纵单元J523
自动变速器控制单元J217
多点喷射控制单元J220
数据总线诊断接口J533（网关）
使用和起动授权控制单元J518
车距调节传感器G259+车距调节控制单元J428
车外温度传感器G17
ABS液压单元N55+ESP控制单元J104
摆动传感器G202
组合仪表内带显示屏的控制单元J285
转向柱电气控制单元J527
挂车识别控制单元J345
舒适系统中央控制单元J393
车轮转速传感器G44～G47

a)

图 4-17 奥迪车系 ACC 系统的构成

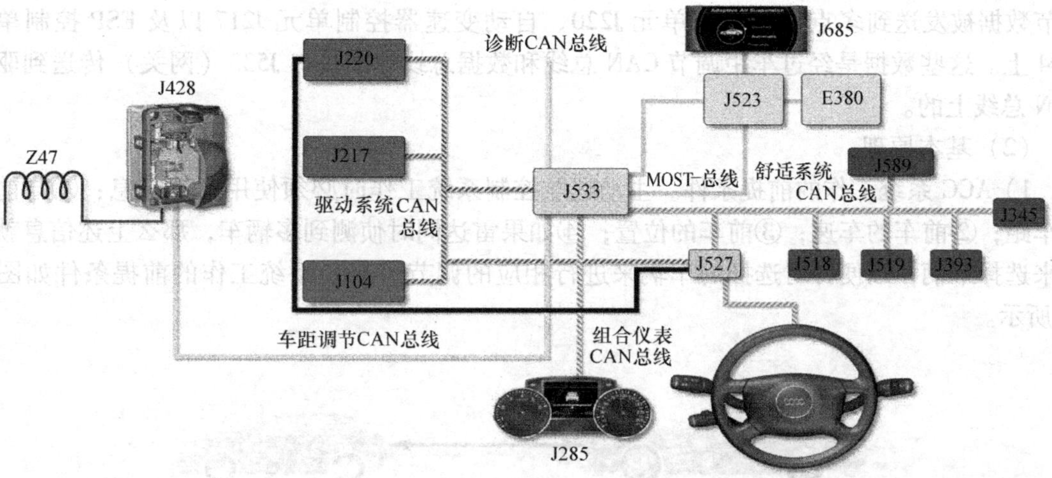
J685
诊断CAN总线
J220
J428
J523
E380
Z47
J217
J589
舒适系统
CAN总线
J533
MOST-总线
驱动系统CAN
总线
J345
J527
J518
J519
J393
J104
车距调节CAN总线
组合仪表
CAN总线
J285

b)

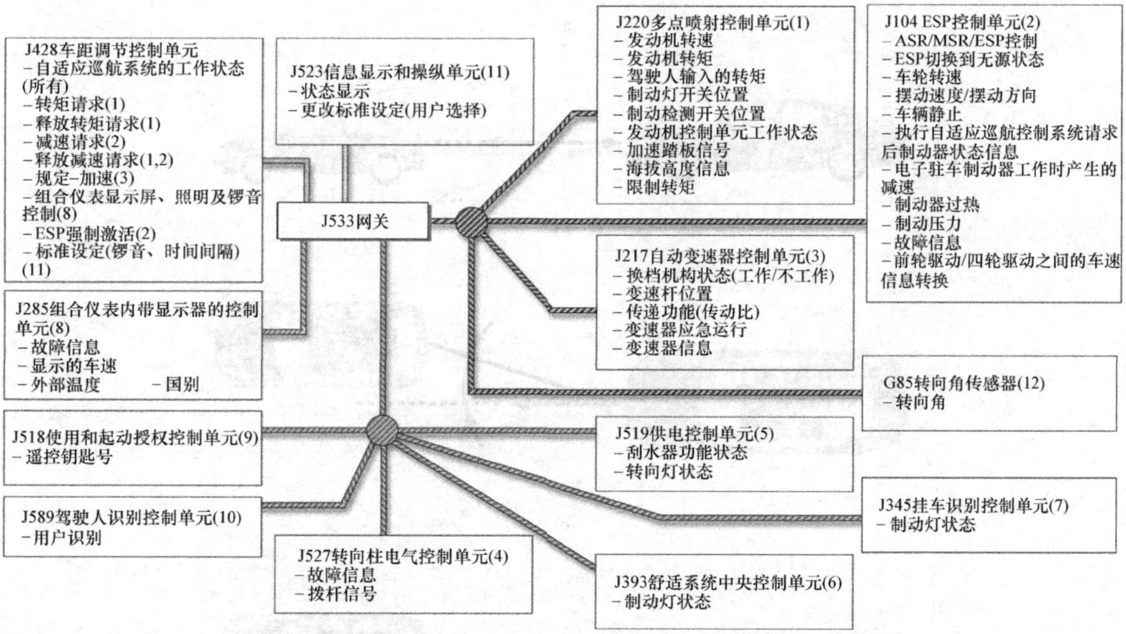
J428车距调节控制单元
-自适应巡航系统的工作状态(所有)
-转矩请求(1)
-释放转矩请求(1)
-减速请求(2)
-释放减速请求(1,2)
-规定-加速(3)
-组合仪表显示屏、照明及锣音控制(8)
-ESP强制激活(2)
-标准设定(锣音、时间间隔)(11)
J523信息显示和操纵单元(11)
-状态显示
-更改标准设定(用户选择)
J220多点喷射控制单元(1)
-发动机转速
-发动机转矩
-驾驶人输入的转矩
-制动灯开关位置
-制动检测开关位置
-发动机控制单元工作状态
-加速踏板信号
-海拔高度信息
-限制转矩
J104 ESP控制单元(2)
-ASR/MSR/ESP控制
-ESP切换到无源状态
-车轮转速
-摆动速度/摆动方向
-车辆静止
-执行自适应巡航控制系统请求后制动器状态信息
-电子驻车制动器工作时产生的减速
-制动器过热
-制动压力
-故障信息
-前轮驱动/四轮驱动之间的车速信息转换
J533网关
J217自动变速器控制单元(3)
-换档机构状态(工作/不工作)
-变速杆位置
-传递功能(传动比)
-变速器应急运行
-变速器信息
J285组合仪表内带显示器的控制单元(8)
-故障信息
-显示的车速
-外部温度 -国别
G85转向角传感器(12)
-转向角
J518使用和起动授权控制单元(9)
-遥控钥匙号
J519供电控制单元(5)
-刮水器功能状态
-转向灯状态
J345挂车识别控制单元(7)
-制动灯状态
J589驾驶人识别控制单元(10)
-用户识别
J527转向柱电气控制单元(4)
-故障信息
-拨杆信号
J393舒适系统中央控制单元(6)
-制动灯状态

c)

注：1. 其他控制单元发出的信息由车距调节控制单元（J428）或网关（J533）接收并分析。
2. 车距调节控制单元（J428）发出的信息由括号内数字指定的控制单元处理相应的信息。

图 4-17 奥迪车系 ACC 系统的构成（续）

a）部件位置 b）系统构成 c）数据交换

车距调节传感器 G259 发射出调频信号，然后接收反射回来的信号，车距调节控制单元 J428 处理这些雷达信号以及其他输入信号，从中确定雷达探测范围中出现的相关前车，于是前车的位置、车速以及当前的车距也就确定。从这些数据中可以得出应如何来进行调节，调节数据被发送到多点喷射控制单元 J220、自动变速器控制单元 J217 以及 ESP 控制单元 J104 上。这些数据是经过车距调节 CAN 总线和数据总线诊断接口 J533（网关）传送到驱动 CAN 总线上的。

（2）基本原理

1）ACC 系统工作的前提条件。主动巡航控制系统工作时必须使用下述信息：①与前车的车距；②前车的车速；③前车的位置；④如果雷达同时侦测到多辆车，那么上述信息就被用来选择车辆，以便针对选择的车辆来进行相应的调节。ACC 系统工作的前提条件如图 4-18 所示。

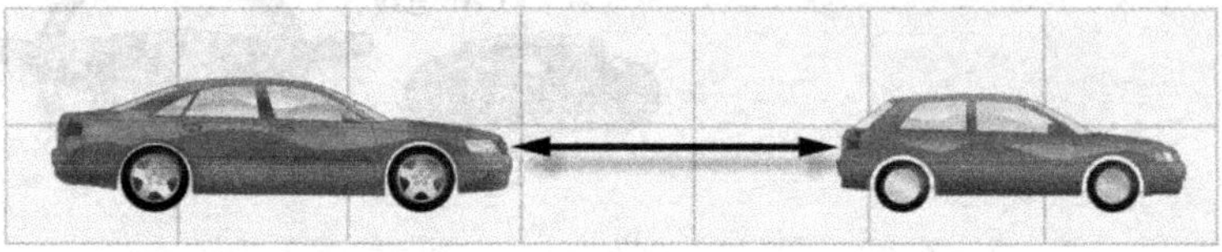

a）

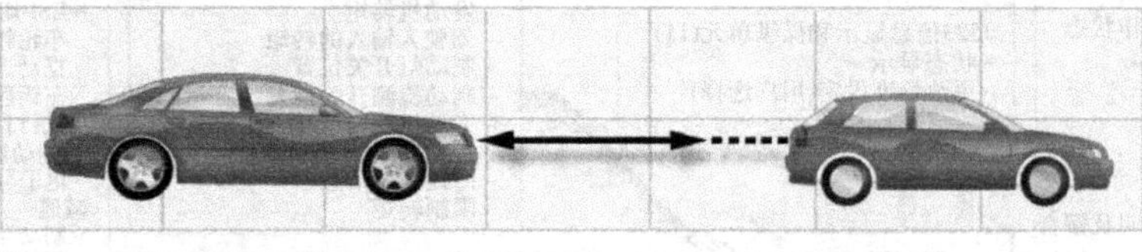

b）

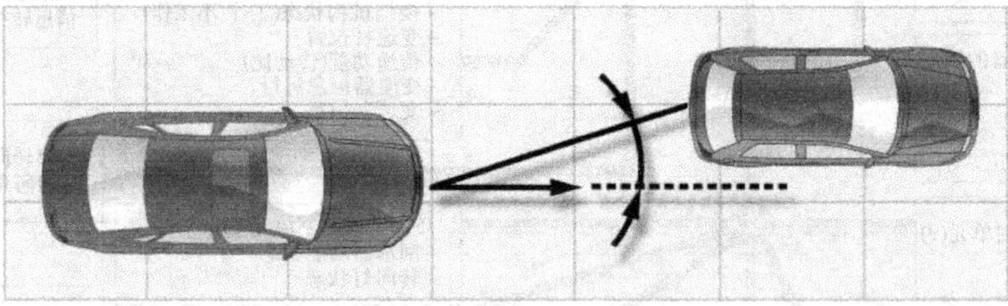

c）

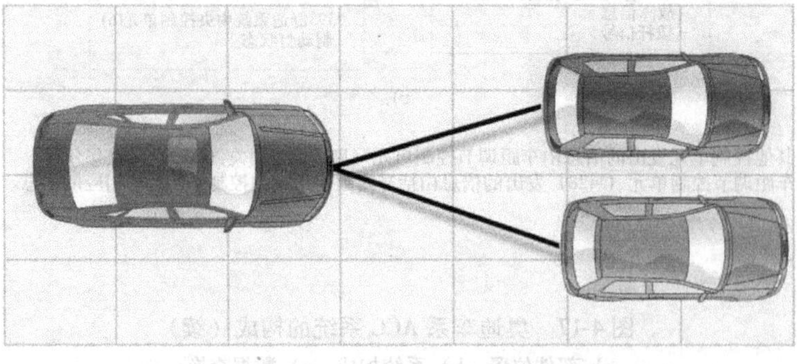

d）

图 4-18　ACC 系统工作的前提条件

a）与前车的车距　b）前车的车速　c）前车的位置　d）选择车辆

2）基本工作原理。在ACC系统中，是通过一个基于毫米波（频率为f的波运行一个周期需要一个波长λ，车距调节传感器的发射频率为$f=76.5\text{GHz}$，其波长$\lambda=3.92\text{mm}$，频率范围约为30GHz到150GHz的波称为毫米波）雷达技术的传感器进行距离测量的。该传感器依靠电磁波工作，电磁波以光速c进行传播。

雷达（Radar）侦测是一种给物体定位的电子手段，其基本原理就是物体表面会反射电磁波。反射回来的那部分电磁波就被当作一种“回声”而接收。

①测量车距（见图4-19）。发射信号和接收到反射信号所需要的时间取决于物体之间的距离。直接测量这个时间很复杂，因此实际采用的是一种间接测量法，称为调频连续（等幅）波（FMCW）法。

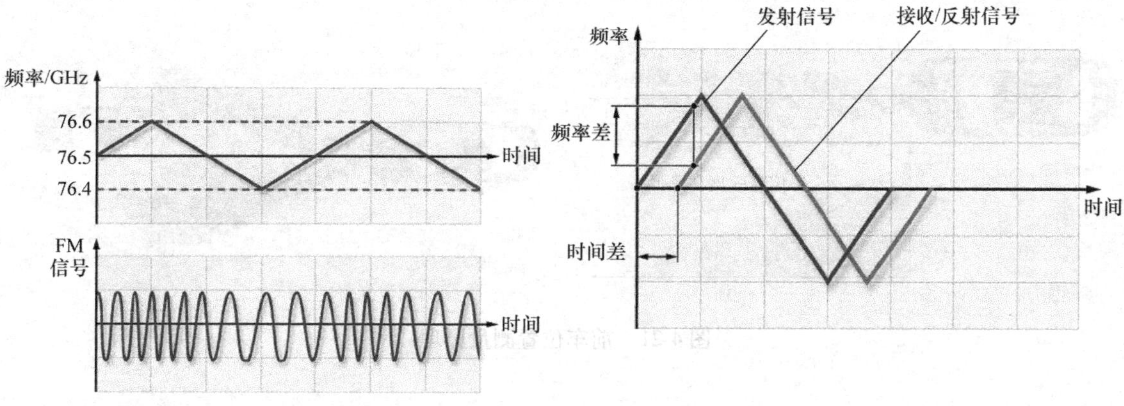
频率/GHz
76.6
76.5
76.4
时间
FM
信号
时间
a)
频率
发射信号
接收/反射信号
频率差
时间差
时间
b)

图4-19　车距测量原理

a）发射信号-调频连续波　b）车距测量

这种方法是将连续发射的超高频振荡波（其频率随时间变化）作为发射信号，频率变化（调频）速率为200MHz/ms，作为“运输工具”的载波信号频率为76.5GHz。通过这种方法只需简单地比较一下发射信号和接收（反射）信号的频率差就可以确定车距。

发射信号和接收（反射）信号的频率差直接取决于物体之间的距离。物体之间的距离越大，反射信号被接收前所“运行的时间”就越长，于是发射频率和接收频率之间的差就越大。

②确定前车的车速（见图4-20）。要确定前车的车速，需要应用一种被称为“多普勒效应”的物理效应。

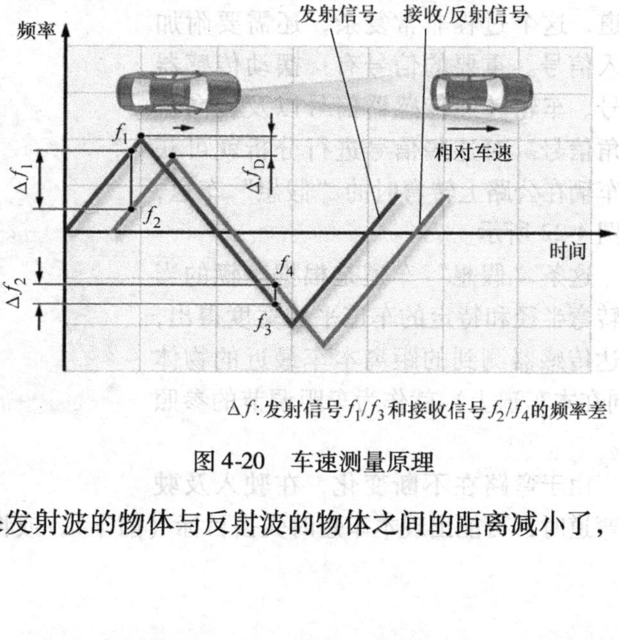
频率
发射信号
接收/反射信号
相对车速
f_1
f_2
Δf_1
Δf_D
时间
Δf_2
f_4
f_3

Δf：发射信号f_1/f_3和接收信号f_2/f_4的频率差

图4-20　车速测量原理

对于反射波的物体来说，它相对于发射波的物体是处于静止状态还是运动状态，有着本质的区别。如果发射波的物体与反射波的物体之间的距离减小了，那么反射波的频率就提高了，反之，若距离增大，那么这个频率就降低。电子装置会分析这个频率变化，从而得出前车的车速。

“多普勒效应”示例：当消防车驶近时，其警笛声听起来是一种持续增高的音调；当消防车越走越远时，听到的的音调就逐渐降低。

前车越走越快，与后车的距离增大了，根据“多普勒效应”，接收（反射）信号的频率（Δf_D）就降低了。由此会导致在信号的上升沿（Δf_1）和下降沿（Δf_2）之间产生一个不同的差频，车距调节控制单元会分析这种差别。

③确定前车的位置（见图 4-21）。雷达信号呈叶片状向外扩散。信号的强度随着与车上发射器的距离增大而在纵向和横向降低。

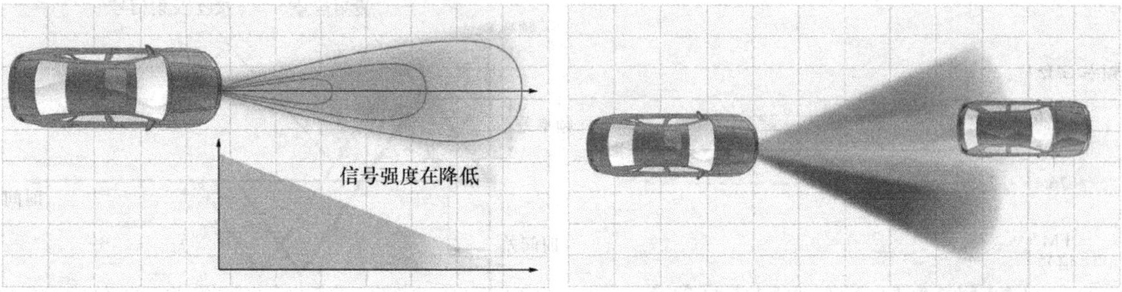
信号强度在降低

图 4-21　前车位置测量原理

要想确定车辆位置，还需要一个信息：就是本车与前车相对运动的角度。

这个角度信息是通过一个三束雷达获得的。各个雷达束接收（反射）信号的振幅比（信号强度）传递的就是这个角度信息。

④确定目标车辆。在实际行车中（如在高速公路、多车道路面以及转弯时），在雷达的探测范围中一般会出现多辆车。这时就得识别哪一辆与本车行驶在同一条车道上（或者说：本车应与哪辆车保持选定的距离）。

这就需要车距调节控制单元来确定车道，这个过程非常复杂，还需要附加输入信号。重要的信号有：摆动传感器信号、车轮转速传感器信号以及转向盘转角信号。对这些信号进行分析就可获得车辆在公路上转弯时的“假想”车道，如图 4-22 所示。

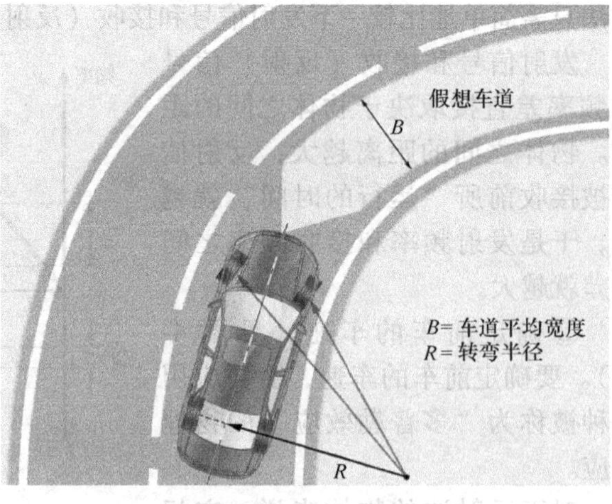
假想车道
B
B= 车道平均宽度
R= 转弯半径
R

图 4-22　假想车道

这条“假想”车道是根据车辆的当前转弯半径和特定的车道平均宽度得出，雷达传感器测到的距离本车最近的物体（同在本车道上）就作为车距调节的参照物。

由于弯路在不断变化，在驶入及驶离弯道时，可能出现本车短时失去目标（前车），或将相邻车道某车当成目标的情况，这就可能导致车辆莫名地短时加速或减速。

例如：后车以规定车距跟着前车行驶。当车辆经过90°的弯路时，前车就会脱离雷达的信号发送/接收区，而相邻车道上的一辆车进入了雷达的探测范围。虽然车距调节控制单元计算了弯道的情况，但还是会短时出现调节过程（这是由于另外一辆车引起的），如图4-23所示。

3. 系统功能

ACC系统功能描述如图4-24所示。

①匀速：后车驾驶人已经激活自适应巡航控制系统，并选定了巡航车速 v 和巡航车距 D_w，后车已经加速到了选定巡航车速，参见图4-24a

②减速：后车识别出前面的车与自己行驶在同一条车道上，于是后车通过减小节气门开度（必要时施加制动）来减速，直至两车之间的距离达到设定的巡航距离，参见图4-24b

③接管：如果这时有另一辆车（摩托车）闯入前、后两车之间，自适应巡航系统施加的制动不足以使后车和摩托车之间的距离达到设定的巡航车距，于是发出声、光报警信号提醒驾驶人：应踏下制动踏板施加制动，参见图4-24c

图4-23　出现短时调节过程

④加速：如果前车驶离车道，雷达传感器侦测到这一情况，于是后车又开始加速，直至达到设定的巡航车速，参见图4-24d

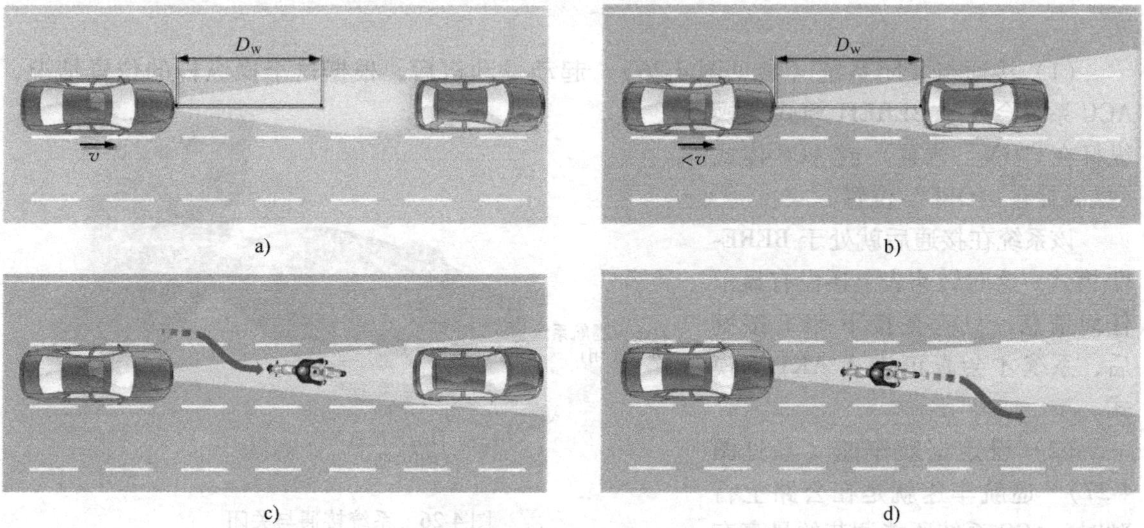
D_W
v
a)
D_W
$<v$
b)
c)
d)

图4-24　ACC系统功能图

a）匀速（希望车速）　b）减速（max. 0.3g）　c）减速（请求接管）　d）加速（max. 0.2g）

奥迪车系ACC系统状态如图4-25所示，一共有4种不同的系统状态（模式）。

①ACC AUS（系统关闭）：这时系统已被关闭，无法进行任何操作。

②ACC BEREIT（系统已准备完毕）：该模式表示一种“待机”状态，这时系统仍处于接通状态，但并未真正进行调节。如果先前系统曾经工作过，那么所要求的车速会存入存储器。

③ACC AKTIV（系统正在工作）：系统以设定好的车速行驶（在公路上）或调节与前车的车距。

④ACC üBERTRETEN（超越主动巡航系统）：驾驶人踏下加速踏板使车速超过了系统设定的车速。

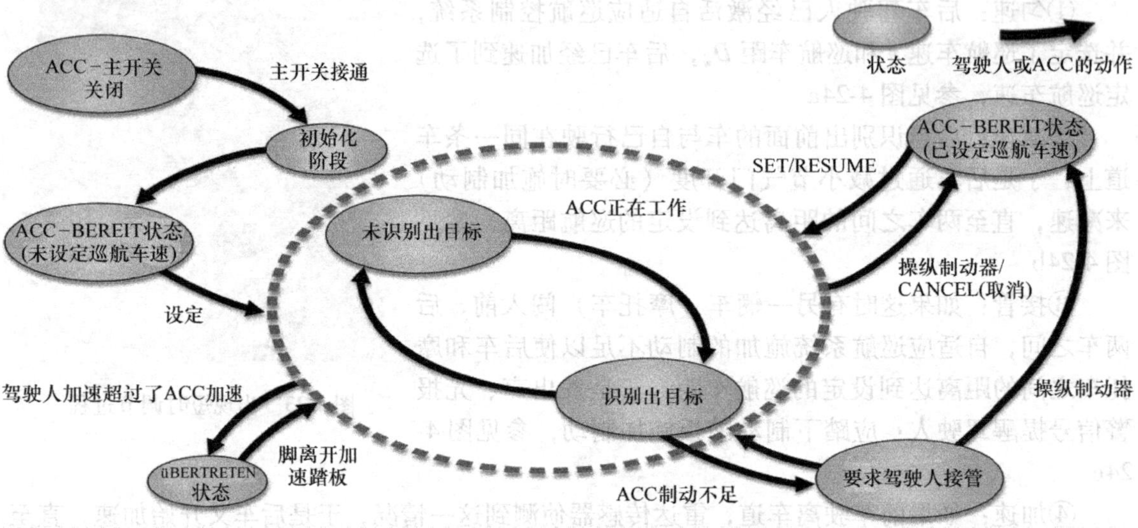
状态
驾驶人或ACC的动作
ACC-主开关关闭
主开关接通
初始化阶段
ACC-BEREIT状态(未设定巡航车速)
设定
ACC-BEREIT状态(已设定巡航车速)
SET/RESUME
ACC正在工作
未识别出目标
识别出目标
操纵制动器/CANCEL(取消)
操纵制动器
要求驾驶人接管
ACC制动不足
驾驶人加速超过了ACC加速
脚离开加速踏板
üBERTRETEN状态

图 4-25　奥迪车系 ACC 系统状态图

（1）接通与关闭系统（参见图 4-26）　起动发动机后，根据这个操纵杆的位置情况，ACC 系统会处于 BEREIT 模式（操纵杆在“ON”位置）或 AUS 模式（操纵杆在“OFF”位置）。

该系统在接通后就处于 BEREIT 模式。这时转速表上还没有显示任何信息，只有在按下 SET 按键后，系统才会真正进入 AKTIV 模式。

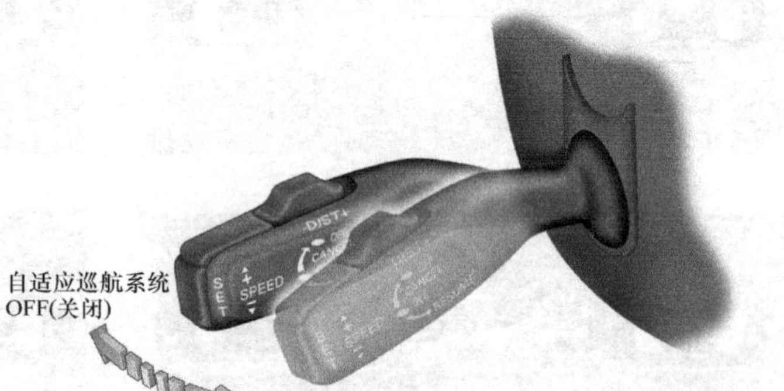
自适应巡航系统OFF(关闭)
自适应巡航系统ON(接通)

图 4-26　系统接通与关闭

（2）设定巡航车速（参见图 4-27）　巡航车速就是在公路上行驶时，ACC 系统所能调节的最高车速（取决于巡航车速控制系统的功能）。按下 SET 按键就可以将当前的车速作为所要求的巡航车速存储起来。

车速表指示环上的一个淡红色发光二极管（LED）指示的就是设定的巡航车速。同时，表示系统正在工作的符号也出现在车速表上。为了识别系统正在工作这个状态，车速表上 30～200km/h 之间的所有发光二极管都呈暗红色发光状态。

DIST+
OFF
CANCEL
ON
RESUME
SPEED
SET
km/h
0
10
20
30
40
50
60
70
80
100
120
140
160
180
200
220
240
260
280
设定巡航车速

图 4-27　设定巡航车速

(3) 识别前车（参见图 4-28）　如果识别出前车，那么转速表上会显示出来。

在 ACC 系统工作的过程中（车速在 30 ~ 200km/h 时），驾驶人可以向上推操纵杆（增速）或向下推操纵杆（减速）来改变已设定的巡航车速。已经改变了的巡航车速由转速表上相应的 LED 指示出来。向 + 和 – 方向拨动操纵杆，每拨一次，设定的巡航车速就变动一次，变动量为车速表刻度盘上的一个格。

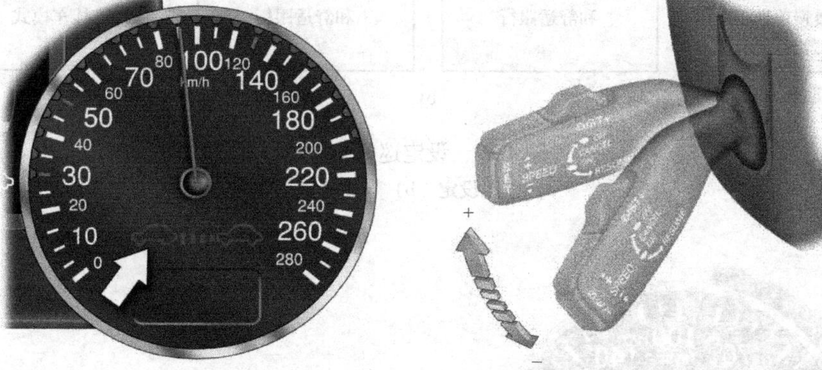
km/h
0
10
20
30
40
50
60
70
80
100
120
140
160
180
200
220
240
260
280
+
–

图 4-28　识别前车、加减速

(4) 设定巡航车距（参见图 4-29）　本车与前车之间的车距可由驾驶人设定为 4 个级别。ACC 系统设定的车距取决于当时的车速。随着车速的提高，车距也增大。

操纵杆上的滑动开关是用来设定巡航车距的。每推动一次该开关，车距就提高或降低一个档。所选定的巡航车距就确定了车辆加速时的动力性能。所选定的巡航车距短时显示在仪表板中央显示屏上。按键第一次按下时，中央显示屏就接通了。显示出的两车之间的横条数目就表示所选定的车距级别。

起动发动机后，车距级别的基本设定可按驾驶人的要求来进行调整。

(5) 驾驶人接管请求（参见图 4-30）　如果 ACC 系统识别出施加的制动不足以使车辆达到规定的车距，那么就会响起一个声音信号（锣声）。另外，车速表上会出现红色显示，这个显示内容以 0.5Hz 的频率闪动，提醒驾驶人应主动施加制动。如果驾驶人先前已经启动了其他显示屏，那么中央显示屏上会出现警告。警告锣音可由驾驶人来设定。

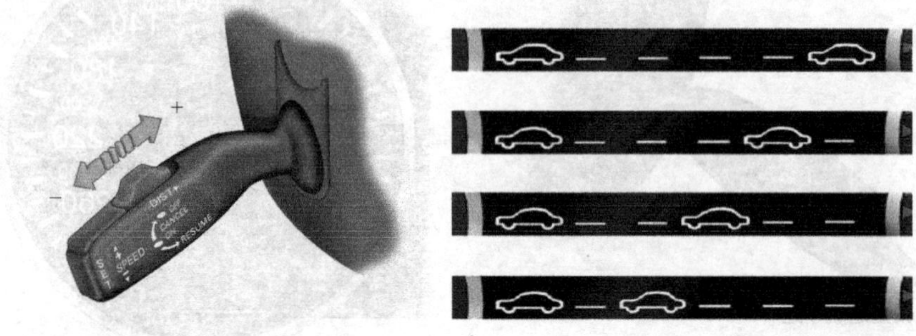
+
−
DIST+
RESUME
SPEED

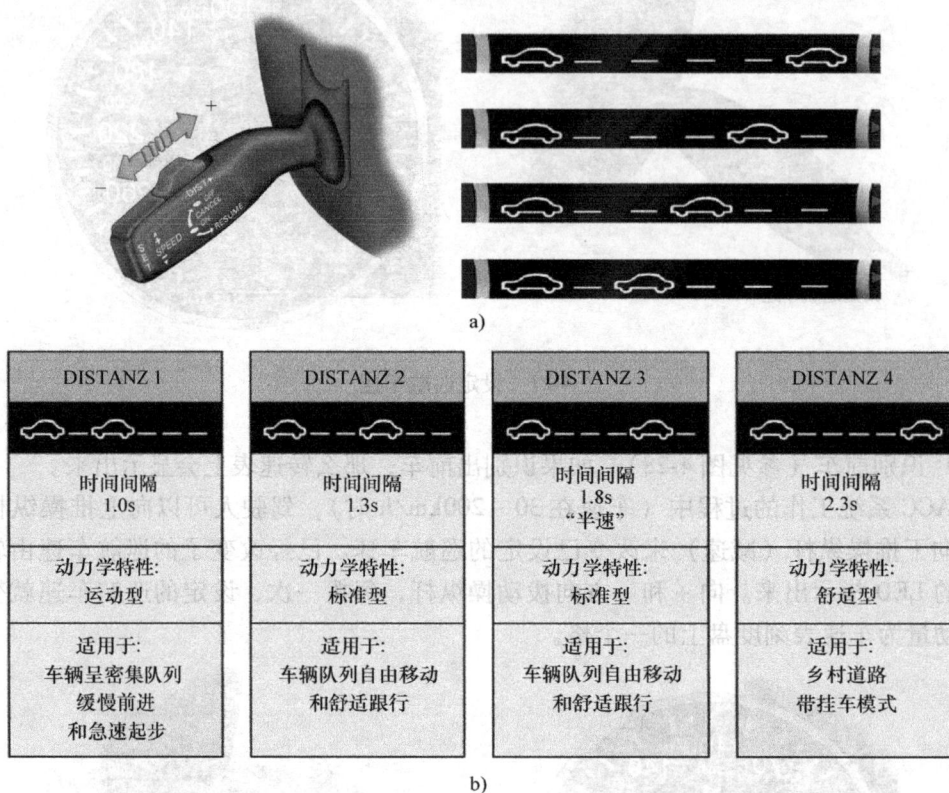

a)

DISTANZ 1	DISTANZ 2	DISTANZ 3	DISTANZ 4
时间间隔 1.0s	时间间隔 1.3s	时间间隔 1.8s “半速”	时间间隔 2.3s
动力学特性: 运动型	动力学特性: 标准型	动力学特性: 标准型	动力学特性: 舒适型
适用于: 车辆呈密集队列 缓慢前进 和急速起步	适用于: 车辆队列自由移动 和舒适跟行	适用于: 车辆队列自由移动 和舒适跟行	适用于: 乡村道路 带挂车模式

b)

图 4-29　设定巡航车距

a）车距设定　b）车距级别

100
km/h
140
180
220
260
70
50
30
10

图 4-30　驾驶人接管请求

（6）系统待机（BEREIT 模式）（参见图 4-31）　向车的行驶方向轻触操纵杆就关闭了 ACC 系统，这时的模式就从 AKTIV/üBERTRETEN 切换到 BEREIT。用于显示巡航车速的发光二极管仍在工作。操纵杆松开后会自动回到“ON”位置。

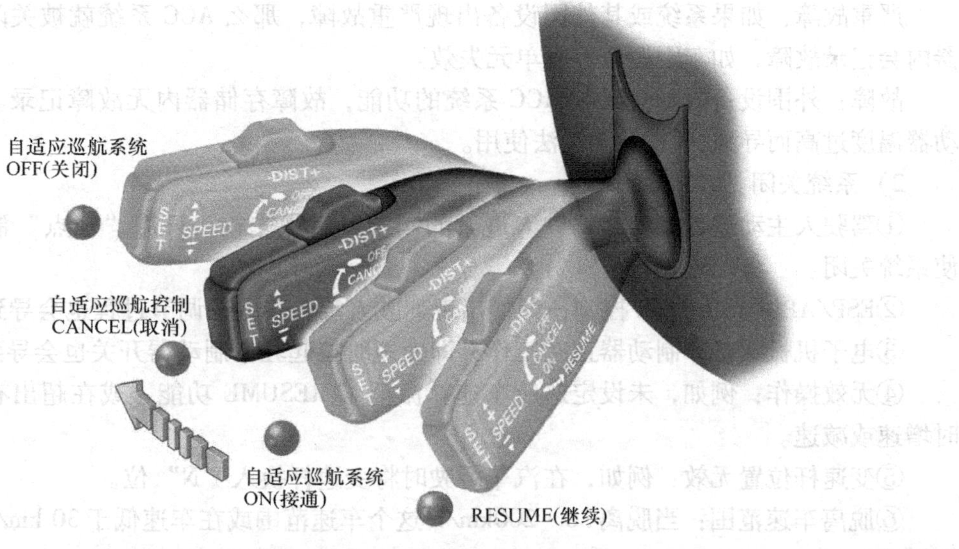
自适应巡航系统
OFF(关闭)
自适应巡航控制
CANCEL(取消)
自适应巡航系统
ON(接通)
RESUME(继续)

图 4-31　系统待机（BEREIT 模式）

（7）系统激活（RESUME）（参见图 4-32）　如果 ACC 系统已经被关闭且处于 BEREIT 模式，那么向驾驶人方向拉操纵杆就可以激活系统。前提条件是已经设定了巡航车速。

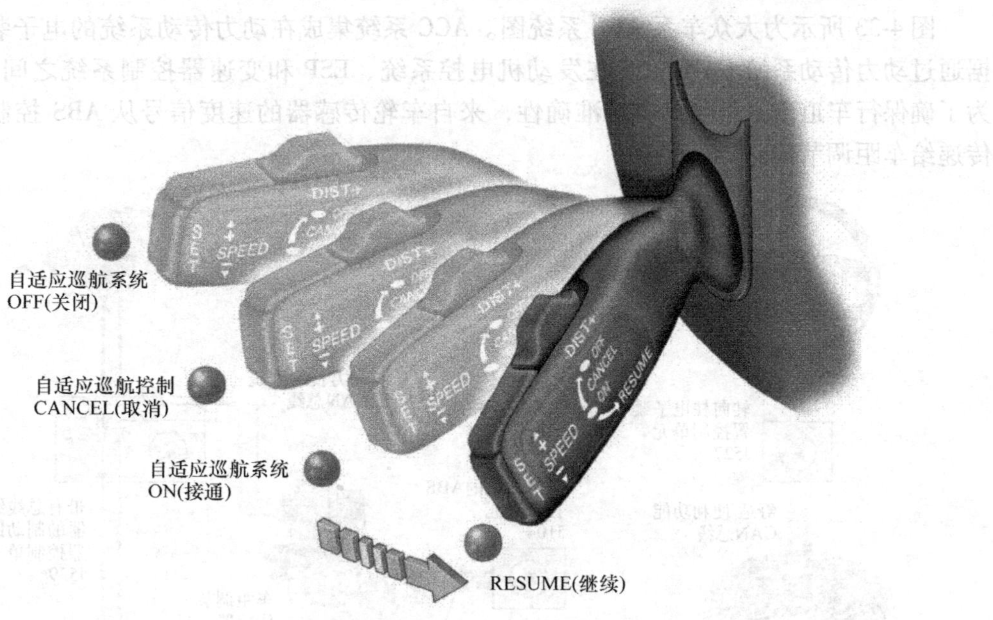
自适应巡航系统
OFF(关闭)
自适应巡航控制
CANCEL(取消)
自适应巡航系统
ON(接通)
RESUME(继续)

图 4-32　系统激活（RESUME）

（8）故障显示/关闭

1）故障显示。车辆在静止时就可以检查 ACC 系统是否能正常工作：当发动机正在运转时，如果将系统操纵杆从位置“OFF”拨到位置“ON”，那么暗红色的发光二极管（30～200 km/h 范围内的）应该亮 3s。故障会在中央显示屏上显示。如果系统已关闭，那么会有锣声提示。

严重故障：如果系统或其外围设备出现严重故障，那么 ACC 系统就被关闭，故障存储器内会记录故障，如车距调节控制单元失效。

故障：外围设备故障会限制 ACC 系统的功能，故障存储器内无故障记录。例如，因制动器温度过高而导致 ACC 系统无法使用。

2）系统关闭。

①驾驶人主动进行制动：驾驶人进行的制动具有优先权，只需“轻点”制动器就可以使系统关闭。

②ESP/ABS/ASR/MSR 控制：即使出现驾驶人没有察觉的调节过程也会导致系统关闭。

③电子机械式驻车制动器正在工作：即使短时拉起驻车制动器开关也会导致系统关闭。

④无效操作：例如，未设定巡航车速就激活了 RESUME 功能，或在超出有效转速范围时增速或减速。

⑤变速杆位置无效：例如，在汽车行驶时将变速杆换入“N”位。

⑥脱离车速范围：当脱离 30～200km/h 这个车速范围或在车速低于 30 km/h 时按下 SET 按键。

⑦车距调节传感器没有发现前车目标：在识别目标时出现问题，例如目标“太弱”（目标是摩托车，或行驶在某些广阔的平原且目标区内静止的物体又较少的地区等）。

4. 系统主要部件

图 4-33 所示为大众车系 ACC 系统图。ACC 系统集成在动力传动系统的电子装置内，数据通过动力传动系统 CAN 总线在发动机电控系统、ESP 和变速器控制系统之间进行交换。为了确保行车道预报信息足够的准确性，来自车轮传感器的速度信号从 ABS 控制单元直接传递给车距调节传感器。

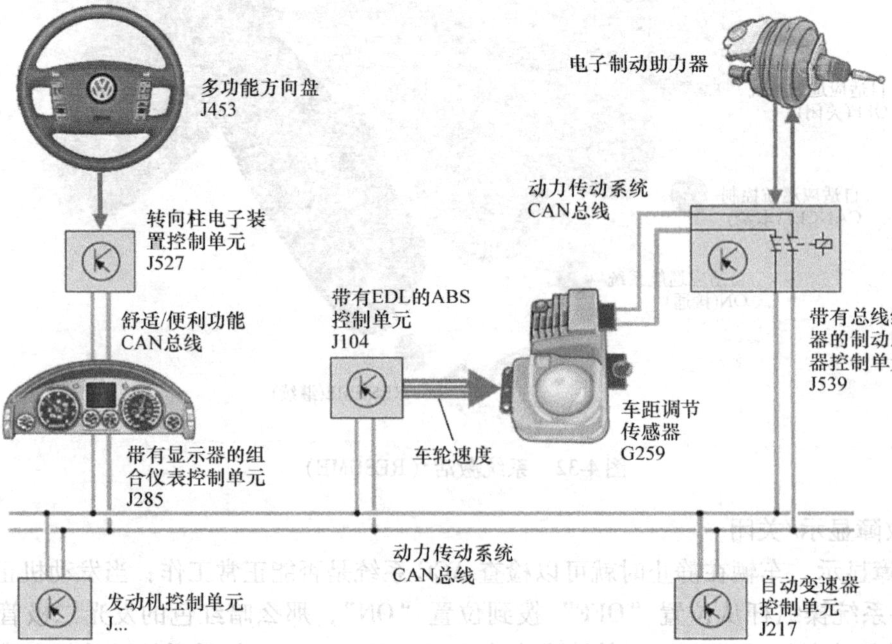
多功能方向盘
J453
电子制动助力器
转向柱电子装
置控制单元
J527
动力传动系统
CAN总线
舒适/便利功能
CAN总线
带有EDL的ABS
控制单元
J104
带有总线继电
器的制动助力
器控制单元
J539
车距调节
传感器
G259
带有显示器的组
合仪表控制单元
J285
车轮速度
动力传动系统
CAN总线
发动机控制单元
J...
自动变速器
控制单元
J217

图 4-33　大众车系 ACC 系统图

（1）车距调节传感器和控制单元　车距调节传感器如图 4-34 所示，传感器和控制单元集成在同一个壳体内（有故障时必须整体更换），安装在保险杠塑料盖板后面，通过支架及螺钉进行安装和调整。

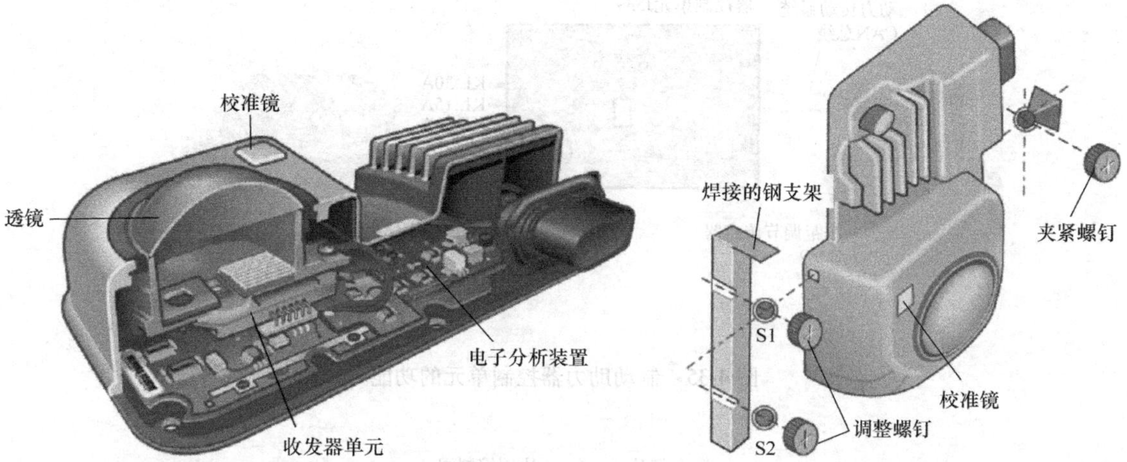
校准镜
透镜
电子分析装置
收发器单元
焊接的钢支架
夹紧螺钉
S1
S2
校准镜
调整螺钉

图 4-34　车距调节传感器

传感器护盖采用雷达信号可穿透的材料制成。为防止雪、冰等妨碍正常的功能，护盖是可加热式的。对车距调节传感器护盖表面所做的任何改动（如后喷的油漆、贴的不干胶标签及其他东西）都可能影响传感器的功能。

1）控制单元功能：行车道预报；相关前车的选择；距离和定速巡航；发动机控制单元、制动助力器和组合仪表的启用；自诊断等。

2）主要参数：发射频率为 76.5GHz；可探测距离为 150m；水平视角为 12°；垂直视角为 4°；车速探测范围为 30～200km/h；转弯半径大于 500m。

3）工作过程：车距调节传感器发射出调频信号，然后接收反射回来的信号，车距调节控制单元处理这些雷达信号以及其他输入信号，确定雷达探测范围中出现的相关前车，于是前车的位置、车速以及当前的车距也就确定。从这些数据中可以得出应如何进行调节，调节数据直接由驱动 CAN 总线发送到发动机控制单元、自动变速器控制单元、ABS 控制单元以及其他执行器控制单元上。

（2）制动助力器控制单元　制动助力器控制单元的作用是控制制动压力的建立和释放。其功能如图 4-35 所示。

由于防盗安全方面的原因，车距调节传感器的总线接口不能直接停用，只能通过制动助力器控制单元关闭。

车距调节传感器以及相关的 CAN 总线接口安装在车辆的外部区域，因此可以查询防盗锁止系统代码。为避免影响防盗锁止系统的功能，需要利用制动助力器控制单元里面的 CAN 总线继电器执行专门的开启程序。

（3）电子制动助力器（EBS）　电子制动助力器（EBS）的任务是起动制动器，以控制到前方车辆的距离；同时，提供一个特殊的值，使制动轻柔、舒适。电子制动助力器的结构如图 4-36 所示。

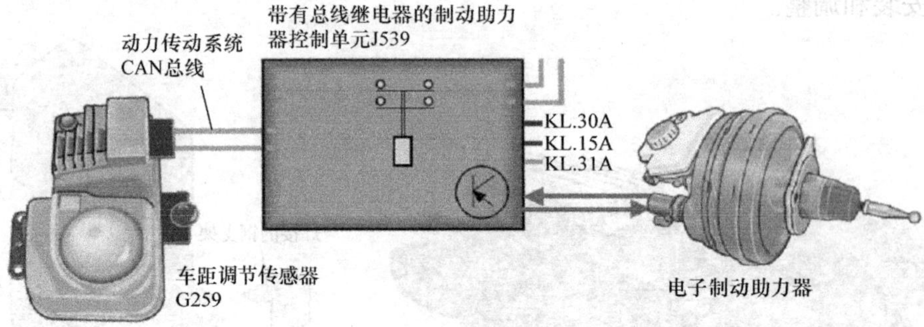
带有总线继电器的制动助力
器控制单元J539
动力传动系统
CAN总线
KL.30A
KL.15A
KL.31A
车距调节传感器
G259
电子制动助力器

图 4-35　制动助力器控制单元的功能

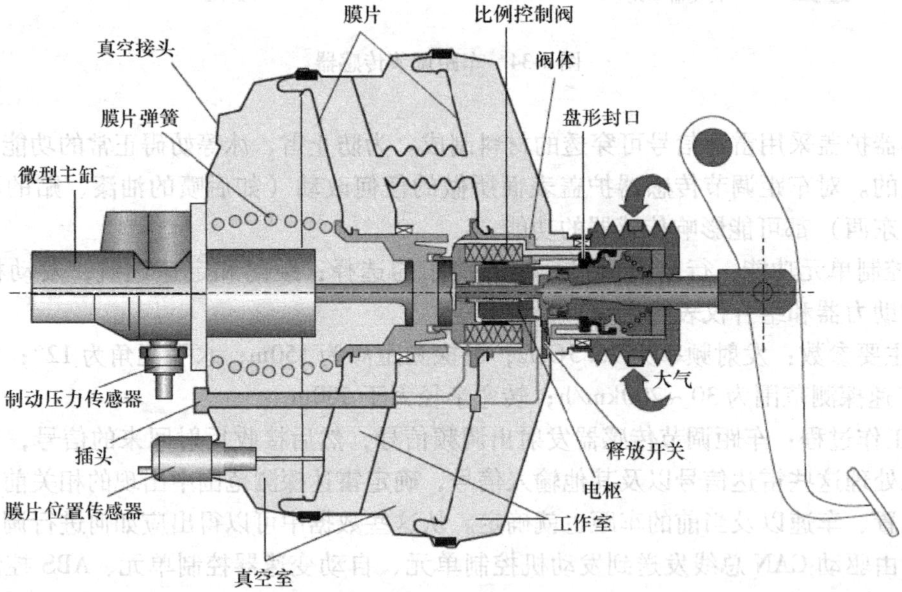
膜片
比例控制阀
真空接头
阀体
膜片弹簧
盘形封口
微型主缸
大气
制动压力传感器
插头
释放开关
电枢
膜片位置传感器
工作室
真空室

图 4-36　电子制动助力器（EBS）的结构

在串联式制动助力器内，集成一个比例控制阀（调整量与励磁电流成正比），且该助力器上带膜片式位置传感器（无级电位计）和释放开关。

为了获得较高的制动效果，用压力传感器测量制动主缸上的制动压力，从而对其进行控制。在控制过程的开始阶段，压力控制器受膜片位置的控制。

在电动起动的制动操作过程中，制动踏板随之运动。

释放开关用于区分制动器是否为电动触发。因为是一个有关安全性的关键部件，所以其设计包括常闭触点和常开触点（两路开关），以便确定非工作位置和工作位置。

5. ACC 系统的功能限制（参见图 4-37）

1）ACC 系统是驾驶辅助系统，而不是自动驾驶系统，因此驾驶人要注意路面情况，必要时还要施加制动。

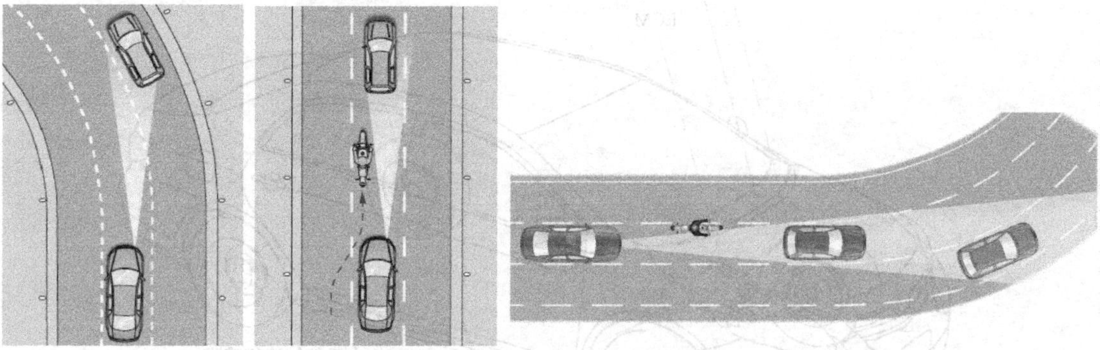

图 4-37　ACC 系统的功能限制

2）ACC 系统在小弯道半径（转弯半径应大于 500m）的情况下，可能由于雷达探测范围受到限制而影响系统的功能。在驶入弯道和驶出较长的弯道时，雷达测距传感器可能会对相邻车道上的汽车作出反应。

3）传感器的探测区域大约为一个 12°的小角度。对于紧邻车旁刚刚插入或者不在同一条直线上行驶的道路使用者（如摩托车），不在传感器的探测范围内，因此系统不能对其作出反应。

4）ACC 系统对静止物不作反应，车距调节传感器的可探测距离为 150m，因此 ACC 系统只在 30～200km/h 的速度范围内进行调控。

5）考虑到舒适性，ACC 系统的减速度被限制为最大减速能力的大约 30%，若车辆接近前方车辆，且两车存在较大速度差，则需要较大的减速度，ACC 系统将提醒驾驶人采取制动。

6）雷达探测的功效会受降雨、沫状物以及降雪的影响而降低。

4.2.3　巡航控制系统检修

以卡罗拉（2ZR-FE）轿车为例，其巡航控制系统主要由巡航控制开关、安全开关、传感器、发动机 ECM 和执行元件等组成。巡航控制单元与发动机控制 ECM 合为一体。ECM 根据各种传感器送来的信号判断汽车的运行工况，并通过执行元件自动调节节气门的开度，使汽车的行驶速度与设定的车速保持一致。

1. 电控元件位置

巡航控制系统电控元件位置如图 4-38 所示。

2. 电控单元端子及检测

巡航控制系统 ECM 插接器端子如图 4-39 所示。连接 ECM 的插接器 B31、A50，根据表 4-2 中规定测量电压。如果结果不符合规定，则 ECM 可能有故障。

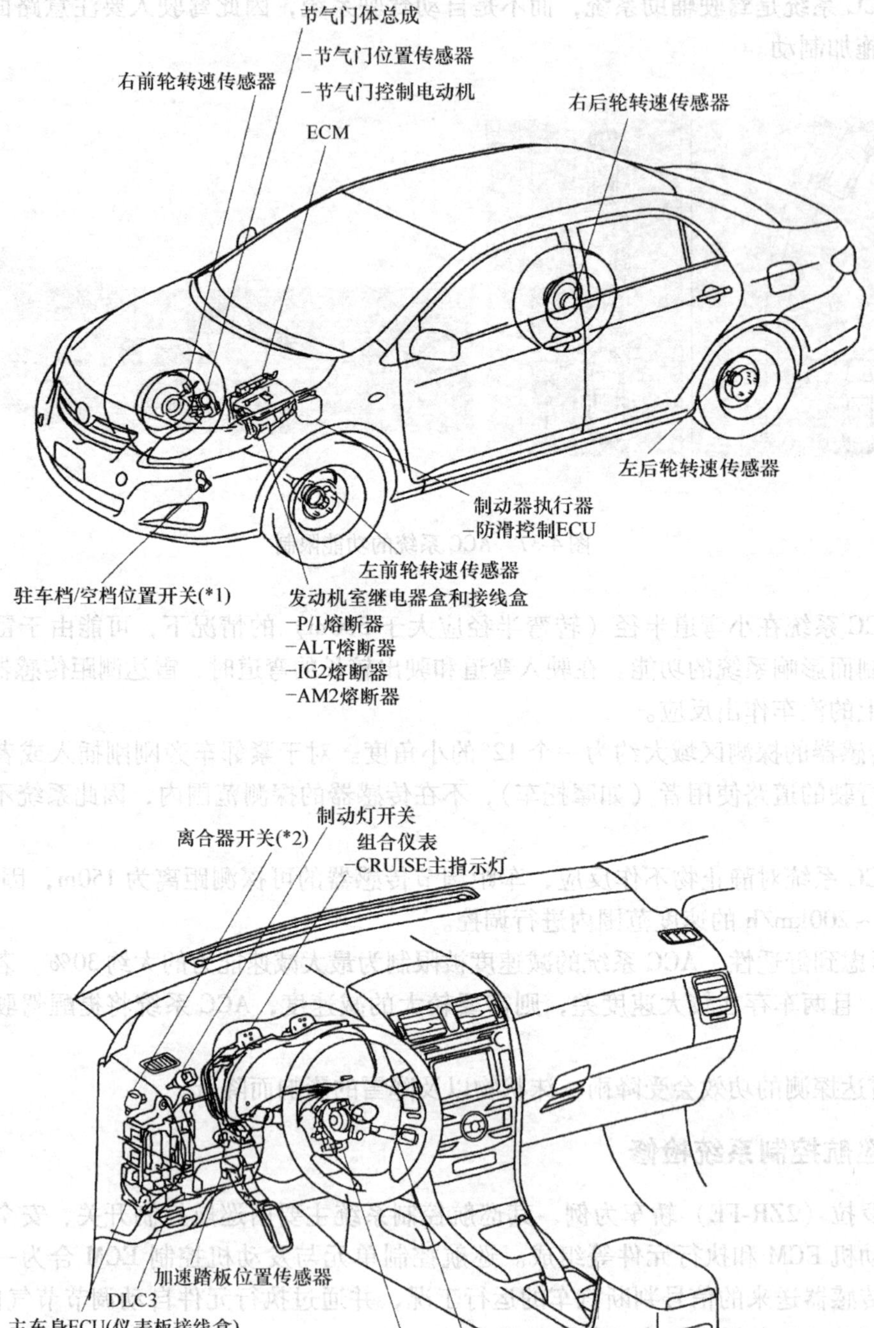
节气门体总成
–节气门位置传感器
–节气门控制电动机
右前轮转速传感器
ECM
右后轮转速传感器
左后轮转速传感器
制动器执行器
–防滑控制ECU
左前轮转速传感器
驻车档/空档位置开关(*1)
发动机室继电器盒和接线盒
–P/I熔断器
–ALT熔断器
–IG2熔断器
–AM2熔断器
制动灯开关
离合器开关(*2)
组合仪表
–CRUISE主指示灯
加速踏板位置传感器
DLC3
主车身ECU(仪表板接线盒)
–IGN熔断器
–STOP熔断器
–ECU–IG NO.1熔断器
螺旋电缆
巡航控制主开关
注: *1 – A/T
*2 – M/T

图 4-38 巡航控制系统电控元件位置

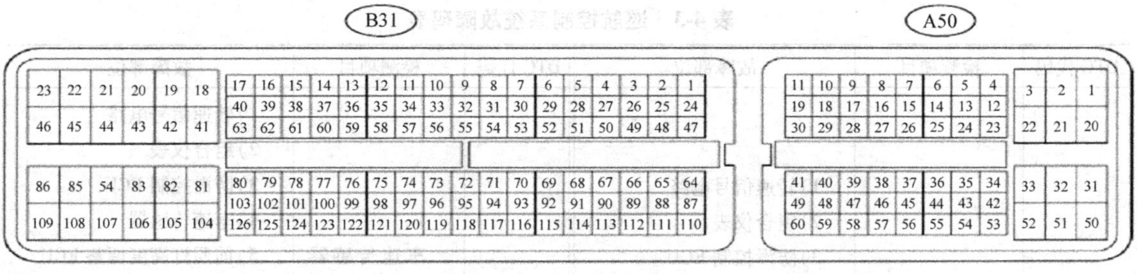
B31
A50

图 4-39　ECM 插接器

表 4-2　巡航控制系统 ECM 端子检测表

符号(端子编号)	接线颜色	端子说明	状　态	规定电压/V
A50-27(TC)-B31-104(E1)	R-BR	车身搭铁	点火开关置于“ON”(IG)位置	11~14
A50-27(TC)-B31-104(E1)	R-BR	车身搭铁	DLC3 的端子 TC 和 CG 连接时	低于 1
A50-35(ST1)-B31-104(E1)	R-BR	制动灯信号	点火开关置于“ON”(IG)位置,踩下制动踏板	低于 1
A50-35(ST1)-B31-104(E1)	R-BR	制动灯信号	点火开关置于“ON”(IG)位置,松开制动踏板	11~14
A50-36(STP)-B31-104(E1)	L-BR	制动灯信号	点火开关置于“ON”(IG)位置,踩下制动踏板	11~14
A50-36(STP)-B31-104(E1)	L-BR	制动灯信号	点火开关置于“ON”(IG)位置,松开制动踏板	低于 1
A50-40(CCS)-B31-104(E1)	L-B-BR	巡航控制主开关	点火开关置于“ON”(IG)位置	11~14
A50-40(CCS)-B31-104(E1)	L-B-BR	巡航控制主开关	CANCEL 开关置于“ON”位置	6.6~10.1
A50-40(CCS)-B31-104(E1)	L-B-BR	巡航控制主开关	-(COAST)/SET 开关置于“ON”位置	4.5~7.1
A50-40(CCS)-B31-104(E1)	L-B-BR	巡航控制主开关	+(ACCEL)/RES 开关置于“ON”位置	2.3~4.0
A50-40(CCS)-B31-104(E1)	L-B-BR	巡航控制主开关	主开关置于“ON”位置	低于 1
B31-56(D)-B31-104(E1) *1	B-BR	D 位开关信号	点火开关置于“ON”(IG)位置,变速杆置于 D 以外的位置	低于 1
B31-56(D)-B31-104(E1) *1	B-BR	D 位开关信号	点火开关置于“ON”(IG)位置,变速杆置于 D 位置	11~14
B31-56(D)-B31-104(E1) *2	B-BR	离合器信号	点火开关置于“ON”(IG)位置,踩下制动踏板	低于 1
B31-56(D)-B31-104(E1) *2	B-BR	离合器信号	点火开关置于“ON”(IG)位置,松开制动踏板	11~14

注:*1-A/T;*2-M/T。

3. 故障码表

巡航控制系统故障码表见表 4-3。

表 4-3　巡航控制系统故障码表

DTC 代码	检测项目	故障部位
P0500	车速传感器故障	1)转速信号电路 2)组合仪表 3)防滑控制 ECU 4)车速传感器 5)前照灯高度调整 ECU 6)主车身 ECU 7)收音机总成 8)导航接收器总成 9)风窗玻璃刮水器继电器 10)间隙警告 ECU 11) ECM
P0503	车速传感器“A”信号间断/不稳定/高	1)转速信号电路 2)组合仪表 3)防滑控制 ECU 4)车速传感器 5)前照灯高度调整 ECU 6)主车身 ECU 7)收音机总成 8)导航接收器总成 9)风窗玻璃刮水器继电器 10)间隙警告 ECU 11) ECM
P0571	制动灯开关电路	1)制动灯开关 2)制动灯开关电路 3)ECM
P0575	巡航控制输入电路	ECM

4. 数据流

巡航控制系统数据流表见表 4-4。

表 4-4　巡航控制系统数据流表

测量项目	测量范围	正常状态
车速	最低:0km/h 最高:255km/h	实际车速
巡航控制存储速度	最低:0km/h 最高:255km/h	实际存储车速
节气门开度	最小:0° 最大:125°	实际要求的节气门开度
巡航控制系统激活状态	ON 或 OFF	ON:巡航控制已激活 OFF:巡航控制已关闭
主开关信号(主 CPU)	ON 或 OFF	ON:巡航控制主开关置于“ON”位置 OFF:巡航控制主开关置于“OFF”位置
巡航控制系统备用状态(主 CPU)	ON 或 OFF	ON/OFF:每次按下主开关,ON/OFF 改变
巡航指示灯信号(主 CPU)	ON 或 OFF	ON:“CRUISE”亮起 OFF:“CRUISE”熄灭
CANCEL 开关信号	ON 或 OFF	ON:CANCEL 开关置于“ON”位置 OFF:CANCEL 开关置于“OFF”位置
SET/COAST 开关信号	ON 或 OFF	ON: -(滑行)/SET 开关置于“ON”位置 OFF: -(滑行)/SET 开关置于“OFF”位置
RES/ACC 开关信号	ON 或 OFF	ON: +(加速)/RES(恢复)开关置于“ON”位置 OFF: +(加速)/RES(恢复)开关置于“OFF”位置

（续）

测量项目	测量范围	正常状态
制动灯开关信号(主 CPU)	ON 或 OFF	ON:踩下制动踏板 OFF:松开制动踏板
驻车档/空档位置开关信号(D 位置)	ON 或 OFF	ON:变速杆在 D 位 OFF:变速杆不在 D 位
离合器开关信号	ON 或 OFF	ON:松开制动踏板 OFF:踩下制动踏板

5. 常见故障及排除

巡航控制系统常见故障及排除见表4-5。

表4-5 巡航控制系统常见故障及排除

故障现象	可能的故障原因
车速不能设置(CRUISE 主指示灯亮起)	巡航控制开关电路
	车速传感器电路
	组合仪表
	制动灯开关电路
	变速器档位传感器电路(U341E A/T) 离合器开关电路(C66 M/T)
	如果上述部位检查完毕且证明各部位均正常,但故障仍然出现,则应更换 ECM (2ZR-FE)
巡航控制系统正在工作时被取消	制动灯开关电路 离合器开关电路(C66 M/T) 变速器档位传感器电路(U341E A/T)
	巡航控制开关电路
	车速传感器电路
	组合仪表
	如果上述部位检查完毕且证明各部位正常,但故障仍然出现,则应更换 ECM (2ZR-FE)
车速不能设置(CRUISE 主指示灯不亮)	制动灯开关电路
	离合器开关电路(C66 M/T)
	车速传感器电路
	组合仪表
	巡航控制开关电路
	变速器档位传感器电路(U341E A/T)
	CRUISE 主指示灯电路
	如果上述部位检查完毕且证明各部位均正常,但故障仍然出现,则应更换 ECM (2ZR-FE)

（续）

故障现象	可能的故障原因
可以设定车速（CRUISE 指示灯不亮）	CRUISE 主指示灯电路
	如果上述部位检查完毕且证明各部位均正常，但故障仍然出现，则应更换 ECM（2ZR-FE）
拉回巡航控制主开关，不能取消巡航控制（CRUISE 主指示灯一直亮）	巡航控制开关电路
	如果上述部位检查完毕且证明各部位均正常，但故障仍然出现，则应更换 ECM（2ZR-FE）
拉回巡航控制主开关，不能取消巡航控制（CRUISE 指示灯熄灭）	更换 ECM（2ZR-FE）
当车速降到低于速度下限时，巡航控制没有取消（CRUISE 主指示灯一直亮）	车速传感器电路
	若上述部位检查完毕且证明各部位均正常，但故障仍然出现，则应更换 ECM（2ZR-FE）
当车速降到低于速度下限时，巡航控制没有取消（CRUISE 主指示灯熄灭）	更换 ECM（2ZR-FE）
踩下制动踏板不能取消巡航控制（CRUISE 主指示灯一直亮）	制动灯开关电路
	若上述部位检查完毕且证明各部位均正常，但故障仍然出现，则应更换 ECM（2ZR-FE）
踩下制动踏板不能取消巡航控制（CRUISE 主指示灯熄灭）	更换 ECM（2ZR-FE）
踩下离合器踏板不能取消巡航控制（CRUISE 主指示灯一直亮）	离合器开关电路（C66 M/T）
	若上述部位检查完毕且证明各部位均正常，但故障仍然出现，则应更换 ECM（2ZR-FE）
踩下离合器踏板不能取消巡航控制（CRUISE 主指示灯熄灭）	更换 ECM（2ZR-FE）
移动变速杆不取消巡航控制	变速器档位传感器电路（U341E A/T）
	若上述部位检查完毕且证明各部位均正常，但故障仍然出现，则应更换 ECM（2ZR-FE）
抖动（车速不稳定）	车速传感器电路
	组合仪表
	若上述部位检查完毕且证明各部位均正常，但故障仍然出现，则应更换 ECM（2ZR-FE）
CRUISE 主指示灯始终闪烁	TC 和 CG 端子电路
	若上述部位检查完毕且证明各部位均正常，但故障仍然出现，则应更换 ECM（2ZR-FE）

6. 电路分析与检修

卡罗拉轿车巡航控制系统电路如图 4-40 所示。

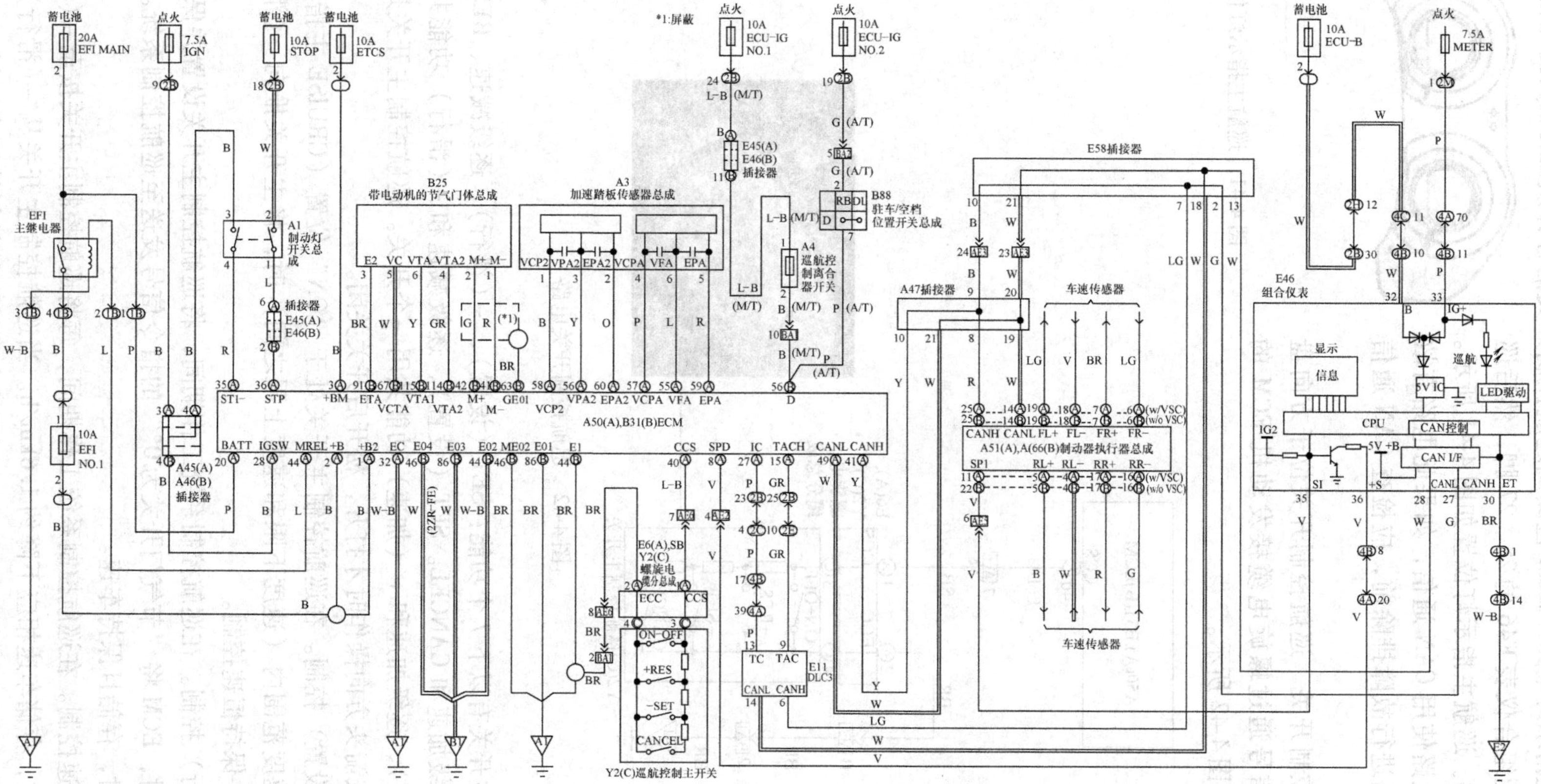

蓄电池
20A EFI MAIN
点火
7.5A IGN
10A STOP
10A ETCS
EFI 主继电器
10A EFI NO.1
A1 制动灯开关总成
插接器 E45(A) E46(B)
A45(A) A46(B) 插接器
B25 带电动机的节气门体总成
A3 加速踏板传感器总成
*1:屏蔽
10A ECU-IG NO.1
10A ECU-IG NO.2
B88 驻车/空档位置开关总成
A4 巡航控制离合器开关
A50(A),B31(B)ECM
E6(A),SB Y2(C) 螺旋电缆分总成
Y2(C)巡航控制主开关
ON-OFF
+RES
-SET
CANCEL
E11 DLC3
E58插接器
A47插接器
车速传感器
A51(A),A(66(B)制动器执行器总成
10A ECU-B
7.5A METER
E46 组合仪表
显示
信息
巡航
LED驱动
CPU
CAN控制
CAN I/F

图 4-40　卡罗拉轿车巡航控制系统电路

（1）巡航主指示灯电路　ECM 检测到巡航控制开关信号并从 A50 的 A49、A41 脚通过 CAN 将其发送到组合仪表 E46 的 28、27 脚，然后巡航主指示灯亮起。巡航主指示灯位置如图 4-41 所示。巡航主指示灯电路使用 CAN 通信，如果此电路有故障，在对此电路进行故障排除前，应检查 CAN 通信系统的故障码。

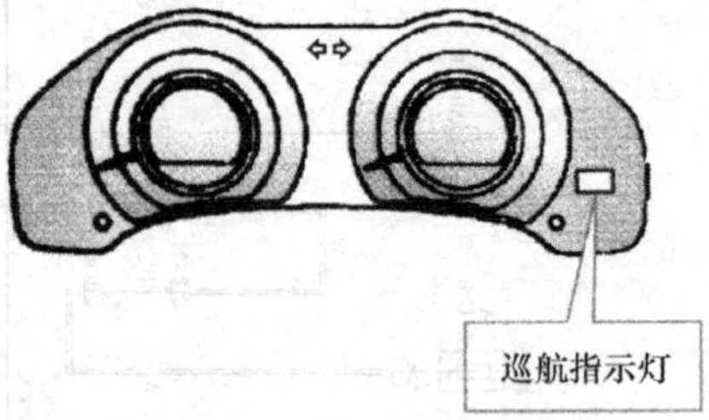
巡航指示灯

图 4-41　巡航主指示灯位置

（2）巡航控制开关　巡航控制开关位于方向盘上，控制开关信号通过螺旋电缆接发动机 ECM 的 A40 脚，电路如图 4-42 所示。

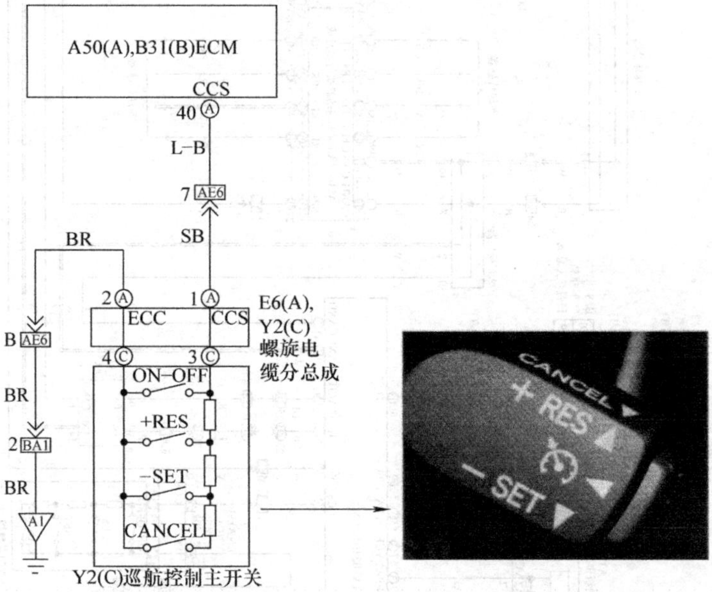
A50(A),B31(B)ECM
CCS
40 Ⓐ
L−B
7 AE6
SB
BR
2Ⓐ
1Ⓐ
ECC
CCS
E6(A),
Y2(C)
螺旋电缆分总成
B AE6
4Ⓒ
3Ⓒ
ON−OFF
BR
+RES
2 BA1
−SET
BR
A1
CANCEL
Y2(C)巡航控制主开关
CANCEL
+ RES
− SET

图 4-42　巡航控制开关电路

巡航控制主开关有以下 7 个功能：SET（设置）、－（滑行）、逐级减速、RES（恢复）、＋（加速）、逐级加速和 CANCEL。SET（设置）、逐级减速和－（滑行）功能共用一个开关，RES（恢复）、逐级加速和＋（加速）功能共用一个开关。巡航控制主开关是自动回位型开关，仅在按箭头方向操作时才打开，松开后开关关闭。

1）SET（设置）控制。在巡航控制主开关处于“ON”位置（CRUISE 主指示灯亮起）且车速在设置速度范围内（速度下限和速度上限之间）时，将主开关推向－（滑行）/SET，车速将被存储并保持恒速控制。

2）－（滑行）控制。在巡航控制系统工作期间，将巡航控制主开关设置并保持在－（滑行）/SET 位置时，ECM 将“节气门开关为 0°”的指令信号发送至巡航控制系统。当巡航控制主开关松开时，存储且保持车速。

3）逐级减速控制。在巡航控制系统工作期间，每将巡航控制主开关按至－（滑行）/SET（约 0.6s）一次，存储车速相应下降约 1.6km/h。当巡航控制主开关从－（滑行）/SET 松开且行驶车速和存储车速相差超过 5km/h 时，行驶车速被存储并保持恒速控制。

4）+（加速）控制。在巡航控制系统工作期间，按住巡航控制主开关上的+（加速）/RES（恢复），ECM指令节气门体总成的节气门电动机打开节气门。巡航控制主开关从+（加速）/RES（恢复）松开时，存储车速并恒速控制车辆。

5）逐级加速控制。在巡航控制系统工作期间，每将巡航控制主开关按至+（加速）/RES（恢复）（约0.6s）一次，存储车速相应增加约1.6km/h。但当行驶车速和存储车速相差5km/h以上时，存储车速不会改变。

6）RES（恢复）控制。如果行驶速度在限制范围内用制动灯开关、CANCEL开关或低速限制开关取消巡航操作，则将巡航控制开关推至+（加速）/RES（恢复），可恢复取消时存储的车速并保持恒速控制。

7）手动取消控制。巡航控制系统工作时，执行下述任何一种操作，将取消巡航控制（仍保持ECM中存储的车速）：

①踩下制动踏板。

②踩下离合器踏板（M/T）。

③变速杆从“D”位或“3”位换到“N”位、“2”位或“1”位（A/T）。

④将巡航控制主开关拉回CANCEL。

⑤关闭巡航控制主开关（不保持ECM中的存储车速）。

●巡航控制开关的检查：拆下巡航控制主开关，测其电阻值，如图4-43所示。检查线束和插接器（巡航控制主开关与螺旋电缆），如图4-44所示。

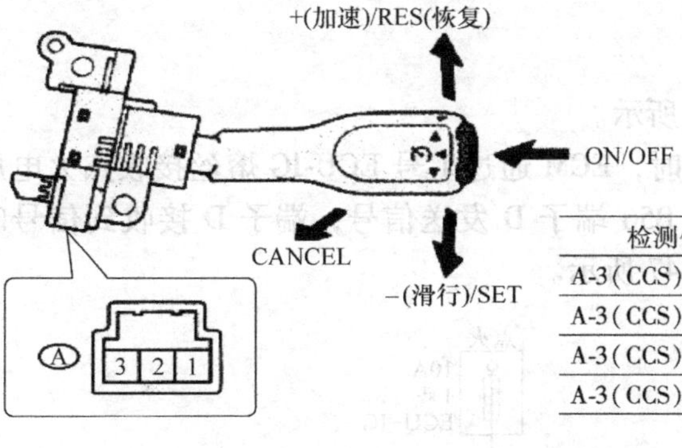
+(加速)/RES(恢复)
ON/OFF
CANCEL
-(滑行)/SET
A
3 2 1

标准电阻

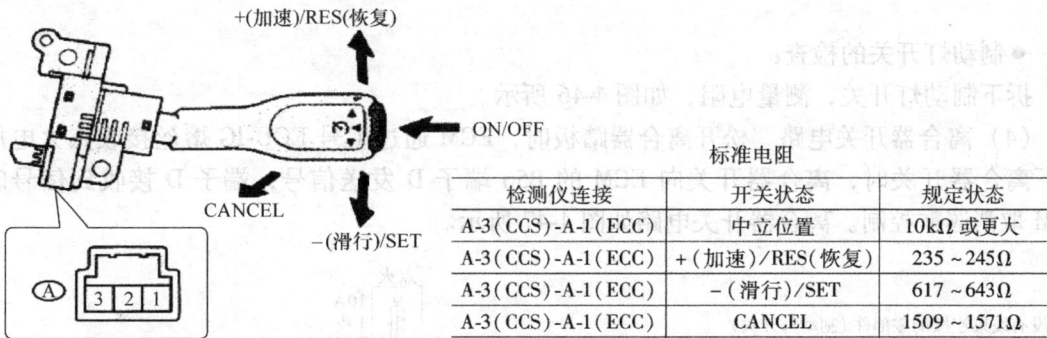

检测仪连接	开关状态	规定状态
A-3(CCS)-A-1(ECC)	中立位置	10kΩ或更大
A-3(CCS)-A-1(ECC)	+(加速)/RES(恢复)	235~245Ω
A-3(CCS)-A-1(ECC)	-(滑行)/SET	617~643Ω
A-3(CCS)-A-1(ECC)	CANCEL	1509~1571Ω

图4-43 巡航控制主开关电阻的检测

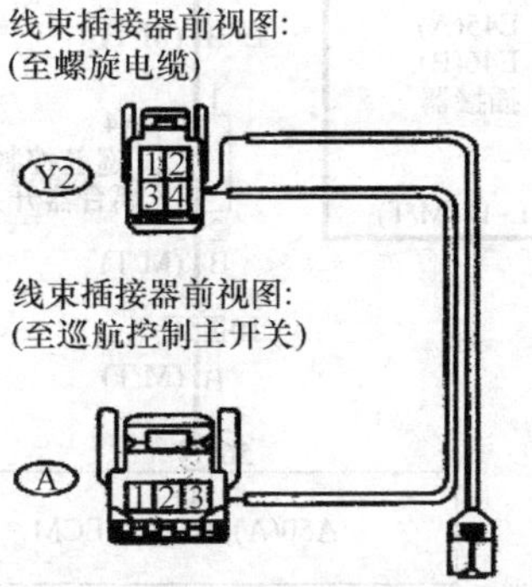
线束插接器前视图:
(至螺旋电缆)
Y2
1 2
3 4
线束插接器前视图:
(至巡航控制主开关)
A
1 2 3

标准电阻

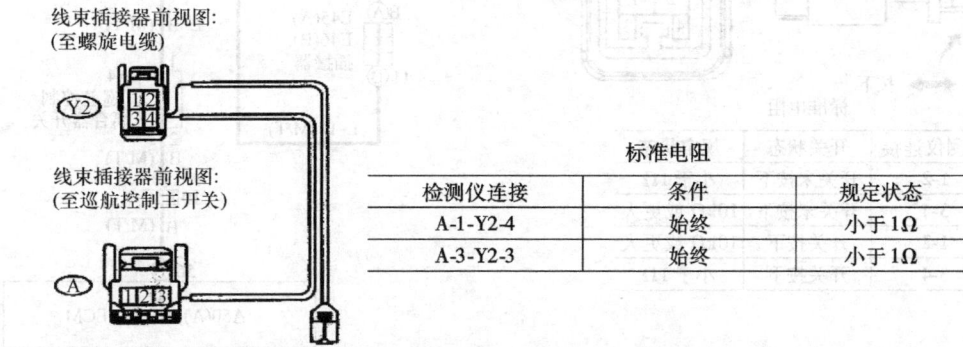

检测仪连接	条件	规定状态
A-1-Y2-4	始终	小于1Ω
A-3-Y2-3	始终	小于1Ω

图4-44 检查巡航控制主开关与螺旋电缆的连接

（3）制动灯开关　踩下制动踏板时，制动灯开关向 ECM 发送一个信号，ECM 收到该信号时，就会取消巡航控制。即使制动灯信号电路发生故障，失效保护功能可以使车辆保持正常行驶。踩下制动踏板时，电路如下：蓄电池电压→FL 主熔丝→ALT 熔丝→STOP 熔丝→制动灯开关 2→制动灯开关 1→ECM 的 A36 端子 STP。当电压施加到端子 STP 时，ECM 取消巡航控制。制动灯开关电路如图 4-45 所示。

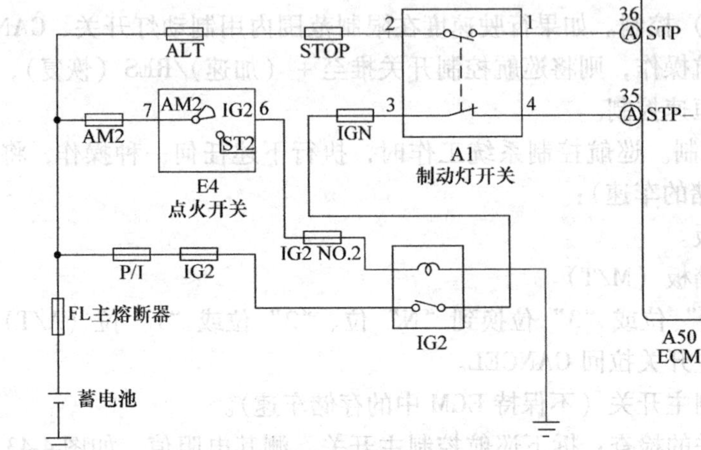
ALT
STOP
2
1
36
A STP
35
A STP-
AM2
7
AM2
IG2
6
ST2
IGN
3
4
A1
制动灯开关
E4
点火开关
IG2 NO.2
P/I
IG2
FL主熔断器
IG2
A50
ECM
蓄电池

图 4-45　制动灯开关电路

● 制动灯开关的检查：

拆下制动灯开关，测量电阻，如图 4-46 所示。

（4）离合器开关电路　松开离合器踏板时，ECM 通过 1 号 ECU-IG 熔丝接收点火电压；踩下离合器开关时，离合器开关向 ECM 的 B56 端子 D 发送信号，端子 D 接收到信号时，ECM 取消巡航控制。离合器开关电路如图 4-47 所示。

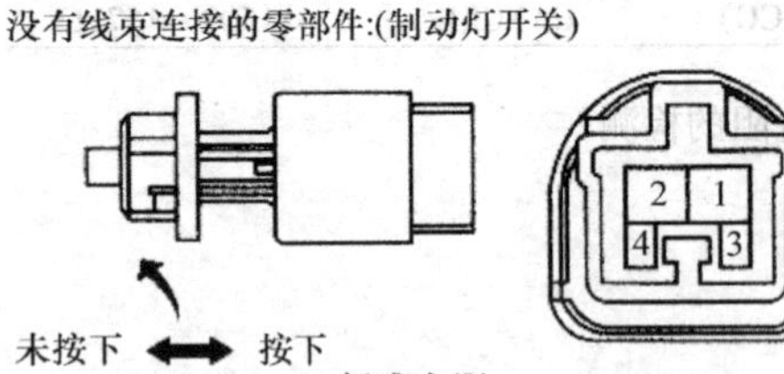
没有线束连接的零部件:(制动灯开关)
2
1
4
3
未按下
按下

标准电阻

检测仪连接	开关状态	规定状态
1-2	开关未按下	小于 1Ω
3-4	开关未按下	10kΩ 或更大
1-2	开关按下	10kΩ 或更大
3-4	开关按下	小于 1Ω

图 4-46　制动灯开关的检查

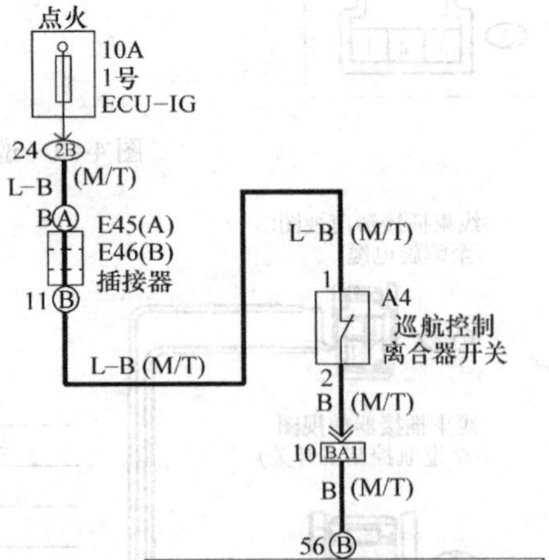
点火
10A
1号
ECU-IG
24
2B
L-B
(M/T)
B A
E45(A)
E46(B)
插接器
11 B
L-B (M/T)
L-B (M/T)
1
A4
巡航控制
离合器开关
2
B (M/T)
10 BA1
B (M/T)
56 B
D
A50(A), B31(B) ECM

图 4-47　离合器开关电路

● 离合器开关的检查：将点火开关置于“OFF”位置，从离合器开关上断开插接器 A4，拆下离合器开关，测量电阻，如图 4-48 所示。

没有线束连接的零部件：（离合器开关）

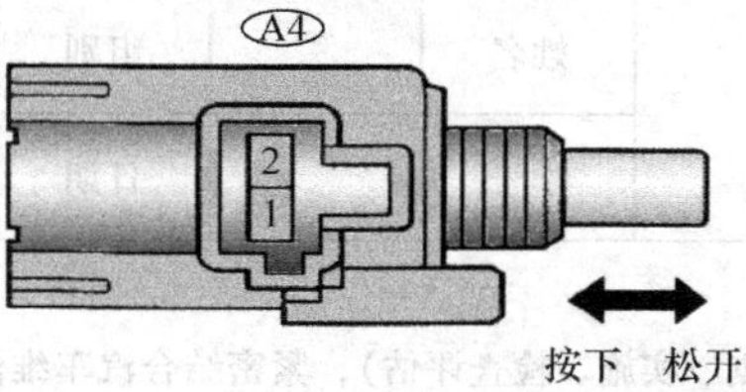
A4
2
1
按下 松开

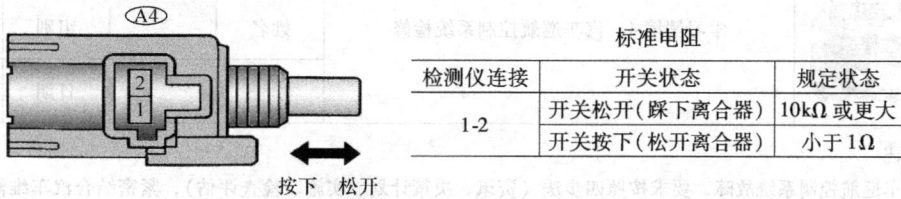

标准电阻

检测仪连接	开关状态	规定状态
1-2	开关松开（踩下离合器）	10kΩ 或更大
	开关按下（松开离合器）	小于 1Ω

图 4-48 离合器开关的检查

4.3 任务实施

“汽车巡航控制系统检修”实施步骤与要求见表 4-6。

表 4-6 “汽车巡航控制系统检修”实施步骤与要求

学习情境	汽车巡航控制系统检修			参考学时	8
教学地点	汽车实训室	所需设备	轿车（或台架）4 辆；故障诊断仪 4 套；数字万用表 4 只；备件若干；常用工具 4 套		

步骤	任务要求	所用时间/min
资讯	1）明确工作任务 2）咨询客户（教师扮演），查阅维修资料、课程网站、教材以及视频资料 3）填写任务工单的“知识准备”内容	60
决策计划	1）建立工作小组，并选组长 2）根据咨询情况和工作任务要求，选择合适的检测诊断仪器设备 3）以小组讨论的方式，制订故障诊断排除工作计划及标准 4）将制订的工作计划与教师讨论并定稿	40
实施	1）按工作计划检测诊断故障，查找故障原因和故障点 2）排除故障，修复系统 3）根据诊断结果填写任务工单	160
检查评估	1）自行检查是否按计划和要求完成了工作任务 2）以小组讨论方式进行工作评估 3）结合教师的评价找出不足并提出改进意见	60

4.4 任务考核

1. 完成任务实施过程，填写“汽车巡航控制系统检修”任务工单并上交。
2. 根据完成任务工单情况评定任务成绩。

“汽车巡航控制系统检修”任务工单

	学习情境4　汽车巡航控制系统检修	班级		编号	4
		姓名		组别	
		学号		日期	

任务描述

针对汽车巡航控制系统故障，要求按照四步法（资讯、决策计划、实施、检查评估），紧密结合汽车维修实际过程诊断排除故障，在此过程中学习相关理论知识和检测诊断仪器设备的正确使用方法

一、资讯

1. 明确工作任务

2. 咨询情况

3. 知识准备

阅读相关知识内容及文献资料，并完成以下题目。

（1）填空题

1）巡航控制系统（CCS）主要由________、________、________、________等组成。

2）巡航控制系统的操作主要通过________和________来完成。将主开关置于________，仪表板上的巡航控制系统的________，表示巡航控制系统________。

3）巡航控制系统控制开关有5种控制功能：________、________、________、________和________。

4）主动巡航控制（ACC）系统工作时必须使用________、________、________等信息。

5）在ACC系统中，前车车速的确定应用一种被称为________的物理效应。例如，当消防车驶近时，其警笛声听起来是一种________；当消防车越走越远时，听到的________。

（2）判断题

1）CCS工作时，驾驶人不用再去控制加速踏板，汽车也会按选定的速度匀速行驶，即使是上坡或下坡也一样。（　　）

2）巡航控制ECU接收车速传感器信号用于巡航车速的设定及将实际车速与设定车速进行比较，以便实现等速控制。（　　）

3）ACC系统采用一种称为调幅连续波法来间接测量与前车之间的距离。（　　）

（续）

4）如果 ACC 系统识别出施加的制动不足以使车辆达到规定的车距，那么就会响起一个声音信号提醒驾驶人应主动施加制动。（　　）

5）ACC 系统不是一套用于完全自主驾驶的系统，但它属于安全系统。（　　）

（3）单选题

1）真空驱动型执行器利用真空力和（　　）力之间的关系操作内置膜片。

A. 重力　B. 电子　C. 磁　D. 弹簧

2）巡航控制系统的操作控制通常布置在（　　）。

A. 汽车行李箱内　B. 汽车方向盘上　C. 前排乘客座椅旁边　D. 轮胎附近

3）可以代替一些汽车上的真空伺服器的装置是（　　）。

A. 电动机　B. 电磁阀　C. 离合开关　D. A/T 选择档位开关

4）下列与 ACC 系统相关的叙述正确的是（　　）。

A. 系统工作时不可能导致车辆莫名地短时加速或减速

B. 车距调节传感器的发射频率为 200GHz

C. 车距调节传感器是电磁波的发射器，也是接收器

D. 车距调节控制单元只是接收和处理车距调节传感器的信号，从中确定目标车辆、车速以及车距

5）下列关于巡航控制系统执行器的相关叙述除了（　　）都是正确的。

A. 电子制动助力器（EBS）的任务是起动制动器，以控制本车与前方车辆的速度保持相同

B. 电动机驱动型执行器中的电磁离合器用于接通或断开电动机与节气门拉索之间的联系

C. 根据驱动方式不同，执行器分为真空驱动型、电动机驱动型和电子节气门控制型。

D. 电子节气门控制系统中，节气门驱动装置根据发动机控制单元发出的指令定位节气门

（4）多选题

1）作为驾驶人辅助系统，ACC 系统是如何工作的？（　　）

A. 它保持与前车的安全距离，并在必要时，施加紧急制动操作

B. 它可以使驾驶人在车流中舒适地跟车行驶

C. 它减轻了驾驶人在高速公路上驾驶的负担

D. 有前车时，车辆按照驾驶人设定车距行驶，无前车时，车辆按照驾驶人设定车速行驶

2）在哪里适合使用 ACC 系统？（　　）

A. 在盘旋的山路　B. 在密集的市区交通中

C. 在转弯半径大于 500m 的良好的城间公路上　D. 在高速公路上

3）车距调节传感器确定哪些测量变量？（　　）

A. 与前方其他道路使用者的距离　B. 时间间隔　C. 前方其他道路使用者的方位角

D. 期望车速　E. 相对前方其他道路使用者的车速

4）通过哪些变量计算出行车道预报？（　　）

A. ESP 测量出的横摆率　B. 与前方车辆的距离　C. 转向盘转角　D. 车轮转速

5）什么时候需要重新调整车距调节传感器？（　　）

A. 在更换了传感器或横梁后　B. 车辆前部受到严重撞击

C. 在底盘调整后　D. 在尾部受到轻微的损坏后

二、决策计划

（建立工作小组，并选出组长；根据具体故障现象和工作任务要求，选择合适的检测诊断仪器设备；以小组讨论的方式，制订故障诊断排除的工作计划及标准；将制订的计划与教师讨论并定稿）

（续）

三、实施

（按工作计划检测、诊断故障，查找故障原因和故障点；排除故障，修复系统）

1. 故障现象描述

2. 检查项目与检查结果

（续）

3. 结果分析与故障判断：（根据检测结果及相关故障现象进行分析，列出可能原因）

4. 故障点及排除：（判断出准确的故障点，排除故障）

四、检查评估

（自行检查是否按计划和要求完成了工作任务；以小组讨论方式进行工作评估；结合教师的评价找出不足并提出改进意见）

学习情境5　汽车安全气囊系统检修

5.1　学习情境描述

学习情境5的描述见表5-1。

表5-1　学习情境5的描述

<table>
<tr><td colspan="2">学习情境名称　汽车安全气囊系统检修　　　　参考学时：8</td></tr>
<tr><td colspan="2">学习任务</td></tr>
<tr><td colspan="2">针对汽车安全气囊系统故障，要求按照四步法（资讯、决策计划、实施、检查评估），紧密结合汽车维修企业实际维修过程诊断排除故障，在此过程中学习相关知识和检测诊断仪器设备的正确使用方法</td></tr>
<tr><td colspan="2">学习目标</td></tr>
<tr><td colspan="2">1）能通过与客户交流、查阅相关维修技术资料等方式获取车辆信息
2）能正确描述汽车安全气囊系统的检测项目和内容
3）能确定汽车安全气囊系统主要参数的检测方法及相关标准
4）能对汽车安全气囊系统常见故障进行诊断和排除
5）能根据故障现象选择正确的检测诊断仪器设备，制订正确的检测诊断计划
6）能根据计划对汽车安全气囊系统进行检测诊断
7）能正确分析各检测结果并做出故障判断
8）能检查、评价、记录工作结果
9）能根据环保要求，正确处理对环境和人体有害的辅料、废气、废液和损坏零部件</td></tr>
<tr><td colspan="2">学习内容</td></tr>
<tr><td colspan="2">1）汽车安全气囊系统的结构原理
2）汽车安全气囊系统电路分析
3）汽车安全气囊系统常见故障的诊断排除
4）常用检测诊断仪器设备的使用</td></tr>
<tr><td>工具、设备与资料</td><td>知识基础</td></tr>
<tr><td>实训车辆
专用工具
检测、诊断设备
多媒体教学设备
教学课件
维修资料
视频教学资料
网络教学资源
任务工单</td><td>电工、电子学基础
汽车结构、原理
汽车使用操作
技术资料收集应用
安全规定</td></tr>
</table>

5.2 相关知识及检修技术

5.2.1 汽车安全气囊概述

1. 安全气囊的作用

安全气囊系统又称辅助乘员保护系统（Supplemental Restraint System，简称 SRS），它是一种当汽车遇到冲撞而急剧减速时能很快膨胀的缓冲垫，可以保护车内乘员不致撞到车厢内部（二次碰撞），是一种被动安全装置。通常它与座椅安全带配合使用，可以为乘员提供十分有效的防撞保护，如图 5-1 所示。

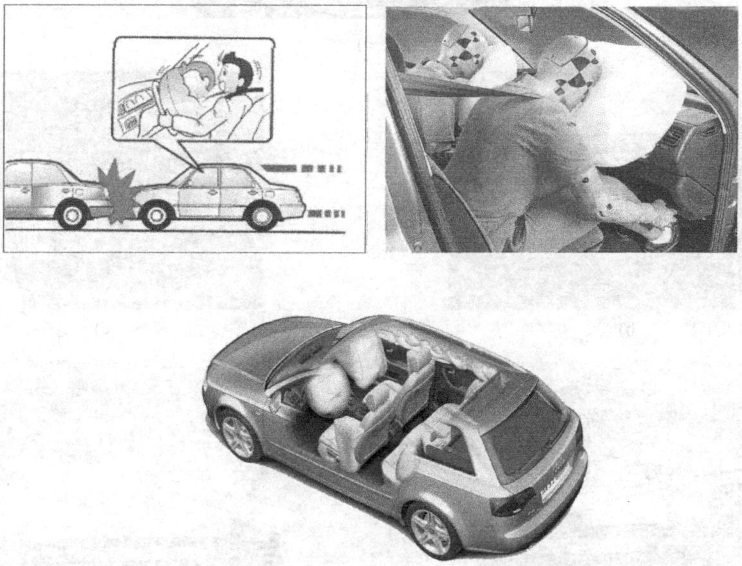

图 5-1 安全气囊对乘员的保护作用

2. 安全气囊的种类

（1）按总体结构分类 安全气囊按总体结构可分为机械式安全气囊和电子式安全气囊。机械式安全气囊采用机械方式检测和引爆气囊，目前已很少使用；电子式安全气囊采用碰撞传感器和电控单元检测并控制安全气囊的引爆，是目前广泛采用的安全气囊。

（2）按照碰撞类型分类 按照碰撞类型的不同，安全气囊可分为正面碰撞安全气囊和侧面碰撞安全气囊。正面碰撞安全气囊是在车辆发生正面碰撞时（通常为汽车前方 60°范围内）起安全保护作用；侧面碰撞安全气囊是在车辆发生侧面碰撞时起安全保护作用，如图 5-2 所示。

（3）按照气囊的数量分类 按照气囊的数量，安全气囊系统可分为单气囊系统（只装在驾驶人侧）、双气囊系统（驾驶人侧和前排乘员侧各有一个安全气囊）和多气囊系统（前排安全气囊、后排安全气囊、侧面安全气囊）。

（4）按照保护对象的不同分类

1）驾驶人防撞安全气囊：装在方向盘上，分美式（约60L）和欧式（约40L）两种。

2）前排乘员防撞安全气囊：装在仪表板工具箱上面，美式的约160L，欧式的约75L。

3）后排乘员防撞安全气囊：装在前排座椅上，防止后排乘员在撞车时受到伤害。

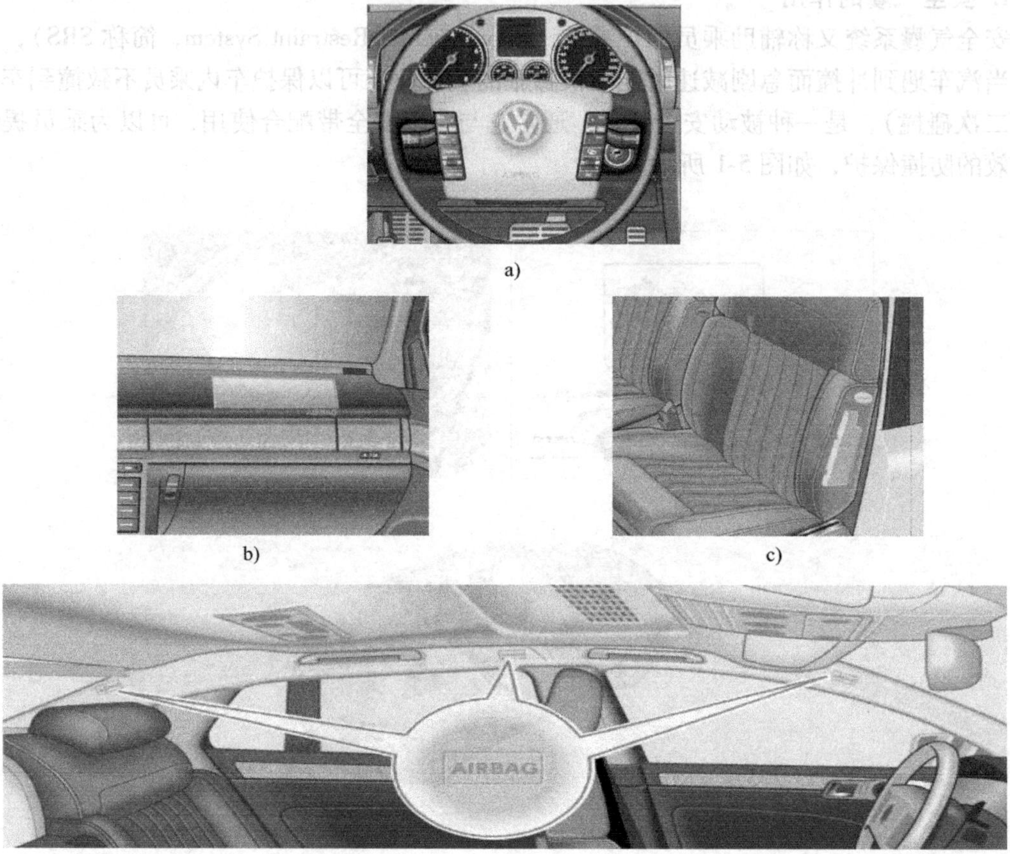
a)
b)
c)
AIRBAG

d)

图5-2　安全气囊的种类

a）正面安全气囊（驾驶人侧）　b）正面安全气囊（前排乘员侧）

c）侧面安全气囊　d）侧面安全气囊（头部）

（5）按照智能化程度分类　按照智能化程度的不同，安全气囊可分为智能型安全气囊和非智能型安全气囊。智能型安全气囊将安全气囊和安全带相结合，根据座椅上是否有乘员和是否系好安全带，控制安全气囊的引爆时机和安全带收紧器。非智能型安全气囊则是安全气囊和安全带的保护作用相互独立。

智能型安全气囊比一般安全气囊增加了以下功能：①检测乘员是否系上座椅安全带；②检测座椅上是否有乘员；③检测儿童座椅；④调控安全气囊充气膨胀力；⑤检测气温。

5.2.2 安全气囊系统（SRS）的组成与工作原理

1. 安全气囊系统的组成

电子式安全气囊系统主要由传感器、控制单元、安全气囊组件、SRS警告灯等组成，如图5-3所示。

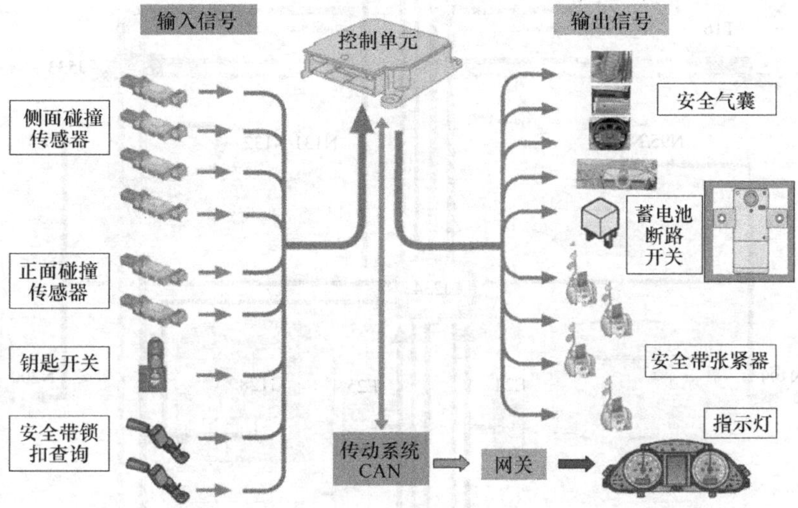

输入信号
控制单元
输出信号
侧面碰撞传感器
安全气囊
蓄电池断路开关
正面碰撞传感器
钥匙开关
安全带张紧器
指示灯
安全带锁扣查询
传动系统CAN
网关

a)

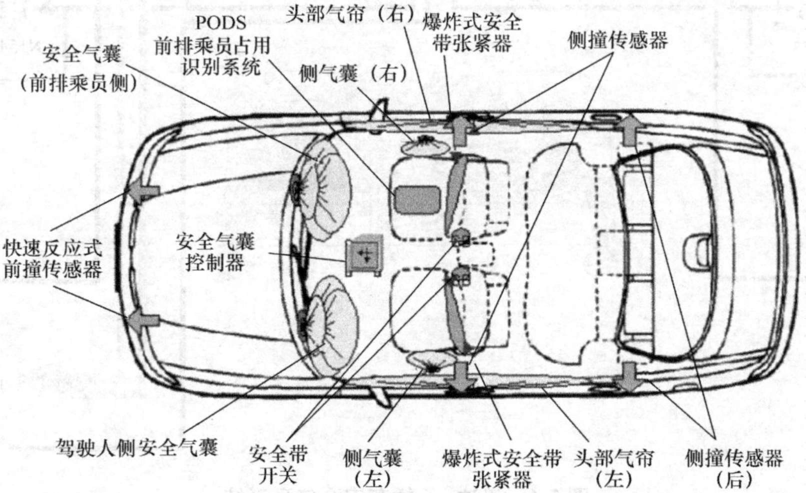

PODS 前排乘员占用识别系统
头部气帘（右）
爆炸式安全带张紧器
侧撞传感器
安全气囊（前排乘员侧）
侧气囊（右）
快速反应式前撞传感器
安全气囊控制器
驾驶人侧安全气囊
安全带开关
侧气囊（左）
爆炸式安全带张紧器
头部气帘（左）
侧撞传感器（后）

b)

图5-3 安全气囊系统的组成

a）安全气囊系统组成 b）安全气囊系统元件布置

奥迪A6轿车安全气囊系统如图5-4所示。

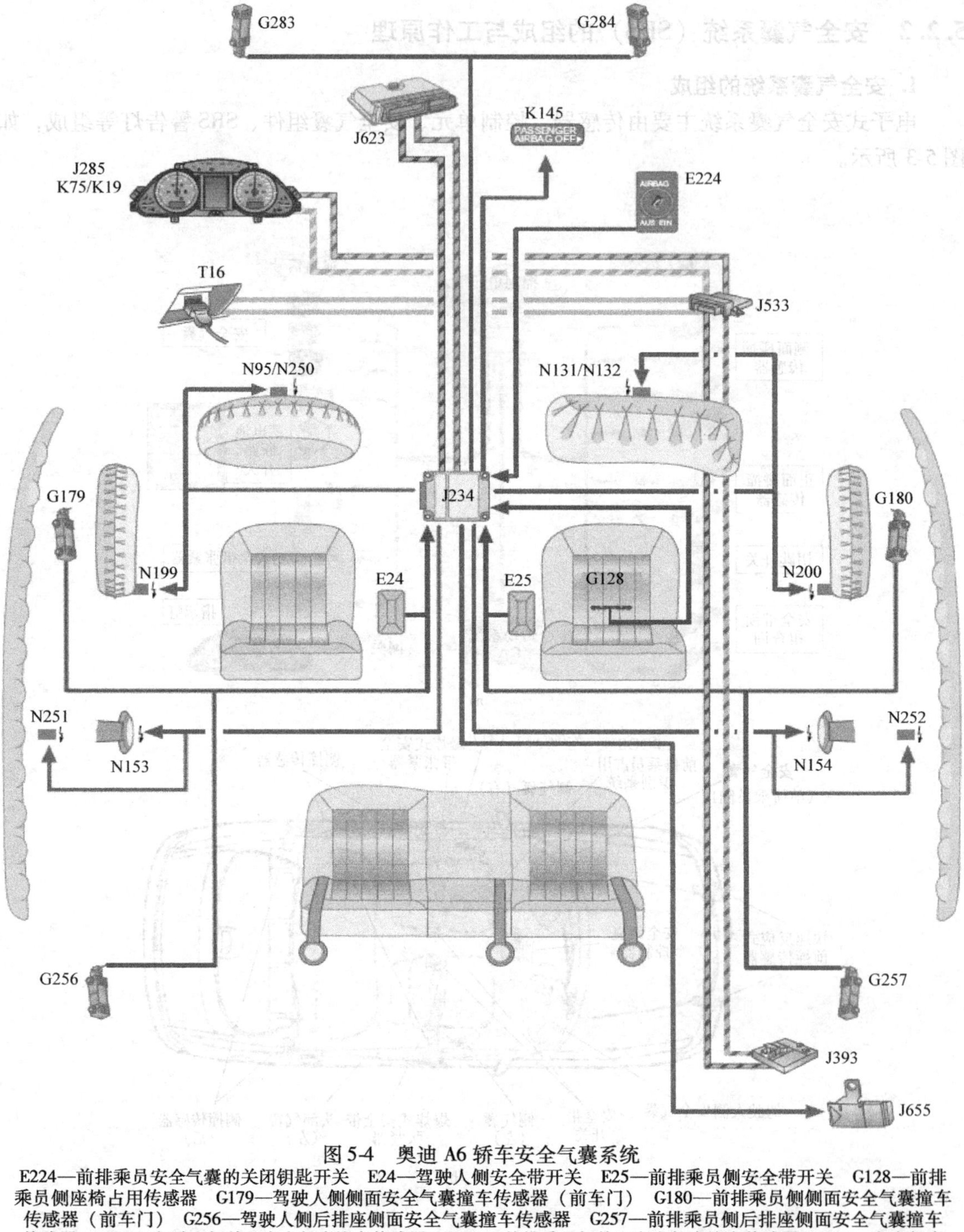
G283
G284
J623
K145
PASSENGER AIRBAG OFF
J285
K75/K19
E224
AIRBAG
AUS EIN
T16
J533
N95/N250
N131/N132
G179
J234
G180
N199
E24
E25
G128
N200
N251
N153
N154
N252
G256
G257
J393
J655

图 5-4　奥迪 A6 轿车安全气囊系统

E224—前排乘员安全气囊的关闭钥匙开关　E24—驾驶人侧安全带开关　E25—前排乘员侧安全带开关　G128—前排乘员侧座椅占用传感器　G179—驾驶人侧侧面安全气囊撞车传感器（前车门）　G180—前排乘员侧侧面安全气囊撞车传感器（前车门）　G256—驾驶人侧后排座侧面安全气囊撞车传感器　G257—前排乘员侧后排座侧面安全气囊撞车传感器　G283—驾驶人侧前面安全气囊撞车传感器　G284—前排乘员侧前面安全气囊撞车传感器　J234—安全气囊控制单元　J285—组合仪表内的控制单元　J393—舒适系统中央控制单元　J533—数据总线诊断接口　J623—发动机控制单元　J655—蓄电池切断继电器　K19—安全带警告指示灯　K75—安全气囊指示灯　K145—前排乘员安全气囊关闭指示灯（前排乘员安全气囊关闭）　N95—驾驶人安全气囊点火触发器　N250—驾驶人安全气囊点火触发器 2　N131—前排乘员安全气囊点火触发器 1　N132—前排乘员安全气囊点火触发器 2　N153—驾驶人安全带张紧点火触发器 1　N154—前排乘员安全带张紧点火触发器 1　N199—驾驶人侧面安全气囊点火触发器　N200—前排乘员侧面安全气囊点火触发器　N251—驾驶人头部安全气囊点火触发器　N252—前排乘员头部安全气囊点火触发器　T16—16 脚插头（自诊断接口）

2. 安全气囊系统的工作原理

当汽车发生碰撞时，由传感器对碰撞程度进行识别，如果冲击强度超过设定值，传感器发出信号给 ECU，经 ECU 分析和判别后发出点火信号使点火器工作，气体发生装置在极短时间内产生大量气体，经过滤和冷却后充入卷收在一起的气囊，使其冲开装饰盖板迅速展开，在驾驶人或乘员的前部形成弹性气垫，通过气囊产生变形和排气节流来吸收人体碰撞产生的动能，从而有效地保护人体头部和胸部，使之免于伤害或减轻伤害程度。安全气囊系统的工作原理如图 5-5 所示。雷克萨斯 LS400 轿车单气囊系统电路原理如图 5-6 所示。

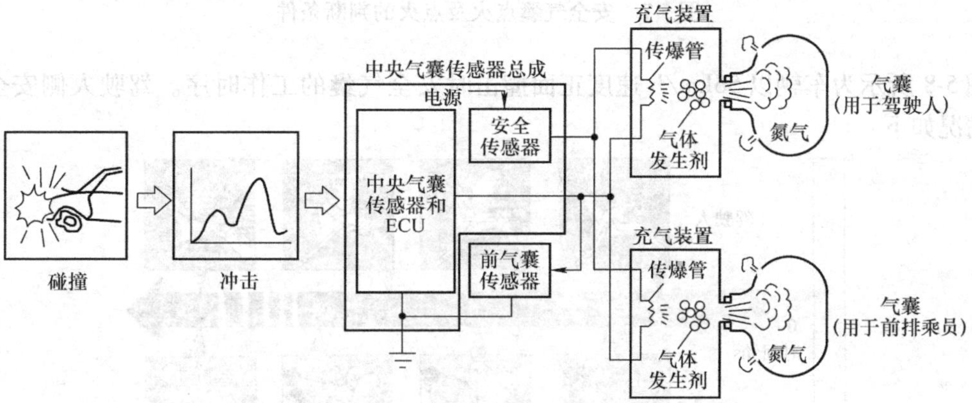
充气装置
中央气囊传感器总成
传爆管
电源
气囊
(用于驾驶人)
安全
传感器
氮气
气体
发生剂
中央气囊
传感器和
ECU
充气装置
传爆管
前气囊
传感器
气囊
(用于前排乘员)
碰撞
冲击
氮气
气体
发生剂

图 5-5　安全气囊系统的工作原理

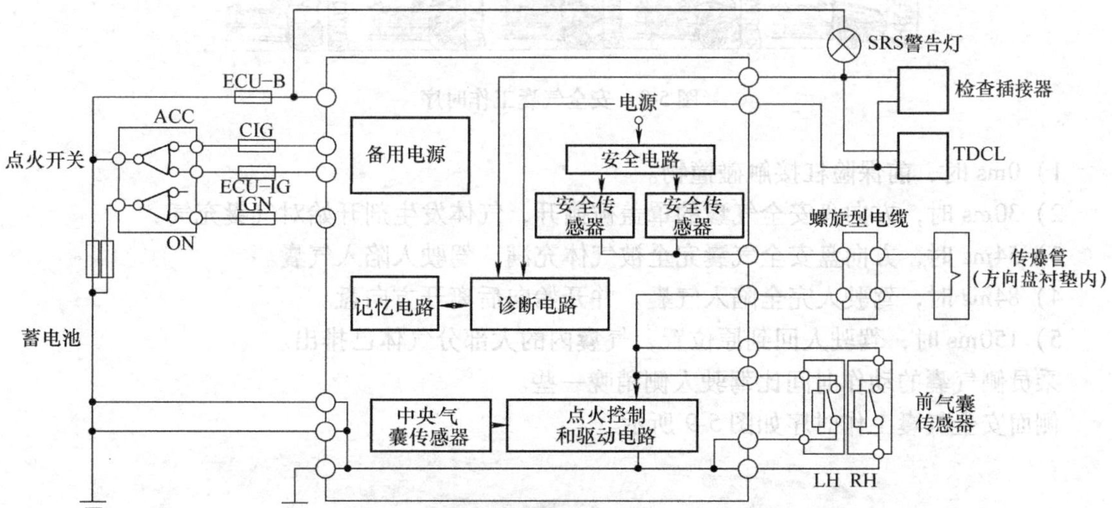
SRS警告灯
ECU–B
检查插接器
电源
ACC
CIG
备用电源
点火开关
TDCL
安全电路
ECU–IG
IGN
安全传
感器
安全传
感器
ON
螺旋型电缆
传爆管
(方向盘衬垫内)
记忆电路
诊断电路
蓄电池
中央气
囊传感器
点火控制
和驱动电路
前气囊
传感器
LH
RH
中央气囊传感器总成

图 5-6　雷克萨斯 LS400 轿车单气囊系统电路原理

安全气囊系统所用的传感器，一般根据所承担的任务不同分为前部传感器、中央传感器与安全传感器。前部传感器用来检测汽车正面所受到的低速冲击信号；中央传感器用来检测汽车发生高速碰撞的信息；安全传感器用来防止系统在非碰撞状况引起安全气囊误动作。安全气囊点火及点火的判断条件如图 5-7 所示。

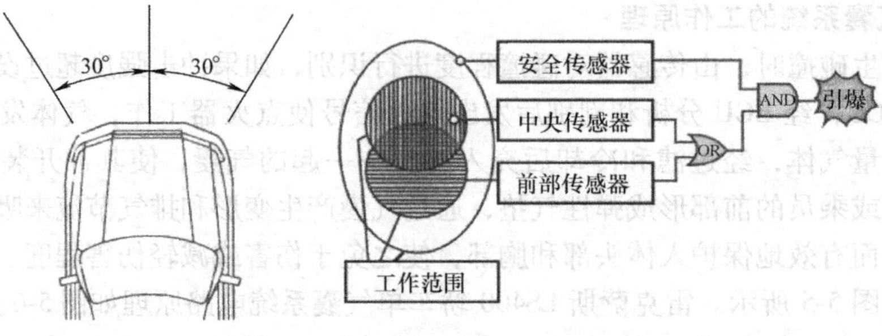
30°
30°
安全传感器
中央传感器
前部传感器
AND
OR
引爆
工作范围

图 5-7　安全气囊点火及点火的判断条件

图 5-8 所示为车辆以 56km/h 速度正面撞击时安全气囊的工作时序。驾驶人侧安全气囊引爆情况如下：

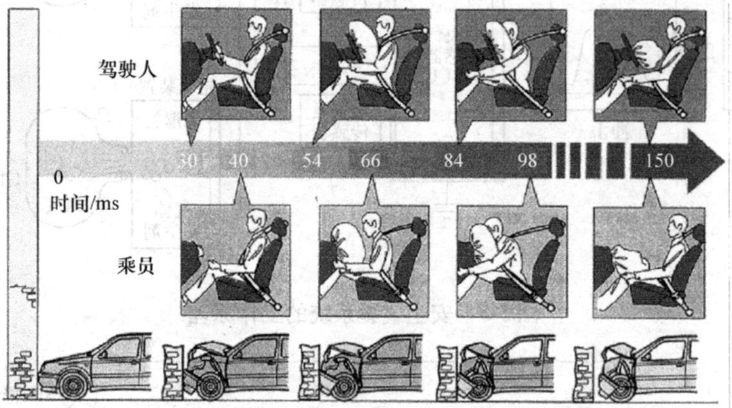
驾驶人
30
40
54
66
84
98
150
0
时间/ms
乘员

图 5-8　安全气囊工作时序

1）0ms 时，前保险杠接触碰撞物。

2）30ms 时，方向盘安全气囊的罩盖被撕开，气体发生剂开始对气囊充气。

3）54ms 时，方向盘安全气囊完全被气体充满，驾驶人陷入气囊。

4）84ms 时，驾驶人完全陷入气囊，并开始向后离开方向盘。

5）150ms 时，驾驶人回到原位置，气囊内的大部分气体已排出。

乘员侧气囊的动作时间比驾驶人侧稍晚一些。

侧面安全气囊工作时序如图 5-9 所示。

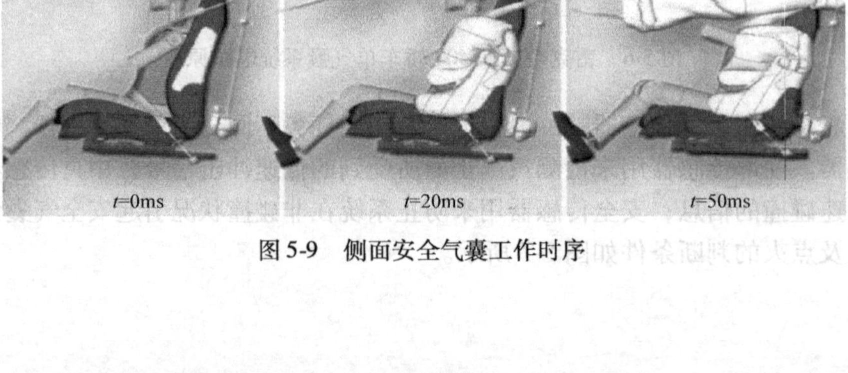
t=0ms
t=20ms
t=50ms

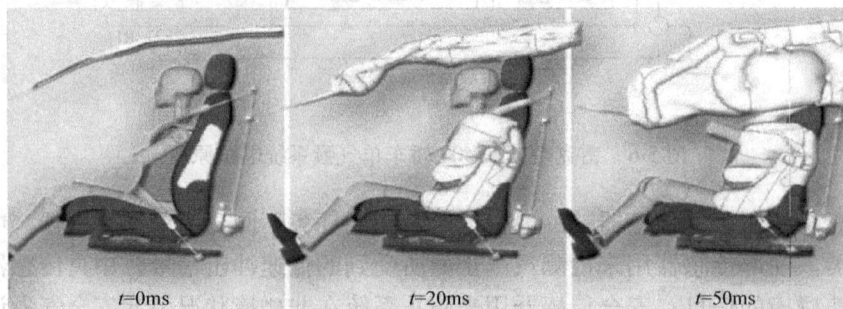

图 5-9　侧面安全气囊工作时序

5.2.3 安全气囊系统主要部件的结构、原理

1. 传感器

传感器用于检测、判断汽车发生事故时的撞击强度并向 ECU 输入检测信号。

传感器按其功能可分为碰撞传感器和安全传感器两种。碰撞传感器用于检测碰撞的强度，如果汽车以 40km/h 的车速撞到一辆正在停放的同样大小的汽车上，或以不低于 20km/h 的车速迎面撞到一个不可变形的固定障碍物上，碰撞传感器便会动作，接通接地回路。安全传感器也称触发传感器或保险传感器，引发其动作的加速度比碰撞传感器要稍小一些，起保险作用，防止气囊系统在非碰撞状况下（如碰撞传感器短路）引起气囊的误动作。

传感器按其结构可分为机电式和电子式两类。

（1）机电式传感器　机电式传感器主要有滚球式、滚轴式、偏心锤式、水银开关式等。

1）滚球式传感器。尼桑汽车和马自达汽车安全气囊系统采用滚球式传感器，其结构、原理如图 5-10a 所示。该传感器主要由滚球、磁铁、导缸、触点和壳体组成，两个触点固定不动，并分别与传感器的引线端子连接，磁铁为永久磁铁，铁质滚球用来感测惯性力或加速度的大小，可在导缸内移动或滚动，壳体上印制有箭头标记，安装时必须按说明书规定的方向进行安装（本传感器规定指向汽车后方）。传感器的箭头指向与结构有关，有的规定指向汽车前方，有的规定指向汽车后方。

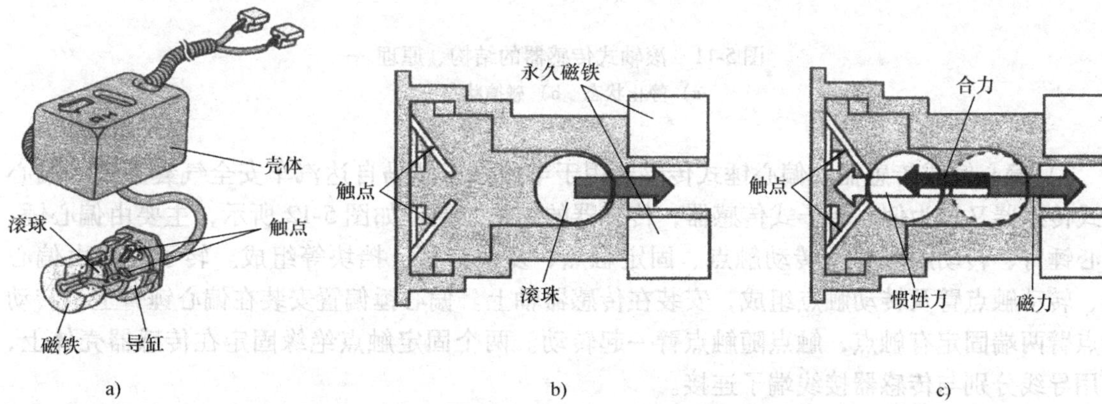
壳体
滚球
触点
磁铁
导缸
a)
永久磁铁
触点
滚珠
b)
合力
触点
惯性力
磁力
c)

图 5-10　滚球式传感器的结构、原理

a）结构　b）静止状态　c）碰撞状态

滚球式碰撞传感器的工作原理如图 5-10b、c 所示。当传感器处于静止状态时，在永久磁铁的磁力作用下，导缸内的滚球被吸向磁铁，两个触点未被连通。当汽车遭受碰撞，使滚球的惯性力大于永久磁铁的吸力时，惯性力与磁力的合力就会使滚球沿着导缸向左运动，将两个触点接通，从而接通气囊的搭铁回路。

2）滚轴式传感器。丰田汽车、本田汽车和三菱汽车安全气囊系统采用滚轴式碰撞传感

器，其结构、原理如图 5-11 所示。该传感器主要由止动销、滚轴、滚动触点、固定触点、底座和片状弹簧组成。片状弹簧与传感器的一个引线端子连接，一端固定在底座上，另一端绕在滚轴上，滚动触点固定在滚轴部分的片状弹簧上，可随滚轴一起转动。固定触点与片状弹簧绝缘固定在底座上，并与传感器的另一个引线端子连接。当传感器处于静止状态时，滚轴在片状弹簧的弹力作用下滚向止动销一侧，滚动触点与固定触点处于断开状态，如图 5-11a 所示。当汽车遭受碰撞，使滚轴的惯性力大于片状弹簧的弹力时，惯性力就会克服弹簧弹力使滚轴向前滚动，将滚动触点与固定触点接通，从而接通安全气囊的搭铁回路，如图 5-11b 所示。

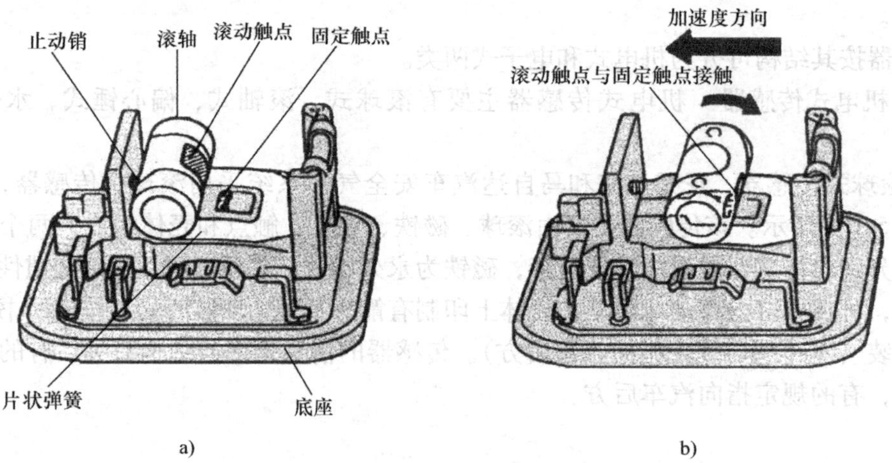
止动销
滚轴
滚动触点
固定触点
片状弹簧
底座
a)
加速度方向
滚动触点与固定触点接触
b)

图 5-11　滚轴式传感器的结构、原理

a）静止状态　b）碰撞状态

3）偏心锤式传感器。偏心锤式传感器用于丰田汽车和马自达汽车安全气囊系统。偏心锤式传感器又称为偏心转子式传感器，传感器的结构、原理如图 5-12 所示，主要由偏心锤、偏心锤臂、转动触点臂及转动触点、固定触点、复位弹簧、挡块等组成。转子总成由偏心锤、转动触点臂及转动触点组成，安装在传感器轴上。偏心锤偏置安装在偏心锤臂上。转动触点臂两端固定有触点，触点随触点臂一起转动。两个固定触点绝缘固定在传感器壳体上，并用导线分别与传感器接线端子连接。

当传感器处于静止状态时，在复位弹簧的弹力作用下，偏心锤与挡块保持接触，转子总成处于静止状态，转动触点与固定触点处于断开状态，如图 5-12b 所示。

当汽车遭受碰撞使偏心锤的惯性力矩大于复位弹簧的弹力力矩时，惯性力矩就会克服弹簧力矩使转子总成转动，从而带动转动触点臂转动，使转动触点与固定触点接触，接通安全气囊的搭铁回路，如图 5-12c 所示。

4）水银开关式传感器。水银开关式传感器是利用水银导电性好的特性制成的，一般用做安全传感器。水银开关式传感器的结构、原理如图 5-13 所示。

当汽车发生碰撞时，加速度使水银产生惯性力，惯性力在水银运动方向上的分力会将水银抛向传感器电极，使两个电极接通，从而接通气囊点火器电路的电源。

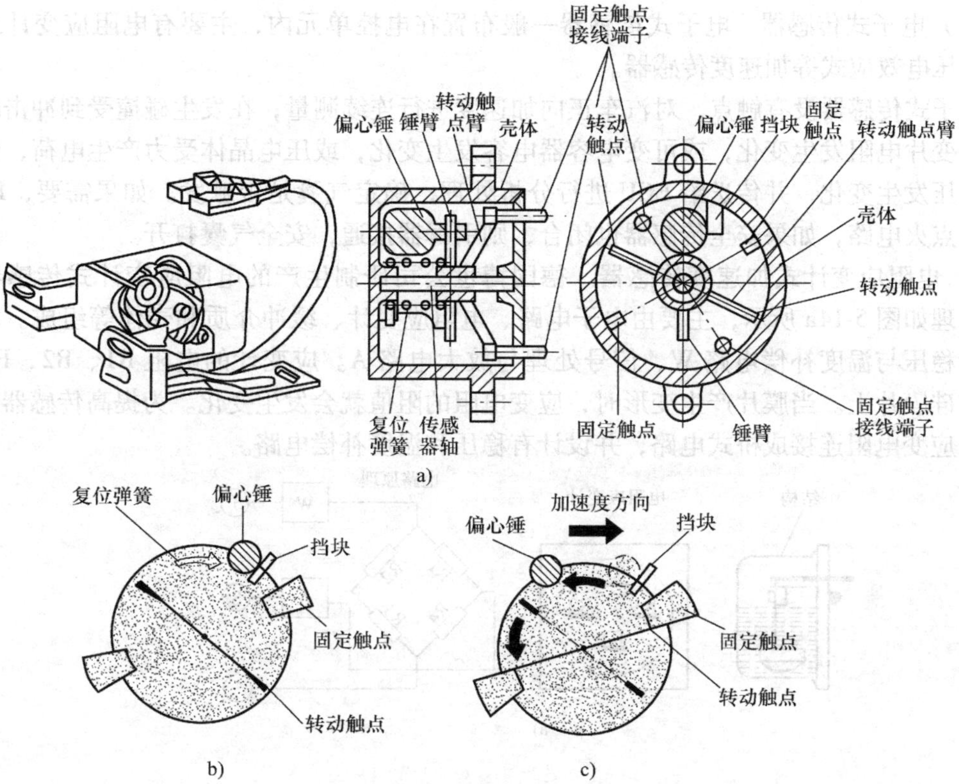
固定触点
接线端子
转动触
点臂
偏心锤
锤臂
壳体
转动
触点
偏心锤
挡块
固定
触点
转动触点臂
壳体
转动触点
复位
弹簧
传感
器轴
固定触点
锤臂
固定触点
接线端子
a)
复位弹簧
偏心锤
挡块
固定触点
转动触点
b)
加速度方向
偏心锤
挡块
固定触点
转动触点
c)

图 5-12　偏心锤式传感器的结构、原理

a）结构　b）静止状态　c）碰撞状态

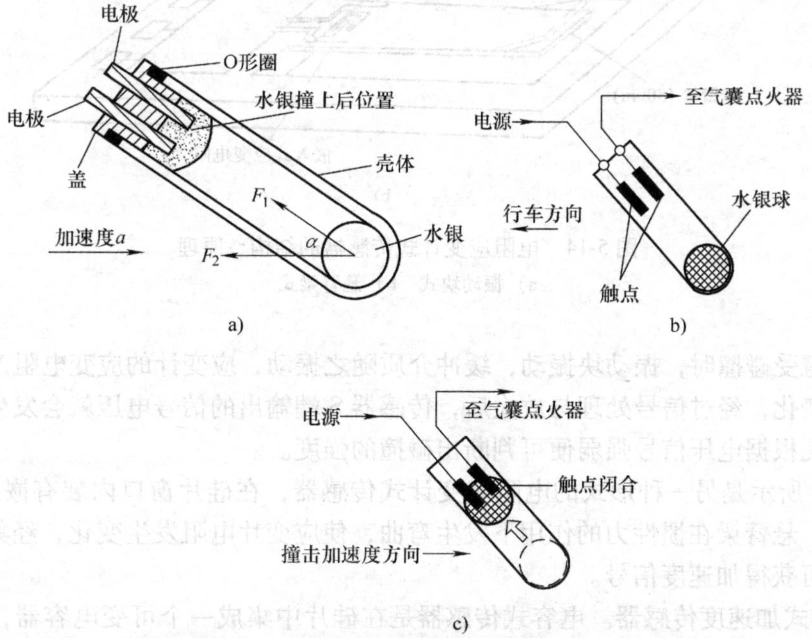
电极
O形圈
水银撞上后位置
电极
盖
壳体
F_1
α
加速度a
F_2
水银
a)
至气囊点火器
电源
行车方向
水银球
触点
b)
电源
至气囊点火器
触点闭合
撞击加速度方向
c)

图 5-13　水银开关式传感器的结构、原理

a）结构　b）静止状态　c）碰撞状态

（2）电子式传感器　电子式传感器一般布置在电控单元内，主要有电阻应变计式、电容式、压电效应式等加速度传感器。

电子式传感器没有触点，对汽车正向加速度进行连续测量，在发生碰撞受到冲击时，传感器应变片电阻发生变化，或可变电容器电容发生变化，或压电晶体受力产生电荷，使输出信号电压发生变化，并传送给 ECU 进行分析处理，确定气囊是否触发。如果需要，ECU 便会接通点火电路，如果安全传感器也闭合，则引爆器接通，安全气囊打开。

1）电阻应变计式加速度传感器。德国博世公司研制生产的电阻应变计式传感器的结构、原理如图 5-14a 所示，主要由电子电路、电阻应变计、缓冲介质和壳体等组成。电子电路包括稳压与温度补偿电路 W、信号处理与放大电路 A。应变计的电阻 R1、R2、R3、R4 制作在硅膜片上。当膜片产生变形时，应变电阻的阻值就会发生变化。为提高传感器的检测精度，应变电阻连接成桥式电路，并设计有稳压和温度补偿电路。

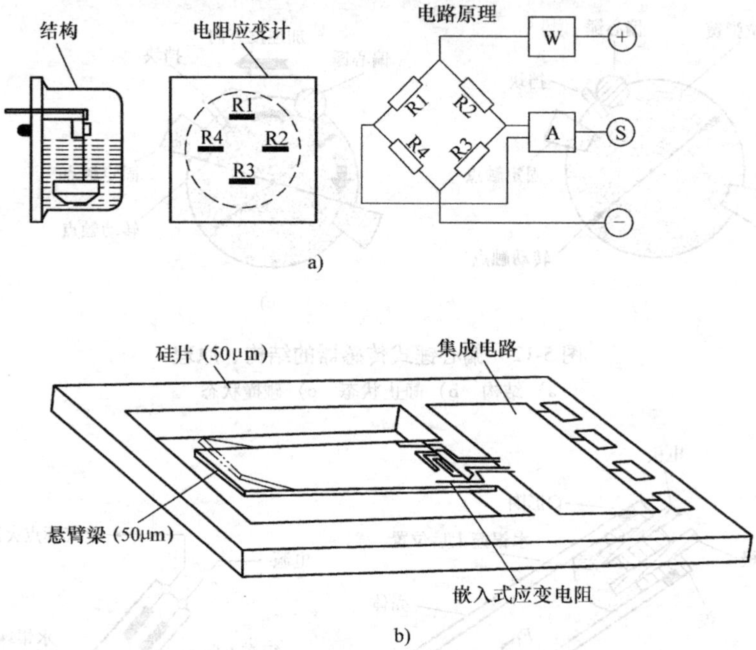

结构
电阻应变计
电路原理
R1
R2
R3
R4
W
A
+
S
−
a)
硅片（50μm）
集成电路
悬臂梁（50μm）
嵌入式应变电阻
b)

图 5-14　电阻应变计式传感器的结构、原理

a）振动块式　b）悬臂梁式

当汽车遭受碰撞时，振动块振动，缓冲介质随之振动，应变计的应变电阻产生变形，阻值随之发生变化，经过信号处理与放大后，传感器 S 端输出的信号电压就会发生变化。安全气囊电控单元根据电压信号强弱便可判断出碰撞的强度。

图 5-14b 所示是另一种形式的电阻应变计式传感器，在硅片窗口内装有嵌入式应变片。汽车碰撞时，悬臂梁在惯性力的作用下发生弯曲，使应变片电阻发生变化，经集成电路处理后输出，即可获得加速度信号。

2）电容式加速度传感器。电容式传感器是在硅片中集成一个可变电容器，当传感器受到冲击时，电容器的电容发生变化，经过集成电路处理后输出，获得加速度信号，如图 5-15 所示。

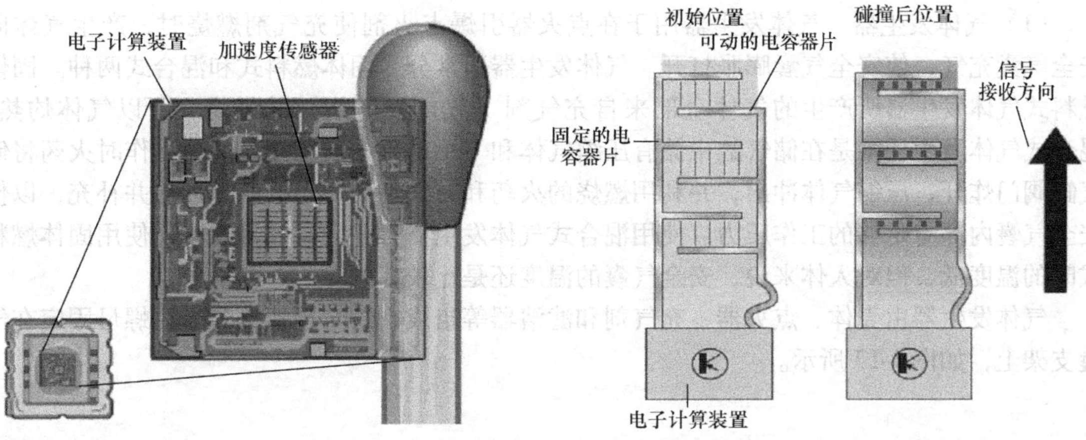
电子计算装置
加速度传感器
初始位置
可动的电容器片
碰撞后位置
信号
接收方向
固定的电
容器片
电子计算装置

a)　　　　b)

图 5-15　电容式传感器的结构、原理

a）结构　b）工作原理

传感器主要由壳体、电子计算装置和微型机械式加速度传感器构成。传感器的结构就像电容器一样，有几个电容器片是固定的，对应的还有几个电容器片是活动的，它们是振动质量块。

在发生交通事故时，振动质量块就被推向信号接收方向，于是电容器的电容就会发生变化，电子计算装置分析这个信息并将它处理成数字信号，再将此数据传给安全气囊控制单元。

3）压电效应式加速度传感器。压电效应式传感器是利用压电效应制成的传感器。压电效应是指压电晶体在压力作用下，晶体外形发生变化而使其输出电压发生变化的效应。压电晶体通常用石英或陶瓷制成。当汽车遭受碰撞时，传感器内的压电晶体在碰撞产生的压力作用下，输出电压就会变化。安全气囊控制单元根据电压信号的强弱便可判断出碰撞的强度。

2. 安全气囊组件

安全气囊组件主要由气体发生器、气囊、饰盖和底板等组成。驾驶人侧气囊组件位于方向盘中心处，前排乘员侧气囊组件位于仪表板右侧杂物箱的上方，如图 5-16 所示。

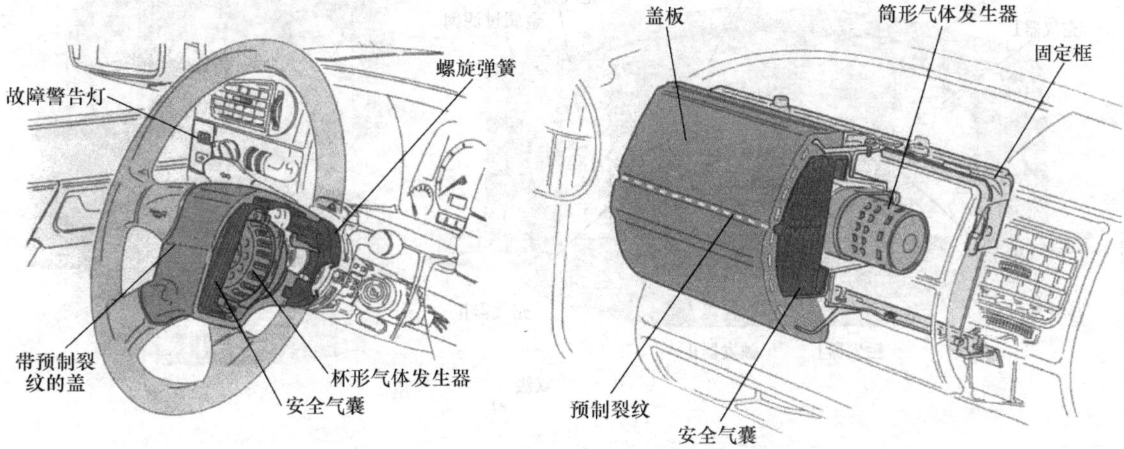
螺旋弹簧
故障警告灯
带预制裂
纹的盖
杯形气体发生器
安全气囊
盖板
筒形气体发生器
固定框
预制裂纹
安全气囊

a)　　　　b)

图 5-16　安全气囊组件

a）驾驶人安全气囊　b）前排乘员安全气囊

（1）气体发生器　气体发生器用于在点火器引爆点火剂使充气剂燃烧时，产生气体向安全气囊充气，使安全气囊膨胀打开。气体发生器通常分为固体燃料式和混合式两种。固体燃料式气体发生器所产生的气体全部来自充气剂（气体发生剂）的燃烧，所以气体灼热。混合式气体发生器则是在储气缸中储有压缩气体和一小部分火药和充气剂，工作时火药将储气缸阀门炸开，压缩气体冲出，并利用燃烧的火药和充气剂对冲出的气体加热并补充，以使安全气囊内部有足够的工作压力。使用混合式气体发生器时的安全气囊温度比使用固体燃料式时的温度低，但对人体来说，安全气囊的温度还是比较高的。

气体发生器由壳体、点火器、充气剂和滤清器等组成，用专用螺栓和专用螺母固定在气囊支架上，如图 5-17 所示。

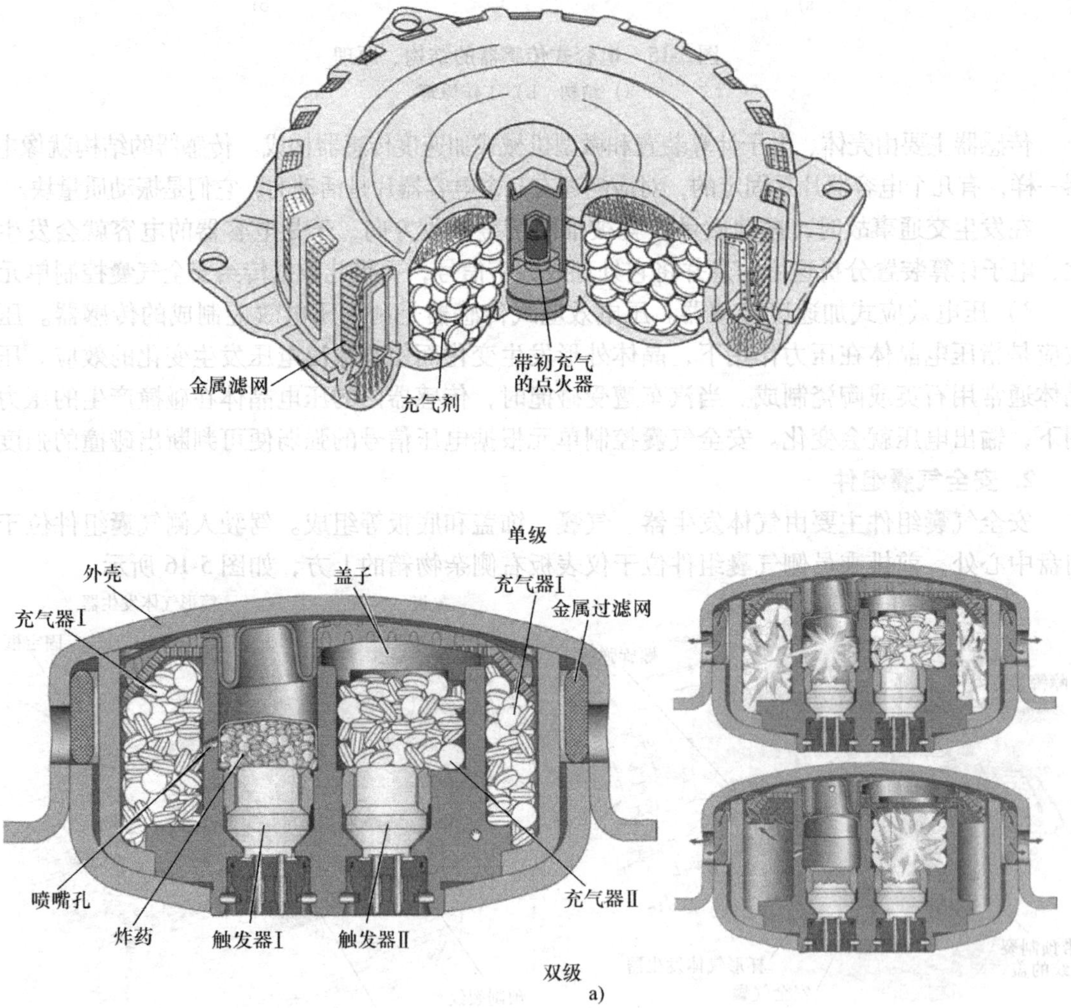
金属滤网
带初充气
的点火器
充气剂
单级
外壳
盖子
充气器Ⅰ
充气器Ⅰ
金属过滤网
喷嘴孔
炸药
触发器Ⅰ
触发器Ⅱ
充气器Ⅱ
双级
a)

图 5-17　气体发生器

a）驾驶人侧气囊

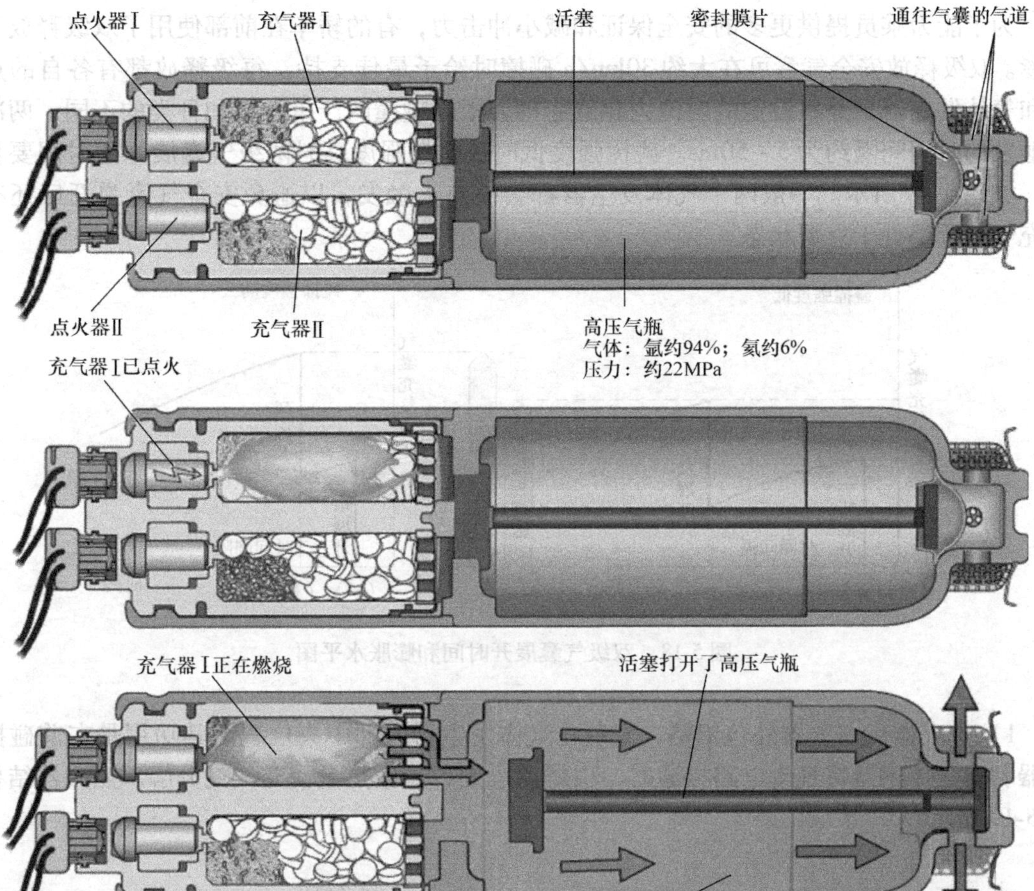
点火器Ⅰ
充气器Ⅰ
活塞
密封膜片
通往气囊的气道
点火器Ⅱ
充气器Ⅱ
高压气瓶
气体：氩约94%；氦约6%
压力：约22MPa
充气器Ⅰ已点火
充气器Ⅰ正在燃烧
活塞打开了高压气瓶
气体在混合
气体充入气囊
充气器Ⅱ已点火并燃烧
b）
排气口
金属过滤网
炸药
排气口
充气剂
触发器
c）

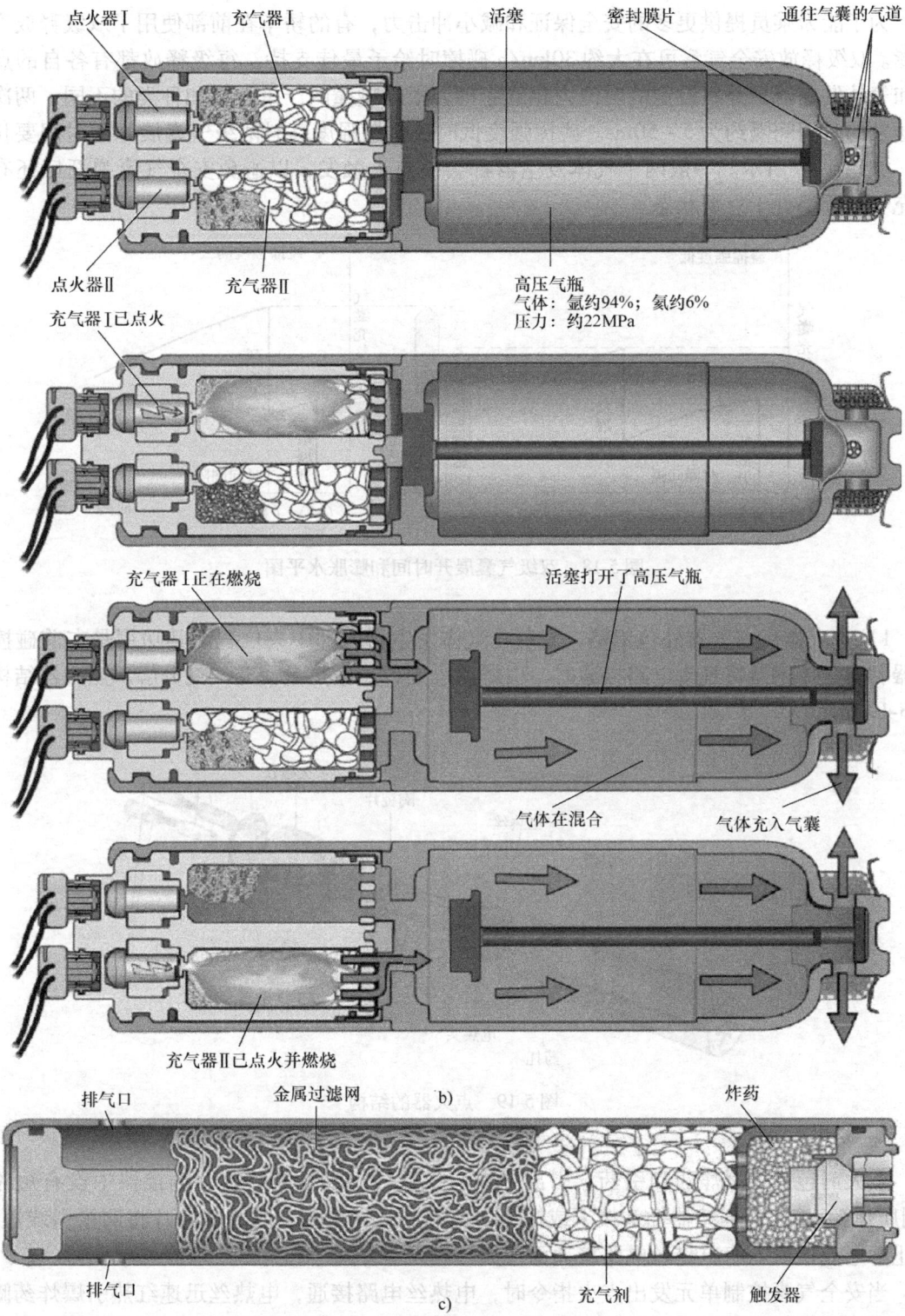

图 5-17　气体发生器（续）

b）前排乘员侧气囊　c）侧面气囊

为了能为乘员提供更多的安全保证和减小冲击力，有的轿车在前部使用了双级释放安全气囊。双级释放安全气囊可在大约30km/h碰撞时给予最佳支持，每级释放都有各自的点火器和气体发生器，并在设定的时间内相继起动。根据碰撞的严重程度和种类的不同，两次点火触发的时间间隔约为5~50ms。碰撞强度低时比碰撞强度高时两级气囊展开的时间要长一些，如图5-18所示。一般两个气体发生器都会被点火触发，以避免安全气囊弹开后还有一个充气装置仍处于有源状态。

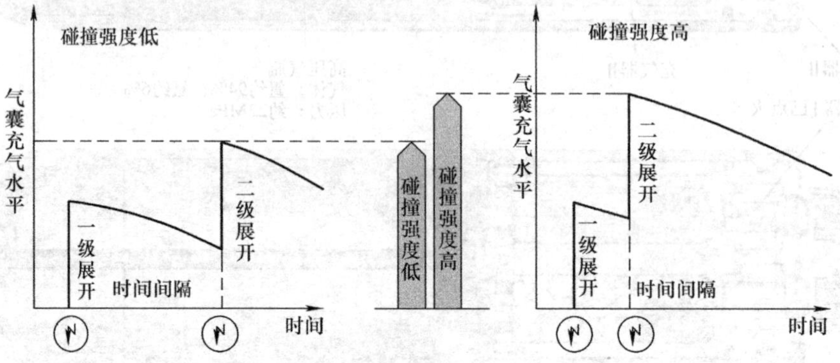
碰撞强度低
气囊充气水平
一级展开
时间间隔
二级展开
时间
碰撞强度低
碰撞强度高
碰撞强度高
气囊充气水平
二级展开
一级展开
时间间隔
时间

圈5-18　双级气囊展开时间和膨胀水平图

1）点火器。点火器外包铝箔，安装在气体发生器内部中央位置，其功用是在前碰撞传感器和安全传感器将气囊电路接通时，引爆点火剂，产生热量使充气剂分解。点火器结构如图5-19所示。

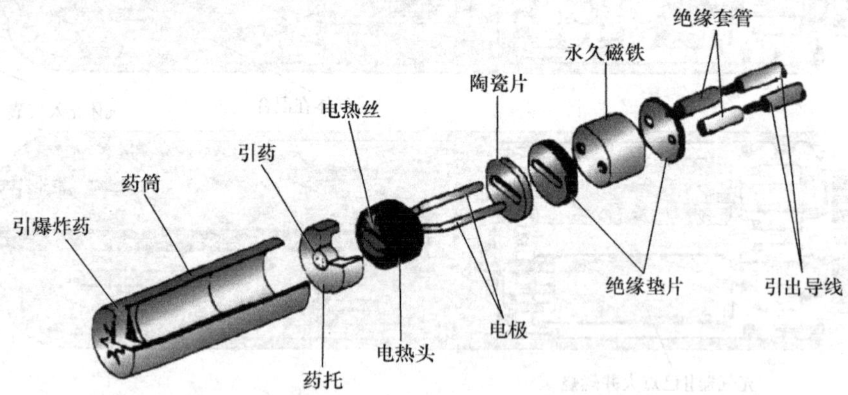
绝缘套管
永久磁铁
陶瓷片
电热丝
引药
药筒
引爆炸药
绝缘垫片
引出导线
电极
电热头
药托

图5-19　点火器的结构

点火剂包括引爆炸药和引药，引出导线与气囊插接器插头连接，插接器中设有短路片（铜质弹簧片）。当插接器插头拔下或插头与插接器未完全结合时，短路片将两根引线短接，防止静电或误通电将电热丝电路接通而造成气囊误动作。

当安全气囊控制单元发出点火指令时，电热丝电路接通，电热丝迅速红热引爆炸药瞬间产生热量，药筒内温度和压力急剧升高并冲破药筒，使充气剂受热分解释放氮气充入安全气囊。

2）充气剂。目前气体发生器使用的充气剂主要是叠氮化钠（NaN_3）/氧化剂（Fe_2O_3）

合剂，该合剂燃烧后产生氮气。叠氮化钠合剂的优点是在高温时化学性能稳定，而且可以通过调整助燃剂的比例，较容易地调整火药的燃烧速度和燃烧后的杂质。在使用中充气剂通常制成片状，这是因为这种工艺比较成熟并且便于通过改变片剂厚度来调节气体发生器的特性。

当点火器接收电控单元引爆信号时，点火器引爆，助燃剂迅速燃烧放热，使叠氮化钠与三氧化二铁在高温高压下发生急剧的化学反应，产生大量氮气，反应方程式为

$$6NaN_3 + Fe_2O_3 = 3Na_2O + 2Fe + 9N_2 \uparrow$$

3）滤清器。一般采用金属网与陶瓷纤维做过滤介质，安放在气体发生器的内表面。滤清器具有两方面的作用，一是冷却生成的气体，二是滤出燃烧后产生的杂质。

（2）气囊　气囊按位置分为驾驶人侧气囊、乘员侧气囊、侧面气囊等，有用来保护上身的大型气囊，也有用来主要保护面部、膝部等的小型气囊。安全气囊与座椅安全带配合使用才能起到有效保护作用，如图5-20所示。

驾驶人气囊多采用尼龙布涂氯丁橡胶或有机硅制成。橡胶涂层起密封和阻燃作用，气囊背面有两个泄气孔。乘员气囊没有涂层，靠尼龙布本身的间隙泄气。

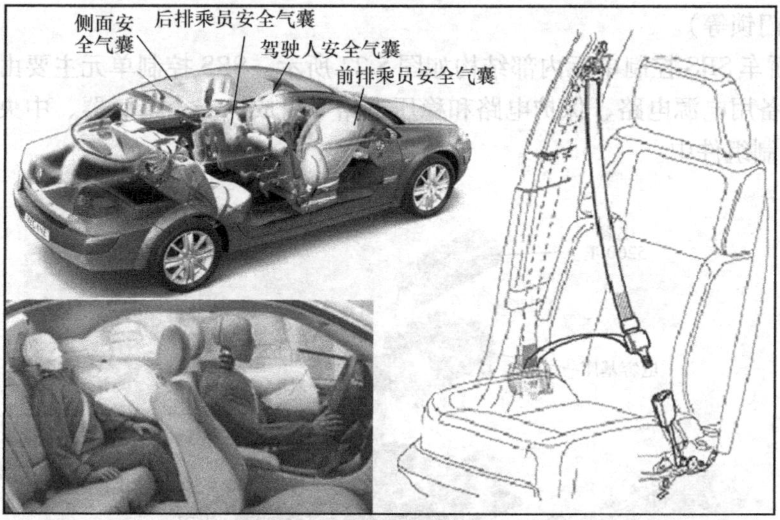
侧面安全气囊
后排乘员安全气囊
驾驶人安全气囊
前排乘员安全气囊

图5-20　安全气囊及三点式安全带

（3）饰盖和底板　饰盖是气囊组件的盖板，上面模制有裂缝，以便气囊能冲破饰盖膨开。气囊和气体发生器装在底板上，底板装在方向盘或车身上，气囊膨开时，底板承受气囊的反力。

3. 安全气囊系统（SRS）警告灯

SRS警告灯位于仪表板上，如图5-21所示。安全气囊系统具有故障自诊断功能，通过SRS警告灯指示安全气囊系统的工作情况。

图5-21　SRS警告灯

将点火开关置于“ON”位置后，诊断单元对系统进行自检，若SRS警告灯点亮6～8s后熄灭，说明安全气囊系统正常；若警告灯不亮、闪烁或常亮，则说明安全气囊

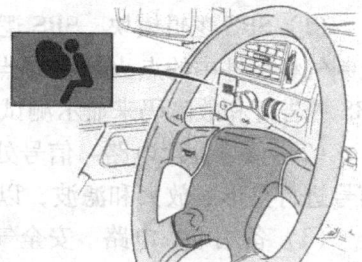

系统有故障，提示应进行检修。

检修时，可用故障测试仪通过诊断座读取故障码或通过诊断座和 SRS 警告灯读取故障码。

4. 控制单元（ECU）

安全气囊控制单元的功能是接收车辆的加速度信号并对其进行分析，可靠识别碰撞情况，并根据碰撞的类型及强度触发保护系统（安全气囊/安全带等）。

安全气囊控制单元主要功能：

1）分析所有输入信息，进行碰撞识别（前面、侧面、后面）。

2）在适当时机触发安全气囊、收紧安全带以及切断与蓄电池的电路连接。

3）在一定时间内通过电容器独立供电（约 150ms）。

4）连续监控全部安全气囊系统部件。

5）控制安全气囊故障警告灯，触发安全带警告装置。

6）故障诊断功能以及碰撞信息存储。

7）将碰撞信息通过 CAN 驱动总线或单独的输出线路通知其他系统的部件（关闭燃油泵、打开中央门锁等）。

奥迪 A6 轿车 SRS 控制单元内部结构如图 5-22 所示。SRS 控制单元主要由逻辑模块、信号处理电路、备用电源电路、保护电路和稳压电路等组成，安全传感器、中央传感器一般被制作在 SRS 控制组件中。

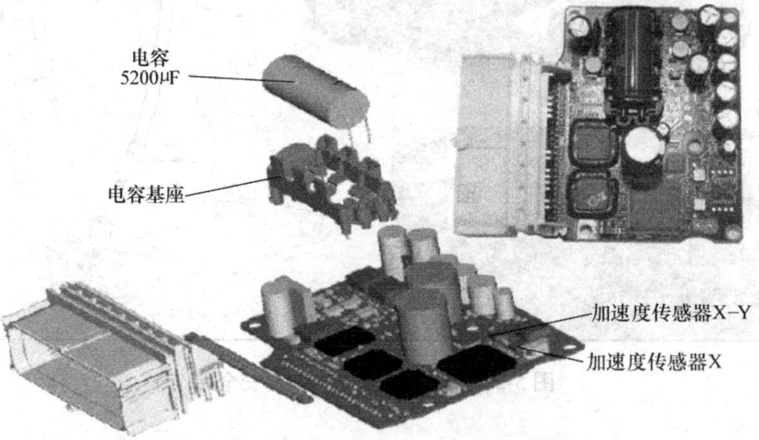
电容
5200μF
电容基座
加速度传感器X-Y
加速度传感器X

图 5-22　奥迪 A6 轿车 SRS 控制单元内部结构

（1）SRS 逻辑模块　SRS 逻辑模块主要用于监测汽车加速度或惯性力是否达到设定值，控制气囊组件中的点火器引爆点火剂，对系统关键部件的电路不断进行诊断测试，并通过 SRS 警告灯和故障码来显示测试结果。

（2）信号处理电路　信号处理电路主要由放大器和滤波器组成，用于对传感器检测的信号进行整形、放大和滤波，以便 SRS 控制单元能够接收、识别和处理。

（3）备用电源电路　安全气囊系统有 2 个电源，一个是汽车电源，另一个是备用电源。备用电源又称为后备电源或紧急备用电源。备用电源电路由电源控制电路和一组电容器组成，用于当汽车电源与 SRS 逻辑之间的电路切断后，在一定时间内维持 SRS 供电，保持

SRS 的正常功能。

(4) 保护电路和稳压电路　在汽车电气系统中，许多电气部件有电感线圈，电气开关多，电气负载变化频繁。当线圈电流接通或切断、开关接通或断开、负载电流突然变化时，都会产生瞬时脉冲电压即过电压。为了防止 SRS 元件遭受损害，SRS 控制单元中必须设置保护电路。同时，为保证电源电压变化时 SRS 能正常工作，还设置有稳压电路。

5. 安全带张紧器

图 5-23 所示为燃爆式安全带张紧器的结构、原理。安全带张紧器比前排安全气囊先触发。发生侧面碰撞，侧面安全气囊触发时，也触发相应的安全带张紧器。

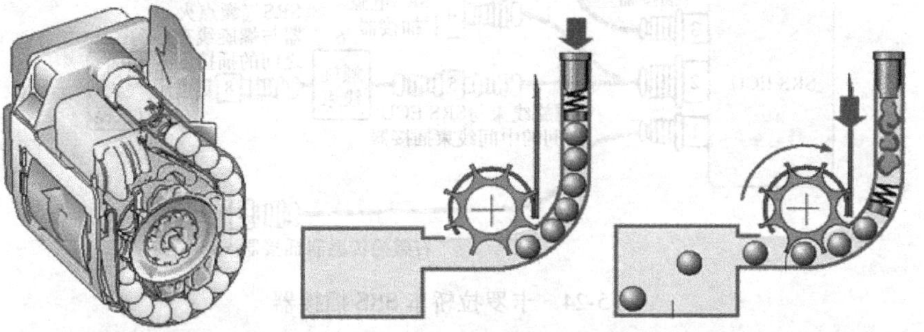

a)

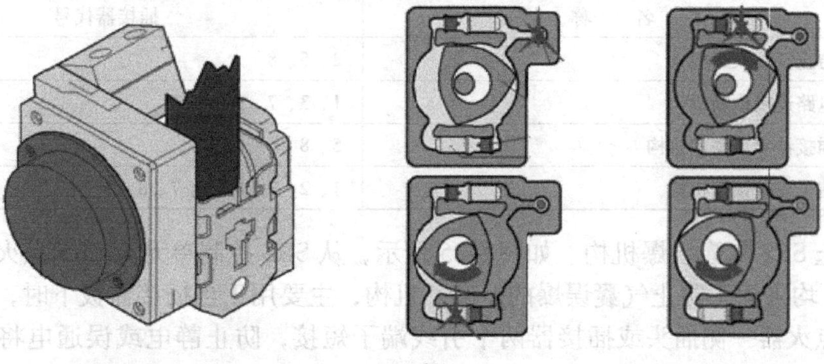

b)

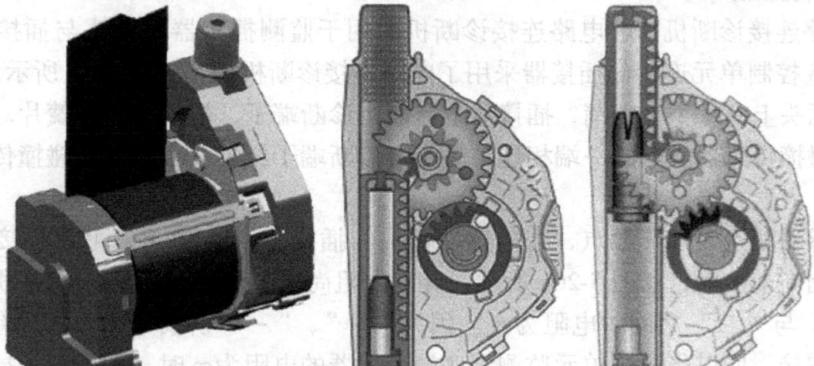

c)

图 5-23　燃爆式安全带张紧器的结构、原理

a) 球式　b) 转子式　c) 齿轮式

6. 安全气囊系统保险机构与线束

为便于区别电气系统线束插接器，SRS 插接器与汽车其他电气系统插接器有所不同。目前 SRS 绝大多数采用黄色插接器。SRS 插接器采用导电性能和耐久性能良好的镀金端子，并设计有防止气囊误爆机构、端子双重锁定机构、插接器双重锁定机构和电路连接诊断机构等，用以保证安全气囊系统可靠工作。卡罗拉轿车 SRS 采用的各种特殊插接器如图 5-24 所示。插接器采用的各种保险机构见表 5-2。

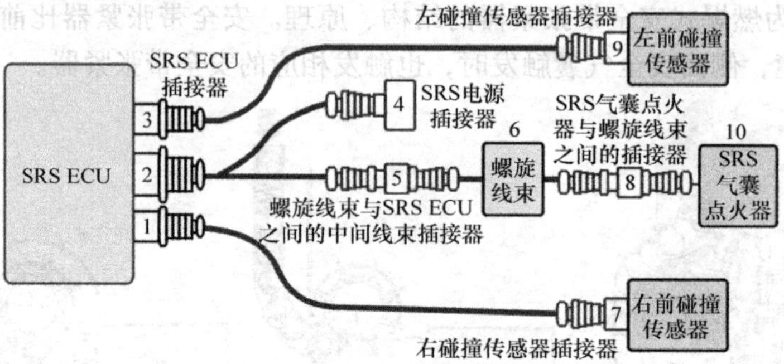
左碰撞传感器插接器
9
左前碰撞传感器
SRS ECU插接器
3
4
SRS电源插接器
SRS气囊点火器与螺旋线束之间的插接器
6
10
SRS ECU
2
5
螺旋线束
8
SRS气囊点火器
螺旋线束与SRS ECU之间的中间线束插接器
1
7
右前碰撞传感器
右碰撞传感器插接器

图 5-24　卡罗拉轿车 SRS 插接器

表 5-2　卡罗拉轿车 SRS 插接器保险机构

序　号	名　称	插接器代号
1	防止气囊误爆机构	2、5、8
2	电路连接诊断机构	1、3、7、9
3	插接器双重锁定机构	5、8
4	端子双重锁定机构	1、2、3、4、5、7、8、9

（1）防止 SRS 气囊误爆机构　如图 5-25 所示，从 SRS 控制单元至 SRS 点火器之间的插接器 2、5、8 均采用了防止气囊误爆的短路片机构，主要用于当插接器拔下时，短路片自动将靠近 SRS 点火器一侧插头或插接器两个引线端子短接，防止静电或误通电将电热丝电路接通而造成气囊误膨开。

（2）电路连接诊断机构　电路连接诊断机构用于监测插接器的插头与插接器是否连接可靠。与 SRS 控制单元连接的插接器采用了电路连接诊断机构，如图 5-26 所示。

插接器插头上有一个诊断销，插接器上有两个诊断端子，端子上有弹簧片。其中，一个诊断端子与碰撞传感器触点的一端相连，另一个诊断端子经过一个电阻与碰撞传感器触点的一端相连。

碰撞传感器触点为常开触点，当传感器插头与插接器半连接（未可靠连接）时，诊断端子与诊断销尚未接触，如图 5-26a 所示，此时电阻尚未与传感器触点构成并联电路，插接器引线“+”与“-”之间的电阻为∞。因为“+”、“-”引线与 SRS 控制单元插接器 1 或 3 的插头连接，所以当控制单元监测到碰撞传感器的电阻为∞时，即诊断为插接器连接不可靠，自诊断电路便控制 SRS 警告灯闪亮报警，同时将故障编成代码储存在存储器中。

当传感器插头与插接器可靠连接时，诊断端子与诊断销可靠接触，如图 5-26b 所示，此时电阻与碰撞传感器触点并联。因为传感器触点为常开触点，所以，当 SRS 控制单元检测到的阻值为该并联电阻的阻值时，即诊断为插接器连接可靠。

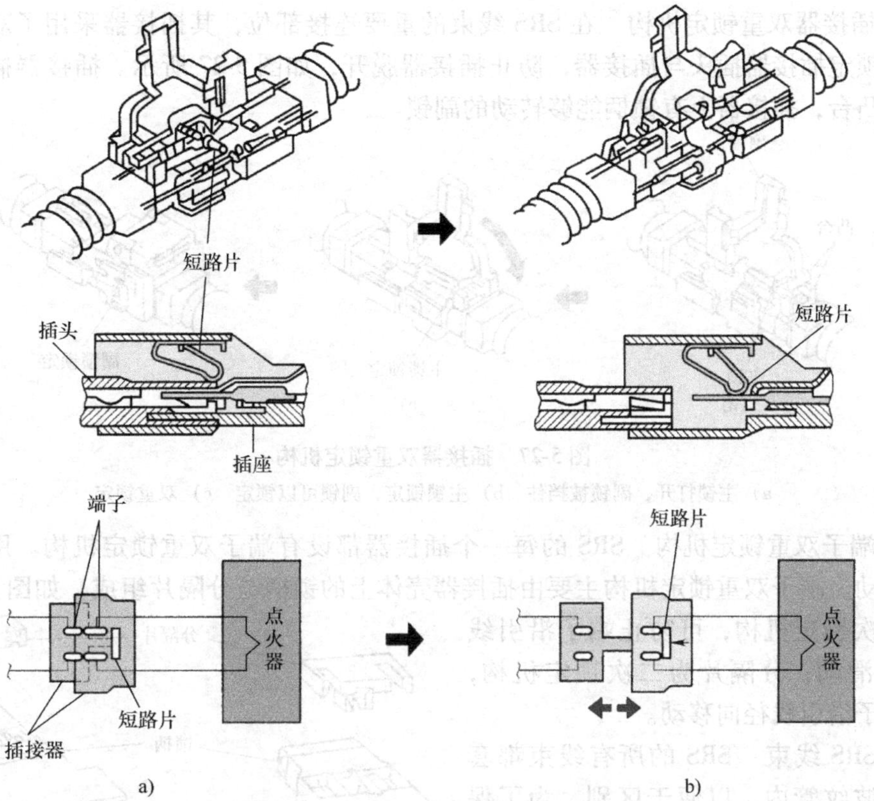
短路片
插头
插座
短路片
端子
短路片
点火器
插接器
短路片
点火器
a)
b)

图 5-25　防止气囊误爆机构的结构与原理
a）插接器正常连接，短路片与端子脱开　b）插接器拔下时，短路片与端子短接

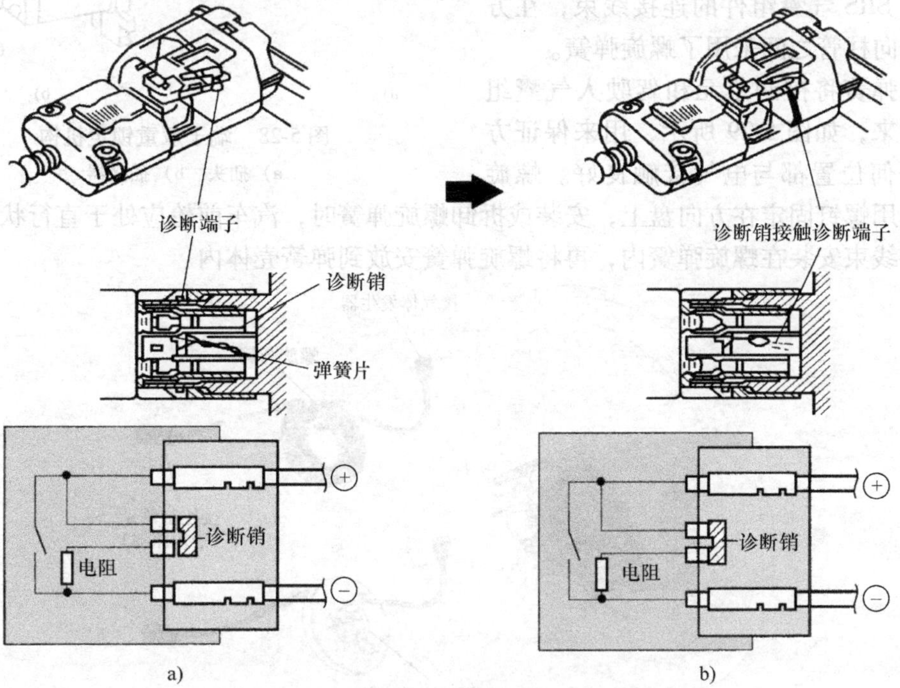
诊断端子
诊断销
弹簧片
诊断销接触诊断端子
诊断销
电阻
诊断销
电阻
a)
b)

图 5-26　电路连接诊断机构的结构与原理
a）半连接　b）可靠连接

（3）插接器双重锁定机构　在SRS线束的重要连接部位，其插接器采用了双重锁定机构，用于锁定插接器插头与插接器，防止插接器脱开，如图5-27所示。插接器插头上有主锁和两个凸台，插接器上有锁柄能够转动的副锁。

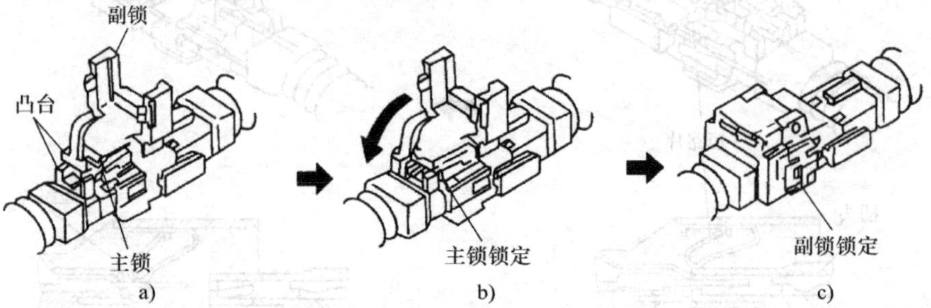
副锁
凸台
主锁
a)
主锁锁定
b)
副锁锁定
c)

图5-27　插接器双重锁定机构

a）主锁打开，副锁被挡住　b）主锁锁定，副锁可以锁定　c）双重锁定

（4）端子双重锁定机构　SRS的每一个插接器都设有端子双重锁定机构。用于防止引线端子滑动。端子双重锁定机构主要由插接器壳体上的锁柄与分隔片组成，如图5-28所示。锁柄为一次锁定机构，可防止端子沿引线轴线方向滑动；分隔片为二次锁定机构，可防止端子沿引线径向移动。

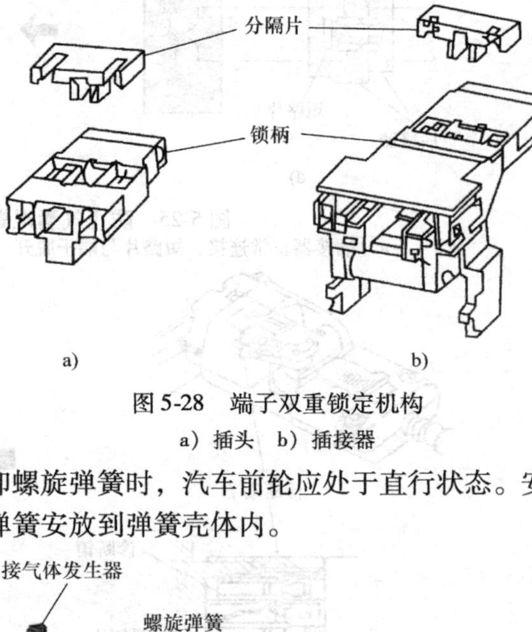
分隔片
锁柄
a)
b)

图5-28　端子双重锁定机构

a）插头　b）插接器

（5）SRS线束　SRS的所有线束都套装在黄色波纹管内，以便于区别。为了保证方向盘具有足够的转动角度而又不致损伤驾驶席SRS气囊组件的连接线束，在方向盘与转向柱管之间采用了螺旋弹簧。

螺旋弹簧将控制单元和驾驶人气囊组件连接起来，如图5-29所示，用来保证方向盘在任何位置都与电气接触良好。螺旋弹簧壳体用螺钉固定在方向盘上，安装或拆卸螺旋弹簧时，汽车前轮应处于直行状态。安装时，先将线束安装在螺旋弹簧内，再将螺旋弹簧安放到弹簧壳体内。

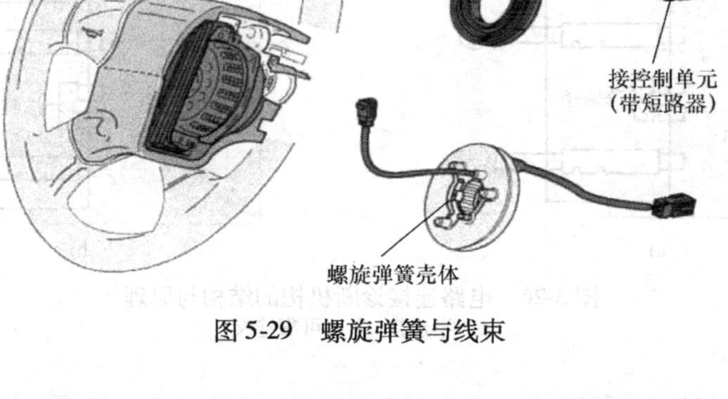
接气体发生器
螺旋弹簧
接控制单元
（带短路器）
螺旋弹簧壳体

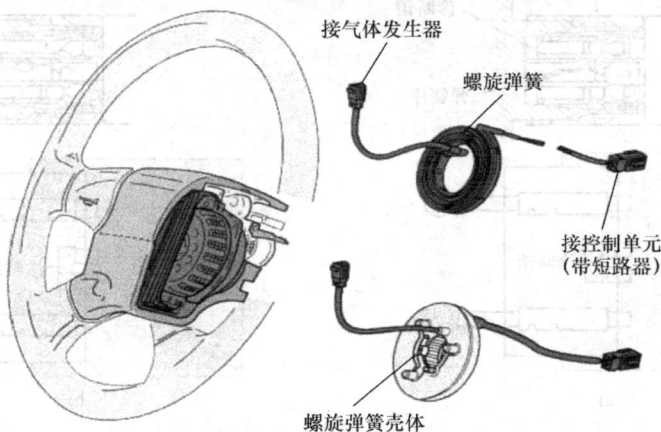

图5-29　螺旋弹簧与线束

5.2.4 安全气囊系统（SRS）检修

1. SRS 检修注意事项

1）安装与维修工作只能由专业人员来完成。

2）为了防止气囊的意外引爆，在对气囊系统进行任何操作时，均应摘下蓄电池的负极导线，等30s以后才可进行操作。操作结束重新连接地线时，车内不应留人。

3）安全气囊不能沾油脂及清洁剂等，不要使SRS部件受到85℃以上的高温。

4）安全气囊主件及控制单元应避免受到磕碰和振动。

5）检测时不可使用检测灯、电压表和欧姆表，以免造成气囊误爆。特别是在检修安全气囊过程中，切勿测量点火器的电阻，如图5-30所示。该操作可能造成气囊膨开，非常危险。

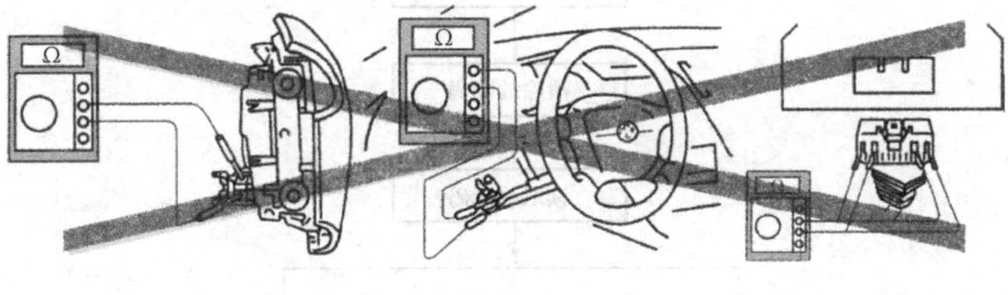
Ω
Ω

图5-30　切勿测量点火器的电阻

6）不得擅自改动SRS的电路和元件。

7）在拆卸方向盘衬垫或处理新的方向盘衬垫时，应将衬垫正面朝上放置，如图5-31所示。另外，不要将方向盘衬垫存放在另一个衬垫上面。将方向盘衬垫的金属面朝上存放时，如果方向盘衬垫因为某种原因充气，可能导致严重事故。

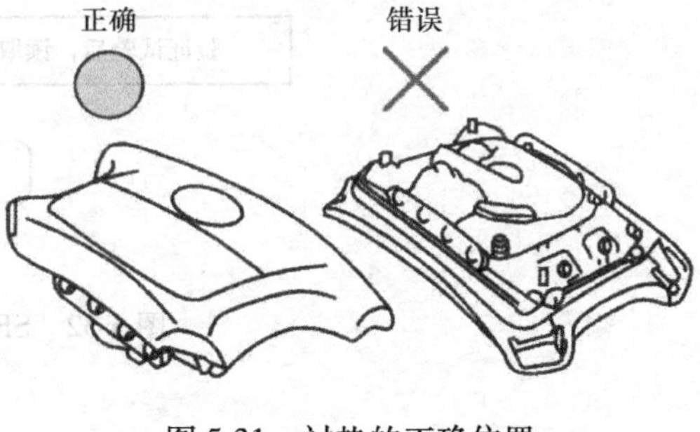
正确
错误

图5-31　衬垫的正确位置

8）若气囊被引爆，所有元件都需要换新。未触发气囊应做上标记送回厂家处理（使用安全气囊专用运输工具）。气囊装置不允许打开或修理，只允许更换新的元件。

9）安全气囊总成从包装中取出后，必须马上安装。如果必须中止工作，将安全气囊总成放回包装内。

10）气囊装置有更换日期，即使不撞车，到期后也需更换。

2. SRS 检修方法

SRS的传感器、充气装置和中央气囊传感器等元件均不能分解修理，所以SRS的故障诊断主要是电气方面的故障诊断。SRS的故障诊断可按图5-32所示进行。

由于SRS平时不使用，一旦使用之后便报废，所以SRS不像汽车上的其他系统那样，在使用过程中出现故障会表现出来。为此，SRS本身设置了自诊断系统，若系统出现故障可通过故障警告灯反映出来，SRS 的故障警告灯和故障码就成了最重要的故障信息来源和故障诊断依据。由于 SRS 是一个独立系统，与汽车上的其他系统都没有关系，若系统中存在故障，只需按照故障码所指示的内容进行诊断，找出故障是出在元件还是在导线或插接器上。因为各充气装置的点火器不允许测量其电阻，点火器的开路或短路的判断必须利用自诊断系统来进行，这是 SRS 故障诊断的特殊性。

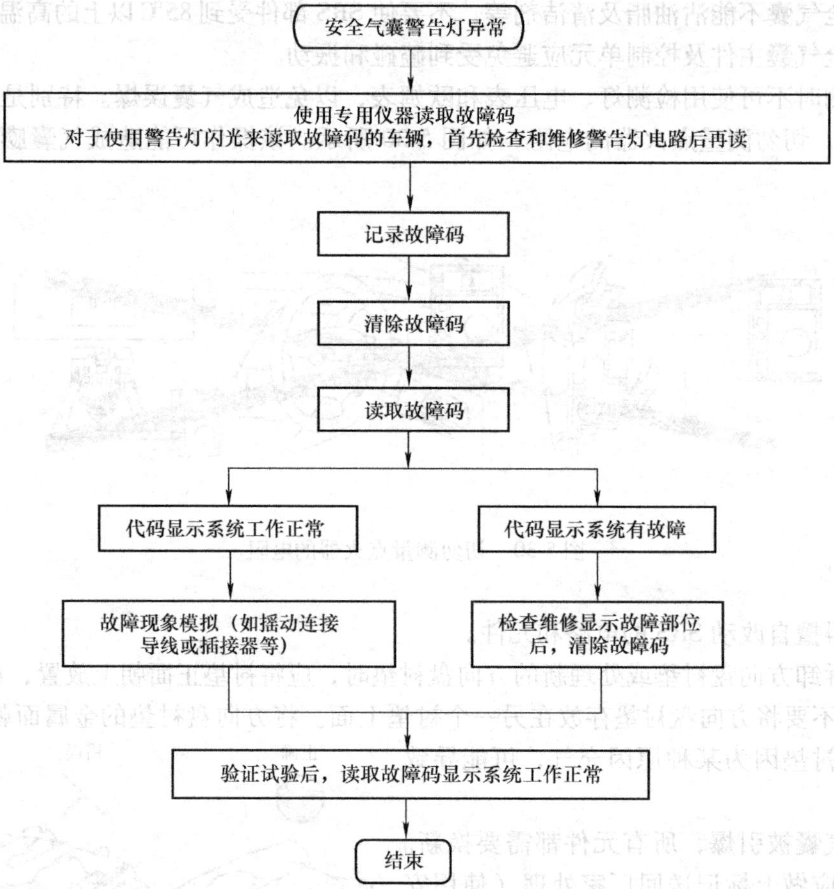
安全气囊警告灯异常
使用专用仪器读取故障码
对于使用警告灯闪光来读取故障码的车辆，首先检查和维修警告灯电路后再读
记录故障码
清除故障码
读取故障码
代码显示系统工作正常
代码显示系统有故障
故障现象模拟（如摇动连接导线或插接器等）
检查维修显示故障部位后，清除故障码
验证试验后，读取故障码显示系统工作正常
结束

图 5-32　SRS 的故障诊断方法

SRS 警告灯只有在存储器中的故障码全部清除后，才能恢复正常显示。读取故障码时，如果 SRS 警告灯显示有故障码，说明 SRS 发生过故障，但是无法显示故障是发生在现在还是过去。因此，每当排除故障后，必须清除故障码，并在清除故障码之后，再次读取故障码，以确认故障码已经全部清除。

5.3　任务实施

“汽车安全气囊系统检修”实施步骤与要求见表 5-3。

表 5-3 “汽车安全气囊系统检修”实施步骤与要求

<table>
<tr><td>学习情境</td><td colspan="3">汽车安全气囊系统检修</td><td>参考学时</td><td>8</td></tr>
<tr><td>教学地点</td><td>汽车实训室</td><td>所需设备</td><td colspan="3">轿车（或台架）4 辆；故障诊断仪 4 套；数字万用表 4 只；备件若干；常用工具 4 套</td></tr>
<tr><td>步骤</td><td colspan="4">任务要求</td><td>所用时间/min</td></tr>
<tr><td>资讯</td><td colspan="4">1）明确工作任务
2）咨询客户（教师扮演），查阅维修资料、课程网站、教材以及视频资料
3）填写任务工单的“知识准备”内容</td><td>60</td></tr>
<tr><td>决策计划</td><td colspan="4">1）建立工作小组，并选出组长
2）根据咨询情况和工作任务要求，选择合适的检测诊断仪器设备
3）以小组讨论的方式，制订故障诊断排除工作计划及标准
4）将制订的工作计划与教师讨论并定稿</td><td>40</td></tr>
<tr><td>实施</td><td colspan="4">1）按工作计划检测诊断故障，查找故障原因和故障点
2）排除故障，修复系统
3）根据诊断结果填写任务工单</td><td>160</td></tr>
<tr><td>检查评估</td><td colspan="4">1）自行检查是否按计划和要求完成了工作任务
2）以小组讨论方式进行工作评估
3）结合教师的评价找出不足并提出改进意见</td><td>60</td></tr>
</table>

5.4 任务考核

1. 完成任务实施过程，填写“汽车安全气囊系统检修”任务工单并上交。
2. 根据完成任务工单情况评定任务成绩。

“汽车安全气囊系统检修”任务工单

<table>
<tr><td rowspan="3"></td><td rowspan="3">学习情境 5　汽车安全气囊系统检修</td><td>班级</td><td></td><td>编号</td><td>5</td></tr>
<tr><td>姓名</td><td></td><td>组别</td><td></td></tr>
<tr><td>学号</td><td></td><td>日期</td><td></td></tr>
<tr><td colspan="6">任务描述
针对汽车安全气囊系统故障，要求按照四步法（资讯、决策计划、实施、检查评估），紧密结合汽车维修实际过程诊断排除故障，在此过程中学习相关理论知识和检测诊断仪器设备的正确使用方法</td></tr>
<tr><td colspan="6">一、资讯
1. 明确工作任务

</td></tr>
</table>

（续）

2. 咨询情况

3. 知识准备

阅读相关知识内容及文献资料，并完成以下题目。

（1）填空题

1）汽车安全系统中，制动系统属于________安全系统，安全气囊系统属于________安全系统。

2）汽车安全气囊系统最重要的要求是保证系统________和________。安全气囊必须与________配合使用才能有效保护乘员的安全。

3）电子式 SRS 主要由________、________、________、________等组成。传感器按其结构可分为机电式和电子式，机电式主要有________、________、________、________等。

4）拆下来的安全气囊总成放置时必须使________面朝上。修理后安装步骤是先装________，再装________，最后装________。

5）电子式安全气囊系统有两个电源，一个是________，另一个是________。

（2）判断题

1）安全气囊只要没有引爆，就可一直使用。（　　）

2）安全气囊只能一次性工作，而座椅安全带收紧器却可以多次重复使用。（　　）

3）由于老鼠咬坏安全气囊系统线路，造成左前碰撞传感器短路，结果会导致安全气囊的膨开。（　　）

4）安全气囊点火器的引线插接器内一般都设有短路片，是为了防止静电或误通电而造成气囊误爆。（　　）

5）当有几个拆下来的安全气囊放置在一起时应堆放整齐。（　　）

（3）单选题

1）安全气囊系统主要是为了减轻或避免乘员在（　　）碰撞中遭受伤害。

A. 一次　　B. 二次　　C. 三次　　D. 四次

2）安全气囊起爆后，胀开气囊的主要产物是（　　）。

A. 氮气　　B. 氧气　　C. 空气　　D. CO_2

3）在各种被动安全装置中，最主要、最有效的保护装置为（　　）。

A. 安全气囊　　B. 安全带　　C. 吸能式方向柱　　D. 吸能式车身

4）某轿车被追尾，尾部损坏严重，此刻该车会发生（　　）。

A. 座椅安全带收紧器动作　　B. 安全带收紧器动作并且安全气囊胀开

C. 仅安全气囊胀开　　D. 整个安全气囊系统不动作

5）在检修与诊断安全气囊系统时，下列说法中正确的是（　　）。

A. 可使用 12V 探针测试灯来诊断　　B. 可使用欧姆表来诊断

C. 应用指针式万用表来诊断　　D. 拆下气囊组件后来检查系统电路

（4）多选题

1）对于丰田系列的安全气囊系统，其 41 号故障码是（　　）。

A. 表示系统曾经存储过其他故障码　　B. 可用诊断座中的 Tc 和 AB 两脚按一定的程序交替搭铁清除

C. 可通过拆卸蓄电池负极线清除　　D. 将会使故障灯亮

（续）

2）在安装气囊组件之前，应（　　）。

A. 用万用电表检测气囊引爆管的电阻值是否正常（一般为200Ω）

B. 用万用电表检测气囊的两根引线是否有断路或短路现象

C. 认真装好气囊螺旋线束并对中

D. 检测除气囊组件以外的整个系统是否正常

3）安全气囊的背面或顶面制有几个排气孔，其作用是（　　）。

A. 可缓冲并吸收乘员的冲击动能　　B. 防止气囊因撕裂而损坏

C. 防止乘员窒息　　D. 便于乘员尽快逃生

4）下列关于安全气囊维修作业时注意事项的叙述，错误的是（　　）。

A. 对SRS进行检查和更换元件作业前，不必对系统进行解除处理

B. 在方向盘和乘员侧安全气囊部位粘贴饰物或胶条后，可提高安全气囊的可靠性

C. 对安全气囊系统进行故障诊断时应尽量使用专用仪器，以提高效率和准确性

D. 检修前应断开电源约2min，以便消除电容的能量，从而防止误触发引爆

5）下列关于汽车座椅安全带的叙述，说法正确的是（　　）。

A. 座椅安全带比安全气囊更重要，在发生事故时起主要作用

B. 安全气囊配合带收紧器的座椅安全带，可使驾驶人和前座椅乘员得到最大保护

C. 前排乘员位置的成员无需系座椅安全带，因为该位置配有安全气囊

D. 安全带张紧器比前排安全气囊先触发

二、决策计划

（建立工作小组，并选出组长；根据具体故障现象和工作任务要求，选择合适的检测诊断仪器设备；以小组讨论的方式，制订故障诊断排除的工作计划及标准；将制订的计划与教师讨论并定稿）

三、实施

（按工作计划检测、诊断故障，查找故障原因和故障点；排除故障，修复系统）

1. 故障现象描述

（续）

2. 检查项目与检查结果

3. 结果分析与故障判断：（根据检测结果及相关故障现象进行分析，列出可能原因）

4. 故障点及排除：（判断出准确的故障点，排除故障）

（续）

四、检查评估

（自行检查是否按计划和要求完成了工作任务；以小组讨论方式进行工作评估；结合教师的评价找出不足并提出改进意见）

学习情境6　汽车电动车窗、座椅及后视镜检修

6.1　学习情境描述

学习情境6的描述见表6-1。

表6-1　学习情境6的描述

学习情境名称　汽车电动车窗、座椅及后视镜检修	参考学时：12
学习任务	
针对汽车电动车窗、座椅及后视镜故障，要求按照四步法（资讯、决策计划、实施、检查评估），紧密结合汽车维修企业实际维修过程诊断排除故障，在此过程中学习相关知识和检测诊断仪器设备的正确使用方法	
学习目标	
1）能通过与客户交流、查阅相关维修技术资料等方式获取车辆信息 2）能正确描述汽车电动车窗、座椅及后视镜的检测项目和内容 3）能确定汽车电动车窗、座椅及后视镜主要参数的检测方法及相关标准 4）能对汽车电动车窗、座椅及后视镜常见故障进行诊断和排除 5）能根据故障现象选择正确的检测诊断仪器设备，制订正确的检测诊断计划 6）能根据计划对汽车电动车窗、座椅及后视镜进行检测诊断 7）能正确分析各检测结果并做出故障判断 8）能检查、评价、记录工作结果 9）能根据环保要求，正确处理对环境和人体有害的辅料、废气、废液和损坏零部件	
学习内容	
1）汽车电动车窗、座椅及后视镜的结构、原理 2）汽车电动车窗、座椅及后视镜电路分析 3）汽车电动车窗、座椅及后视镜常见故障的诊断排除 4）常用检测诊断仪器设备的使用	
工具、设备与资料	知识基础
实训车辆 专用工具 检测、诊断设备 多媒体教学设备 教学课件 维修资料 视频教学资料 网络教学资源 任务工单	电工、电子学基础 汽车结构、原理 汽车使用操作 技术资料收集应用 安全规定

6.2　相关知识及检修技术

6.2.1　电动车窗

为了方便驾驶人和乘客，许多轿车采用了电动车窗，利用电动机来驱动升降器使车窗上

下移动。

1. 电动车窗的结构

电动车窗主要由车窗玻璃、车窗升降器、电动机、控制开关等组成，如图6-1所示。

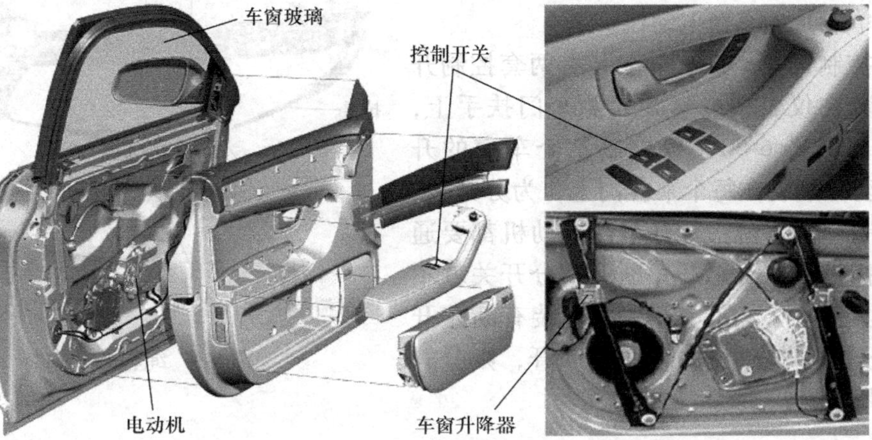
车窗玻璃
控制开关
电动机
车窗升降器

图6-1 电动车窗的结构

有些汽车上的电动车窗由电动机直接作用于升降器，而有些则是通过驱动机构作用于升降器，从而把电动机的转动变成车窗的上下移动。

(1) 车窗升降器 车窗升降器是调整车窗玻璃开度大小的专用部件，按传动机构的结构不同可分为齿扇式、齿条式、绳轮式等。

1）齿扇式升降器。齿扇式升降器如图6-2所示。双向直流电动机带动蜗杆减速器，改变方向后驱动齿扇，从而使玻璃上下移动。齿扇上连有螺旋弹簧，当车窗上升时，弹簧展开，放出能量，以减轻电动机负荷；当车窗下降时，弹簧压缩，吸收能量，从而使车窗无论上升还是下降，电动机的负荷基本相同。

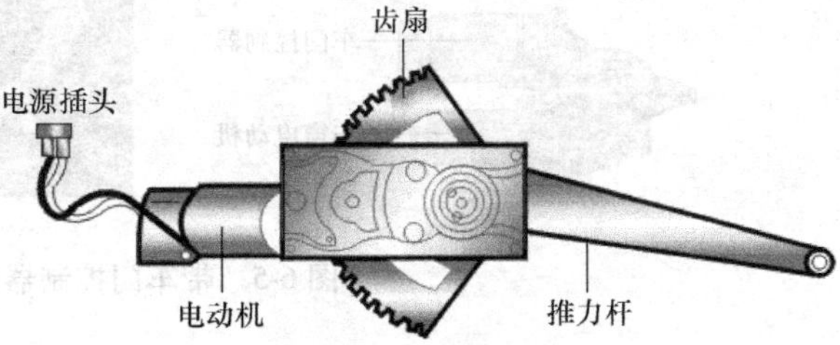
齿扇
电源插头
电动机
推力杆

图6-2 齿扇式升降器

2）齿条式升降器。齿条式升降器使用柔性齿条和小齿轮，车窗连在齿条的一端，电动机带动轴端小齿轮转动，使齿条移动带动车窗升降，其结构如图6-3所示。

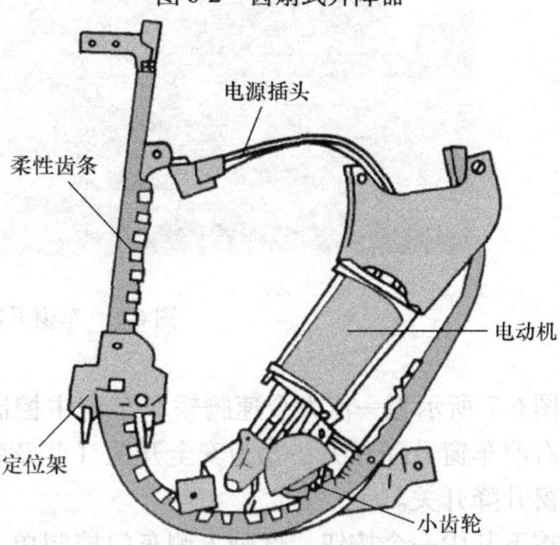
电源插头
柔性齿条
电动机
定位架
小齿轮

图6-3 齿条式升降器

3）绳轮式升降器。绳轮式升降器如图6-4所示。双向直流电动机前端安装有减速机构，其上安装一个绕有拉索的绳轮，玻璃卡座固定在拉索上且可在滑动支架上移动。

（2）电动机　电动机与蜗杆减速器组成电动车窗的驱动装置。电动机一般采用双向转动的永磁电动机，通过控制电流方向使其正、反转实现车窗的升或降。图6-5所示为带车门控制器（单元）的车窗电动机。

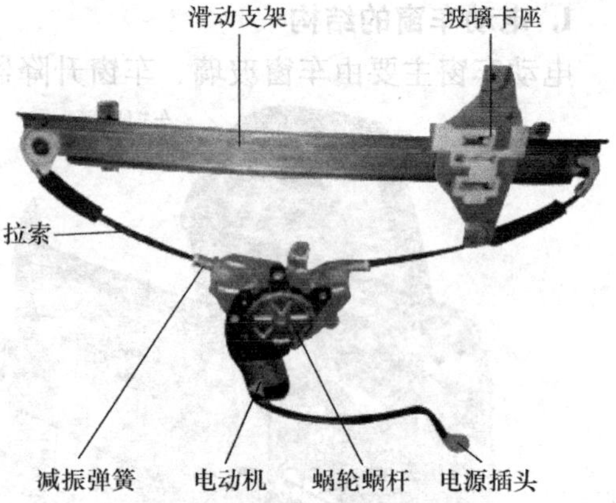
滑动支架
玻璃卡座
拉索
减振弹簧
电动机
蜗轮蜗杆
电源插头

图6-4　绳轮式升降器

（3）控制开关　系统一般装有两套控制开关。一套装在仪表板或驾驶人侧车门扶手上，为主开关（见图6-6），可控制每个车窗的升降；另一套分别装在每个乘客门上，为分开关，可单独控制一个车窗。所有车窗电动机都要通过总开关搭铁，如果总开关断开，分开关就不起作用了。有的汽车在主开关上还装有断路开关（锁定开关/安全开关），将其断开，则分开关不起作用。

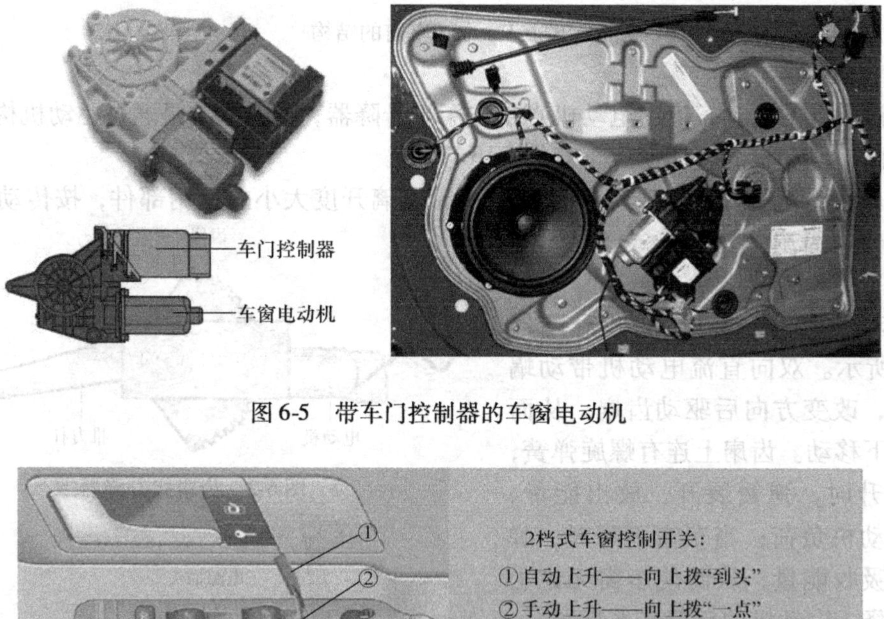
车门控制器
车窗电动机

图6-5　带车门控制器的车窗电动机

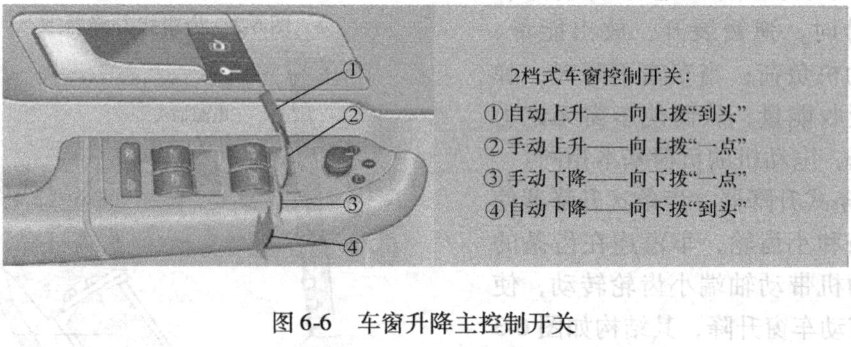
2档式车窗控制开关：
①自动上升——向上拨“到头”
②手动上升——向上拨“一点”
③手动下降——向下拨“一点”
④自动下降——向下拨“到头”

图6-6　车窗升降主控制开关

图6-7所示为一汽大众速腾轿车车窗主控制开关及电路。图中①为左前车窗升降开关；②为右前车窗升降开关；③为安全开关（儿童装置按钮）；④为左后车窗升降开关；⑤为右后车窗升降开关。

按下其中一个按钮，驾驶人侧车门控制单元通过舒适系统CAN总线将该信息发送到相应车门控制单元，实行车窗的升和降。

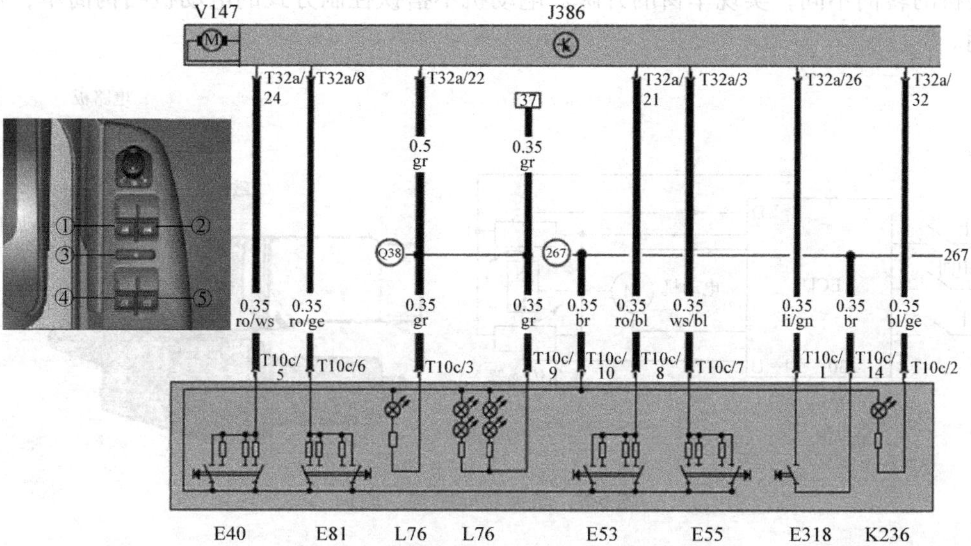
V147
J386
T32a/24
T32a/8
T32a/22
37
T32a/21
T32a/3
T32a/26
T32a/32
0.5 gr
0.35 gr
Q38
267
①
②
③
④
⑤
0.35 ro/ws
0.35 ro/ge
0.35 gr
0.35 gr
0.35 br
0.35 ro/bl
0.35 ws/bl
0.35 li/gn
0.35 br
0.35 bl/ge
T10c/5
T10c/6
T10c/3
T10c/9
T10c/10
T10c/8
T10c/7
T10c/1
T10c/14
T10c/2
E40
E81
L76
L76
E53
E55
E318
K236

图 6-7　一汽大众速腾轿车车窗主控制开关及电路

J386—驾驶人侧车门控制单元　V147—车窗升降器电动机，驾驶人侧　E40—左前车窗升降开关　E81—右前车窗升降开关，驾驶人侧　E53—左后车窗升降开关，驾驶人侧　E55—右后车窗升降开关，驾驶人侧　E318—儿童装置按钮（安全开关）　K236—儿童安全装置正常运行指示灯　L76—按钮照明灯泡　267—接地连接 2　Q38—正级连接 1

2. 控制电路

（1）常设功能

1）多开关控制功能：一般都装有两套控制开关，车窗驱动电动机可分别由总开关和分开关控制，驾驶人可通过仪表板或驾驶人侧车门扶手上的总开关控制各个车窗，乘客则可通过车门扶手上的分开关自行控制车窗。有的还在总开关上设置安全开关，锁止分开关使其不起作用。

2）过载保护功能：电路中设有热敏开关或继电器，功能是当车窗完全关闭、完全打开或由于车窗玻璃上结冰、卡滞等引起车窗玻璃无法移动时，电动机过载电流变大，虽然此时控制开关处于接通状态，但热敏开关变热而断开或继电器过载保护自动切断电流。

3）车窗防夹功能：为安全起见，现在许多汽车的电动车窗都增加了防夹功能。如图 6-8 所示，车窗升降器驱动系统设有霍尔传感器，用于监控车窗升降电动机轴的旋转速度。如果车窗玻璃在上升过程中遇到障碍物，霍尔传感器会探测到电动机旋转速度的变化，车门控制单元就会使车窗玻璃停止或向相反的方向运动。

4）后车门窗安全装置：一些汽车的后车门窗玻璃一般仅能下降至 2/3～3/4，而不能全部下降到底，以防止后排座位上的小孩将头、手伸出窗外发生事故。

（2）控制电路实例　不同车型电动车窗的控制功能、组成部件及控制电路会有些不同，按电动机是否直接搭铁分为电动机不搭铁和电动机搭铁两种。电动机不搭铁的控制电路是指电动机不直接搭铁，其搭铁受开关控制，通过改变电动机的电流方向来改变电动机的转向。电动机搭铁控制电路的电动机一端直接搭铁，而电动机有两组绕组，通过接通不同的绕组，使电动机的转向不同，实现车窗的升降。电动机不搭铁控制方式的电动机结构简单，得到广泛应用。

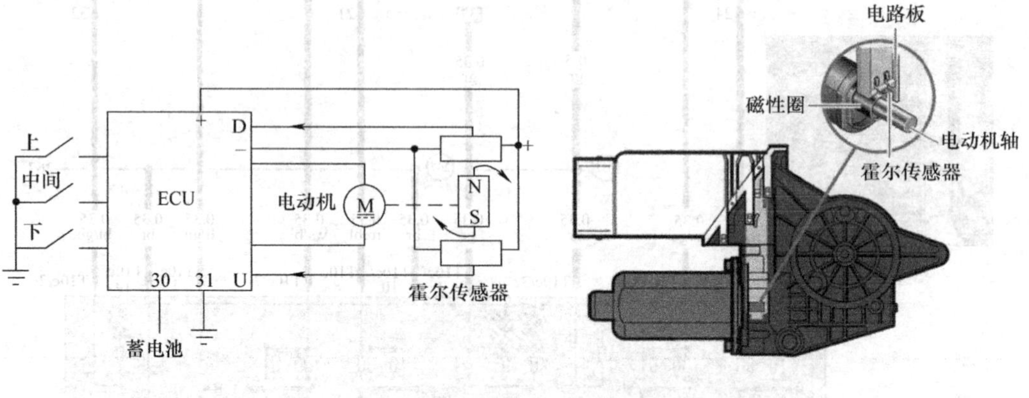
上
中间
下
ECU
D
U
30
31
电动机
N
S
霍尔传感器
蓄电池
电路板
磁性圈
电动机轴
霍尔传感器

图 6-8　防夹功能结构、原理

1）电动车窗基本控制电路。图 6-9 所示为电动车窗基本控制电路图，主控开关对电动车窗系统进行总的操纵，电源由主控开关分至各个分控开关（门窗开关）。安全开关是阻止分控开关升降车窗的锁止开关。当断开安全开关时，便切断各分控开关电路，此时，只能用主控开关升降车窗。图中永磁式电动机是不搭铁的，要经过主控开关搭铁。

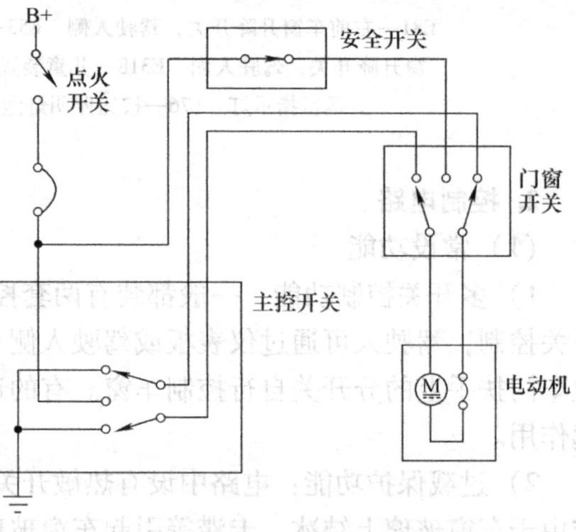
B+
点火
开关
安全开关
门窗
开关
主控开关
电动机

图 6-9　电动车窗基本控制电路图

电路分析：如图 6-10a 所示，当左后车窗主控开关拨到“Up”位置时，其电流流向为：蓄电池正极→点火开关→电路断电器→左后门车窗主控开关动触点→左后门车窗开关动触点→电动机→左后门车窗开关另一动触点→左后门车窗主控开关另一动触点→搭铁。当用左后门车窗主控开关降下该车窗玻璃时，电流流向与该车窗举升时的电流流向相反，如图 6-10b 所示。

2）桑塔纳 2000 型轿车电动车窗控制电路。桑塔纳 2000 型轿车电动车窗由翘板按键开关、传动机构、升降器及电动机组成，控制电路如图 6-11 所示。按键开关 E39、E40、E41、E52 和 E54 被安置在中央通道面板上的开关盘上，E53 和 E55 分别设置在两后门上，其中，黄色按键开关 E39 为安全开关，可以使后车窗开关 E53 和 E55 不起作用；车窗电动机为永磁直流电动机，正常工作电流为 4 ~ 15A，S125 为过载断路热保护器，以免电动机超载烧坏；延时继电器 J52 用于保证在点火开关断开后，使车窗电路延时约 50s 后再断开，使用方便、安全；自动下降继电器 J51 用于控制左前门车窗电动机，实现点动控制。

工作原理：接通点火开关后，X 线供电使延时继电器 J52 常开触点闭合，按键开关内的 P − 通过该触点接地，而 P + 通过热保护器 S125 与 30 线电源相通，此时，按动按键开关便可使车窗电动机转动。

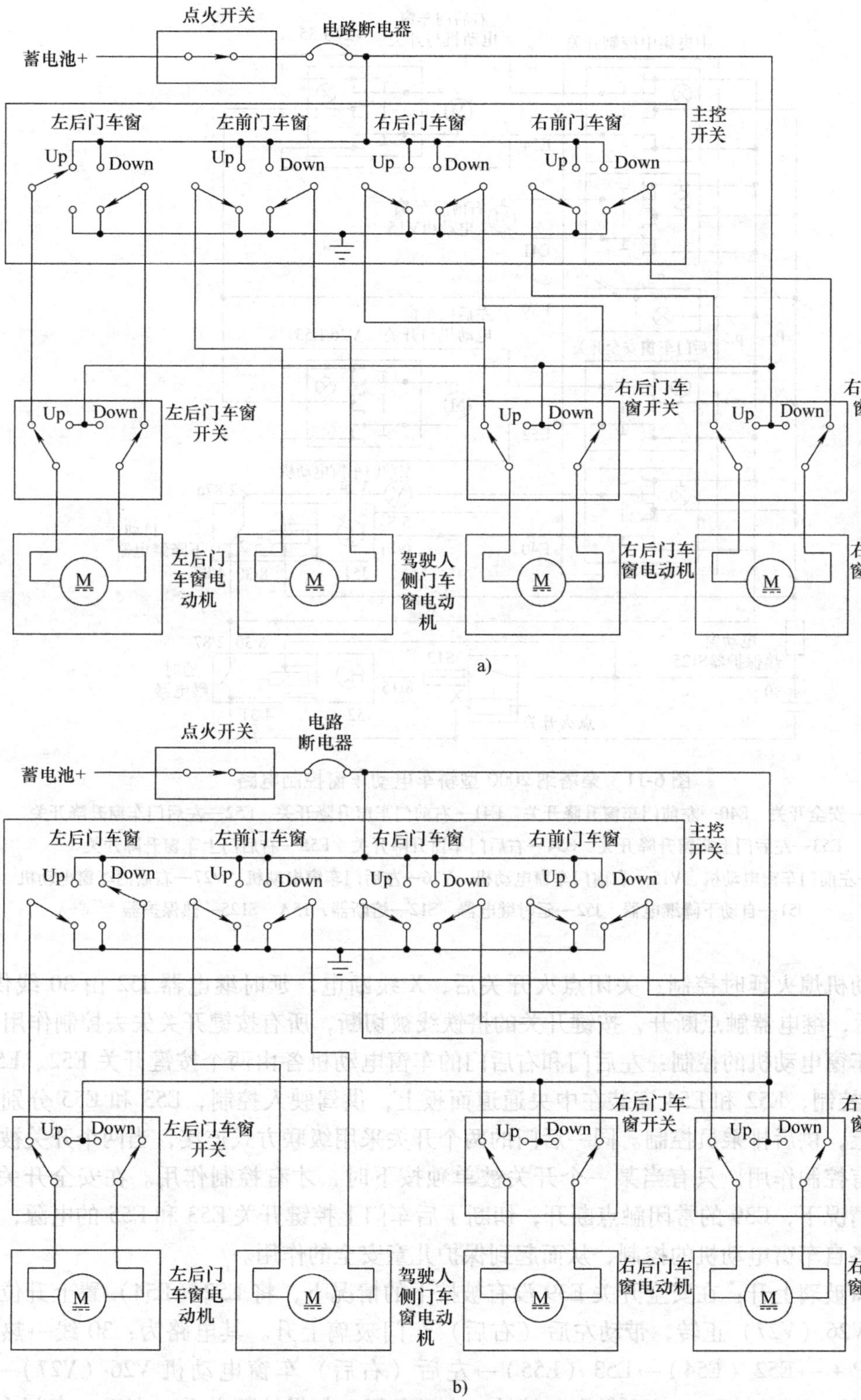
点火开关
电路断电器
蓄电池+
主控开关
左后门车窗
左前门车窗
右后门车窗
右前门车窗
Up
Down
左后门车窗开关
右后门车窗开关
右前门车窗开关
左后门车窗电动机
驾驶人侧门车窗电动机
右后门车窗电动机
右前门车窗电动机
M
a)
点火开关
电路断电器
蓄电池+
主控开关
左后门车窗
左前门车窗
右后门车窗
右前门车窗
Up
Down
左后门车窗开关
右后门车窗开关
右前门车窗开关
左后门车窗电动机
驾驶人侧门车窗电动机
右后门车窗电动机
右前门车窗电动机
M
b)

图 6-10　用主控开关控制左后门车窗升降

a）上升时的电流流向　b）下降时的电流流向

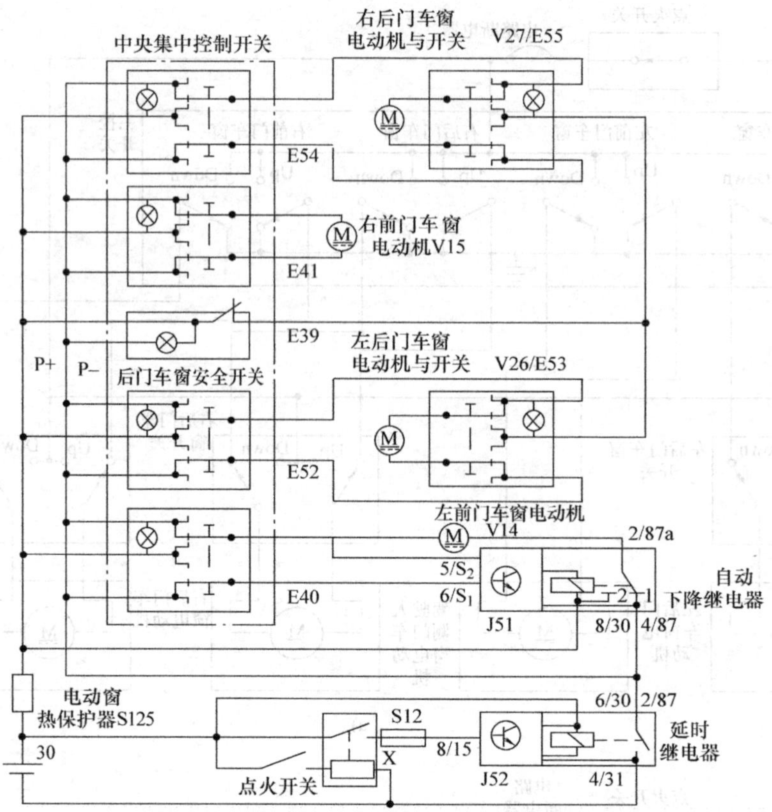
中央集中控制开关
右后门车窗
电动机与开关
V27/E55
E54
右前门车窗
电动机V15
E41
E39
左后门车窗
电动机与开关
V26/E53
P+
P−
后门车窗安全开关
E52
左前门车窗电动机
V14
2/87a
5/S2
6/S1
自动
下降继电器
E40
J51
8/30
4/87
电动窗
热保护器S125
6/30
2/87
S12
8/15
延时
继电器
30
X
点火开关
J52
4/31

图6-11　桑塔纳2000型轿车电动车窗控制电路

E39—安全开关　E40—左前门车窗升降开关　E41—右前门车窗升降开关　E52—左后门车窗升降开关　E53—左后门上车窗升降开关　E54—右后门车窗升降开关　E55—右后门上车窗升降开关　V14—左前门车窗电动机　V15—右前门车窗电动机　V26—左后门车窗电动机　V27—右后门车窗电动机　J51—自动下降继电器　J52—延时继电器　S12—熔断器，15A　S125—热保护器

①发动机熄火延时控制：关闭点火开关后，X线断电，延时继电器J52由30线供电，延时50s后，继电器触点断开，按键开关的搭铁线被切断，所有按键开关失去控制作用。

②后车窗电动机的控制：左后门和右后门的车窗电动机各由两个按键开关E52、E53和E54、E55控制，E52和E54安装在中央通道面板上，供驾驶人控制；E53和E55分别安装在两后门上，供后排乘员控制。同一后门的两个开关采用级联方式连接，当两个开关被同时按下时没有控制作用，只有当某一个开关被单独按下时，才有控制作用。在安全开关E39被按下的情况下，E39的常闭触点断开，切断了后车门上控键开关E53和E55的电源，使其失去了对各自车窗电动机的控制，从而起到保护儿童安全的作用。

●车窗玻璃上升：在安全开关E39没有被按下的情况下，将E52（E54）置上升位，车窗电动机V26（V27）正转，带动左后（右后）车门玻璃上升。其电路为：30线→热保护器S125→P+→E52（E54）→E53（E55）→左后（右后）车窗电动机V26（V27）→E53（E55）→E52（E54）→P−→J52触点→接地→电源负极。如果按下左后（右后）车门上E53（E55）的上升键位，车窗电动机V26（V27）同样可带动车门玻璃上升，此时其电路为：30线→热保护器S125→P+→E39→E53（E55）→左后（右后）车窗电动机V26（V27）→E53

(E55)→E52（E54）→P－→J52 触点→搭铁→电源负极。

● 车窗玻璃下降：在安全开关 E39 没有被按下的情况下，按下 E52（E54）或 E53（E55）的下降位，车窗电动机 V26（V27）电枢电流的方向与车窗玻璃上升时情况相反，电动机反转，带动左后（右后）车门玻璃下降。

③前车窗电动机的控制：右前门车窗电动机 V15 由按键开关 E41 控制，而左前门车窗电动机 V14 由按键开关 E40 和自动下降继电器 J51 控制，且具有点动自动控制功能。

● 车窗玻璃上升：按下按键开关 E41 的上升键位时，车窗电动机正转，带动右前门车窗玻璃上升，其电路为：30 线→热保护器 S125→P＋→E41→车窗电动机 V15→E41→P－→J52 触点→搭铁→电源负极。

按下按键开关 E40 的上升键位时，P＋和 P－经 E40 分别接至自动下降继电器 J51 的输入端 S2 和 S1，此时，自动下降继电器 J51 触点 1 闭合、触点 2 断开，车窗电动机 V14 正转，带动左前门车窗玻璃上升，其电路为：30 线→热保护器 S125→P＋→E40→车窗电动机 V14→J51 的常闭触点 1→P－→J52 触点→搭铁→电源负极。按键开关 E40 复位时，上述电路被切断，电动机 V14 停转。

● 车窗玻璃下降：按下按键开关 E41 的下降键位时，车窗电动机 V15 反转，带动右前门车窗玻璃下降，其电流通路与上升时相反。

按下按键开关 E40 的下降键位时，P＋和 P－经 E40 分别接至自动下降继电器 J51 的输入端 S1 和 S2，此时，自动下降继电器 J51 常开触点 2 闭合、常闭触点 1 断开。车窗电动机 V14 的电路为：30 线→热保护器 S125→P＋→J51 的触点 2→车窗电动机 V14→E40→P－→J52 触点→搭铁→电源负极，流过电动机 V14 的电流方向与上升时相反，电动机反转，带动玻璃下降。将手抬起时 E40 复位，J51 的触点也复位（触点 2 断开，触点 1 闭合），切断了上述电路，电动机停转。

● 点动自动控制：当按下按键开关 E40 下降键位的时间不大于 300ms 时，自动下降继电器 J51 判断为点动自动下降操作，于是继电器动作，使常开触点 2 闭合。流过车窗电动机 V14 的电流方向与正常下降操作时相同，电动机反转，车窗玻璃下降。如果在下降期间 E40 的上升键位不被按下，继电器 J51 的触点 2 将一直处于闭合状态，直至玻璃下降到底；如果在下降期间，按下 E40 的上升键位，继电器 J51 将判断为下降操作结束，触点 2 断开，车窗电动机 V14 停转。这样，通过对按键开关 E40 进行点动控制就可以使左前车窗玻璃停止在任意位置。

3）雷克萨斯 LS400 轿车电动车窗控制电路。图 6-12 所示为雷克萨斯 LS400 轿车电动车窗控制电路，主要由电源、熔断器、断路器（热敏开关）、主继电器、开关、电动机等组成。电动车窗系统乘员侧升降控制及锁止与普通升降器控制相同，驾驶侧主控开关和乘员控制开关为串联控制，通过车窗锁开关切断乘员侧控制开关搭铁线来实现锁止控制。开关内部装有发光二极管（LED），提供夜间指示。为方便驾驶人操作，驾驶侧升降器控制采用升降双向自动控制，控制方法如下。

①自动下降（见图 6-13a）：当开关按到“降”位置时，＋12V 电源经升降开关后分成两路，一路经二极管 VD_2 为电磁线圈 L 供电，通过电磁线圈 L 加至“点触式电动车窗电路”内部晶体管集电极；另一路经端子 10 为玻璃升降电动机提供＋12V 电源，电流经电动机内部过热保护器、电动机后返回升降器控制开关。端子 4 经开关触点及电流检测电阻 R 后搭

铁，当电流通过电阻 R 时，电阻 R 两端将产生电压 U，点触式电动车窗电路通过信号线检测到该电压后，经内部电路处理推动晶体管 VT，使晶体管 VT 导通，这时经二极管 VD_2 到电磁线圈 L 的电压经晶体管 VT 搭铁，电磁线圈因电流通过产生磁场，将线圈内部铁心吸住，此时即便松开控制按钮，因铁心已被磁场固定不能回位，开关触点保持闭合。

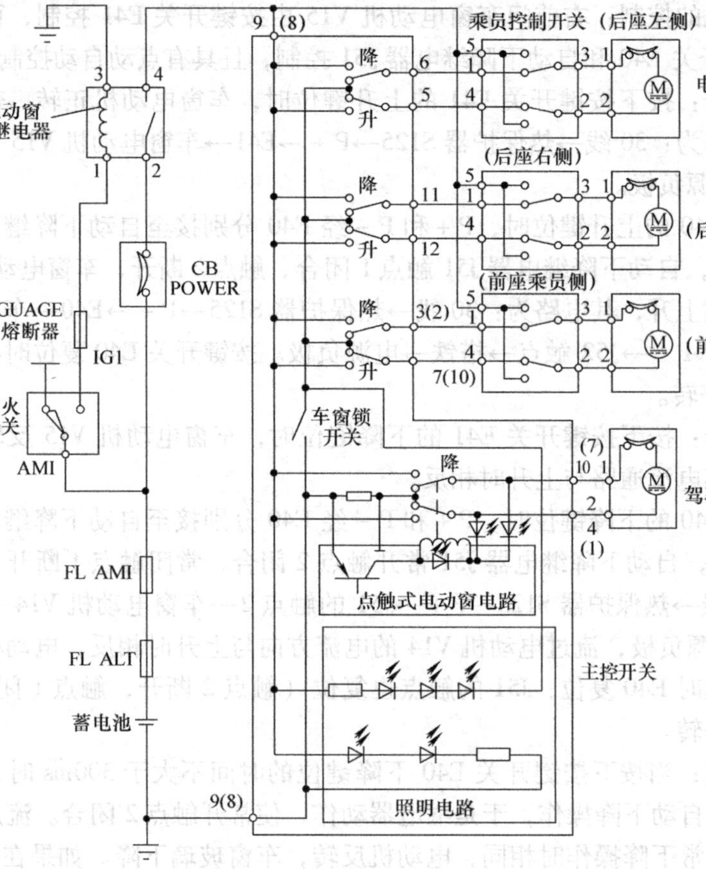
乘员控制开关（后座左侧）
电动窗电动机
（后座左侧）
9
(8)
降
升
6
5
电动窗
主继电器
（后座右侧）
（后座右侧）
11
12
（前座乘员侧）
（前座乘员侧）
3(2)
7(10)
CB
POWER
GUAGE
熔断器
IG1
点火
开关
AMI
车窗锁
开关
(7)
10
驾驶人侧
(1)
点触式电动窗电路
FL AMI
FL ALT
主控开关
蓄电池
照明电路
9(8)

图 6-12 雷克萨斯 LS400 轿车电动车窗控制电路

当玻璃降到底时，电动机阻力增大，间接使电动机的电流增大，该电流流经电阻 R 时，电阻两端电压进一步升高，达到一定值时，点触式电动车窗电路检测这一电压，控制晶体管 VT 截止来切断电磁线圈 L 的电流，磁场消失时，铁心受活动触点弹性推动复位，工作触点断开，玻璃升降器电动机停止工作。

②自动上升（见图 6-13b）：当开关按到上升位置时，+12V 电源经升降开关后分成两路，一路经二极管 VD_1 为电磁线圈 L 供电，通过电磁线圈 L 加至"点触式电动车窗电路"内部晶体管集电极；另一路经端子 4 为玻璃升降电动机提供 +12V 电源，电流经电动机及内部过热保护器后返回升降器控制开关。端子 10 经开关触点及电流检测电阻 R 后搭铁。当电流通过电阻 R 时，电阻 R 两端将产生电压 U，点触式电动车窗电路通过信号线检测到该电压后，经内部电路处理推动晶体管 VT，使晶体管 VT 导通，这时经二极管 VD_1 到电磁线圈 L 的电压经晶体管 VT 搭铁。电磁线圈因电流通过产生磁场，将线圈内部铁心吸住，此时即使松开控制按钮，因铁心已被磁场固定不能回位，开关触点保持闭合。当玻璃升到顶时电动机

阻力增大，间接使电动机的电流增大，该电流流经电阻 R 时，电阻两端电压进一步升高，点触式电动车窗电路检测到这一电压达到一定值时，控制晶体管 VT 截止来切断电磁线圈 L 的电流。磁场消失时，铁心受活动触点弹性推动复位，工作触点断开，玻璃升降器电动机停止工作。

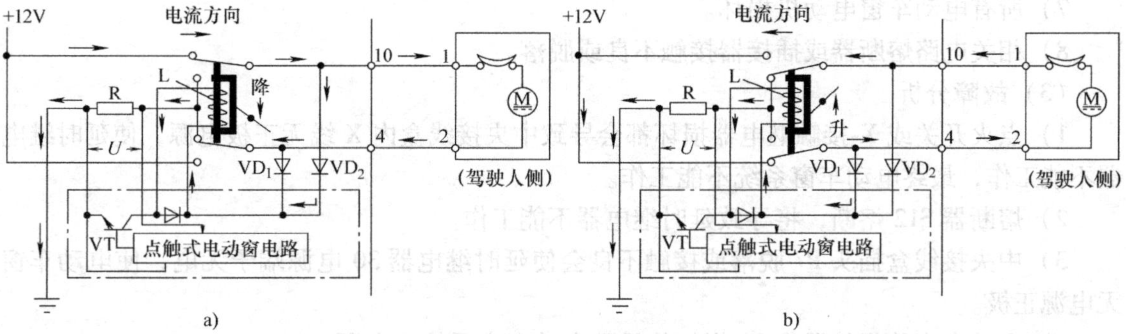
+12V
电流方向
L
降
升
R
U
VD1
VD2
VT
点触式电动窗电路
10
1
4
2
M
（驾驶人侧）
a)
b)

图 6-13　自动升降电路

a）自动下降　b）自动上升

3. 电动车窗检修

以桑塔纳 2000 型轿车电动车窗系统为例，中央接线盒继电器的位置如图 6-14 所示。

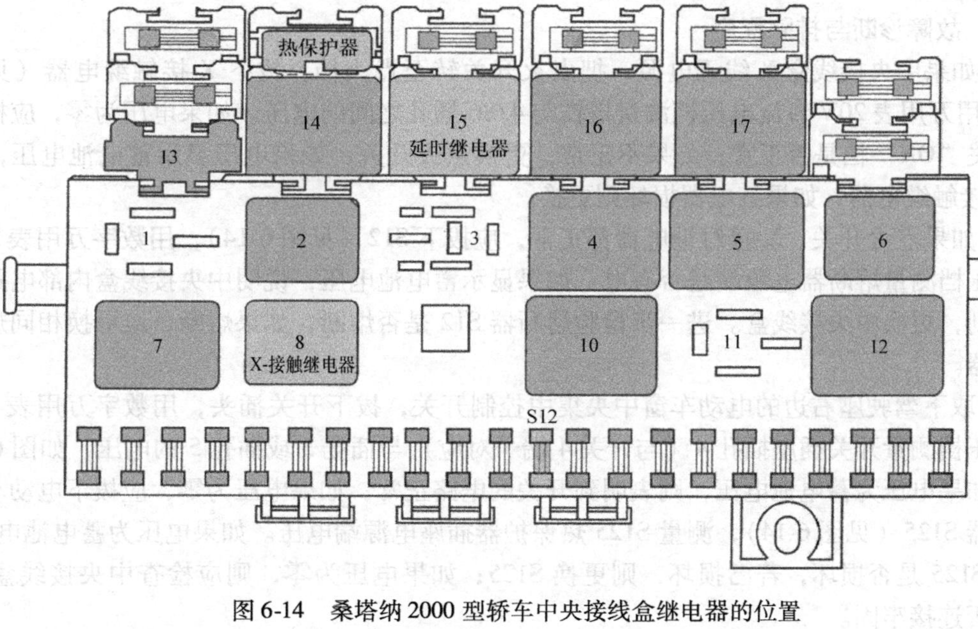
热保护器
13
14
15
延时继电器
16
17
1
2
3
4
5
6
7
8
X-接触继电器
10
11
12
S12

图 6-14　桑塔纳 2000 型轿车中央接线盒继电器的位置

（1）故障现象　点火开关闭合，按压电动车窗上升、下降开关档，4 个电动车窗都不会升降。

（2）故障原因

1）点火开关或 X-接触继电器损坏。

2）熔断器 S12 熔断。

3）中央接线盒插头 P7 脱落或接触不良。

4）电动车窗热保护器 S125 损坏。

5）延时继电器损坏。

6）所有电动车窗开关损坏。

7）所有电动车窗电动机损坏。

8）相关电路熔断器或插接器接触不良或脱落。

（3）故障分析

1）点火开关或 X-接触继电器损坏都会导致中央接线盒内 X 线无正极电源，使延时继电器不能工作，最终电动车窗系统不能工作。

2）熔断器 S12 熔断，将导致延时继电器不能工作。

3）中央接线盒插头 P7 脱落或接触不良会使延时继电器 30 电源端子无电，使电动车窗无电源正极。

4）电动车窗热保护器 S125 损坏将导致电动车窗系统无电源正极。

5）延时继电器损坏将使电动车窗系统无电源负极。

6）电动车窗开关损坏，电动车窗电动机将不能工作。

7）电动机损坏，电动车窗升降机构将不能升降。

8）电路断路或电路中的插接器接触不良或脱落，将会使电动车窗电路断路从而不能升降。

（4）故障诊断与排除程序

1）如果中央接线盒 X 线无电源，把点火开关转至点火档，拔下 X-接触继电器（见图 6-14），用万用表 20V 直流电压档测量搭铁与 4/86 插孔之间的电压。如果电压为零，应检验点火开关“ON”档是否正常；如果不正常，更换点火开关；如果电压显示蓄电池电压，应检验 X-接触继电器，如果继电器损坏则更换。

2）如果点火开关、X-接触继电器都正常，应拔下 S12（见图 6-14），用数字万用表 20V 直流电压档测量熔断器电源端是否有电。如果显示蓄电池电压，说明中央接线盒内部电路良好，否则，更换中央接线盒。进一步检验熔断器 S12 是否熔断，如果熔断，应更换相同规格的熔断器。

3）取下驾驶座右边的电动车窗中央集中控制开关，拔下开关插头，用数字万用表 20V 直流电压档测量开关插座插孔 4（与开关 4 端子对应）与插孔 3 或插孔 5 的电压，如图 6-15 所示。如果电压为蓄电池电压，则表明到开关的电路正常；如果电压为零，应拔下电动车窗热保护器 S125（见图 6-14），测量 S125 热保护器插座电源端电压。如果电压为蓄电池电压，应检验 S125 是否损坏，若已损坏，则更换 S125；如果电压为零，则应检查中央接线盒 P7 插头是否连接牢固。

4）拔下延时继电器（见图 6-14），用数字万用表 20V 直流电压档测量 8/15 插孔、6/30 插孔与 4/31 插孔之间的电压。若电压显示蓄电池电压，说明延时继电器插座电源电路及控制电路正常，检验延时继电器。如果延时继电器损坏，则更换延时继电器。

5）检验各电动车窗开关。如果开关损坏应更换开关；如果开关良好，分别按压电动车窗升、降开关档，用数字万用表测量电动机插接器插头电压，如图 6-16 所示。如果电压正常，表明电路正常，此时应进一步检验电动车窗电动机。如果电动机损坏，应更换新件。

图 6-15　测量开关插座插孔电压

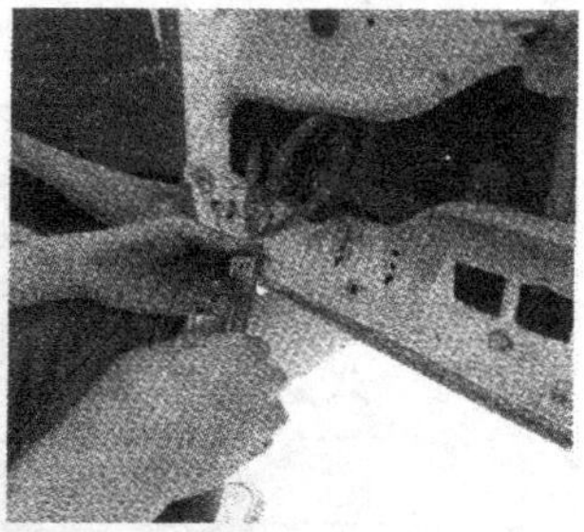

图 6-16　测量电动机插头电压

6.2.2　电动座椅

1. 电动座椅系统概述

电动座椅是指以电动机为动力，通过传动装置和执行机构来调节座椅的各种位置，为驾乘人员提供便于操作、舒适而又安全的驾驶和乘坐位置。

（1）电动座椅功能　为满足不同车型和配置的要求，制造厂家不断采用机械和电子技术手段，制造出具备座椅调节、记忆、通风、加热、按摩、主动头枕、方便出入等功能的电动座椅，并且正向多功能化发展，使座椅的安全性、舒适性、操作性日益提高。

1）调节功能。电动座椅调节功能能为人体的头部、背部、腰部和臀部等提供最佳位置，根据需要可以有不同的组合方式。图 6-17、图 6-18 所示为大众高级轿车的 12 方向和 18 方向电动座椅。12 方向调节功能包括：纵向调节、高度调节、靠背调节、倾斜度调节、腰部支撑（向上/向下、向前/向后）调节。18 方向调节功能在 12 方向调节功能的基础上增加头靠、座椅深度和头枕调节功能。

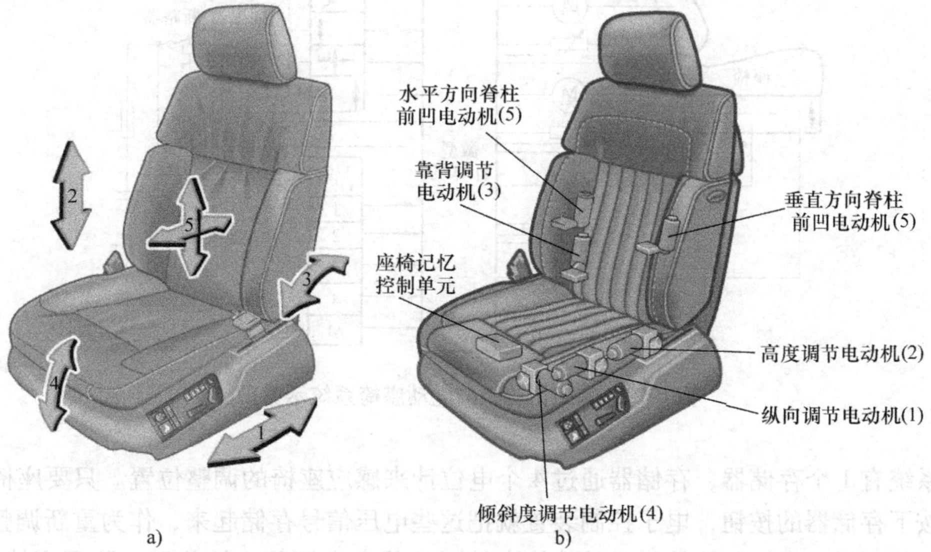

2
5
3
4
1
a)
水平方向脊柱
前凹电动机(5)
靠背调节
电动机(3)
垂直方向脊柱
前凹电动机(5)
座椅记忆
控制单元
高度调节电动机(2)
纵向调节电动机(1)
倾斜度调节电动机(4)
b)

图 6-17　12 方向电动座椅

a）调节功能　b）调节电动机

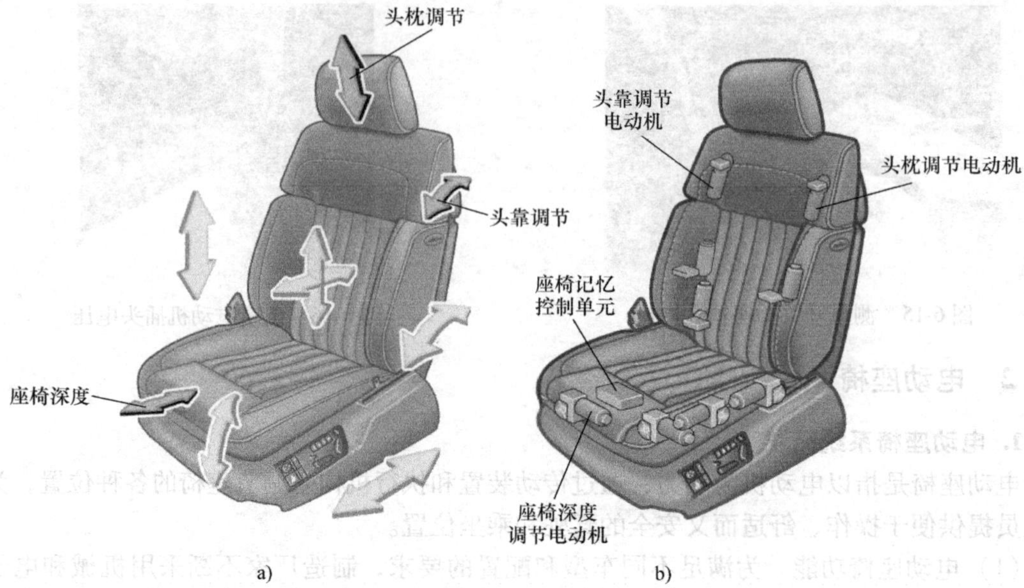
头枕调节
头靠调节
座椅深度
a)
头靠调节
电动机
头枕调节电动机
座椅记忆
控制单元
座椅深度
调节电动机
b)

图 6-18　18 方向电动座椅（比 12 方向增加功能）
a）调节功能　b）调节电动机

2）记忆功能。带记忆功能的电动座椅采用微型计算机控制，它能将选定的座椅调节位置进行存储，使用时只要按指定的按钮，就会自动地调节到预先选定的座椅位置上。带记忆功能的电动座椅系统示意图如图 6-19 所示。

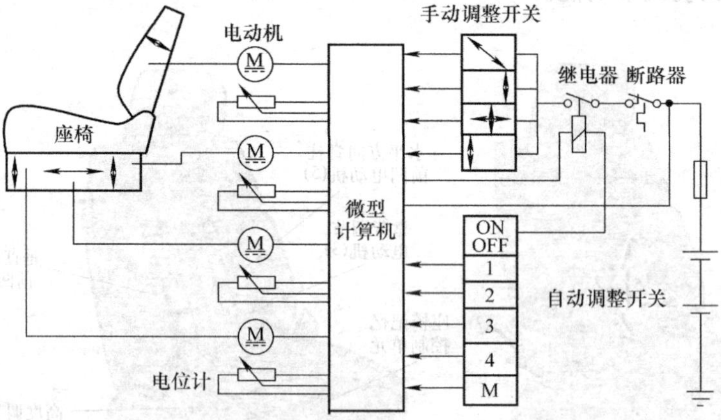
手动调整开关
电动机
M
继电器
断路器
座椅
M
微型
计算机
M
ON
OFF
1
2
3
4
M
自动调整开关
M
电位计

图 6-19　带记忆功能的电动座椅系统示意图

该系统有 1 个存储器，存储器通过 4 个电位计来感应座椅的调整位置。只要座椅位置设定后，按下存储器的按钮，电子控制装置就把这些电压信号存储起来，作为重新调整位置时的基准。使用时，只要一按按钮，就能按存储时的状态来调整座椅位置。除了座椅设置外，该记忆功能还可以存储转向柱、后视镜与安全带的位置。

3）空调/按摩功能。电动座椅的空调功能由集成在座椅中的通风装置（加热装置与风扇）来提供。通风装置将温度适宜的空气通过空气通道均匀地穿过座椅皮面的细孔导向乘客。按摩功能由机械式4位置腰部支撑实现，腰部支撑自动地向上和向下运动，从而放松脊椎与背部的肌肉。带空调/按摩功能的电动座椅如图6-20所示。

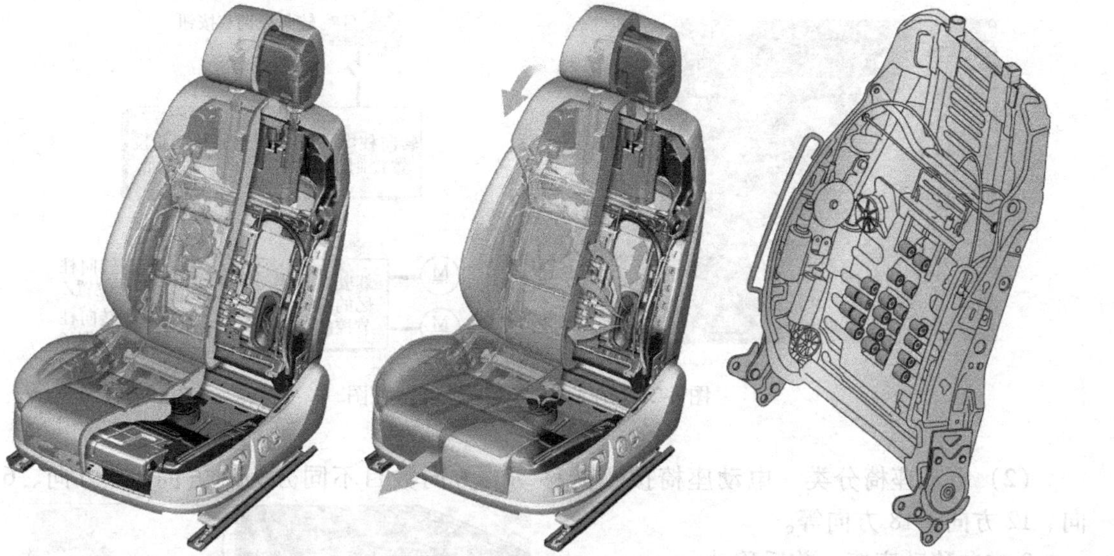

图6-20　带空调/按摩功能的电动座椅

座椅加热和记忆位置的存储由座椅控制单元控制。所需要的加热和通风位置将通过座椅加热电位计调整。当车载电网过载时，座椅加热和通风将通过车载电网控制单元关闭。

4）主动头枕功能。主动式头枕系统（AKS）是指在车尾部受到撞击时，头枕会向前移动并能避免肩部与头部产生相对加速度，从而降低颈椎在撞车中受到伤害的危险。AKS的结构、原理如图6-21所示。

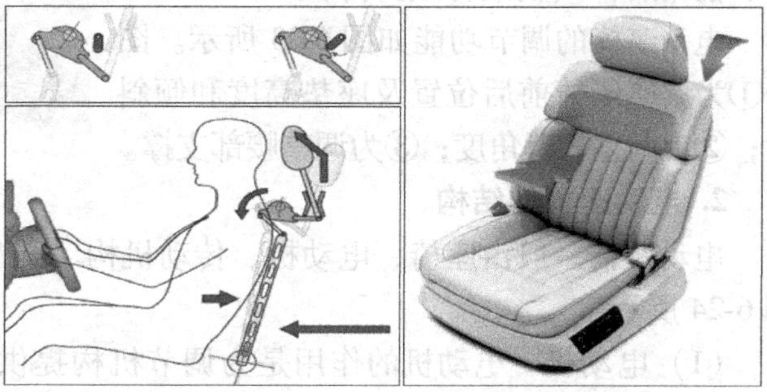

图6-21　主动式头枕系统（AKS）的结构、原理

若在车尾出现了一个向前的推力，乘员会因为惯性而保持原位，因此身体会被推入座椅内。这样就会增加对靠背的压力，一个弯形杠杆转动让头枕向上向前移动。这个移动方向由头枕所在的导轨决定。在AKS触发后，这种可反向操作的系统将持续工作并仍然具有全部效能。AKS只有在汽车尾部受到撞击时才会触发，在发生前部撞击时，有一把安全锁会阻止其触发。

5）方便出入功能。方便出入功能可以自动将转向柱移动到最上且最靠前的位置以方便驾驶人上下车。方便出入功能系统示意图如图6-22所示。

该功能独立于用户个人设定，通过转向柱模块上的开关激活，开关信息（调节转向柱的请求）通过舒适/便利功能CAN总线传输，并由驾驶人座椅位置记忆功能处理。在发出调节指令后，转向柱将沿要求的方向运行，直到撤消请求或实现软停止。

拔出点火钥匙时将保存转向柱的当前位置并将转向柱移入停车位置。打开点火开关

（端子 15 打开）时，转向柱又重新进入上次保存的位置。在发动机起动过程中，转向柱的移动被中断。

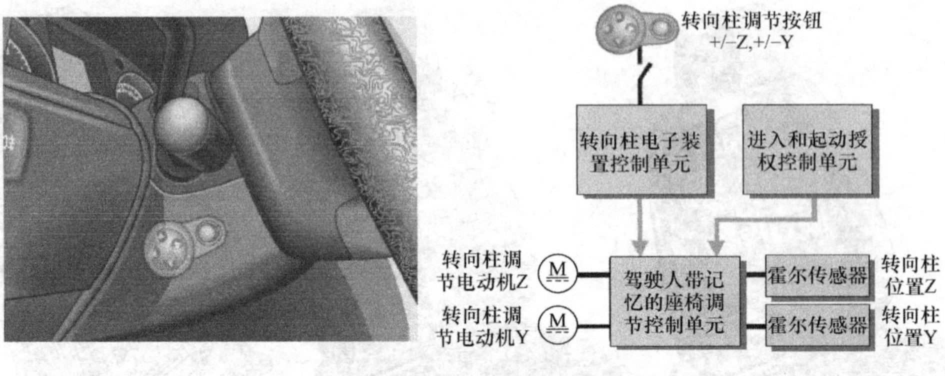
转向柱调节按钮
+/–Z,+/–Y
转向柱电子装置控制单元
进入和起动授权控制单元
转向柱调节电动机Z
转向柱调节电动机Y
M
M
驾驶人带记忆的座椅调节控制单元
霍尔传感器
霍尔传感器
转向柱位置Z
转向柱位置Y

图 6-22　方便出入功能系统示意图

（2）电动座椅分类　电动座椅按座椅移动的方向数目不同分为 2 方向、4 方向、6 方向、12 方向、18 方向等。

2 方向移动座椅：前后移动。

4 方向移动座椅：前后移动、上下升降。

6 方向移动座椅：前后移动、上下升降、前俯后仰（前后分别升降）。

电动座椅的调节功能如图 6-23 所示。图中①为调整座椅前后位置及座垫高度和倾斜度；②为调整靠背角度；③为调整腰部支撑。

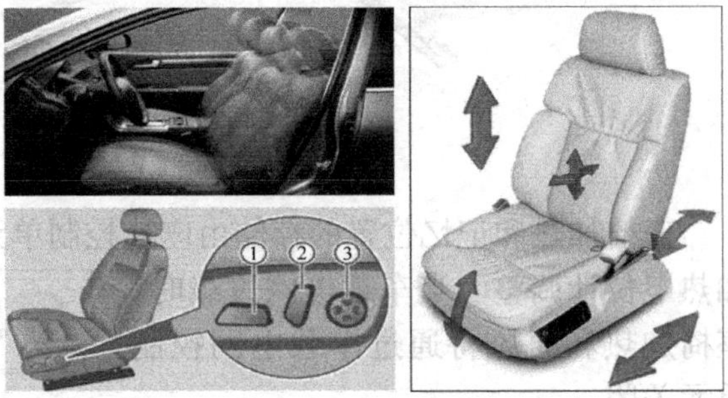
①
②
③

图 6-23　电动座椅的调节功能

2. 电动座椅的结构

电动座椅一般由座椅、电动机、传动机构、调节机构、调节开关和控制电路等组成，如图 6-24 所示。

（1）电动机　电动机的作用是为调节机构提供动力，一般为永磁式，通过调节开关改变电流方向实现电动机正、反转从而实施座椅前后、前端上下、后端上下和倾斜度等方向的调节。为防止电动机过载，大多数永磁式电动机内装有断路器。电动机的数量取决于电动座椅的类型，通常 2 方向移动装 1 个电动机，4 方向移动装 2 个电动机，6 方向移动装 3 个电动机，最多可达十几个电动机。

（2）传动机构　传动机构的作用是将电动机的动力传给座椅调节机构，使其完成座椅的调整，主要由联轴器、软轴、减速器等组成。

（3）调节机构　调节机构由螺纹千斤顶或齿轮机构等组成，有前后滑动、前垂直、后垂直、靠背、腰部支撑、头枕等调节机构，其作用是把电动机产生的旋转运动，变为座椅的位置调整。

1）高度调整机构。高度调整机构由蜗杆轴、蜗轮、心轴等组成，如图 6-25 所示。调整时，蜗杆轴在电动机的驱动下，带动蜗轮转动，从而保证心轴旋进或旋出，实现座椅位置的上升与下降。

2）纵向调整机构。纵向调整机构由蜗杆、蜗轮、齿条、导轨等组成，如图 6-26 所示。

齿条装在导轨上，调整时，电动机转矩经蜗杆传至两侧的蜗轮上，经导轨上的齿条，带动座椅前后移动。

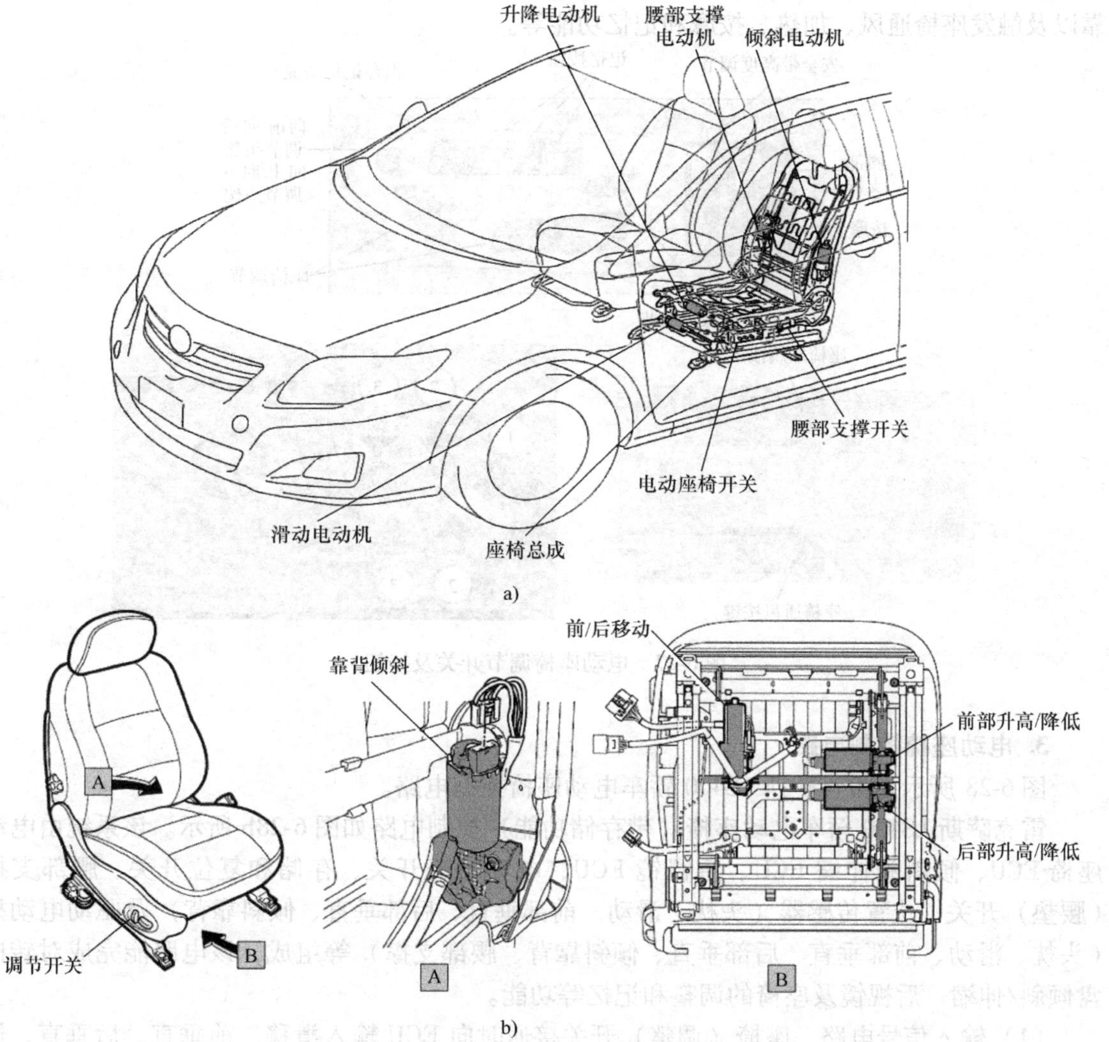
升降电动机
腰部支撑
电动机
倾斜电动机
腰部支撑开关
电动座椅开关
滑动电动机
座椅总成
a)
A
B
调节开关
靠背倾斜
前/后移动
前部升高/降低
后部升高/降低
b)

图 6-24　电动座椅的结构

a）在车上的布置　b）8 方向电动座椅结构

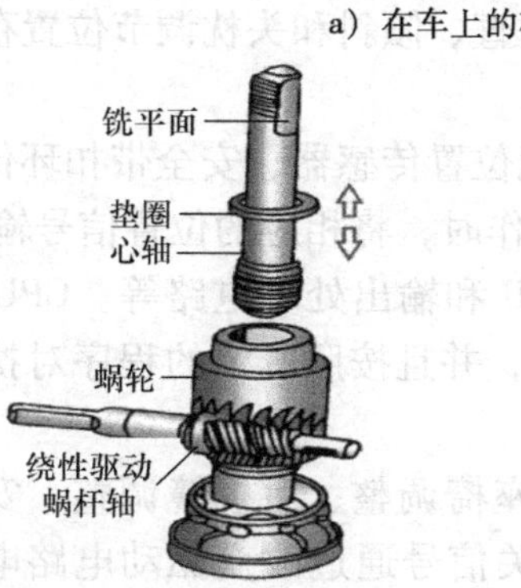
铣平面
垫圈
心轴
蜗轮
绕性驱动
蜗杆轴

图 6-25　高度调整机构

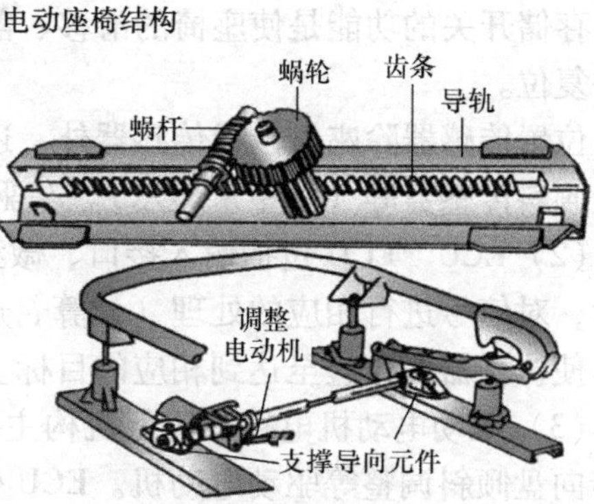
蜗轮
齿条
蜗杆
导轨
调整
电动机
支撑导向元件

图 6-26　纵向调整机构

（4）调节开关　电动座椅通常可以通过安装在座椅侧面的按钮或开关进行功能调节，如图 6-27 所示。操作相应的按钮或开关即可调整座椅、座垫、靠背、腰部支撑、头枕、头靠以及触发座椅通风、加热、按摩和记忆功能等。

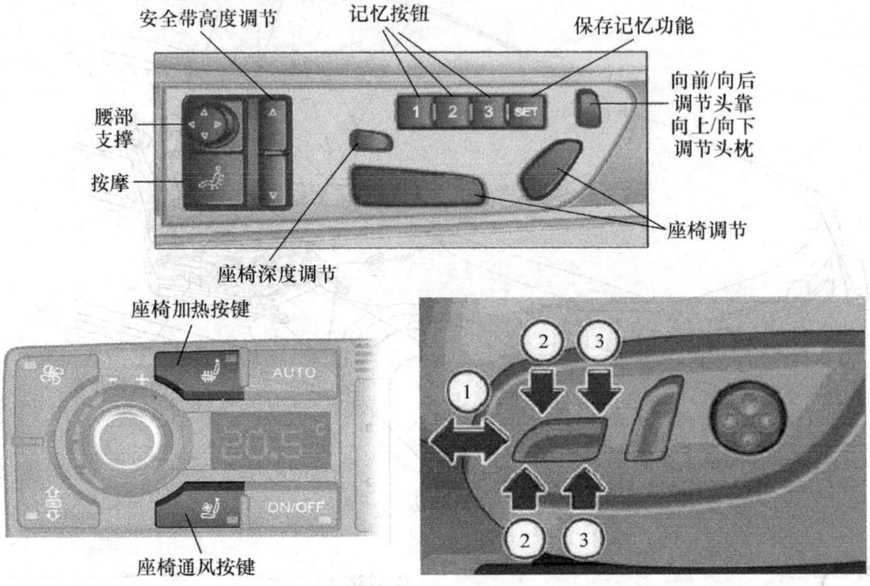
安全带高度调节
记忆按钮
保存记忆功能
向前/向后
调节头靠
向上/向下
调节头枕
腰部
支撑
按摩
座椅调节
座椅深度调节
座椅加热按键
AUTO
20.5
ON/OFF
座椅通风按键
1
2
3
SET

图 6-27　电动座椅调节开关及按钮

3. 电动座椅控制电路

图 6-28 所示为雷克萨斯 LS400 轿车电动座椅控制电路。

雷克萨斯 LS400 轿车电动座椅（带存储功能）控制电路如图 6-28b 所示。该系统由电动座椅 ECU、倾斜和伸缩 ECU、后视镜 ECU、电动座椅开关、存储和复位开关、腰部支撑（腰垫）开关、位置传感器（头枕、滑动、前部垂直、后部垂直、倾斜靠背）及驱动电动机（头枕、滑动、前部垂直、后部垂直、倾斜靠背、腰部支撑）等组成，该电路能完成对转向盘倾斜/伸缩、后视镜及座椅的调整和记忆等功能。

（1）输入信号电路　座椅（调整）开关接通时向 ECU 输入滑移、前垂直、后垂直、倾斜或头枕位置信号。

存储开关的功能是使座椅的滑移、前垂直、后垂直、倾斜和头枕调节位置存储在存储器中并复位。

位置传感器除座椅位置传感器外，还包括后视镜位置传感器、安全带扣环传感器以及转向盘倾斜传感器等（图中未显示）。在驱动电动机工作时，将相应的位置信号输入 ECU。

（2）ECU　ECU 包括输入接口、微型计算机 CPU 和输出处理电路等。CPU 接到输入信号后，对信号进行相应的处理（计算、逻辑判断等），并且按照既定的程序对执行器进行控制，使执行器工作直至达到相应的目标。

（3）驱动电动机电路　执行机构主要包括执行座椅调整、后视镜调整、安全带扣环以及转向盘倾斜调整等驱动电动机。ECU 依据座椅开关信号通过改变驱动电路电流方向实现电动机正、反转，从而实施座椅前后、前端上下、后端上下、倾斜和头枕位置等方向的调节。

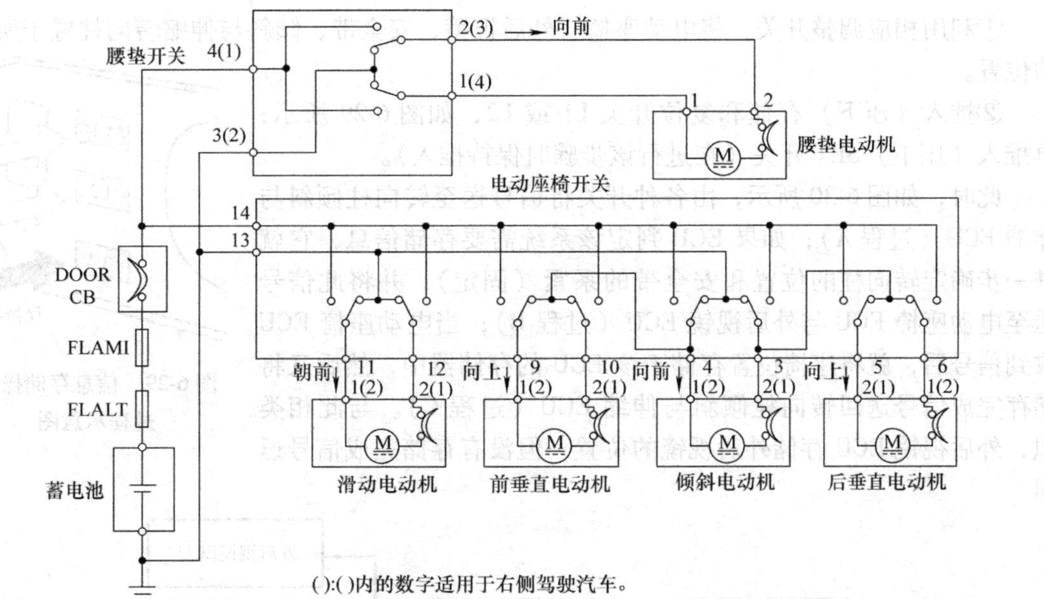
向前
2(3)
腰垫开关 4(1)
1(4)
3(2)
腰垫电动机
电动座椅开关
14
13
DOOR CB
FLAMI
FLALT
蓄电池
朝前 11 1(2)
12 2(1)
向上 9 1(2)
10 2(1)
向前 4 1(2)
3 2(1)
向上 5 2(1)
6 1(2)
滑动电动机
前垂直电动机
倾斜电动机
后垂直电动机
():()内的数字适用于右侧驾驶汽车。
a)

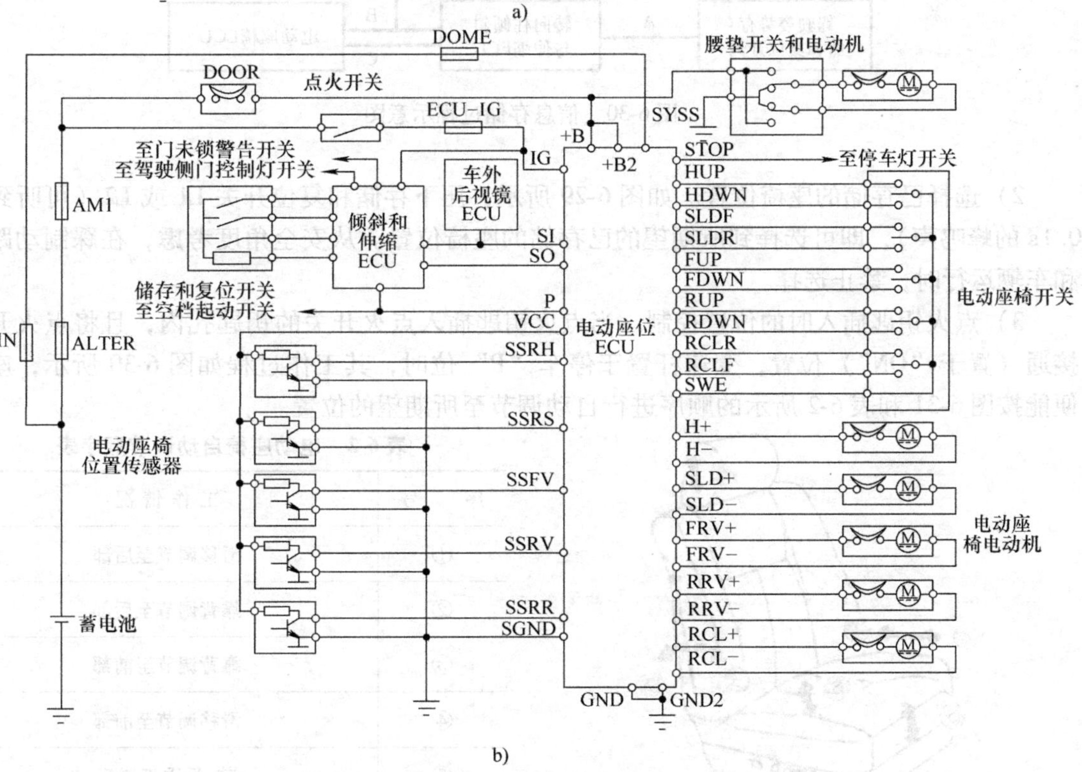
DOME
腰垫开关和电动机
DOOR
点火开关
ECU-IG
SYSS
至门未锁警告开关
至驾驶侧门控制灯开关
+B
+B2
IG
STOP
至停车灯开关
AM1
车外后视镜ECU
倾斜和伸缩ECU
SI
SO
HUP
HDWN
SLDF
SLDR
FUP
FDWN
RUP
RDWN
RCLR
RCLF
SWE
电动座椅开关
储存和复位开关
至空档起动开关
P
VCC
电动座位ECU
SSRH
MAIN
ALTER
SSRS
电动座椅位置传感器
SSFV
SSRV
SSRR
SGND
H+
H−
SLD+
SLD−
FRV+
FRV−
RRV+
RRV−
RCL+
RCL−
电动座椅电动机
蓄电池
GND
GND2
b)

图 6-28　雷克萨斯 LS400 轿车电动座椅控制电路

a）不带存储功能　b）带存储功能

（4）座椅存储功能设定及使用

1）信息存储。只要将点火开关置于“ON”位置、变速杆置于“P”位，并进行如下操作，即可将所期望的座椅位置存储起来。

①利用相应调整开关，将电动座椅、外后视镜、安全带、倾斜与伸缩转向柱置于所期望的位置。

②推入（压下）存储和复位开关 L1 或 L2，如图 6-29 所示；再推入（压下）SET 开关（在进行该步骤时保持推入）。

此时，如图 6-30 所示，由各种开关将信号送至转向柱倾斜与伸缩 ECU（过程 A）；如果 ECU 判定该系统需要存储信息，它就进一步确定转向柱的位置和安全带的系紧（固定），并将此信号送至电动座椅 ECU 与外后视镜 ECU（过程 B）；当电动座椅 ECU 收到信号后，就将座椅位置存储于该 ECU 的存储器中，然后又将储存完成信号送回转向柱倾斜与伸缩 ECU（过程 C）。与此相类似，外后视镜 ECU 存储外后视镜的位置，但没有存储完成信号返回。

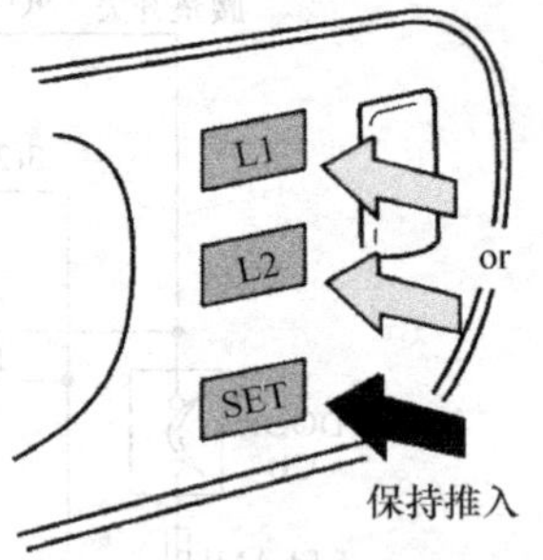
L1
L2
or
SET
保持推入
图 6-29　信息存储操作过程示意图

驾驶姿势存储和复位开关
A
转向柱倾斜与伸缩ECU
B
C
外后视镜ECU
电动座椅ECU
图 6-30　信息存储过程示意图

2）选择已存储的座椅位置。如图 6-29 所示，压下存储和复位开关 L1 或 L2（可听到约 0.1s 的蜂鸣声），即可选择到所期望的已存储的座椅位置。从安全角度考虑，在踩制动踏板和车辆运行时，禁止选择。

3）点火钥匙插入时的位置控制。当点火钥匙插入点火开关的钥匙孔内，且将点火开关接通（置于“ON”）位置，变速杆置于停车“P”位时，其工作过程如图 6-30 所示，座椅便能按图 6-31 和表 6-2 所示的顺序进行自动调节至所期望的位置。

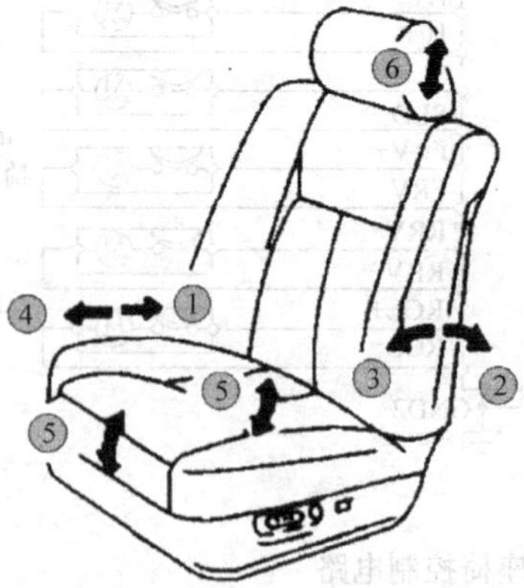
6
4
1
5
3
2
5
图 6-31　电动座椅自动调节顺序

表 6-2　电动座椅自动调节顺序表

序　号	工 作 情 况
①	滑移调节至后部
②	靠背调节至后部
③	靠背调节至前部
④	滑移调节至前部
⑤	前、后垂直调节
⑥	头枕位置调节

4. 电动座椅检修

电动座椅常见故障、原因及其排除方法有如下几种。

（1）座椅完全不能调节

1）原因：熔断器熔断、电路断路、座椅开关有故障等。

2）排除：首先检查熔断器是否熔断，若熔断器良好，则应检查电路连接是否正常，最后检查开关。对于有存储功能的电动座椅系统，还应检查控制单元（ECU）的电源电路和搭铁线是否正常，若开关、电路等都正常，应检查控制单元。

（2）座椅某个方向不能调节

1）原因：该方向对应的电动机损坏，开关、连接导线断路。

2）排除：先检查电路是否正常，再检查开关和电动机。

6.2.3 电动后视镜

后视镜作为一个汽车安全功能件，能使驾驶人在座位上直接获取汽车后方、侧方和下方等外部信息。现代汽车后视镜可电动调整镜面视野角度，并可实行防眩目、镜面除霜、转向指示、自动折叠、记忆储存等功能，如图6-32所示。

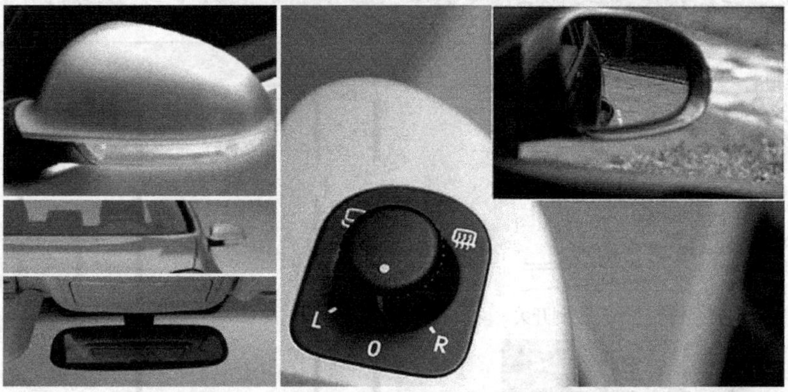
L
0
R

图6-32 汽车电动后视镜

1. 电动后视镜的分类

汽车电动后视镜的类型见表6-3。

表6-3 电动后视镜的类型

分类方式	类型	特点
按照安装位置不同分类	内后视镜	一般在驾驶室的前上方，用于观察车内或透过后车窗观察车后方
	外后视镜	分左右，一般装在车门或者前立柱附近，用于观察道路两侧
	下视镜	安装在车身外部的车前或车后部位，用于观察车前或车后地面
按照镜面形状不同分类	平面镜	曲率半径为无穷大，不失真，但后视范围小
	球面镜	后视范围大，但物体影像缩小失真
	双曲率镜	标准曲率球面外侧设逐变球面，扩大视野，减小盲区，但成本高
	变曲率镜	前后左右不同视角选择不同的曲率半径并平滑过渡，基本消除失真和盲区
按功能分类	普通型	反射膜为铝或银，无防眩目功能
	防眩目型	分为菱形镜、平面镜和液晶镜
	其他	带镜面除霜、转向指示、自动折叠、记忆储存等功能

2. 电动后视镜的结构

（1）普通电动后视镜　普通电动后视镜的结构如图 6-33 所示，一般由镜片（镜面玻璃）、调节装置、调节开关和控制电路等组成。调节装置内设有两套电动机和驱动器，可操纵镜片上下及左右转动。通常上下方向的转动用一个电动机控制，左右方向的转动由另一个电动机控制。通过改变电动机的电流方向，即可实行后视镜的上下及左右调整。

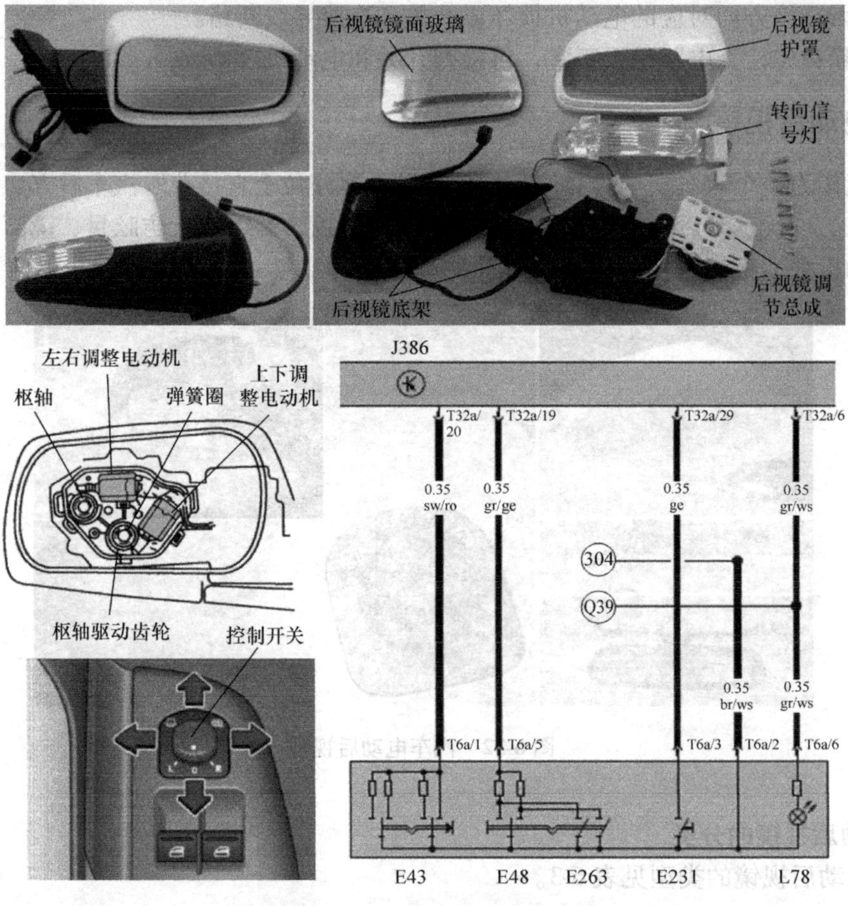

后视镜镜面玻璃
后视镜护罩
转向信号灯
后视镜底架
后视镜调节总成
左右调整电动机
上下调整电动机
枢轴
弹簧圈
枢轴驱动齿轮
控制开关
J386
T32a/20
T32a/19
T32a/29
T32a/6
0.35 sw/ro
0.35 gr/ge
0.35 ge
0.35 gr/ws
304
Q39
0.35 br/ws
0.35 gr/ws
T6a/1
T6a/5
T6a/3
T6a/2
T6a/6
E43
E48
E263
E231
L78

图 6-33　普通电动后视镜的结构

J386—驾驶人侧车门控制单元　E43—后视镜调节开关　E48—后视镜调节切换开关　E231—车外后视镜加热按钮　E263—折叠后视镜开关　L78—开关照明-后视镜调节　304—接地连接　Q39—正极连接 2

（2）防眩目后视镜　后视镜防眩目是指当车后汽车的灯光照射到后视镜上时，后视镜可以吸收强光，削减强光的反射，避免反射的强光正好照到驾驶人的眼睛上，产生眩目。防眩目后视镜一般安装在车厢内，可分为普通型和智能型防眩目后视镜。

普通防眩目后视镜使用棱镜镜片，有两个反射面，白天使用反射率较高的镜面，晚上遇有后方强光时需手动调整到反射率较低的镜面。虽然这样可以防止眩光反应，但是这种普通防眩目后视镜在使用过程中很麻烦，需要视环境手动调节，并且由于有双反射面会出现叠影现象，影响后视效果。普通防眩目后视镜原理如图 6-34 所示。

智能防眩目后视镜可以根据环境光线的变化自动地调整镜面反射率，在正常的情况下保持高的反射率，在夜晚后车有强光时，镜面反射率自动降低，有效地避免眩光反应。

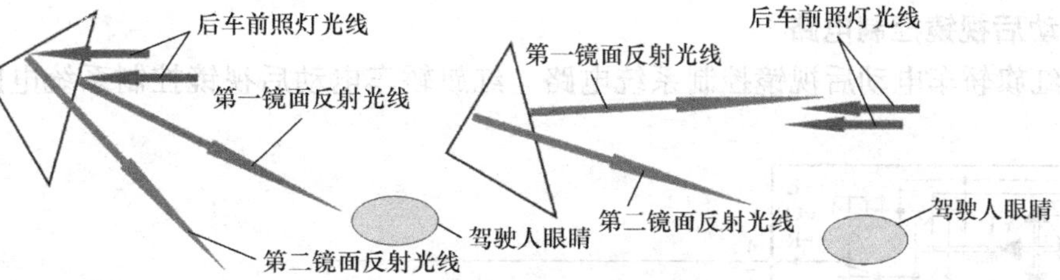
后车前照灯光线
第一镜面反射光线
驾驶人眼睛
第二镜面反射光线
后车前照灯光线
第一镜面反射光线
第二镜面反射光线
驾驶人眼睛

图 6-34　普通防眩目后视镜原理

智能防眩目后视镜的结构、原理如图 6-35 所示。它由一面特殊镜子和两个光敏二极管及电子控制器组成，两个光敏二极管，一个安装在后视镜正面，一个在背面，分别接收汽车前面及后面射来的光线。当后车的前照灯灯光射在后视镜上时，从两个光敏二级管的信号比较可以判断后面的光强于前面的光，于是电子控制器就会施加电压给后视镜的导电层上。导电层上的这个电压改变镜面电化层颜色，电压越高电化层颜色越深，后面射来的强光就会被镜面吸收掉很大一部分，余下反射到驾驶人眼内的光线就变得柔和多了。镜面电化层使反射光根据后方光线的入射强度，自动持续变化以防止眩目。当车辆倒车时，防眩目车内后视镜防眩目功能被解除，右外后视镜自动照射地面。

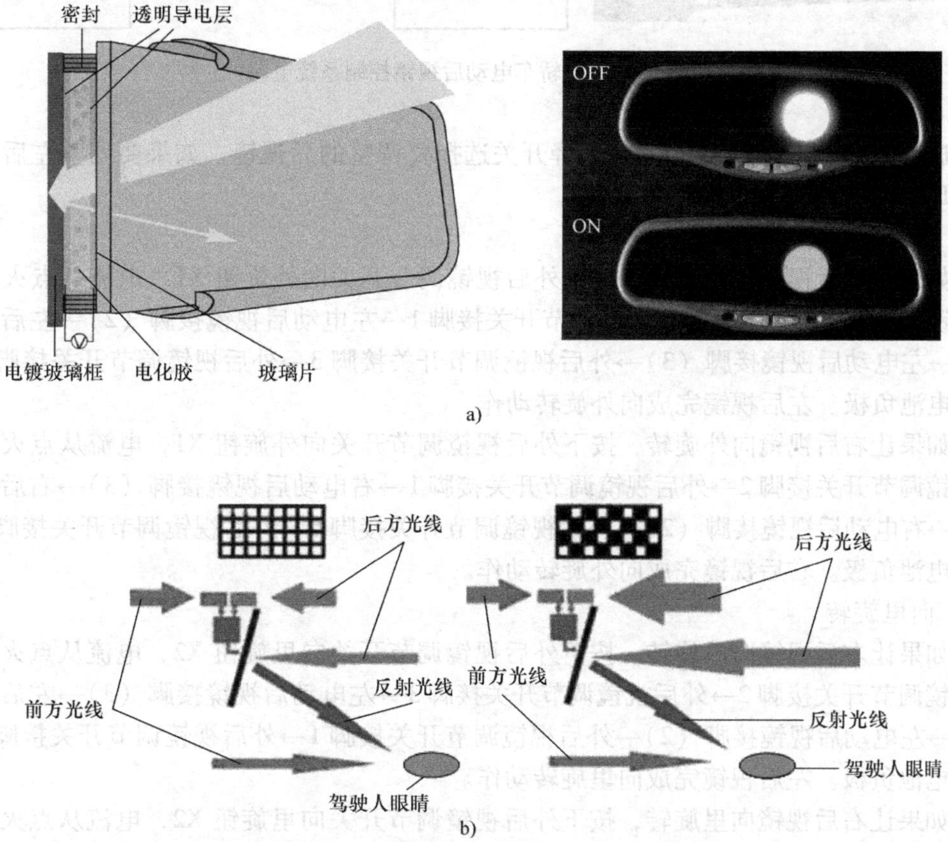
密封
透明导电层
电镀玻璃框
电化胶
玻璃片
OFF
ON
a)
后方光线
后方光线
反射光线
前方光线
前方光线
反射光线
驾驶人眼睛
驾驶人眼睛
b)

图 6-35　智能防眩目后视镜的结构、原理

a）结构　b）原理

3. 电动后视镜控制电路

（1）红旗轿车电动后视镜控制系统电路　红旗轿车电动后视镜控制系统电路如图6-36所示。

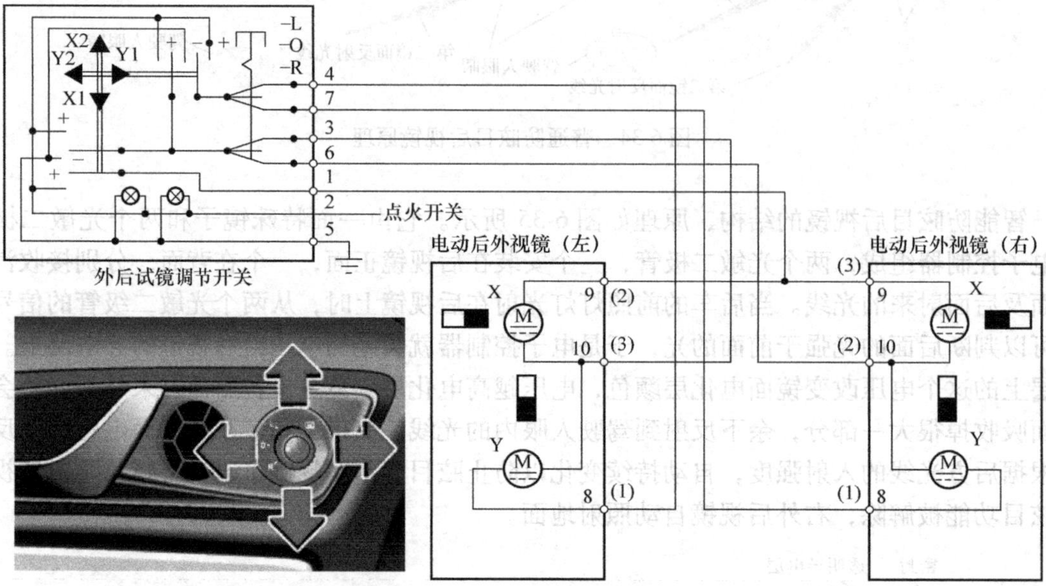
X2
Y2
Y1
X1
–L
–O
–R
4
7
3
6
1
2
5
点火开关
外后试镜调节开关
电动后外视镜（左）
电动后外视镜（右）
X
Y
M
9
10
8
(1)
(2)
(3)

图6-36　红旗轿车电动后视镜控制系统电路

在进行调整时，首先通过左/右选择开关选择要调整的后视镜，如果要调整左后视镜就选择“L”，调整右后视镜就选择“R”。

1）向外旋转

①如果让左后视镜向外旋转，按下外后视镜调节开关向外旋钮X1，电流从点火开关→外后视镜调节开关接脚2→外后视镜调节开关接脚1→左电动后视镜接脚（2）→左后视镜电动机X→左电动后视镜接脚（3）→外后视镜调节开关接脚3→外后视镜调节开关接脚5→搭铁→蓄电池负极。左后视镜完成向外旋转动作。

②如果让右后视镜向外旋转，按下外后视镜调节开关向外旋钮X1，电流从点火开关→外后视镜调节开关接脚2→外后视镜调节开关接脚1→右电动后视镜接脚（3）→右后视镜电动机X→右电动后视镜接脚（2）→外后视镜调节开关接脚6→外后视镜调节开关接脚5→搭铁→蓄电池负极。右后视镜完成向外旋转动作。

2）向里旋转

①如果让左后视镜向里旋转，按下外后视镜调节开关向里旋钮X2，电流从点火开关→外后视镜调节开关接脚2→外后视镜调节开关接脚3→左电动后视镜接脚（3）→左后视镜电动机X→左电动后视镜接脚（2）→外后视镜调节开关接脚1→外后视镜调节开关接脚5→搭铁→蓄电池负极。左后视镜完成向里旋转动作。

②如果让右后视镜向里旋转，按下外后视镜调节开关向里旋钮X2，电流从点火开关→外后视镜调节开关接脚2→外后视镜调节开关接脚6→右电动后视镜接脚（2）→右后视镜电动机X→右电动后视镜接脚（3）→外后视镜调节开关接脚1→外后视镜调节开关接脚5→搭铁→蓄电池负极。右后视镜完成向里旋转动作。

3）向上旋转。对于左后视镜，按下外后视镜调节开关向上旋钮 Y1，电流从点火开关→外后视镜调节开关接脚 2→外后视镜调节开关接脚 4→左电动后视镜接脚（1）→左后视镜电动机 Y→左电动后视镜接脚（3）→外后视镜调节开关接脚 3→外后视镜调节开关接脚 5→搭铁→蓄电池负极。左后视镜完成向上旋转动作。右后视镜向上旋转调节与此相似。

4）向下旋转。对于调节左后视镜，按下外后视镜调节开关向下旋钮 Y2，电流从点火开关→外后视镜调节开关接脚 2→外后视镜调节开关接脚 3→左电动后视镜接脚（3）→左后视镜电动机 Y→左电动后视镜接脚（1）→外后视镜调节开关接脚 4→外后视镜调节开关接脚 5→搭铁→蓄电池负极。左后视镜完成向下旋转动作。右后视镜向下旋转调节与此相似。

（2）桑塔纳 2000 型轿车电动后视镜控制系统电路　桑塔纳 2000 型轿车电动后视镜控制系统电路如图 6-37 所示。

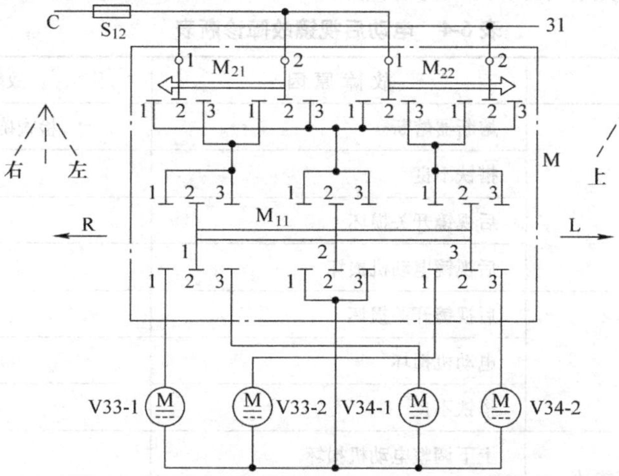
C
S12
31
M21
M22
M11
M
右
左
上
下
R
L
V33-1
V33-2
V34-1
V34-2

图 6-37　桑塔纳 2000 型轿车电动后视镜控制系统电路

图中，C 是来自点火开关的电源线；电动机 V33-1 调整右外侧后视镜左右摇摆角度，V33-2 调整右外侧后视镜的上下摇摆角度，V34-1 调整左外侧后视镜的左右摇摆角度，V34-2 调整左外侧后视镜的上下摇摆角度；所有电动机由组合开关 M 控制。

1）左外侧后视镜上下角度的调整。在组合开关旋钮旋向“L（左）”位置，开关 M11 的第 3 位接通，左外侧后视镜被选中。此时，如果向上拨动组合开关 M 的旋钮，子开关 M22 的第 1 位接通，电动机 V34-2 的电枢电流从下方流入、上方流出，后视镜向上摆动，电路为：C 路电源→熔断器 S12→M22 的第 1 掷第 1 位→M11 的第 2 掷第 3 位→电动机 V34-2→M11 的第 3 掷第 3 位→M22 的第 2 掷第 1 位→搭铁→电源负极；如果向下拨动组合开关 M 的旋钮，子开关 M22 的第 3 位接通，电动机 V34-2 的电枢电流从上方流入、下方流出，后视镜向下摆动，电路为：C 路电源→熔断器 S12→M22 的第 1 掷第 3 位→M11 的第 3 掷第 3 位→电动机 V34-2→M11 的第 2 掷第 3 位→M22 的第 2 掷第 3 位→搭铁→电源负极。

2）左外侧后视镜左右角度的调整。在组合开关旋钮处于“L（左）”位置的前提下，向左拨动组合开关 M 的旋钮，子开关 M21 的第 3 位接通，电动机 V34-1 电枢电流从下方流入、上方流出，电动机旋转带动左外侧后视镜向左摆动，电路为：C 路电源→熔断器 S12→M21 的第 2 掷第 3 位→M11 的第 2 掷第 3 位→电动机 V34-1→M11 的第 1 掷第 3 位→M21 的第 1 掷第 3 位→搭铁→电源负极；当向右拨动组合开关 M 的旋钮时，子开关 M21 的第 1 位接通，电动机 V34-1 电枢电流从上方流入、下方流出，电动机旋转方向改变，从而带动左外侧后视镜向右摆动，电路为：C 路电源→熔断器 S12→M21 的第 2 掷第 1 位→M11 的第 1 掷第 3 位→电动机 V34-1→M11 的第 2 掷第 3 位→M21 的第 1 掷第 1 位→搭铁→电源负极。

4. 电动后视镜检修

当电动后视镜出现故障时，首先检查熔断器、电路连接和搭铁情况，若仍不能排除故障，则应检查开关和电动机是否良好。出现故障时，要结合电路、上述的检查顺序和故障诊断表（表 6-4）来分析故障的原因和解决方法。

表 6-4 电动后视镜故障诊断表

故障现象	故障原因	故障排除方法
电动后视镜均不能动	熔断器熔断	检查确认熔断后更换
	搭铁不良	修理
	后视镜开关损坏	更换
	后视镜电动机损坏	更换
一侧电动后视镜不能动	后视镜开关损坏	更换
	电动机损坏	更换
	搭铁不良	修理
一侧电动后视镜上下方向不能动	上下调整电动机损坏	更换
	搭铁不良	修理
一侧电动后视镜左右方向不能动	左右调整电动机损坏	更换
	搭铁不良	修理

对于具有故障自诊断功能的车型，在电动后视镜系统发生故障时，会自动设置故障码（DTC），此时应首先利用故障诊断仪检查是否产生了故障码，然后对系统进行故障诊断。完成维修过程之后，再对故障码进行清除操作，最后，重新检查系统的工作情况。

（1）电动后视镜开关的检查　检查时，从开关上拔下插接器，按照连接端子图检查各个端子的导通情况，如果不导通，更换开关。

（2）电动后视镜电动机的检查　电动后视镜电动机检查的基本思路是把蓄电池的正、负极分别接至电动后视镜电动机插接器端子，检查时把蓄电池正、负极分别接在各端子之间，检查电动机的工作情况。

6.3 任务实施

“汽车电动车窗、座椅及后视镜检修”实施步骤与要求见表 6-5。

表 6-5 “汽车电动车窗、座椅及后视镜检修”实施步骤与要求

<table>
<tr><td>学习情境</td><td colspan="3">汽车电动车窗、座椅及后视镜检修</td><td>参考学时</td><td>12</td></tr>
<tr><td>教学地点</td><td>汽车实训室</td><td>所需设备</td><td colspan="3">轿车（或台架）4 辆；故障诊断仪 4 套；数字万用表 4 只；备件若干；常用工具 4 套</td></tr>
<tr><td>步骤</td><td colspan="4">任务要求</td><td>所用时间/min</td></tr>
<tr><td>资讯</td><td colspan="4">1）明确工作任务
2）咨询客户（教师扮演），查阅维修资料、课程网站、教材以及视频资料
3）填写任务工单的“知识准备”内容</td><td>60</td></tr>
<tr><td>决策计划</td><td colspan="4">1）建立工作小组，并选出组长
2）根据咨询情况和工作任务要求，选择合适的检测诊断仪器设备
3）以小组讨论的方式，制订故障诊断排除工作计划及标准
4）将制订的工作计划与教师讨论并定稿</td><td>40</td></tr>
<tr><td>实施</td><td colspan="4">1）按工作计划检测诊断故障，查找故障原因和故障点
2）排除故障，修复系统
3）根据诊断结果填写任务工单</td><td>320</td></tr>
<tr><td>检查评估</td><td colspan="4">1）自行检查是否按计划和要求完成了工作任务
2）以小组讨论方式进行工作评估
3）结合教师的评价找出不足并提出改进意见</td><td>60</td></tr>
</table>

6.4 任务考核

1. 完成任务实施过程，填写“汽车电动车窗、座椅及后视镜检修”任务工单并上交。
2. 根据完成任务工单情况评定任务成绩。

“汽车电动车窗、座椅及后视镜检修”任务工单

<table>
<tr><td rowspan="3"></td><td rowspan="3">学习情境6 汽车电动车窗、座椅及后视镜检修</td><td>班级</td><td></td><td>编号</td><td>6</td></tr>
<tr><td>姓名</td><td></td><td>组别</td><td></td></tr>
<tr><td>学号</td><td></td><td>日期</td><td></td></tr>
<tr><td colspan="6">任务描述
针对汽车电动车窗、座椅及后视镜系统故障，要求按照四步法（资讯、决策计划、实施、检查评估），紧密结合汽车维修实际过程诊断排除故障，在此过程中学习相关理论知识和检测诊断仪器设备的正确使用方法</td></tr>
<tr><td colspan="6">一、资讯
1. 明确工作任务</td></tr>
</table>

（续）

2. 咨询情况

3. 知识准备

阅读相关知识内容与文献资料，并完成以下题目。

（1）填空题

1）电动车窗主要由________、________、________等组成。

2）车窗升降器是调整车窗玻璃开度大小的专用部件，按传动机构的结构可分为________、________等。

3）为满足不同车型和配置的要求，制造厂已制造出具备________、________、________、________、________、________等功能的电动座椅。

4）电动座椅调节功能能为人体的________、________、________和________等提供最佳位置，根据需要可以有不同组合方式。

5）智能防眩目后视镜可以根据________自动地调整________，有效避免眩光反应。

（2）判断题

1）电动机一般采用双向转动的永磁电动机，通过控制电流方向使其正、反转，实现车窗的升或降。（　）

2）电动车窗系统一般都装有两套控制开关，车窗驱动电动机可分别由总开关和分开关控制。（　）

3）电动机的数量取决于电动座椅的类型，通常 2 方向移动装 2 个电动机。（　）

4）在车前部受到撞击时，主动式头枕系统（AKS）会使头枕向前移动并能避免肩部与头部产生相对加速度，从而降低颈椎在撞车中受到伤害的危险。（　）

5）当电动后视镜出现故障时，首先检查熔断器、电路连接和搭铁情况，若仍不能排除故障，则应检查开关和电动机是否良好。（　）

（3）单选题

1）下列关于电动车窗控制电路的叙述，说法错误的是（　）。

A. 断路器在电动机负荷过小时能起到切断电源的作用

B. 具有车窗防夹功能时，车窗升降器驱动系统设有霍尔传感器，用于监控车窗升降电动机的旋转速度

C. 电动机不搭铁控制电路的电动机不直接搭铁，其搭铁受开关控制

D. 电动机搭铁控制电路的电动机一端直接搭铁，而电动机有两组磁场绕组

2）下列关于桑塔纳 2000 型轿车电动车窗系统的叙述，说法错误的是（　）。

A. 驾驶人侧电动车窗具有点动控制功能　B. 电动车窗系统的电源不受点火开关控制

C. 电动车窗主控开关中的安全开关不能限制右前电动车窗的升降

D. 延时继电器的作用是保证在点火开关断开后，使车窗电路延时约 50s 后再断开，使用方便、安全

3）下列关于电动座椅系统的叙述，说法除（　）外是正确的。

A. 电动座椅用的电动机为双向式，可实现正、反转　B. 为防止过载，大多数永磁式电动机内装有断路器

C. 电动座椅的空调功能由集成在座椅中的通风装置（加热装置与风扇）来提供

D. 电动座椅电源供给电路一般由点火开关控制

4）下列关于存储式电动座椅系统的叙述，说法错误的是（　）。

A. 存储式电动座椅的调节动力来自于座椅电动机

B. 选定的座椅调节位置可以存储，使用时只要按指定的按钮就会自动调节到预先选定的座椅位置上

（续）

C. 所有电动座椅均具有存储和记忆功能，以减轻驾驶人的负担
D. 座椅调节开关接通时向 ECU 输入滑移、垂直、倾斜或头枕位置信号
5）下列关于电动后视镜的叙述，说法错误的是（　　）。
A. 能使驾驶人在座位上直接获取汽车后方、侧方和下方等外部信息
B. 智能防眩目后视镜在夜晚后车有强光时，镜面反射率自动升高，有效避免眩光反应
C. 电动后视镜的镜面视野角度可调整，并可实行防眩目、镜面除霜、转向指示、自动折叠、记忆储存等功能
D. 一般由镜片（镜面玻璃）、调节装置、调节开关和控制电路等组成
（4）多选题
1）下列关于电动车窗控制电路的叙述正确的是（　　）。
A. 不同车型电动车窗的控制功能、组成部件及控制电路会有些不同
B. 具有防夹功能车窗在玻璃上升过程中遇到障碍物，车窗控制单元会使车窗玻璃停止上升或向相反的方向运动
C. 断路器在电动机负荷过载时起切断电源作用
D. 电动机不搭铁控制电路的电动机有两组磁场绕组
2）下列（　　）是雷克萨斯 LS400 轿车电动车窗控制电路组成件。
A. 点火开关　　B. 断路器（热敏开关）　　C. 主继电器　　D. 控制开关和电动机
3）下列关于雷克萨斯 LS400 轿车电动座椅（带存储功能）的叙述正确的是（　　）。
A. 位置传感器包括座椅位置、后视镜位置、安全带扣环以及转向盘倾斜等传感器
B. 电动座椅能完成对转向盘倾斜/伸缩、后视镜及座椅的调整和记忆等功能
C. 电动座椅具有腰部支撑调节位置存储和记忆功能
D. 存储开关的功能可使座椅的滑移、前垂直、后垂直、倾斜和头枕调节位置存储在存储器中并复位
4）下列关于电动座椅系统的叙述正确的是（　　）。
A. 电动座椅一般由座椅、电动机、传动机构、调节机构、调节开关和控制电路等组成
B. 传动机构的作用是将电动机的动力传给座椅调节机构
C. 调节机构的作用是把直流电动机产生的旋转运动，变为座椅的位置调整
D. 主动式头枕系统只有在车尾部受到撞击时才会触发
5）下列关于电动后视镜的叙述正确的是（　　）。
A. 双曲率后视镜是在标准曲率球面外侧设逐变球面，以扩大视野，减小盲区
B. 上下左右方向的转动通常共用一个电动机控制，通过改变电流方向实行后视镜上下及左右调整
C. 防眩目后视镜一般安装在车厢内，可分为普通型和智能型防眩目后视镜
D. 当车辆倒车时，防眩目车内后视镜防眩目功能被解除
二、决策计划
（建立工作小组，并选出组长；根据具体故障现象和工作任务要求，选择合适的检测诊断仪器设备；以小组讨论的方式，制订故障诊断排除的工作计划及标准；将制订的计划与教师讨论并定稿）

（续）

三、实施

（按工作计划检测、诊断故障，查找故障原因和故障点；排除故障，修复系统）

1. 故障现象描述

2. 检查项目与检查结果

3. 结果分析与故障判断：（根据检测结果及相关故障现象进行分析，列出可能原因）

（续）

4. 故障点及排除：（判断出准确的故障点，排除故障）

四、检查评估

（自行检查是否按计划和要求完成了工作任务；以小组讨论方式进行工作评估；结合教师的评价找出不足并提出改进意见）

学习情境 7　汽车信息娱乐系统检修

7.1　学习情境描述

学习情境 7 的描述见表 7-1。

表 7-1　学习情境 7 的描述

学习情境名称　汽车信息娱乐系统检修	参考学时：8
学习任务	
针对汽车信息娱乐系统故障，要求按照四步法（资讯、决策计划、实施，检查评估），紧密结合汽车维修企业实际维修过程诊断排除故障，在此过程中学习相关知识和检测诊断仪器设备的正确使用方法	
学习目标	
1）能通过与客户交流、查阅相关维修技术资料等方式获取车辆信息 2）能正确描述汽车信息娱乐系统的检测项目和内容 3）能确定汽车信息娱乐系统主要参数的检测方法及相关标准 4）能对汽车信息娱乐系统常见故障进行诊断和排除 5）能根据故障现象选择正确的检测诊断仪器设备，制订正确的检测诊断计划 6）能根据计划对汽车信息娱乐系统进行检测诊断 7）能正确分析各检测结果并做出故障判断 8）能检查、评价、记录工作结果 9）能根据环保要求，正确处理对环境和人体有害的辅料、废气、废液和损坏零部件	
学习内容	
1）汽车信息娱乐系统的结构、原理 2）汽车信息娱乐系统的设定 3）汽车信息娱乐系统常见故障的诊断排除 4）常用检测诊断仪器设备的使用	
工具、设备与资料	知识基础
实训车辆 专用工具 检测、诊断设备 多媒体教学设备 教学课件 维修资料 视频教学资料 网络教学资源 任务工单	电工、电子学基础 汽车结构、原理 汽车使用操作 技术资料收集应用 安全规定

7.2　相关知识及检修技术

7.2.1　汽车信息娱乐系统概述

现代社会中，信息（Information）和娱乐（Entertainment）系统越来越成为人们关注的焦点，车辆乘员对现代媒体使用得越来越多。为了满足人们的这个要求，汽车上安装了信息娱乐系统（Infotainment），向人们提供丰富多彩的现代媒体应用，如图 7-1 所示。

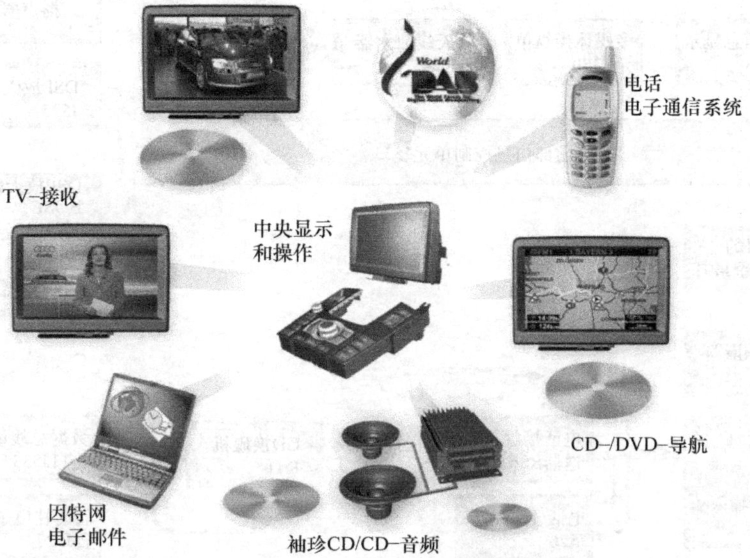
DVD–视频
DAB–数字收音机
电话
电子通信系统
TV–接收
中央显示
和操作
CD–/DVD–导航
因特网
电子邮件
袖珍CD/CD–音频

图 7-1 汽车上的现代媒体应用

1. 信息娱乐系统功能

为满足人们对汽车安全保障（电子安全辅助、紧急救援、远程车辆状况监测）、舒适便利（行车贴心服务、娱乐、信息获取、优良驾车体验）以及高效节能（行车路径规划、减少拥堵、移动办公、因特网应用）等方面不断提升的需求（见图 7-2），汽车信息娱乐系统的主要功能有：

安全保障
舒适与便利
高效节能

图 7-2 不断提升的车载信息娱乐系统需求

1）声像：收音机、电视、CD/DVD 播放、音频/视频播放。

2）车载电话：移动电话、蓝牙免提、地址簿管理。

3）导航：路线指引、电子狗超速提醒、3D 实景导航、目的地信息。

4）远程信息：交通拥堵警告、可选路线。

5）行程数据：里程数据、燃油消耗、加油站。

6）安全与保障：语音识别、轮胎压力监控、车身状态检测与调节。

7）因特网应用：因特网浏览、邮件服务、移动办公、电子商务。

2. 信息娱乐系统组成

图 7-3 所示为奥迪 A6L 轿车信息娱乐系统框图，系统主要由显示与操纵单元、收音机/CD 播放/电视模块、音响系统、导航系统、电话或手机准备系统、语音操纵系统、天线系统等组成。信息娱乐系统各控制单元之间的数据传输通过 MOST 总线来进行，如图 7-4 所示，

其中前部信息控制单元J523是主控制单元，负责对MOST总线的系统管理，执行系统管理器的功能。奥迪A8轿车信息娱乐系统在车上的布置如图7-5所示。

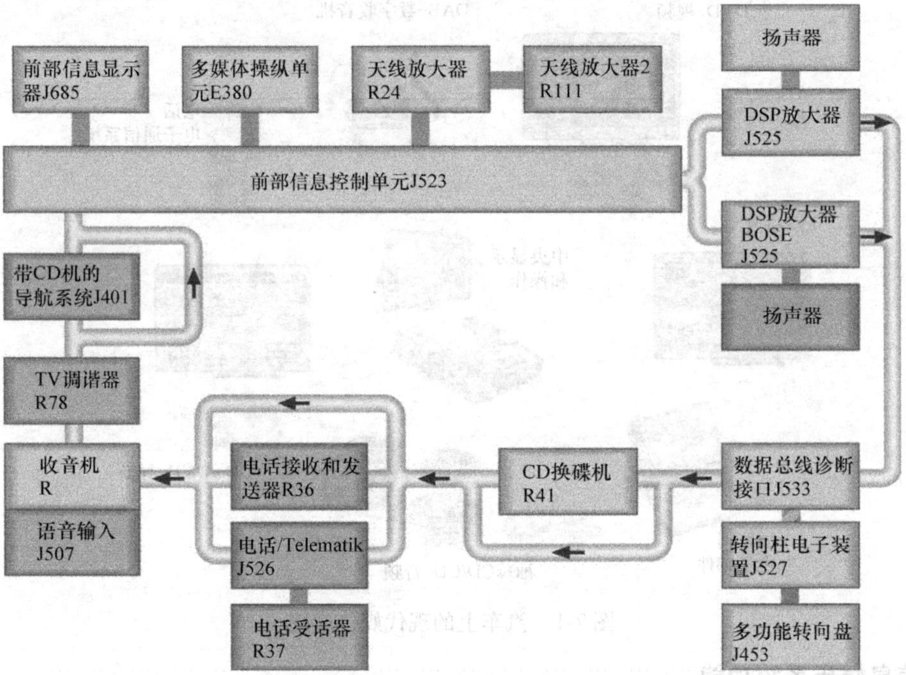
前部信息显示器J685
多媒体操纵单元E380
天线放大器R24
天线放大器2 R111
扬声器
DSP放大器J525
前部信息控制单元J523
DSP放大器BOSE J525
扬声器
带CD机的导航系统J401
TV调谐器R78
收音机R
语音输入J507
电话接收和发送器R36
电话/Telematik J526
电话受话器R37
CD换碟机R41
数据总线诊断接口J533
转向柱电子装置J527
多功能转向盘J453

图7-3 奥迪A6L轿车信息娱乐系统框图

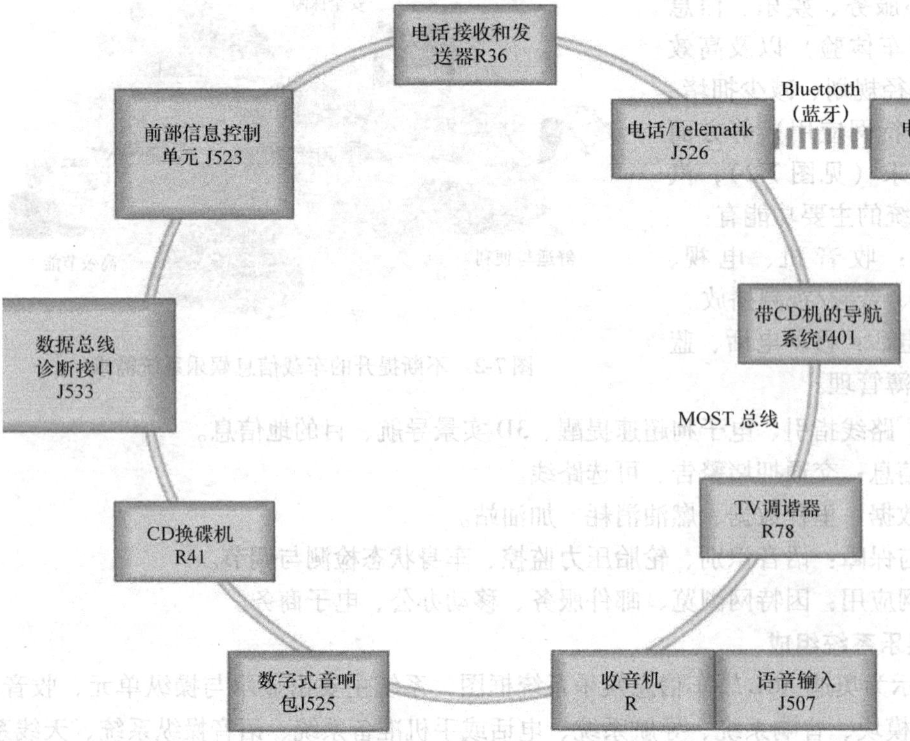
电话接收和发送器R36
前部信息控制单元J523
Bluetooth（蓝牙）
电话/Telematik J526
电话受话器R37
带CD机的导航系统J401
数据总线诊断接口J533
MOST总线
TV调谐器R78
CD换碟机R41
数字式音响包J525
收音机R
语音输入J507

图7-4 奥迪A6L轿车信息娱乐系统MOST总线

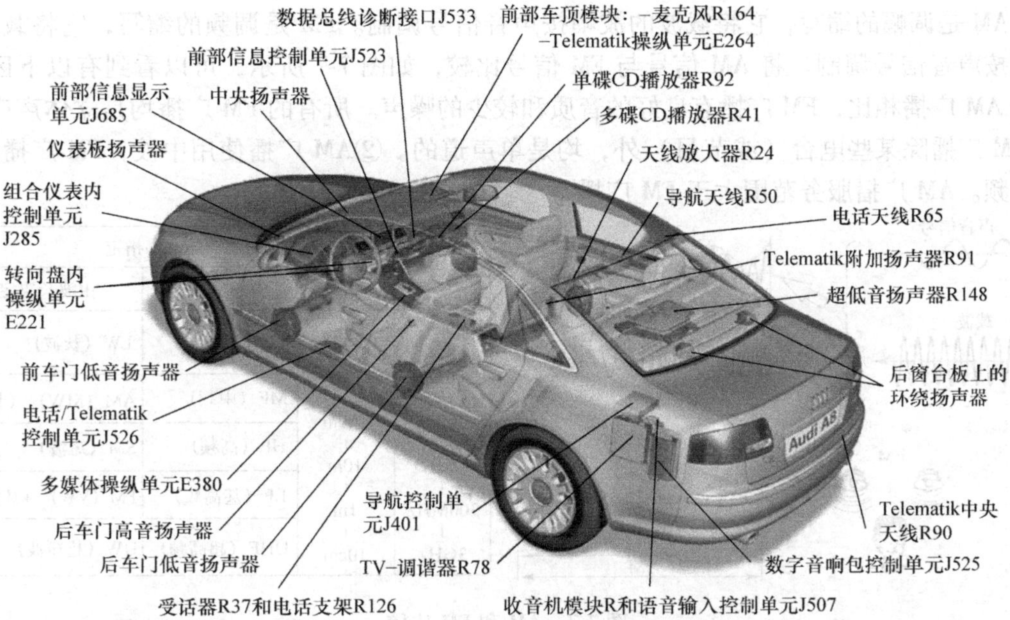
数据总线诊断接口J533
前部车顶模块：-麦克风R164
-Telematik操纵单元E264
前部信息控制单元J523
单碟CD播放器R92
前部信息显示
单元J685
中央扬声器
多碟CD播放器R41
仪表板扬声器
天线放大器R24
组合仪表内
控制单元
J285
导航天线R50
电话天线R65
Telematik附加扬声器R91
转向盘内
操纵单元
E221
超低音扬声器R148
前车门低音扬声器
后窗台板上的
环绕扬声器
电话/Telematik
控制单元J526
多媒体操纵单元E380
导航控制单
元J401
Telematik中央
天线R90
后车门高音扬声器
后车门低音扬声器
TV-调谐器R78
数字音响包控制单元J525
受话器R37和电话支架R126
收音机模块R和语音输入控制单元J507

图7-5　奥迪 A8 轿车信息娱乐系统在车上的布置

7.2.2　汽车声像系统

1. 汽车声像系统的组成

汽车声像系统由信号源、放大器、扬声器和显示器等组成，它在传统的汽车音响基础上增加视频信号源（AV 功能）即 TV 调谐器、VCD/DVD 播放机，同时增加了显示器。

(1) 信号源　信号源是汽车声像系统的节目源，包括收音机/TV 调谐器、CD/MP3/VCD/DVD 播放机等。目前，普通中低档汽车信号源主要是收音机和 CD、MP3 播放器，高档汽车增加 VCD/DVD 机，并可选装 TV 调谐器等。

1) 收音机（调谐器）。收音机通过接收从许多广播电台发射的无线电波中的一种来选择某一需要收听的节目。在无线电广播中，分调幅广播 AM 和调频广播 FM，如图 7-6 所示。收音机接收 AM 广播和接收 FM 广播是不同的，可通过按钮操作来切换。

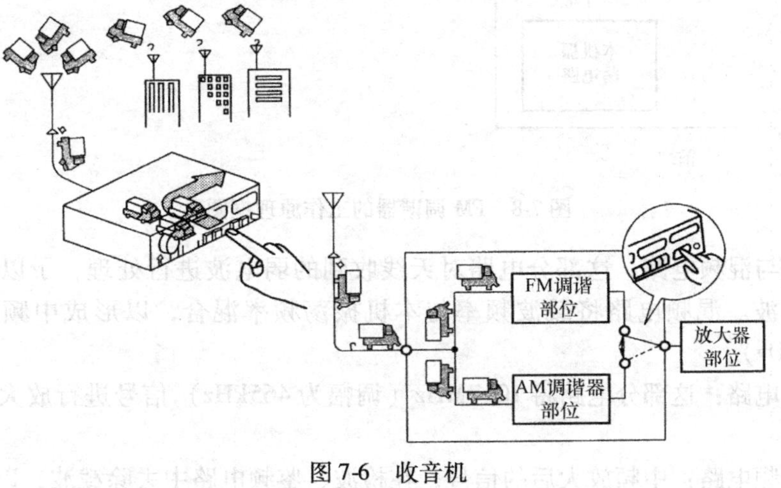
FM调谐
部位
放大器
部位
AM调谐器
部位

图7-6　收音机

AM是调幅的缩写，它将载波的波幅按声音信号调制。FM是调频的缩写，它将载波的频率按声音信号调制。将AM信号与FM信号比较，如图7-7所示，可以看到有以下区别：①与AM广播相比，FM广播有良好的音质和较少的噪声。所有的FM广播均是立体声广播，但AM广播除某些电台（或节目）外，均是单声道的。②AM广播使用中波，FM广播使用甚高频。AM广播服务范围大于FM广播。

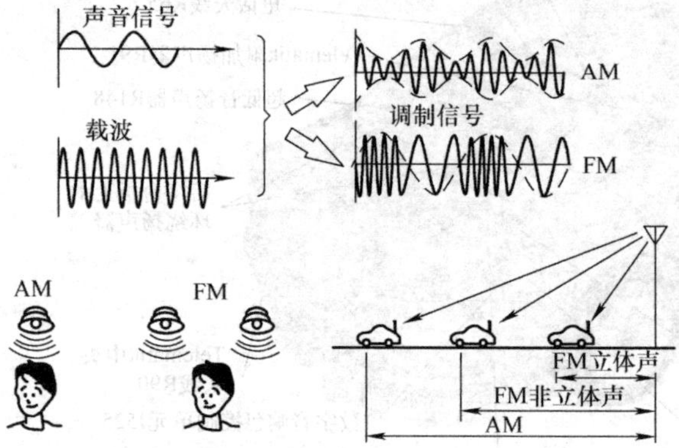
声音信号
载波
AM
调制信号
FM
AM
FM
FM立体声
FM非立体声
AM

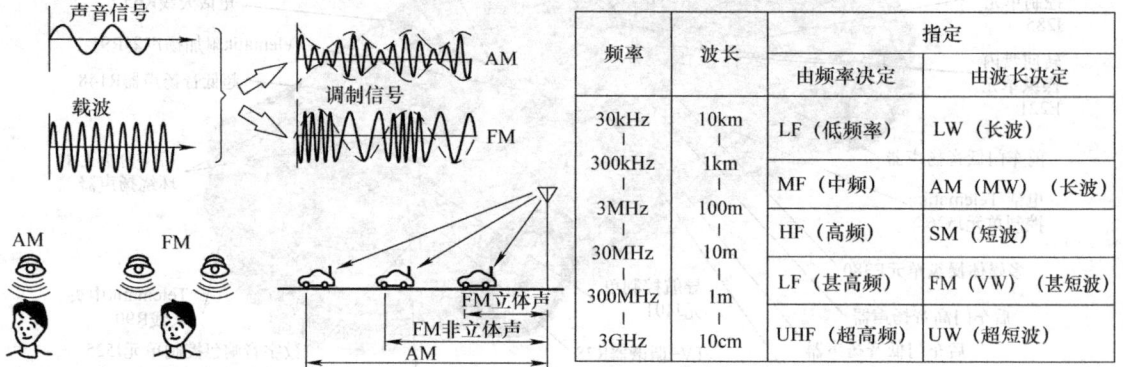

频率	波长	指定	
		由频率决定	由波长决定
30kHz～300kHz	10km～1km	LF（低频率）	LW（长波）
300kHz～3MHz	1km～100m	MF（中频）	AM（MW）（长波）
3MHz～30MHz	100m～10m	HF（高频）	SM（短波）
30MHz～300MHz	10m～1m	LF（甚高频）	FM（VW）（甚短波）
300MHz～3GHz	1m～10cm	UHF（超高频）	UW（超短波）

图7-7　AM和FM比较

广播电台发射的音乐和语音的信号是与载波进行合成的调制信号，收音机通过调谐器把天线所获得的电波进行增幅并从中选择符合频率要求的发射波，再从发射波（载波的高频部分）中把信号波（可听频率）分离取出。FM调谐器的工作原理框图如图7-8所示，点画线所包围的前端是进行载波处理的部分。

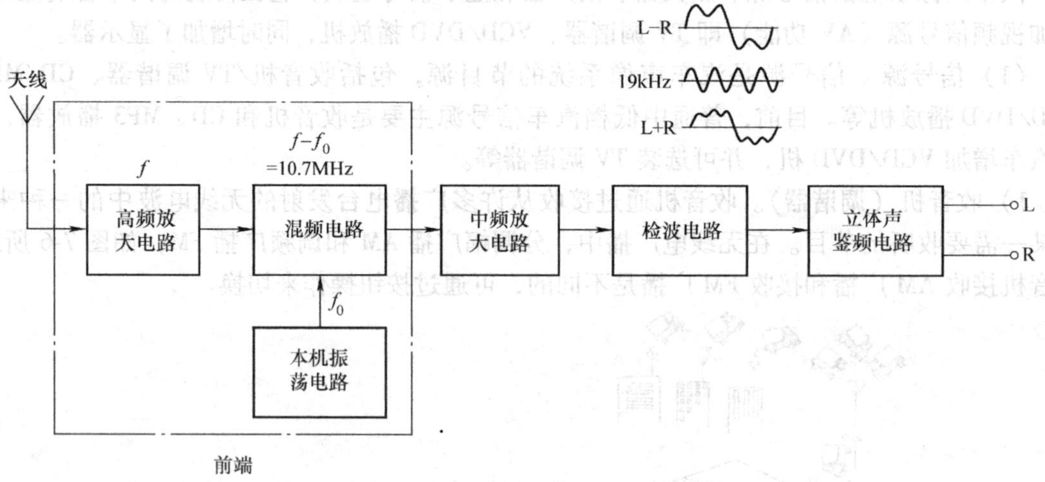
L−R
19kHz
L+R
天线
f
f−f0
=10.7MHz
高频放大电路
混频电路
中频放大电路
检波电路
立体声鉴频电路
L
R
f0
本机振荡电路
前端

图7-8　FM调谐器的工作原理框图

高频放大与混频电路：这部分电路对天线收到的弱电波进行处理，予以放大，与此同时，去除干扰波。混频电路将载波频率与本机振荡频率混合，以形成中频频率10.7MHz（调幅为465kHz）。

中频放大电路：这部分电路将10.7MHz（调幅为465kHz）信号进行放大至检波、鉴频所需电平。

检波、鉴频电路：中频放大后的信号，在检波、鉴频电路中去除载波，以解析出立体声导向信号（19kHz）和立体声左、右声道信号（L、R）的合成信号（L－R，L＋R）。在没有立体声信号的情况下，从检波电路送出单通道音频信号。

2）CD 唱机。CD（Compact Disc）唱机即激光唱机，是用来播放激光唱片的设备。CD 唱机的核心是 CD 机心，它将 CD 唱片上所刻录的音频数字信号转变成原来的模拟信号。

CD 唱片是一只圆盘，如图 7-9 所示，其外径为 120mm（或 80mm），厚为 1.2mm。它是一种尺寸紧凑的，由透明板（聚碳酸酯）、铝反射薄膜和保护膜（塑料）三层组成的唱片。CD 唱片上的音频信号的编码采用脉冲编码调制（Pulse Code Modulation，PCM）方式。PCM 方式将模拟信号数字化要经过采样、量化和编码三个过程。音频信号被刻制成有、无凹点表示的数字信号，这些凹点 0.5μm 宽、0.9～3.3μm 长、0.11μm 深，并形成从圆盘内部到外面反时针方向盘旋的轨道。轨道的开始位置在最里面，音乐数据内容（歌曲的总数、总放音时间、各歌曲的位置等）被刻制成读入信息，依据此信息显示磁道数和放音时间，并执行歌曲的选择和搜索。

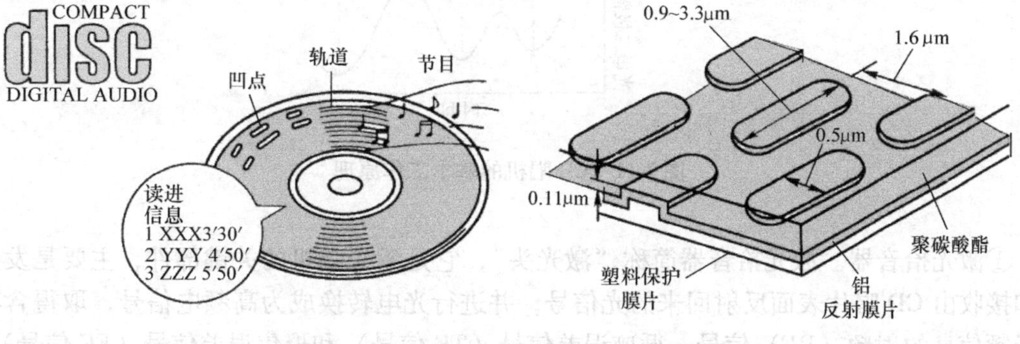
COMPACT
disc
DIGITAL AUDIO
凹点
轨道
节目
读进
信息
1 XXX3′30′
2 YYY 4′50′
3 ZZZ 5′50′
0.9~3.3μm
1.6μm
0.5μm
0.11μm
聚碳酸酯
塑料保护
膜片
铝
反射膜片

图 7-9　CD 唱片

CD 唱机由电路部分和机械部分组成。机械部分主要由唱片托盘驱动机构、唱片旋转机构和激光拾音器伺服进给机构等组成；电路部分主要有激光拾音器、伺服系统、信号处理系统、控制显示系统和电源等。CD 唱机结构框图如图 7-10 所示。

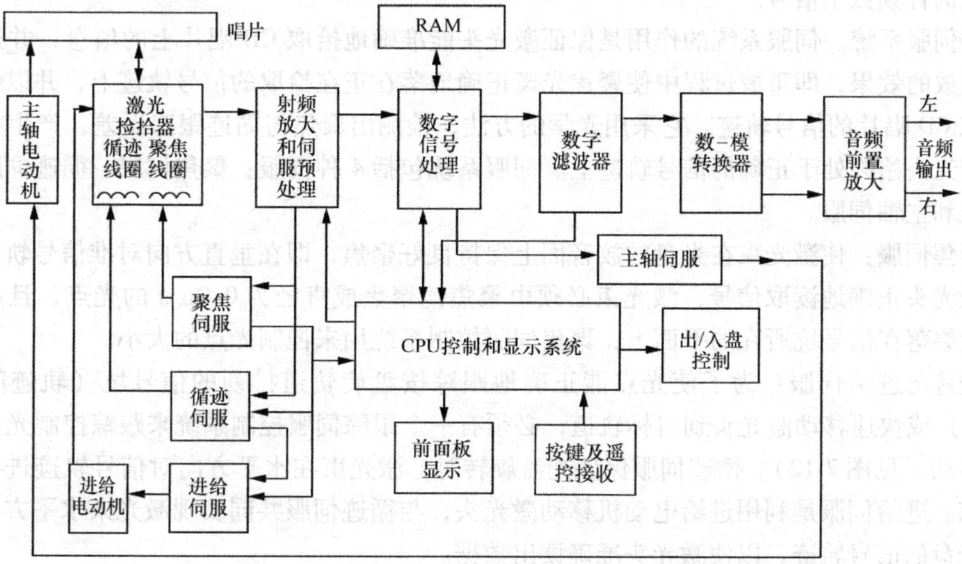
唱片
RAM
主轴电动机
激光拾拾器
循迹线圈
聚焦线圈
射频放大和伺服预处理
数字信号处理
数字滤波器
数－模转换器
音频前置放大
左
音频输出
右
主轴伺服
聚焦伺服
CPU控制和显示系统
出/入盘控制
循迹伺服
前面板显示
按键及遥控接收
进给电动机
进给伺服

图 7-10　CD 唱机结构框图

CD 唱机根据激光束发射到刻在 CD 唱片上凹点处的反射光强度，获得信号并转变为电信号，再以此转换成音频信号，其基本工作原理如图 7-11 所示。

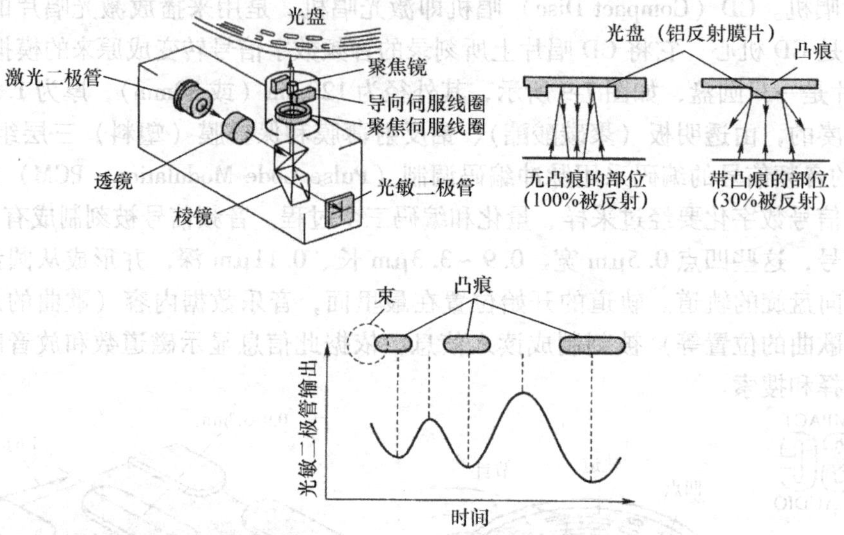
光盘
激光二极管
聚焦镜
导向伺服线圈
聚焦伺服线圈
透镜
光敏二极管
棱镜
光盘（铝反射膜片）
凸痕
无凸痕的部位
(100%被反射)
带凸痕的部位
(30%被反射)
束
凸痕
光敏二极管输出
时间

图 7-11　CD 唱机的基本工作原理

①激光拾音器。激光拾音器简称“激光头”，它是激光唱机的关键部件，主要是发射激光和接收由 CD 唱片表面反射回来的光信号，并进行光电转换成为高频电信号，取得含有表示音频信息的射频（RF）信号、循迹误差信号（TE 信号）和聚焦误差信号（FE 信号）。

激光头正确地对 CD 唱片上的凹点发射激光，并获得反射光。当激光束击在无坑的地方，光束几乎 100% 反射并回到光敏二极管。当光束击中某个坑，产生的衍射导致只有大约 30% 的光回到光敏二极管。光敏二极管收到的光的强度变化而产生的电流变化即为 CD 唱片所刻制的音频数字信号。

②伺服系统。伺服系统的作用是保证激光头能准确地拾取 CD 唱片上的信息，并达到高保真重放的效果，即重放过程中使聚焦光斑正确地落在正在拾取的信号轨迹上，并以恒线速度跟踪 CD 唱片的信号轨迹。它采用光学的方法，检测出聚焦与循迹跟踪误差，产生校正信号，使光头始终处于正确的信号轨迹上。伺服系统包括 4 种伺服：聚焦伺服、循迹伺服、进给伺服和主轴伺服。

聚焦伺服：使激光束在光盘的放音面上保持良好聚焦，即在垂直方向对准信号轨迹。为了使激光头正确地读取信号，激光束必须由聚焦镜聚焦成直径为 0.9μm 的光点，且此光点必须始终落在信号坑所在的平面上，聚焦伺服控制系统用来控制光点的大小。

循迹与进给伺服：为了使光点能正确地跟踪按盘旋轨道排列的信号坑（轨迹间距为 1.6μm）或快速移动激光头到目标轨道，必须有一个跟踪伺服控制系统来跟踪控制光点沿径向的移动（见图 7-12）。循迹伺服保证光盘旋转时，激光束在水平方向对信号轨迹进行准确的跟踪。进给伺服是利用进给电动机移动激光头，与循迹伺服共同实现激光束水平方向跟踪扫描光盘的信号轨迹，以使激光头准确读出数据。

主轴伺服：使主轴电动机按恒定线速度（CLV）旋转，从而保证激光头读出信息的速度保持恒定。在 CD 唱片上，声音信号是以恒定线速度刻制的，因此读信号时，必须通过变化 CD 唱片的转速控制信号以恒速通过光拾波器。当光拾波器在 CD 唱片最里面时，转速很高（500r/min）；光拾波器在 CD 唱片最外面时，转速较低（200r/min），如图 7-13 所示。CLV 伺服系统通过与 CD 唱片上所刻制的信号同步，使线速度变成恒量。

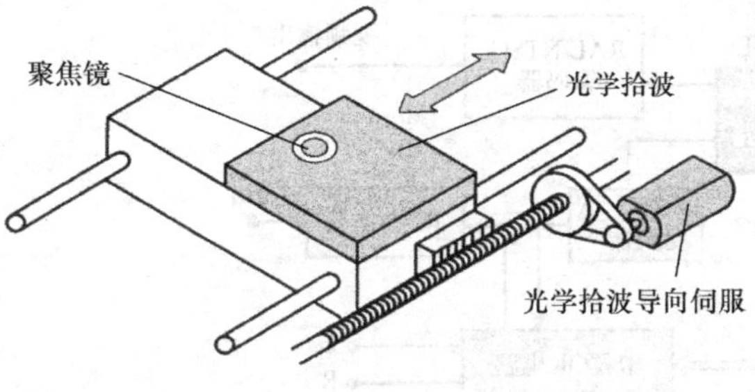
聚焦镜
光学拾波
光学拾波导向伺服

图 7-12　循迹与进给伺服

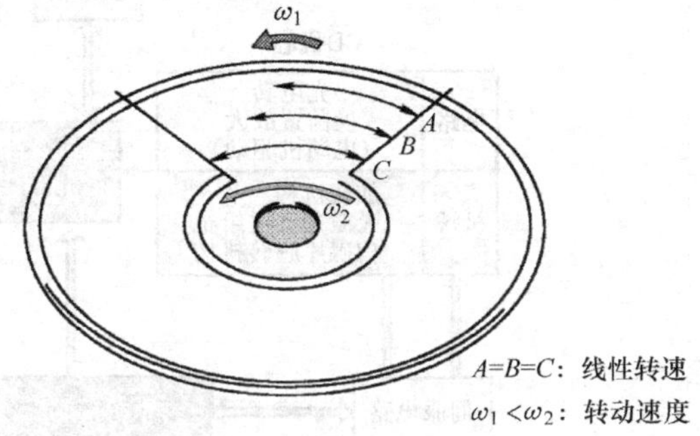
ω_1
A
B
C
ω_2
$A=B=C$：线性转速
$\omega_1<\omega_2$：转动速度

图 7-13　CLV 伺服系统

③信号处理系统。信号处理系统主要包括射频放大、数字信号处理和数-模转换等电路。

射频（RF）放大和伺服预处理：把激光头获得的反映音频信号有关信息的 RF 信号放大，同时形成伺服电路所需要的各种误差信号。

数字信号处理（DSP）：把模拟信号形式的 RF 信号整形成数字信号 EFM 信号，并进行 EFM 信号解码。PCM 编码过程中，将每段 8bit 信号调制成了 14bit 信号（Eight to Fourteen Modulation，EFM），EFM 解码则将信号进行解调、纠错、插补等处理，重新输出 8bit 的数字信号。存储器的作用是用以缓冲、存放数据。

数-模（D-A）转换和数字滤波器：数字滤波器是用以降低噪声和改善滤波效果的。D-A 转换器把数字音频信号转换成模拟音频信号。

音频前置放大：把模拟音频信号放大后输出。

④控制显示系统。控制显示系统以微处理器 CPU 为控制中心，接收按键旋钮、遥控指令及各种检测数据，并进行判别和输出相应的指令控制机械部分和其他电路工作，以实现 CD 唱机的正常播放、选曲、出/入盘等功能，同时控制显示屏显示各种信息。

⑤电源。电源向激光唱机各部分提供所需要的不同电压和电流。

3）VCD 视盘机。VCD（Video Compact Disc）视盘机是用来播放采用 MPEG-1 标准压缩编码的 VCD 激光影碟的设备。VCD 视盘机激光拾音器工作方式同 CD 唱机一样，机心是通用的。VCD 视盘机与 CD 唱机唯一的不同是增加了数字化音、视频信号解压缩功能，并分别经数-模变换后输出模拟的声音和图像信号。VCD 视盘机兼容了 CD 唱机的功能。

VCD 视盘机主要由 CD 机心、伺服电路、系统控制电路、MPEG-1 解码电路、PAL/NTSC 编码器、音频电路和 RF 变换器等构成，如图 7-14 所示。

4）DVD 视盘机。DVD（Digital Video Disc）即数字视盘，采用的是 MPEG-2 标准压缩编码。DVD 视盘机解决了 VCD 图像清晰度不够高的问题，是更高级的激光视盘机。

5）MP3 播放器。MP3 是 MPEG-1 Layer 3 压缩格式（1:10）的缩写，是数码技术和网络化的产物，同时 MP3 是一种计算机音频文件格式。它的特点是生成的声音文件音质接近 CD，而文件大小却只有其十分之一。汽车上一般不单独装用 MP3 唱机，而是在 CD 唱机内集成了 MP3 播放功能，用于播放 MP3 节目。

（2）放大器　放大器的作用是将各种节目信号进行电压放大或功率放大，然后推动扬声器发出声音。放大器按功能不同分为前置放大器、功率放大器和环绕声放大器等类型。

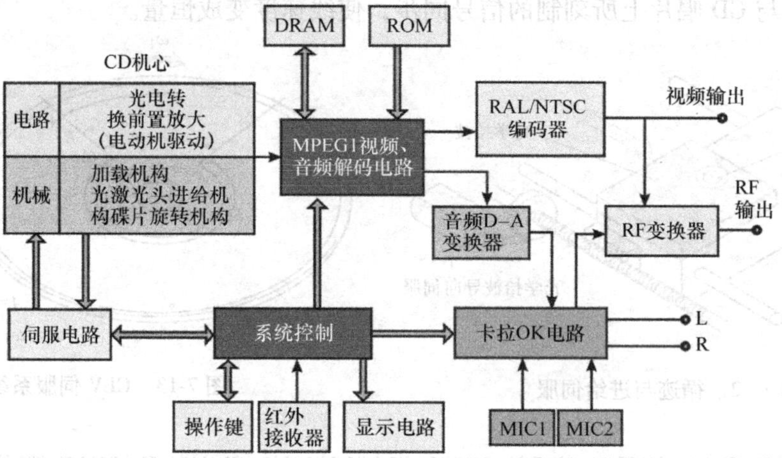
DRAM
ROM
CD机心
电路
光电转
换前置放大
(电动机驱动)
机械
加载机构
光激光头进给机
构碟片旋转机构
MPEG1视频、
音频解码电路
RAL/NTSC
编码器
视频输出
音频D–A
变换器
RF变换器
RF
输出
伺服电路
系统控制
卡拉OK电路
L
R
操作键
红外
接收器
显示电路
MIC1
MIC2

图 7-14　VCD 视盘机的结构框图

（3）扬声器　扬声器俗称为喇叭，是汽车声像系统的终端，决定着车内音响设备的性能。扬声器的数量、口径和安装位置由汽车舒适性的要求而定，但是为了能欣赏立体声，车内至少需要装两只扬声器。

扬声器的主要功能：把音频信号还原成声音传达出来。不同的声音需要大小不同的扬声器来执行。一般而言，扬声器的体积越大，其声音越低沉；体积越小，声音越高。扬声器大体可分为全音域、同轴式、组合式三大类。全音域就是以一只扬声器涵盖大部分频率的声音范围；同轴式的构成是在低音扬声器的轴心上，再加上一个高音或者中音扬声器，形成所谓的同轴二音路或同轴三音路扬声器，在汽车上应用较多；组合式扬声器则是通过几个大小不同的扬声器单体，再配合上电容、电阻、电感等电子元件形成的被动分音器，来分配不同频率范围，让大小不同的扬声器发出不同频率的声音。

（4）显示器　车载显示器是声像系统必不可少的设备之一。目前轿车 VCD 或 DVD 使用的显示器一般均为液晶超薄显示器，而大型客车较早使用的是电视机。

2. 汽车声像系统特点

（1）具有防振系统的 CD/VCD/DVD　目前采用的减振装置主要是防振悬挂系统和电子减振系统。防振悬挂包括拉簧、气囊（或橡胶阻尼）及硅油减振器等，具有衰减振动的功能。电子减振的原理是使用大容量的缓冲存储器预读数据。

（2）具有防盗功能的控制面板　许多高档汽车音响的控制面板具有熄火隐藏或可拆装功能。对于可隐藏式面板，当点火开关关闭时，原先色彩斑斓的液晶显示控制面板便会变成黑色（与仪表板同色），以避免引起窃贼注意。而装用可拆式面板的音响，当驾驶人离开汽车时，可以取下声像系统的控制面板，这样盗贼就是拿走了音响装置也无法使用。

（3）电话减音功能　当使用车载电话时，此功能会自动调低音响系统的声音，或使音响系统处于静音状态。当电话挂断后音响装置会自动恢复原来音量。

（4）驾驶座声场模拟系统　驾驶座声场模拟系统可根据驾驶人的选择，把左方、右方扬声器发出的声音延迟若干秒，模拟出一个驾驶座在中央的声场，使音质定位达到完美的境界。

（5）DSP（数字信号处理器）　由于各种汽车的音响环境、声场都不够完美，因此需要用 DSP 进行声场校正。

（6）先进的防盗系统　现代汽车音响具有高技术的防盗系统，可以使用密码和其他高新技术，使汽车音响设备被盗后无法使用。

（7）智能语音识别系统　一些高档音响装备有语音识别系统，能根据人的语音进行操作。驾驶人驾驶车辆时，能通过语音命令直接进行视听音响系统的操作。

（8）与导航系统兼容的 DVD/VCD 系统　现代高档轿车的 DVD/VCD 声像系统同时也是车载卫星导航系统的一部分，当放入数字地图光盘后，在显示器上将显示出数字地图，配合导航系统，实时指引汽车的行驶路线。

（9）可伸缩的液晶显示屏　汽车声像系统的液晶显示屏为了不占据仪表板的位置，一般都设计成内藏式。当需要使用显示屏时，显示屏可以自动伸出，然后翻转到合适的角度以便于观看。

（10）具有安全功能的 DVD　高档轿车的 DVD 系统，当车辆处于行驶状态时，驾驶人仪表板处的显示屏将不会播放视频信号，以免影响驾驶人的安全行车。

3. 汽车声像系统检修

（1）检修注意事项　检修 CD 唱机等激光声像设备，要特别注意以下几个问题：

1）拆卸、检查和安装中要特别注意保护镜头和精密机械部件，手不要触及镜头透镜，清洗镜头时注意不要让棉纱和尘埃留在镜头上。

2）在检修时，绝对不能用眼睛直视激光光路的方法来确定激光是否接通。眼睛应尽可能保持远离激光拾音器 30cm 以上，以免造成对眼睛的伤害。

3）注意防静电。人体通常都带有静电，一般情况下没有什么危害。但激光声像设备中的 IC 均采用 CMOS 技术，其输入阻抗很高，人手上的静电碰上 CMOS 电极会产生较高的电压击穿电极，造成 IC 的损坏。对静电最敏感的部件是激光拾音器，它更容易受人体静电影响而损坏。

4）不要随便调整电路板上电位器。在打开机盖后，除非必要，不应随手调整电路主板上的调整电位器，因为这些调整电位器是在机器出厂时严格校对好的。

5）在拆卸时要切断电源，同时应防止振动和用力过大而使内部器件损坏。

（2）CD 唱机检修　车用 CD 唱机常见的故障有：托盘不能开启、激光二极管无输出、唱片目录不能正确读出、激光拾音器聚焦不正确、激光拾音器跟踪轨迹有误、转盘电动机转动不正常及信号处理电路失常等。下面以丰田威驰轿车为例，介绍车用 CD 唱机电路的检修。

丰田威驰轿车音响系统电路如图 7-15 所示。

CD 不能插入/播放或插入后立即弹出故障的检查程序：

1）检查是否插入了一个合适的 CD 唱片。确信是一个正常的音乐 CD 唱片，并且没有变形、裂纹、脏污、划伤或其他缺陷。标准：正常的音乐 CD 唱片。如果不正常，CD 唱片有问题；如果正常，转到下一步骤。

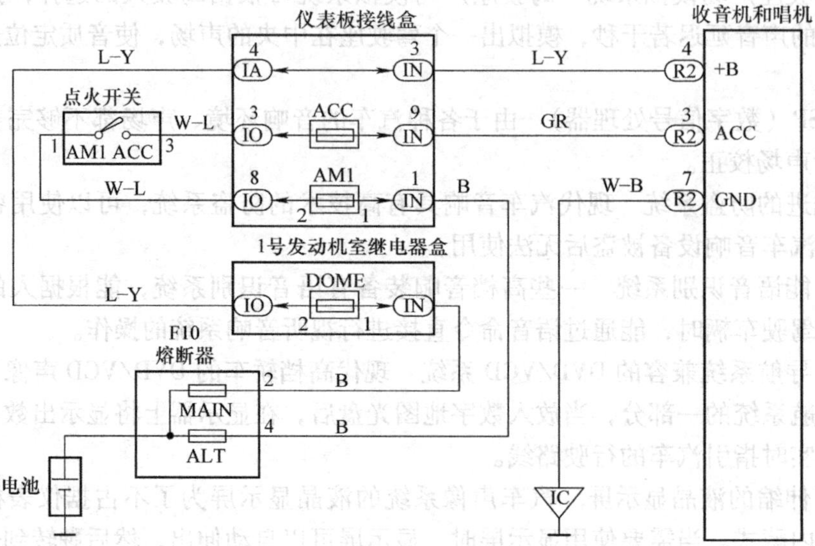
仪表板接线盒
收音机和唱机
L-Y
4
IA
3
IN
L-Y
4
R2
+B
点火开关
AM1 ACC
1
3
W-L
3
IO
ACC
9
IN
GR
3
R2
ACC
W-L
8
IO
AM1
2
1
1
IN
B
W-B
7
R2
GND
1号发动机室继电器盒
L-Y
IO
DOME
2
1
IN
F10
熔断器
2
MAIN
B
4
ALT
B
蓄电池
IC

图 7-15　丰田威驰轿车音响系统电路

2）插入一个合适的 CD 唱片，检查 CD 唱片是否装反。标准：没装反。如果不正常，正确安装唱片；如果正常，转到下一步骤。

3）清洁 CD 唱片（见图 7-16）。如果唱片脏污，用软布按箭头方向从中心向外擦拭表面。如果正常，唱片脏污；如果不正常，转到下一步骤。

注意：不要使用普通录音机的清洁剂或防静电防护剂。

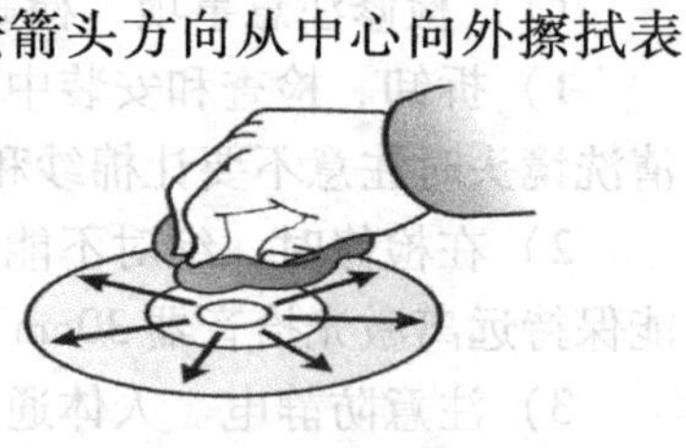

图 7-16　清洁光盘

4）更换另一个 CD 唱片并重新检查。用正常 CD 唱片更换有问题的 CD 唱片，看相同的故障是否再次发生。标准：故障消失。如果正常，CD 唱片有问题；如果不正常，转到下一步骤。

5）检查收音机自动搜台功能是否正常。执行收音机自动搜台功能，检查功能是否正常。标准：故障消失。

6）检查是否车内的温度急剧变化。标准：车内的温度急剧变化。

注意：车内温度急剧变化会使 CD 唱机内产生结露现象，CD 唱片可能不能播放。

如果正常，由于温度变化而结露（使用前放置一段时间）；如果不正常，检查和更换收音机总成。

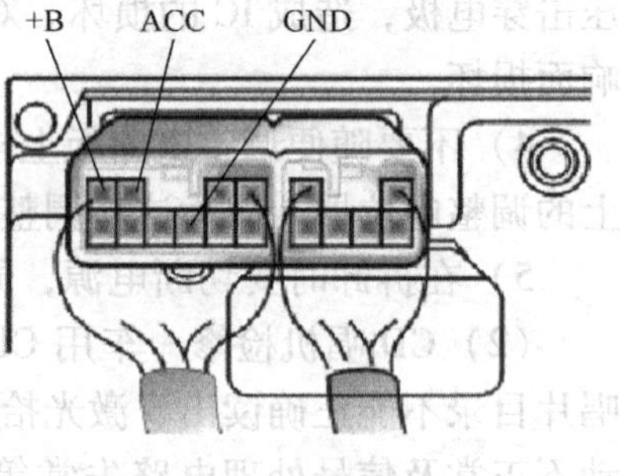
+B
ACC
GND

图 7-17　检查收音机总成

7）检查收音机总成（+B、ACC、GND）（见图 7-17）。

检查每个工况下端子间的导通情况，其标准应符合表 7-2 的要求。

表 7-2　端子间导通检查

测试器连接	条　件	标准状态
GND-车身搭铁	常态	导通

测量每个工况下端子间的电压，其标准应符合表7-3的要求。

如果正常，检查和更换收音机总成；如果不正常，修理或更换线束或插接器。

表7-3 端子间电压检查

测试器连接	条　件	标准状态
+B-GND	常态	10~14V
ACC-GND	点火开关位于“ACC”或“ON”位置	10~14V

（3）音响解锁　汽车中、高档声像系统都具备多种防盗功能，一旦出现声像设备被盗或在使用和维修过程中拆下蓄电池电缆、蓄电池严重亏电、音响熔断器烧断等使系统非正常断电的现象，声像系统就会锁止。必须按照正确步骤输入正确密码后，系统才能正常工作。如果多次输入错误密码，将会导致音响被永久锁止。所以一旦音响被锁，首先要找到音响密码，然后按正确的方法输入密码。

1）常用解锁方法。

①硬解锁法：更换防盗集成块引脚某些电路，适合于固定密码的解锁。

②软解锁法：输入通用码来解除防盗。此方法不需要更改电路，主要适合于可变密码的解锁。

③断电法：某些机型只需切断防盗集成电路的电源电路即可。

④综合法：同时使用硬解锁法和软解锁法。

⑤用解码仪：用计算机解码仪获得防盗密码。

2）大众车系音响解锁方法。

①奥迪A6L轿车音响锁止解锁操作程序。首先将点火开关开启，音响电源操纵开关置于“ON”位置，如果此时音响面板内的液晶显示屏显示为“SAFE”字样，则表示该音响因某种原因被锁止（蓄电池供电中断，蓄电池电压过低或音响BATF电源中断）。

此种车型音响的解锁密码为4位数密码，利用音响装饰面板中的“AM/FM”和“SCAN”键以及4个预置电台存储键，兼作音响的解锁操作输入按键。

例如，输入密码“1688”的方法为：同时按下“AM/FM”键和“SCAN”键，按动面板操作存储键中的“1”键，观察液晶显示屏显示出1为止，再按动面板操作存储键中的“2”键，观察液晶显示屏显示出6为止；按动面板操作存储键中的“3”键，观察液晶显示屏显示出8为止；按动面板操作存储键中的“4”键，观察液晶显示屏显示出8为止。

如经以上操作输入密码正确无误后，再同时按下音响操作面板中的“AM/FM”键和“SCAN”键，观察液晶显示屏会显示“SAFE”字样后，将“AM/FM”和“SCAN”两键同时放松，稍等片刻后，音响的液晶显示屏会显示出某广播电台的频率，此时则表示该音响解锁成功，音响恢复原设计功能。

如果输入的密码不是正确的密码，当输入完毕后，液晶显示屏仍然会出现“SAFE”的字样，解锁失败。如果两次解锁输入的密码均为错误密码时，则只能耐心等待1h后，才可重新输入正确的密码进行解锁。

②帕萨特B5轿车音响解锁方法。上海大众生产的新款帕萨特B5轿车的音响分为两种：一种为Y型，另一种为β型，但其音响防盗原理是一样的，解锁的程序也是一样的。

●便捷型收放机密码系统。在此以前，每次卸下收放机或拆除蓄电池接线后均需人工取消防盗密码。有了此新的便捷型收放机密码系统后，情况发生了变化，首次将编码数字输入收放机后，它还同时储存在车辆中。

车辆供电中断后，汽车收放机会自动将其密码数字与储存在车辆中的密码加以比较。如果密码相符，则在短短几秒后收放机便可工作，不再需要人工取消电子锁定。

●取消电子锁定。当收放机断电后，防盗密码系统将收放机电子锁定，开机后则显“SAFE”字样。

解锁程序：开机显示屏显示“SAFE”字样；3s后显示屏上显示“1000”；使用存台键将贴在“收放机资料卡”上的密码输入，点击“1”键输入第一位，点击“2”键输入第二位，依此类推；其后搜索键可按手动调谐键，按2s以上松开；如果输入的密码正确，则很快便会自动显示一个频率，此时的收放机便可工作。

3）丰田车系音响解锁方法。

①丰田音响解锁通用码。丰田各种车型的通用码见表7-4。

表7-4　丰田各种车型的通用码

车　　型	通　用　码	车　　型	通　用　码
LS400	512810 412923 810284 279239 334989 180824 740850 283689 241239 906743 540471 596239 769800	佳美（CAMRY）	108431 906743 540471 034787 787410 878410 607410 054787 640392 531182
ES300	840960 891440 481960	卡罗拉（CORONA）	717542 631482 940237 824152 460371
GS300	891440 588410	亚洲龙	609533 254810 641283 366614
RS300	547219 689243 715269 838269	大霸王	108431 16803 16804 17801
丰田跑车	003254 235236	丰田吉普车	837692 405221

②解锁方法。

●将点火开关置于“ACC”位置。

●同时按住主机的电源开关和“1”“4”“6”键，此时屏幕出现“SEC”。

●再同时按主机的向上键“∧”和“1”键时屏幕显示“△---”。

●此时可输入通用码前三位数字，三位数字分别从“1”、“2”、“3”键输入。例如要输入512这三位数，则在“1”键按6次，在“2”键按2次，在“3”键按3次（即按的次数比要输入的字多1），此时屏幕就会显示出“512”。

●继续按住向下键“∨”和“1”键，屏幕显示：“▽---”。

●可继续输入通用码的后三位数，三位数字需分别从“1”、“2”、“3”键输入。例如要输入810这三位数，则在“1”键按9次，在“2”键按2次，在“3”键按1次，此时屏幕就会显示出“810”，按确认键“SCAN”。

●此一组码已输入机内，如果输入正确，3s后屏幕变暗，说明主机已被解开。但如果输入错误，或输入的码无错而并不是对应该机的码，主机此时是打不开的，屏幕即显示“E1”（E1表示已输入1组码而主机没有打开，要继续输入第二组码再试，如果输入第二组仍未能打开则屏幕显示E2，以此类推。如果连续输入五组码都未能打开，主机会自动断电关闭，这时要等15min或更长时间再从头试解或再用未用过的码来试解）。

●特殊情况的输入方法。当同时按下“∧”键和“1”键屏幕显示“∧----”时为特殊情况。

按照上述输入数字法输入前三位数，等到这三位数字在屏幕上消失，按照上述输入数字法再输入后三位数字。

③解码后重新输入新密码的方法。待机在解锁后，同时按住“1”、“6”键，然后按“1”、“2”、“3”键分别输入设定的新密码（限三位数），输入法同上述一样。

注意：打开点火开关（置于“ON”位置），如果音响显示“SED”（本机的三位码没有锁死）时操作如下：

●直接按“△”键和“1”键，从“1”、“2”、“3”键输入任何码，按确认键“SCAN”，然后再从“1”键继续操作等到本机完全锁死。

●按“1”、“4”、“6”键，按开关，这时本机可以起动。

7.2.3 汽车导航系统

1. 全球卫星定位系统概述

卫星导航与定位是接收导航卫星发送的导航定位信号，并以导航卫星作为动态已知点，实时地测定运动载体的在航位置和速度，进而完成导航与定位的技术手段，如图7-18所示。

截至目前，在全球有4大卫星定位系统——美国的GPS，欧洲的Galileo（伽利略），俄罗斯的GLONASS（格洛纳斯）和中国的北斗卫星导航系统（CNSS）。美国的GPS（Global Positioning System）是应用最广泛，技术最成熟的全球卫星定位系统，目前车辆的导航与定位基本都是应用这一系统。

图7-18 卫星导航与定位

（1）GPS的组成 GPS是美国军方耗时20年、花费200亿美元于1994年建成的，主要是由空间部分（卫星星座）、地面站（控制部分）、用户设备（GPS接收机）组成。空间部分由距地面20200km、在6个轨道面上均匀布置的24颗卫星组成星座（见图7-19），以12h的周期环绕地球运行，使地面上任意一点在任意时刻都可同时观测到4颗以上的卫星。地面控制

图7-19 GPS卫星星座

部分由主控站、监测站、地面天线和通信辅助系统（数据传输）组成。GPS 接收机通过复杂的计算修正，其定位精度根据需要可分为低精度（100m 左右）、中等精度（10m 左右）和高精度（3m 左右），分别为民间一般用户、民间特许用户和美国军方提供服务。GPS 接收机有各种类型，有用于航天、航空、航海的机载导航型接收机，也有用于测定定位的测量型接收机，也有普通大众使用的车载、手持型接收机。接收设备也可嵌入到其他设备中构成组合型导航定位设备，如导航手机、导航相机等。

（2）GPS 的基本原理　GPS 卫星不断地发射导航电文，GPS 接收机捕获、跟踪和接收卫星信号，即可测量出接收天线至卫星的伪距离和距离的变化率，运用三维坐标中的距离公式，利用 3 颗卫星，就可以组成 3 个方程式，解出观测点的位置（X，Y，Z）。考虑到卫星的时钟与接收机时钟之间的误差，实际上有 4 个未知数，X、Y、Z 和 Δt 即卫星与接收机之间的时间差，因而需要引入第 4 颗卫星，形成 4 个方程式进行求解，从而得到观测点的经纬度和高程。要知道接收机所处的位置，至少需要接收到 4 颗卫星的信号，如图 7-20a 所示。

由于民用 GPS 的定位精度只有 100m。为提高定位精度，普遍采用差分 GPS（DGPS）技术。该技术利用基准站（差分台）进行 GPS 观测，用已知的基准站精确坐标，与观测值进行比较，从而得出一个修正数，并对外发布。接收机收到该修正数后，与自身的观测值进行比较，消去大部分误差，得到一个比较准确的位置。实验表明，利用差分 GPS，定位精度可提高到 5m，如图 7-20b 所示。

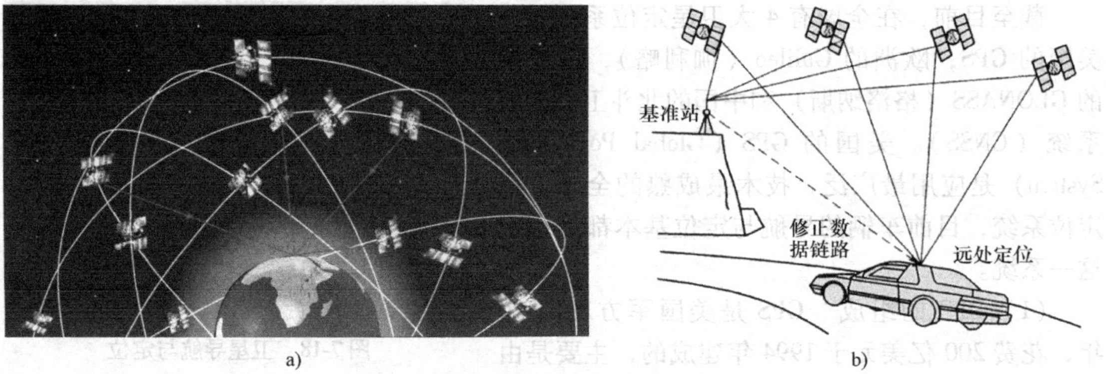
基准站
修正数
据链路
远处定位

a)　　b)

图 7-20　GPS 基本原理

a）三维定位需选 4 颗卫星　b）差分 GPS 技术（DGPS）

2. 汽车导航系统功能

汽车导航系统是全球卫星定位技术应用于汽车定位导航的电子产品。来自太空的 GPS 卫星 24h 免费向全球发送定位信号，使之成为定位导航应用中最方便廉价的信息源。该系统具有导航定位、电子地图浏览查询、语音提示、行车信息服务及提供车载娱乐等功能。

（1）导航功能　在汽车导航系统上任意标注两点后，系统便会自动根据当前的位置，为车主设计最佳路线。有些系统还有修改功能，假如用户因为不小心错过路口，没有走系统推荐的最佳路线，车辆位置偏离最佳路线轨迹 200m 以上，系统会根据车辆所处的新位置，重新为用户设计一条回到主航线的路线，或为用户设计一条从新位置到终点的最佳路线。

（2）电子地图　汽车导航系统都配备有电子地图，一般覆盖全国各大省会城市，功能强大的地图系统还包含了中小城市，可以随时查看目的城市的交通、建筑等情况。

（3）转向语音提示功能　如果前方遇到路口需转弯，系统具有转向语音提示功能，这样可以避免走弯路。此外，可以查阅街道及其周围建筑物，甚至可能具有一些城市交通中的单行线、禁左、禁右等路况信息供查阅。

（4）定位功能　通过接收 GPS 卫星信号，准确地确定车辆所在的位置。如果装置内带有地图，就可以在地图上相应的位置用一个记号标记出来，同时还可以显示方向、海拔高度等信息。

（5）测速功能　通过对 GPS 卫星信号的接收计算，可以测算出车辆行驶的具体速度。

（6）显示航迹　如果去一个陌生的地方，系统带有航迹记录功能，可以记录下用户车辆行驶经过的路线，误差小于 10m，甚至能显示 2 个车道的区别。回来时，用户可以启动它的返程功能，让它领着顺着来时的路线返回。

（7）信息检索功能　根据情况使用不同的检索功能，快速将待查地点显示在画面上。

（8）娱乐功能　可以接收电视，播放娱乐光盘等。

3. 汽车导航系统的结构、原理

汽车导航系统是一种能接收 GPS 卫星信号，经过微处理器计算出车辆所在准确位置、速度和方向，并在显示器上显示出来的一种装置。汽车导航系统主要由 GPS 接收天线、GPS 接收机、微处理器、车速传感器、陀螺传感器、CD-ROM 驱动器、LCD 显示器等组成，如图 7-21 所示。

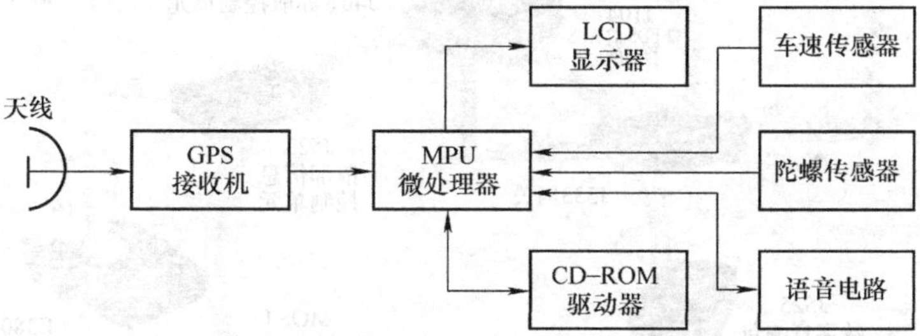

天线
GPS 接收机
MPU 微处理器
LCD 显示器
CD-ROM 驱动器
车速传感器
陀螺传感器
语音电路

图 7-21　汽车导航系统的结构框图

汽车导航系统的基本原理如图 7-22 所示，主要运用 GPS 卫星导航和自律（或计算）导航相互结合的导航方式。当 GPS 接收机同时接收到 4 颗以上卫星发出的信号时，经过计算处理就可确定车辆的位置（经度、纬度、高度）、时间和运动状态（速度、方向）等。当车

GPS卫星
通过自律导航定位
导航
陀螺传感器
ECU
GPS天线
车速传感器
通过GPS导航定位

图 7-22　汽车导航系统基本原理

辆驶入地下隧道、高层楼群中暂时接收不到卫星信号时，GPS 自动导入自律导航模式，由陀螺传感器检测出汽车前进方向的变化，车速传感器检测出汽车的行进速度，微处理器再根据进入自律导航状态的时间，就可确定汽车的实际位置，引导车辆行驶。通过来自导航 CD-ROM 的电子地图信息与 GPS 卫星导航和自律导航所确定的汽车信息数据配合使用，就可以在电子地图上显示出车辆的实时位置和行驶路线、方向、速度等参数。同时，系统还能对汽车行驶的路线与电子地图上道路的误差进行实时相关匹配，并做自动修正，得到汽车在电子地图上的准确位置，指示出正确行驶路线。

4. 奥迪 A8 轿车导航系统

奥迪 A8 轿车导航系统的结构、原理如图 7-23 所示。系统主要由 GPS 导航天线（R50）、导航控制单元（J401）、前部信息控制单元（J523）、多媒体操纵单元（E380）、语音输入控制单元（J507）、数字音响包控制单元（J525）、前部信息显示单元 J685、组合仪表显示屏（J285）、前轮转速传感器（G45/G47）、摆动率传感器、CD/DVD 驱动器、电话/Telematik 控制单元（J526）和收音机模块 R 等组成。该导航系统主要运用 GPS 卫星导航和计算导航相结合的导航方式。

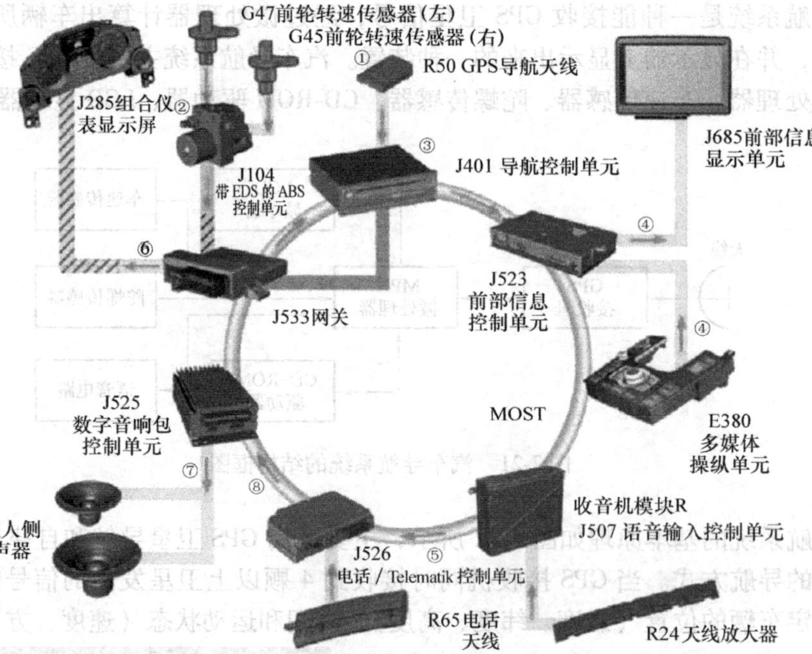
G47前轮转速传感器(左)
G45前轮转速传感器(右)
①
R50 GPS导航天线
J285组合仪表显示屏
②
J104
带EDS的ABS
控制单元
③
J401 导航控制单元
J685前部信息显示单元
④
⑥
J533网关
J523
前部信息控制单元
④
J525
数字音响包控制单元
MOST
E380
多媒体操纵单元
⑦
⑧
驾驶人侧扬声器
J526
电话 / Telematik 控制单元
⑤
收音机模块R
J507 语音输入控制单元
R65电话天线
R24天线放大器

注：标号①~⑧结合中文说明。

图 7-23　奥迪 A8 轿车导航系统的结构、原理

（1）卫星导航　GPS 导航天线 R50 安装在后车窗上部，用于接收和传送 GPS 卫星导航信号①。

（2）计算导航　奥迪 A8 轿车导航系统根据前桥位移脉冲②和摆动率③进行计算式导航。

前桥位移脉冲数是由带 EDS 的 ABS 控制单元 J104 根据左前轮转速传感器 G47 和右前轮转速传感器 G45 的信号计算出来并发送到驱动系统 CAN 总线上。数据总线诊断接口网关 J533 读取驱动系统 CAN 总线上的信息并将这个信息经 MOST 总线发送到导航系统控制单元 J401 上。

摆动率传感器安装在导航系统控制单元J401内。

（3）前部信息控制单元J523　前部信息控制单元J523④是信息娱乐系统的主控制单元，它控制下列内容：

1）通过MMI（多媒体界面）和语音对话系统来输入目的地及选择目的地。

2）在前部信息显示单元J685上和组合仪表的显示屏J285上显示导航内容。

3）通过扬声器播放语音信息。

（4）语音输入控制单元J507　语音输入控制单元J507⑤将已转换成数字信息的语音输入信息经MOST总线发送到前部信息控制单元J523，这些信息用于输入目的地以及激活导航系统。J523接受这些输入后控制导航系统工作。

（5）导航系统控制单元J401　导航系统控制单元J401⑥经MOST总线将控制下列内容：

1）用于显示导航内容的信息发送到前部信息控制单元J523，后者利用这个信息生成图像并在两个显示屏上显示出来，但地图图像的显示由导航控制单元控制。

2）用于播放语音信号的信息发送到数字音响包控制单元J525。

（6）数字音响包控制单元J525　通过数字音响包控制单元J525⑦来播放导航语音说明。

导航系统控制单元J401将音频数据发送到MOST总线的一个同步传递通道内。根据前部信息控制单元J523的指令，数字音响包控制单元J525会减小娱乐功能的音量，并通过驾驶人一侧的扬声器来播放音频数据。

（7）电话/Telematik控制单元J526和收音机模块R　电话/Telematik控制单元J526和收音机模块R⑧将交通信息数据经MOST总线传送到导航控制单元J401上。以便在动态路线导航时考虑到交通阻塞的情况。

在显示导航地图时，交通阻塞显示成一个图形符号，而与本车行驶方向相反的方向塞车（不影响导航）时，这个符号显示成灰色。

另外，使用者可以通过MMI上的“INFO”按键来显示出文字交通信息。

5. 汽车导航系统检修

宝来轿车安装收音机导航系统（RNS），装备RDS收音机、矩阵式液晶显示器、带有GPS卫星接收器的导航系统、音响和导航系统CD驱动器。

（1）自诊断功能　使用V. A. G1551、V. A. G1552、VAS5051、VAS5052等诊断仪对导航系统进行自诊断。

导航系统的地址码是“37”，可执行下列功能：

01——查询导航控制单元版本；

02——查询故障存储器；

03——执行元件诊断；

05——清除故障记忆；

06——结束输出；

08——测量数据块；

10——自适应。

（2）查询故障存储器　选择02功能即可完成查询故障，显示屏显示的是存储的故障数量或“无故障”。若按“→”键，则存储的故障依次显示并打印出来。故障表见表7-5。

表 7-5 故 障 表

V. A. G1551 打印结果	可能的故障原因	可能的影响	故 障 排 除
00625 车速信号（GALA） 没有信号	1）车速传感器损坏 2）车速传感器导线损坏 3）组合仪表损坏 4）RNS 损坏	导航部分没有功能	1）读取测量数据块 2）按电路图检查导线 3）进行组合仪表自诊断，必要时更换组合仪表 4）更换 RNS
00668 接线柱 30 的电压信号太弱 如果起动机运行超过 10s，也会存储该故障	1）蓄电池电压低于 9.5V 2）蓄电池不能充电 3）蓄电池损坏 4）发电机损坏 5）个别用电设备开关打开	1）收音机没有功能或功能不全 2）导航功能不正常	1）读取测量数据块 2）检查蓄电池，必要时充电或更换 3）检查发电机，关闭所有不需要的用电设备
00854 组合仪表上收音机频率显示输出 无法通信	1）导线断路 2）RNS 损坏 3）组合仪表损坏	1）RNS 和组合仪表之间无数据传输 2）组合仪表上的显示屏显示不正常	1）读取测量数据块 2）按电路图检查导线 3）进行仪表板自诊断，更换仪表板 4）更换 RNS
00862 导航天线（GPS） R50/R52 断路/短路 对地短路	1）导线断路 2）导航天线（GPS）损坏	导航功能不正常	1）读取测量数据块 2）按电路图检查导线 3）检查导航天线（GPS），必要时进行更换
01311 数据总线无信息 无信号 对地短路	1）导线损坏 2）RNS 损坏 3）音响系统（DSP）损坏	音响系统（DSP）功能不正常	1）读取测量数据块 2）按电路图检查导线
65535 控制单元损坏	RNS 损坏	RNS 功能不正常	更换 RNS

（3）测量数据块　选择 08 功能即可完成读取测量数据块。各显示组显示区的含义见表 7-6。

表 7-6　各显示组显示区的含义

<table>
<tr><td colspan="4">显示组：001</td></tr>
<tr><td>显示区</td><td>描　述</td><td>V. A. G1551 显示</td><td>故 障 排 除</td></tr>
<tr><td>1</td><td>来自车速表的车速信号</td><td>“1”或“0”
前车轮转动时，显示值必须在 0 ~ 1 之间变化</td><td rowspan="4">1）目视检查电路
2）检查相关电路的插接件安装是否正确
3）如果上述操作过程中显示屏的显示内容没有变化，则应更换零件
4）清除故障存储器
5）再次查询故障存储器</td></tr>
<tr><td>2</td><td>供电电压</td><td>约等于蓄电池电压</td></tr>
<tr><td>3</td><td>收音机照明变光百分比</td><td>关闭照明灯：0%
打开照明灯：用亮度控制开关进行亮度无级控制，根据控制位置显示：20% ~95%</td></tr>
<tr><td>4</td><td>S 触点输入状态</td><td>S 触点开：显示“ON”
S 触点关：显示“OFF”</td></tr>
</table>

（续）

显示组：002

显示区	描　述	V. A. G1551 显示	故障排除
1	倒车灯开关输入状态	“Rev. OFF” 没有挂倒挡齿轮 “Rev. ON” 挂倒档齿轮	1）目视检查电路 2）检查相关电路的插接件安装是否正确 3）如果上述操作过程中显示屏的显示内容没有变化，则应更换零件 4）清除故障存储器 5）进行功能检查 6）再次查询故障存储器
2	接线柱 15 输入状态	“Term 15 ON” 接线柱 15 给 RNS 供电 “Term 15 OFF” 点火开关打开，但接线柱 15 不给 RNS 供电	

显示组：003

显示区	描　述	V. A. G1551 显示	故障排除
1	GPS 接收器供电状态	“GPS-Aer”	1）目视检查电路检查相关电路的插接件安装是否正确 2）如果上述操作过程中显示屏的显示内容没有变化，则应更换零件 3）清除故障存储器 4）进行功能检查 5）再次查询故障存储器
2	供电电压是否正常	“OK”（正常）或“not OK”（不正常）	

显示组：004

显示区	描　述	V. A. G1551 显示	故障排除
1	组合仪表第二显示屏	“显示电话号码”	1）目视检查电路 2）检查相关电路的插接件安装是否正确 3）如果上述操作过程中显示屏的显示内容没有变化，则应更换零件 4）清除故障存储器 5）进行功能检查 6）再次查询故障存储器
2	组合仪表第二显示屏连接状态	“OK”（正常）或“not OK”（不正常）	

显示组：005

显示区	描　述	V. A. G1551 显示	故障排除
1	数据总线通信	“数据总线” “Data BUS”	1）目视检查电路 2）检查相关电路的插接件安装是否正确 3）如果上述操作过程中显示屏的显示内容没有变化，则应更换零件 4）清除故障存储器 5）进行功能检查 6）再次查询故障存储器
2	数据总线通信是否正常	“OK”（正常）或“not OK”（不正常）	

（续）

显示组：006			
显示区	描　述	V. A. G1551 显示	故障排除
1	左侧脉冲信号发射器	“Left”（左）	1）目视检查电路 2）检查相关电路的插接件安装是否正确 3）如果上述操作过程中显示屏的显示内容没有变化，则应更换零件 4）清除故障存储器 5）进行功能检查 6）再次查询故障存储器
2	左侧速度（km/h）	“km/h” 显示车速，取决于左侧车轮转动得有多快	
3	右侧脉冲信号发射器	“Right”（右）	
4	右侧速度（km/h）	“km/h” 显示车速，该处永远显示“0km/h”	

7.3 任务实施

“汽车信息娱乐系统检修”实施步骤与要求见表7-7。

表7-7 “汽车信息娱乐系统检修”实施步骤与要求

学习情境	汽车信息娱乐系统检修		参考学时	8
教学地点	汽车实训室	所需设备	轿车（或台架）4辆；故障诊断仪4套；数字万用表4只；备件若干；常用工具4套	
步骤	任务要求			所用时间/min
资讯	1）明确工作任务 2）咨询客户（教师扮演），查阅维修资料、课程网站、教材以及视频资料 3）填写任务工单的“知识准备”内容			60
决策计划	1）建立工作小组，并选出组长 2）根据咨询情况和工作任务要求，选择合适的检测诊断仪器设备 3）以小组讨论的方式，制订故障诊断排除工作计划及标准 4）将制订的工作计划与教师讨论并定稿			40
实施	1）按工作计划检测诊断故障，查找故障原因和故障点 2）排除故障，修复系统 3）根据诊断结果填写任务工单			160
检查评估	1）自行检查是否按计划和要求完成了工作任务 2）以小组讨论方式进行工作评估 3）结合教师的评价找出不足并提出改进意见			60

7.4 任务考核

1. 完成任务实施过程，填写“汽车信息娱乐系统检修”任务工单并上交。
2. 根据完成任务工单情况评定任务成绩。

“汽车信息娱乐系统检修”任务工单

	学习情境7　汽车信息娱乐系统检修	班级		编号	7
		姓名		组别	
		学号		日期	

任务描述

针对汽车信息娱乐系统故障，要求按照四步法（资讯、决策计划、实施、检查评估），紧密结合汽车维修实际过程诊断排除故障，在此过程中学习相关理论知识和检测诊断仪器设备的正确使用方法

一、资讯

1. 明确工作任务

2. 咨询情况

3. 知识准备

阅读相关知识内容与文献资料，并完成以下题目。

（1）填空题

1）奥迪 A6L 轿车信息娱乐系统主要由________、________、________、________、________、________等组成。

2）自律导航模式由________检测出汽车前进方向的变化，________检测出汽车的行进速度，微处理器再根据________的时间，就可确定汽车的实际位置。

3）CD 唱机由电路部分和机械部分组成，电路部分包括________、________、________和电源等。

4）AM 是________的缩写，它将载波的________按声音信号调制。FM 是________的简称，它将载波的________按声音信号调制。

5）汽车声像系统的节目源包括________调谐器、________等。

（2）判断题

1）奥迪 A6L 轿车信息娱乐系统各控制单元之间的数据传输通过 CAN 总线来进行。（　）

2）DVD（Digital Video Disc）即数字视盘机，采用的是 MPEG-1 标准压缩编码。（　）

3）汽车导航系统是一种能接收 GPS 卫星信号，经过微处理器计算出车辆所在准确位置、速度和方向，并在显示器上显示出来的一种装置。（　）

（续）

4）要知道GPS接收机所处的位置，至少需要接收到2颗卫星的信号。（　　）

5）奥迪A8轿车导航系统可通过MMI（多媒体界面）和语音对话系统来输入目的地及选择目的地。（　　）

（3）单选题

1）下列都是汽车信息娱乐系统的功能，除了（　　）。

A. 收音机、电视、CD/DVD播放、音频/视频播放

B. 监控车窗升降电动机轴的旋转速度

C. 移动电话、蓝牙免提、地址簿管理

D. 路线指引、电子狗超速提醒、目的地信息

2）下列关于收音机的叙述，说法错误的是（　　）。

A. 与FM广播相比，AM广播有良好的音质和较少的噪声　　B. 所有的FM广播均是立体声广播

C. AM广播服务范围大于FM广播　　D. AM广播使用中波，FM广播使用甚高频

3）下列关于CD唱机的叙述，除（　　）外是正确的。

A. CD上的音频信号采用脉冲编码调制（PCM）方式，将模拟信号数字化要经过采样、量化和编码三个过程

B. 伺服系统包括聚焦伺服、循迹伺服、进给伺服和主轴伺服

C. CD唱机工作原理与VCD视盘机相同

D. 激光拾音器主要是发射激光和接收由CD唱片表面反射回来的光信号，并进行光电转换成为高频电信号

4）下列有关汽车导航系统的叙述，说法错误的是（　　）。

A. 目前车辆的导航与定位基本都是GPS的应用

B. GPS主要由空间部分（卫星星座）、地面站（控制部分）、用户设备（GPS接收机）组成

C. GPS卫星不断地发射导航电文，接收机捕获和接收卫星信号，即可测量出天线至卫星的伪距离和距离变化率

D. 差分GPS（DGPS）比GPS的定位精度低

5）下列关于奥迪A8轿车计算导航模式的叙述，说法错误的是（　　）。

A. 计算导航模式根据前桥位移脉冲和摆动率进行计算式导航

B. 摆动率传感器一般安装在导航系统控制单元内

C. 前桥位移脉冲数是由ABS控制单元根据左、右前轮转速传感器的信号计算出来并发送到MOST总线上

D. 当车辆驶入地下隧道、高层楼群中暂时接收不到卫星信号时，系统自动导入计算导航模式

（4）多选题

1）下列关于CD唱机电路部分的叙述，正确的是（　　）。

A. 聚焦伺服使激光束在光盘的放音面上保持良好聚焦，即在垂直方向对准信号轨迹

B. 循迹伺服是保证光盘旋转时，激光束在水平方向对信号轨迹进行准确的跟踪

C. 主轴伺服使主轴电动机按恒定线速度（CLV）旋转

D. D-A转换器把数字音频信号转换成模拟音频信号

2）下列关于奥迪A6L轿车音响系统的叙述，正确的是（　　）。

A. 打开收音机，显示屏显示“SAFE”，表示音响系统工作正常

B. 利用音响装饰面板中的“AM/FM”和“SCAN”键以及4个预置电台存储键，兼作音响解锁操作输入按键

C. 如果两次解锁输入的密码均为错误时，则需耐心等待1h后，才可重新输入正确的密码进行解锁

D. 此种车型音响的解锁密码为6位数密码

3）下列（　　）是汽车导航系统的功能。

A. 导航定位　　B. 信息检索　　C. 电子地图　　D. 车载娱乐

4）下列关于奥迪A8轿车导航系统的叙述，正确的是（　　）。

A. 导航系统控制单元J401经MOST总线将用于播放语音信号的信息发送到数字音响包控制单元J525

B. 电话/Telematik控制单元J526和收音机模块R将交通信息数据经MOST总线传送到导航控制单元J401

C. 使用者可以通过MMI（多媒体界面）上的“INFO”按键来显示出文字交通信息

D. 地图图像的显示由前部信息控制单元J523控制

（续）

5）下列（　　）原因会导致宝来轿车导航系统存储故障码。

A. 车速传感器损坏　　B. SRS 指示灯常亮　　C. 蓄电池电压低于 9.5V　　D. 数据总线无信息

二、决策计划

（建立工作小组，并选出组长；根据具体故障现象和工作任务要求，选择合适的检测诊断仪器设备；以小组讨论的方式，制订故障诊断排除的工作计划及标准；将制订的计划与教师讨论并定稿）

三、实施

（按工作计划检测、诊断故障，查找故障原因和故障点；排除故障，修复系统）

1. 故障现象描述

2. 检查项目与检查结果

（续）

3. 结果分析与故障判断：（根据检测结果及相关故障现象进行分析，列出可能原因）

4. 故障点及排除：（判断出准确的故障点，排除故障）

四、检查评估

（自行检查是否按计划和要求完成了工作任务；以小组讨论方式进行工作评估；结合教师的评价找出不足并提出改进意见）

参考文献

[1] 张军. 汽车舒适与安全系统检修 [M]. 北京：人民邮电出版社，2009.

[2] 曾鑫，刘兰俊. 汽车车身电控系统检修 [M]. 北京：北京理工大学出版社，2010.

[3] 李东江，张大成. 汽车车载网络系统（CAN-BUS）原理与检修 [M]. 北京：机械工业出版社，2005.

[4] 郑志中，王长建. 汽车车身电控检修 [M]. 北京：中国劳动社会保障出版社，2006.

[5] 郭远辉. 汽车车身电气及附属电气设备检修 [M]. 北京：人民交通出版社，2005.

[6] 付百学. 上海大众帕萨特轿车维修手册 [M]. 北京：机械工业出版社，2002.

[7] 林晨. 桑塔纳2000 GSi-AT/GSi/GLi/GLS轿车维修手册 [M]. 北京：机械工业出版社，2002.

[8] 栾琪文. 卡罗拉/花冠/威驰轿车快修精修手册 [M]. 北京：机械工业出版社，2009.

[9] 刘希恭，等. 凌志LS400轿车维修手册 [M]. 沈阳：辽宁科学技术出版社，2000.